Horst-Dieter Radke

Microsoft Excel im Business: Kaufmännisches Rechnen

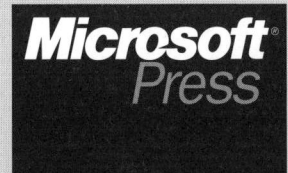

Horst-Dieter Radke: Microsoft Excel im Business: Kaufmännisches Rechnen
Microsoft Press Deutschland, Konrad-Zuse-Str. 1, 85716 Unterschleißheim
Copyright © 2009 Microsoft Press Deutschland

15 14 13 12 11 10 9 8 7 6 5 4 3 2 1
11 10 09

ISBN 978-3-86645-5-655-6

© Microsoft Press Deutschland
(ein Unternehmensbereich der Microsoft Deutschland GmbH)
Konrad-Zuse-Str. 1, D-85716 Unterschleißheim
Alle Rechte vorbehalten

Fachlektorat: Georg Weiherer, Münzenberg
Korrektorat: Judith Klein, Siegen
Layout und Satz: Gerhard Alfes, mediaService, Siegen (www.media-service.tv)
Umschlaggestaltung: Hommer Design GmbH, Haar (www.HommerDesign.com)
Gesamtherstellung: Kösel, Krugzell (www.KoeselBuch.de)

Inhaltsverzeichnis

Vorwort

Die Tabellenkalkulation – und hier ganz besonders Microsoft Excel – steht bei vielen für die kaufmännische Computeranwendung schlechthin. Wer anders sollte auch kalkulieren als der Kaufmann, der Geschäftsmann? Wo anders als im »Business« lässt sich diese Software sinnvoll einsetzen? Tatsächlich hat aber Excel über die Jahre (immerhin mehr als zwanzig) eine viel größere Anwendergemeinde gefunden. Treu geblieben sind jedoch vor allem die Anwender in der Wirtschaft.

In diesem Buch wird die Anwendung von Excel im kaufmännischen Umfeld beschrieben. Von den Grundlagen des kaufmännischen Rechnens wird der Bogen gespannt bis zur Anwendungsentwicklung mit Excel, wobei jedoch von der Situation ausgegangen wird, dass der »normale« Excel-Anwender kein Programmierer ist. Insbesondere die ersten Kapitel, die sich mit den Grundlagen des kaufmännischen Rechnens (Dreisatz, Prozentrechnung etc.) beschäftigen, sind aber auch für Nichtkaufleute interessant und wichtig. Schließlich hat man täglich mit solchen Rechenoperationen zu tun, etwa beim Preisvergleich im Supermarkt oder bei der Prüfung verschiedener Kreditangebote. Insofern ist dieses Buch auch für diejenigen Leserinnen und Leser unter Ihnen interessant, die zwar nicht in einem kaufmännischen Beruf tätig sind, aber wissen möchten (müssen), wie dort gerechnet wird. Da nicht alles sinnvoll und genau genug im Kopf zu rechnen ist, bietet Excel eine gute Hilfestellung. Wie die Rechenverfahren umgesetzt werden, zeigt Ihnen dieses Buch.

Es sind nur geringe Voraussetzungen nötig, um mit diesem Buch zu arbeiten. Lediglich der Umgang mit einem PC sollte Ihnen vertraut sein und Sie sollten sich zumindest einigermaßen mit Microsoft Excel in der Version 2003 bzw. 2007 oder mit einer anderen Tabellenkalkulation auskennen. Ein Einführungskurs in die Arbeit mit dieser Tabellenkalkulation ist dieses Buch also nicht. Allerdings setze ich nicht allzu viele Vorkenntnisse voraus und gehe immer wieder auch auf Grundlegendes ein.

Dass es dieses Buch überhaupt gibt, ist nicht zuletzt Thomas Pohlmann von Microsoft Press zu verdanken. Die Idee zum Buch stammt zwar von mir, ohne seine Nachsicht und Geduld wäre es aber niemals realisiert worden. Dank gebührt auch dem Lektor Georg Weiherer, der ein ausgesprochen gutes und intensives Lektorat gemacht hat und mit Argusaugen sogar jede mathematische Formel untersucht und Mängel zur Verbesserung angemahnt hat.

Lauda, im März 2009
Horst-Dieter Radke

Grundrechenarten und Genauigkeit

Erläuterungen, was eine Tabellenkalkulation ist, wie Excel bedient wird und einfachste Grundlagen (Zelle, Arbeitsmappe etc.) werden Sie in diesem Buch nicht finden. Es ist nicht das x-te Einsteigerbuch in die Arbeit mit Tabellenkalkulationen überhaupt. Zu hohe Voraussetzungen werden allerdings auch nicht verlangt. Gerade in diesem ersten Kapitel wird auch noch auf Grundtechniken in der Arbeit mit Excel eingegangen – allerdings nicht mit dem Anspruch, jedes Detail zu erklären. Wenn Sie noch keine Erfahrung mit Excel oder einer anderen Tabellenkalkulation sammeln konnten, ist es besser, zunächst ein einführendes Buch zu lesen oder einen Kurs zu besuchen.

Dieses Kapitel geht auf grundlegende Techniken und Verfahren ein, die in den folgenden Kapiteln unbedingt benötigt werden. Manches wird Ihnen auf den ersten Blick so banal erscheinen (z.B. Grundrechenarten), dass Sie es am liebsten überspringen möchten. Machen Sie das aber bitte nur, wenn Sie sich wirklich gut mit Excel auskennen.

Versionen und Beschreibungen

Excel gibt es in zahlreichen Versionen für die Betriebssysteme Windows und Mac OS. Es würde dieses Buch unüberschaubar machen, sollte auf jede einzelne Version eingegangen werden. In den Beschreibungen und Abbildungen werden ausschließlich die Excel-Versionen 2003 und 2007 gezeigt. Trotzdem sollte das meiste auch mit älteren Versionen oder den Mac OS-Versionen funktionieren. Wo dies nicht der Fall ist, wird direkt darauf hingewiesen.

Excel 2007 weicht deutlich von allen bisherigen Versionen – auch von der später veröffentlichten Version 2008 für den Macintosh – ab. Grund ist die Multifunktionsleiste (Ribbon), die die alten Menüs ersetzt. Die Problemlösung ist in der Regel nicht anders als bei den älteren (und Mac-) Versionen, aber der Weg unterscheidet sich doch manchmal deutlich. Deshalb wird in den Beschreibungen diese Version – falls nötig – besonders herausgestellt. Die Lösungsbeschreibungen der Version 2003 lassen sich meist ohne größere Anpassungen auf andere Versionen übertragen.

Abbildung 1.1 Die Multifunktionsleiste in Excel 2007

Viele Dialogfelder in Excel 2007 sehen aber noch genauso aus wie in der Version 2003 (oder früher). Insofern sind die Unterschiede bei der Arbeit im Detail dann wieder nicht so groß.

Mit Excel rechnen

Die Tabellenkalkulation ist bei Erscheinen dieses Buches 30 Jahre alt. 1979 erfanden Dan Bricklin und Bob Frankston ein Programm namens VisiCalc, das anders aussah, als alle anderen Programme zuvor. In Zeilen und Spalten gegliedert ließen sich Daten in einzelne Felder eingeben, und das Tolle daran war, dass man mit den Zelleninhalten, wenn es Zahlen waren, in anderen Zellen rechnen konnte. Kein Wunder also, dass dieses Programm vor allem im Banken- und Finanzbereich sofort angenommen wurde. Es war schnell populär und forderte direkt zur Weiterentwicklung heraus.

Die Tabellenkalkulation Multiplan war Microsofts erste Anwendung – drei Jahre nach VisiCalc und ein Jahr vor Word. 1985 erschien Excel, zunächst auf dem Mac, 1987 in der Version 2.0 auch für den PC. Bis zum Erscheinen von Windows 3.0 wurde Excel mit einer Windows 2.11-Runtime-Version ausgeliefert. Bereits die Version 3.0 (1990) konnte sich durchsetzen. Mit der Version 4.0 (1992) wurden Arbeitsmappen eingeführt, in die aber noch separate Tabellen integriert werden mussten. Die Version 5.0 (1994) brachte das bis heute übliche Registerkartenkonzept. Grundlage dieser Version war nicht mehr die einzelne Tabelle, sondern die Arbeitsmappe, in der verschiedene Objekte wie Tabellen, Diagrammblätter etc. enthalten sind. Excel 95 (1995) war die erste 32-Bit-Anwendung und lief nicht mehr unter Windows 3.x. Ab Excel 2002 (Office XP, 2001) wurde Windows 95 nicht mehr unterstützt.

TIPP   Wenn Sie sich für die Geschichte der Tabellenkalkulation interessieren, finden Sie auf der Homepage eines der Entwickler nähere Informationen (in englischer Sprache) und sogar eine lauffähige Version von VisiCalc: *http://www.bricklin.com/visicalc.htm*.

Grundrechenarten

Dass eine Tabellenkalkulation wie Excel ein Programm ist, das ausgesprochen gut rechnen kann, sollte angenommen werden können. Trotzdem ist es nicht verkehrt, ganz am Anfang, nämlich bei den Grundrechenarten zu beginnen. Einige Fragen, die später auftauchen könnten, erledigen sich dann in der Regel fast von selbst.

Eingaben in Zellen

Gibt man irgendetwas in Zellen ein, versucht Excel zu erkennen, um welche Art von Information es sich handelt. Zahlen werden als solche erkannt, Texte ebenso, aber auch Datum und Uhrzeit. Bei gemischten Informationen hat Excel es etwas schwerer. Auch wird die geeignete Formatierung (z.B. die Anzahl der Nachkommastellen) nicht gleich richtig eingerichtet. Dies kann aber schnell und einfach korrigiert werden. Zunächst interessiert uns das nicht – wir gehen später an den passenden Stellen darauf ein.

1. Geben Sie in die Zelle A1 eine 2 ein und schließen Sie mit der ⎆-Taste ab.
2. Geben Sie in die Zelle B1 eine 3 ein und bestätigen Sie wiederum mit ⎆.
3. Tragen Sie in die Zelle C1 die Formel =A1+B1 ein und schließen Sie mit der ↵-Taste ab.

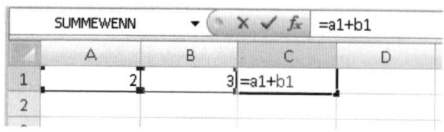

Abbildung 1.2 Am Gleichheitszeichen erkennt Excel, ob etwas berechnet werden soll

Die Bezüge müssen übrigens nicht – wie im Beispiel – alle per Hand eingetippt werden. Man kann auch folgendermaßen vorgehen:

1. Als Erstes das Gleichheitszeichen eintippen, um Excel zu signalisieren, dass eine Berechnung stattfinden soll.

2. Dann auf die Zelle klicken, die den ersten Bezug darstellt (im Beispiel A1).

3. Das Plus-Zeichen eingeben.

4. Auf die Zelle klicken, die den zweiten Bezug darstellt (im Beispiel B1).

5. Mit der ⏎-Taste abschließen.

Excel überträgt jedes Mal, wenn eine Zelle ausgewählt wird (statt Anklicken könnte man sie auch mit den Pfeiltasten anfahren), diese in die Berechnungsformel.

Berechnungen in Zellen

Wenn Excel bei der Eingabe ein Gleichheitszeichen erkennt, geht es davon aus, dass eine Berechnung stattfinden soll. Wird ein Bezug zu einer anderen Zelle eingegeben – etwa A1 –, berechnet Excel den Inhalt, der in Zelle A1 steht. In diesem kleinen Beispiel wird der Inhalt der Zellen A1 und B1 addiert.

Während der Eingabe kann man gut erkennen, ob die richtigen Bezüge eingegeben wurden. Die jeweiligen Zellen werden farbig markiert. Groß- und Kleinschreibung müssen bei Bezügen nicht beachtet werden; Excel wandelt Kleinbuchstaben innerhalb von Bezügen in Großbuchstaben um.

Gleichermaßen funktionieren auch die anderen Grundrechenarten. Die Operatoren für Addition (Pluszeichen: +), Subtraktion (Minuszeichen: –), Multiplikation (Sternchen: *) und Division (Schrägstrich: /) sind ja hinlänglich bekannt und sollten von jedem verstanden werden.

	C4	▼	f_x	=B1/A1	
	A	B	C	D	E
1	2	3	5	Addition	=A1+B1
2			1	Subtraktion	=B1-A1
3			6	Multiplikation	=A1*B1
4			1,5	Division	=B1/A1
5					

Abbildung 1.3 Die Grundrechenarten lassen sich in Excel genauso leicht realisieren wie mit einem Taschenrechner

Der Vorteil, den eine Tabelle gegenüber jedem Taschenrechner hat, ist die Veränderbarkeit der Berechnungsgrundlagen. Gibt man in die Zellen A1 und B1 neue Werte ein, ändert sich auch das Ergebnis immer sofort, weil die Berechnung nach jeder Veränderung neu durchgeführt wird.

HINWEIS Möchten Sie diese sofortige Berechnung unterbinden, öffnen Sie in Excel 2007 das *Office*-Menü, klicken rechts unten auf die Schaltfläche *Excel-Optionen*, wählen die Kategorie *Formeln* aus und stellen rechts bei *Arbeitsmappenberechnung* die Option *Manuell* ein. Unter Excel 2003 rufen Sie den Menübefehl *Extras/Optionen* auf, holen die Registerkarte *Berechnung* in den Vordergrund und aktivieren im Abschnitt *Berechnung* die Option *Manuell*.

Es gibt übrigens einen kleinen Trick, um eine Berechnung vorübergehend auszuschalten, ohne die Formel zu entfernen: einfach eine Leerstelle vor das Gleichheitszeichen setzen, dann interpretiert Excel die Formel als Text und berechnet sie nicht. Wenn die Leerstelle später wieder entfernt wird, funktioniert die Formel wie zuvor.

Relative und absolute Bezüge

Wichtig für viele Anwendungen ist, dass richtig verstanden ist, wie Bezüge funktionieren. Solange ein Bezug eine einmalige Wirkung hat (und haben soll), ist es nicht so wichtig, darauf zu achten, ob es sich um einen absoluten oder relativen Bezug handelt. Spätestens dann, wenn Zellen kopiert werden, spielt dies aber eine nicht unerhebliche Rolle. Excel setzt von sich aus immer relative Bezüge voraus.

Relativer Bezug

Ein relativer Bezug weist nur scheinbar auf eine bestimmte Zelle. Tatsächlich hat sich Excel den Weg dorthin gemerkt. Kopiert man nun solch einen Bezug in eine andere Zelle, geht Excel exakt den gleichen Weg, holt sich das Ergebnis dann aber aus einer anderen Zelle. Steht beispielsweise in Zelle C3 der Bezug =A1, hat sich Excel gemerkt: zwei Zellen hoch und zwei nach links. Wird diese Formel nun in die Zelle E5 kopiert, stellt Excel den Bezug auf =C3 – wiederum zwei Zellen hoch und zwei nach links. Dies kann man sich zunutze machen, um Formeln in Reihen nicht wiederholt neu eingeben zu müssen.

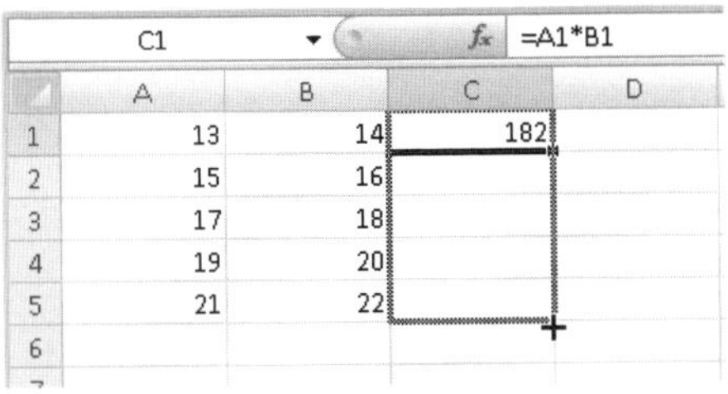

Abbildung 1.4 Eine Formel wird einfach in die angrenzenden Zellen kopiert, wenn sie dort in gleicher Funktion wirken soll

Im Dialogfeld *Excel-Optionen* (bei Excel 2007 über das *Office*-Menü, bei Excel 2003 über *Extras/Optionen*) kann sogar eine Anzeige der Bezugsart gewählt werden, die diese Art des relativen Bezugs direkt verdeutlicht. In der Kategorie *Formeln* (2007) bzw. auf der Registerkarte *Allgemein* (2003) wird einfach das Kontrollkästchen vor *Z1S1-Bezugsart* aktiviert.

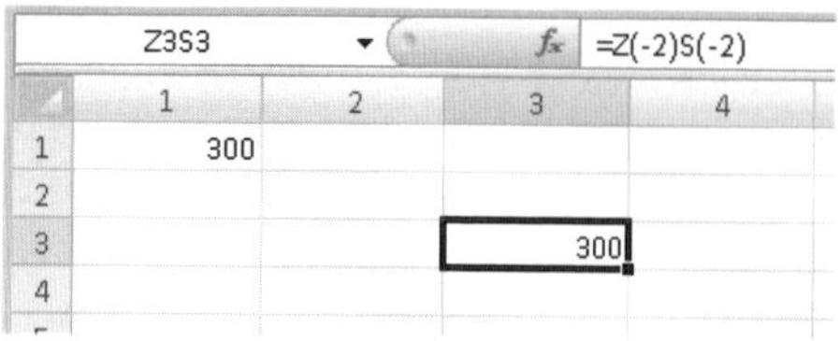

Abbildung 1.5 Zwei Zeilen hoch und zwei Spalten nach links

Absoluter Bezug

Bezieht sich eine Formel auf eine Zelle, die sich auch durch Kopieren oder Verschieben nicht verändern soll, wird ein absoluter Bezug benötigt. Durch ein $-Zeichen vor Spalten- und Zeilenbezug wird ein absoluter Bezug erzeugt, der so auch optisch von einem relativen Bezug unterschieden werden kann. Da Excel auch die Zellen markiert, wenn die Formelbearbeitung aktiv ist (dazu muss nur die Einfügemarke in die Formel gesetzt werden), lässt sich schnell überblicken, ob die Bezüge die richtigen Zellen treffen.

Bezug	Bedeutung
$A$1	Vollständig absoluter Bezug. Weder der Zeilen- noch der Spaltenbezug wird verändert.
$A1	Die Spalte in diesem Bezug ist absolut. Sie verändert sich nicht. Die Zeilen werden allerdings angepasst.
A$1	Die Zeile in diesem Bezug ist absolut. Sie verändert sich nicht. Die Spalten werden allerdings angepasst.

Die letzten beiden Varianten der vorangegangenen Tabelle werden auch als gemischter Bezug bezeichnet.

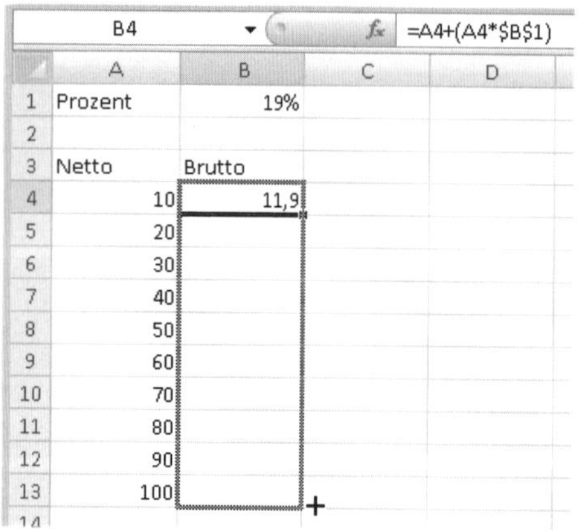

Abbildung 1.6 Soll ein Bezug sich beim Kopieren nicht verändern, muss man ihn als absoluten Bezug einrichten

Absolute Bezüge können direkt eingegeben oder über die Funktionstaste ⌑F4⌑ erzeugt werden. Dazu markiert man den Bezug (z.B. A1) und drückt einmal ⌑F4⌑, um einen absoluten Bezug zu erzeugen. Ein zweiter Druck auf ⌑F4⌑ stellt die Zeile, ein dritter die Spalte absolut. Ein weiterer Druck auf ⌑F4⌑ macht den Bezug wieder relativ.

TIPP Möchten Sie in einer großen Tabelle einen (oder alle) absoluten Bezüge aufspüren, setzen Sie dazu die *Suchen*-Funktion aus dem Menü *Bearbeiten* (Excel 2003) bzw. aus der Multifunktionsleiste *Start* (Excel 2007) ein. Geben Sie ein $-Zeichen bei *Suchen nach* ein und stellen Sie bei *Suchen in* den Eintrag *Formeln* ein. Excel springt nun jede Zelle an, die einen absoluten oder gemischten Bezug enthält, wenn Sie auf *Weitersuchen* klicken. Allerdings auch dann, wenn in den Formeln das $-Zeichen anderweitig verwendet wird (z.B. in Texten).

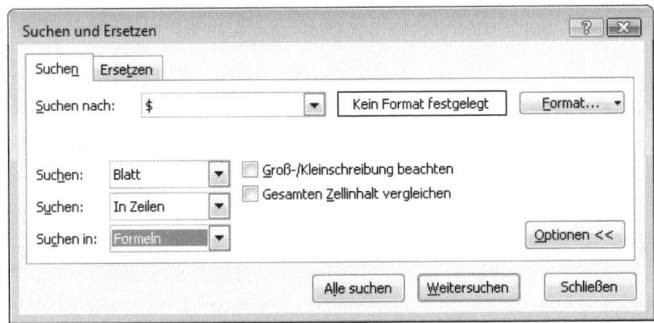

Abbildung 1.7 Bezüge können in einer Tabelle über das Dollar-Zeichen aufgespürt werden

Formeln und Funktionen

Wie eine Formel erstellt wird, ist in den vorangegangenen Abschnitten schon deutlich geworden. Nach einem Gleichheitszeichen werden die Bezüge und Konstanten einfach durch Operatoren verbunden. Es können auch Klammern genutzt werden, um Formeln zu strukturieren. Wer die elementaren Grundlagen der Algebra noch in Erinnerung hat, wird keine Schwierigkeiten in Excel haben. Klammern werden von innen nach außen berechnet, Punkt geht vor Strichrechnung.

Eine Formel wird in der Bearbeitungsleiste oder direkt in der Zelle bearbeitet. Wenn die Zelle mit der Formel aktiv ist – leicht erkennbar an dem schwarzen Rand um die Zelle herum –, genügt ein Mausklick in die Zelle oder in die Bearbeitungsleiste, um die Formel bearbeiten zu können.

Formeln anzeigen

Die Formel selbst ist in der Regel nur in der Bearbeitungszeile sichtbar, wenn die Zelle markiert ist. In der Zelle selbst werden lediglich die Ergebnisse der Formelberechnung angezeigt. Die Formelanzeige ist jedoch auch in der Tabelle möglich:

1. Rufen Sie den Menübefehl *Extras/Optionen* auf (Excel 2003).
2. Holen Sie die Registerkarte *Ansicht* in den Vordergrund.
3. Aktivieren Sie das Kontrollkästchen vor *Formeln*.
4. Bestätigen Sie mit *OK*.

TIPP Noch schneller von der normalen Tabellendarstellung zur Formeldarstellung und zurück schalten Sie mit der Tastenkombination Strg + # .

In Excel 2007 gehen Sie einen etwas anderen Weg:

1. Klicken Sie im *Office*-Menü auf die Schaltfläche *Excel-Optionen*.
2. Wählen Sie die Kategorie *Erweitert* aus.
3. Blättern Sie bis zu *Optionen für dieses Arbeitsblatt anzeigen*.
4. Aktivieren Sie das Kontrollkästchen *Anstelle der berechneten Werte Formeln in Zellen anzeigen*.
5. Bestätigen Sie mit *OK*.

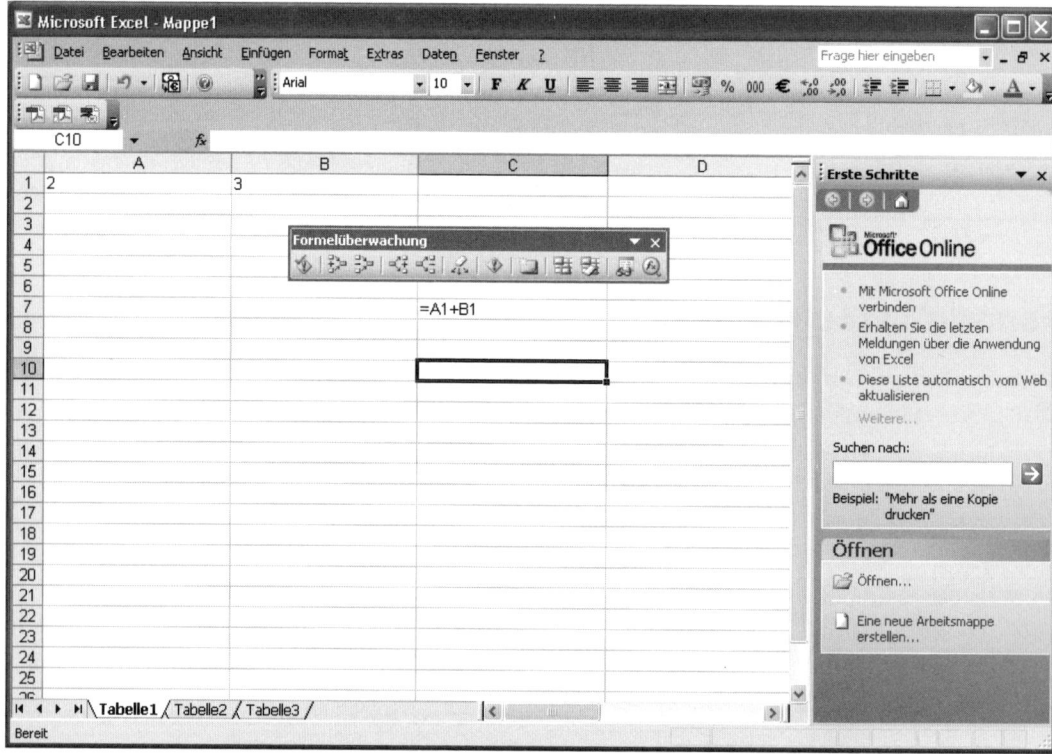

Abbildung 1.8 Es ist möglich, die Formeln direkt in der Zelle anzeigen zu lassen (Excel 2003)

Formeln auswählen

Um festzustellen, in welchen Zellen in einer Tabelle Formeln enthalten sind, gibt es einen schnellen Weg:

1. Wählen Sie *Bearbeiten/Gehe zu* (Excel 2003) bzw. klicken Sie in der Multifunktionsleiste auf der Registerkarte *Start* in der Gruppe *Bearbeiten* auf die Schaltfläche *Suchen und Auswählen* und wählen Sie im zugehörigen Dropdownmenü den Eintrag *Gehe zu* (Excel 2007).
2. Klicken Sie auf die Schaltfläche *Inhalte*.
3. Aktivieren Sie die Option *Formeln*.

4. Gegebenenfalls schalten Sie nicht benötigte Kontrollkästchen aus (um Formeln aller Art anzuzeigen, deaktivieren Sie lediglich das Kontrollkästchen *Fehler*).

5. Bestätigen Sie mit *OK*.

In der Tabelle sind nun alle Zellen markiert, die Formeln enthalten. Mit der ⏎-Taste kann nun durch diese Zellen vorwärts geblättert oder über ⇧+⏎ rückwärts geblättert werden. Alle anderen Zellen werden dabei ausgelassen. Drücken Sie eine beliebige Pfeiltaste, um die Markierung wieder aufzuheben. Aber Achtung: Jede andere Taste löscht die gerade markierte Formel.

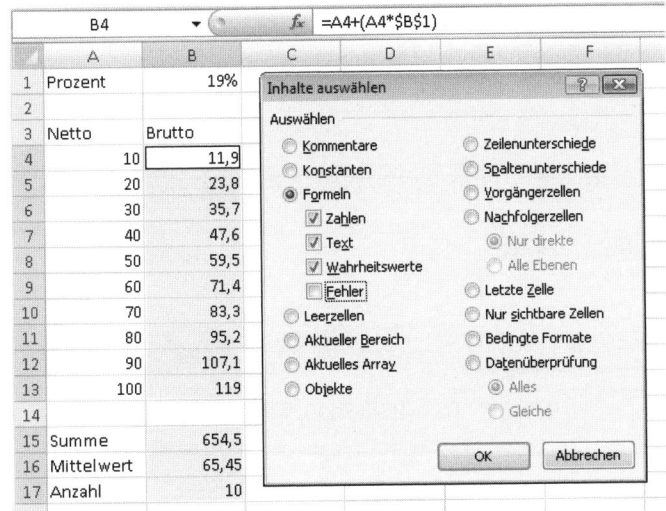

Abbildung 1.9 Sämtliche Formeln einer Tabelle können mit einem Schlag hervorgehoben werden

Funktionen

Excel bringt bereits eine Reihe vorbereiteter Formeln – die so genannten Funktionen – mit. In vielen Fällen müssen Sie gar nicht erst eine Formel selbst erfinden. Manches steht Ihnen auch schon ohne irgendeine Eingabe zur Verfügung. Markieren Sie beispielsweise einen Zellenbereich, können Sie in der Statusleiste die Summe ablesen, die die Zahlen in diesem Bereich ergeben. Klicken Sie mit der rechten Maustaste in die Statusleiste, lassen sich im Kontextmenü noch einige andere Funktionen aktivieren oder deaktivieren, zum Beispiel *Mittelwert* und *Anzahl* (der markierten Zellen).

HINWEIS Excel 2007 zeigt in der Statusleiste gleich mehrere Funktionen an, wenn diese markiert sind. Excel 2003 (und frühere Versionen) führen immer nur eine Funktion auf.

Diese Art der Spontanberechnung eignet sich immer dann, wenn man Zwischenergebnisse haben möchte, die nicht auf Dauer in der Tabelle erscheinen sollen, oder wenn Bereiche kontrolliert werden sollen. Bereiche sind mit der Maus schnell markiert, das Ergebnis kann sogleich abgelesen werden.

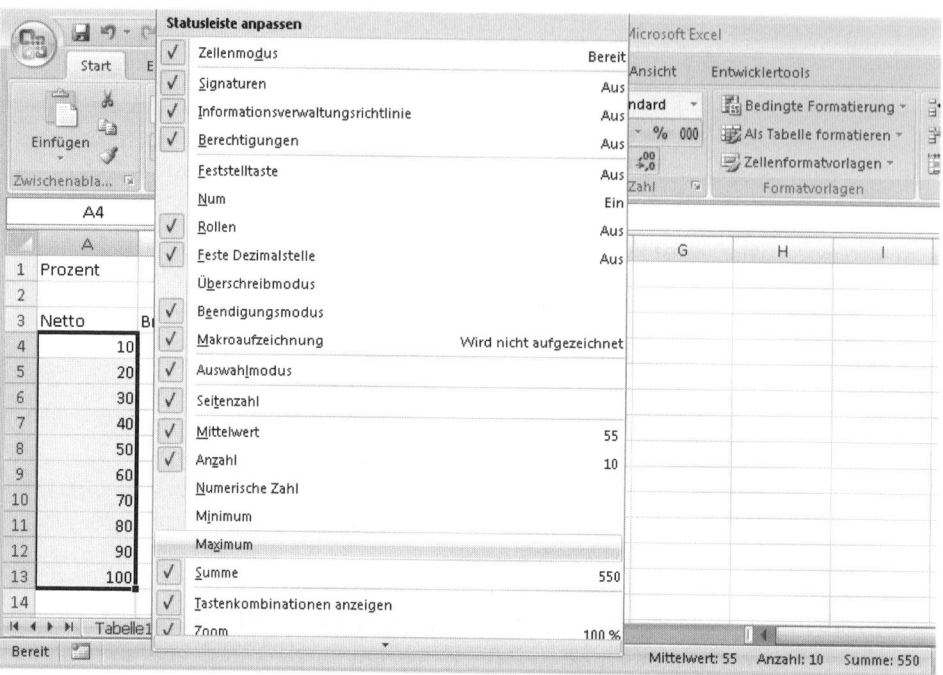

Abbildung 1.10   Zusammenfassende Ergebnisse für einen markierten Bereich können in der Statusleiste abgelesen werden

Sollen in der Tabelle direkt Funktionen für solche häufigen Berechnungen eingefügt werden, ist das mit kaum mehr Aufwand zu realisieren. Gehen Sie folgendermaßen vor:

1. Markieren Sie die Zelle, die die Funktion aufnehmen soll.

2. Öffnen Sie die Liste durch Anklicken der Pfeilschaltfläche neben dem Summensymbol. Bei Excel 2007 finden Sie das in der Multifunktionsleiste auf der Registerkarte *Start* in der Gruppe *Bearbeiten*, bei Excel 2003 in der Symbolleiste *Standard*.

3. Wählen Sie die benötigte Funktion in der Liste aus, z.B. *Summe*.

4. Excel versucht zu erkennen, welcher Bereich in die Berechnung einbezogen werden soll. Liegt er direkt darüber oder daneben, ist die Auswahl von Excel meist schon korrekt. Sie können aber auch eine Korrektur vornehmen, indem Sie direkt mit der Maus den gewünschten Bereich markieren.

5. Bestätigen Sie mit der ⏎ -Taste.

Wiederholen Sie diesen Vorgang für alle Funktionen, die Sie in die Tabelle zur Berechnung einfügen wollen.

TIPP   Klicken Sie auf *Weitere Funktionen*, öffnet sich ein Dialogfeld, das alle in Excel vorhandenen Funktionen zur Verfügung stellt. Anders als in der Statusleiste müssen Sie sich in der Tabelle keine Beschränkungen auferlegen.

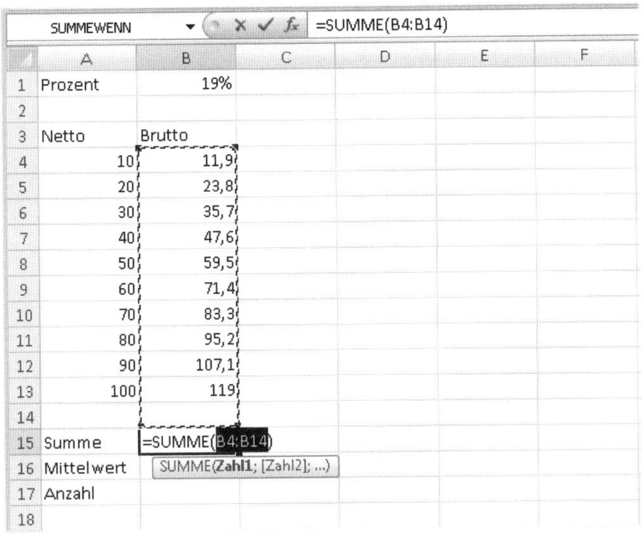

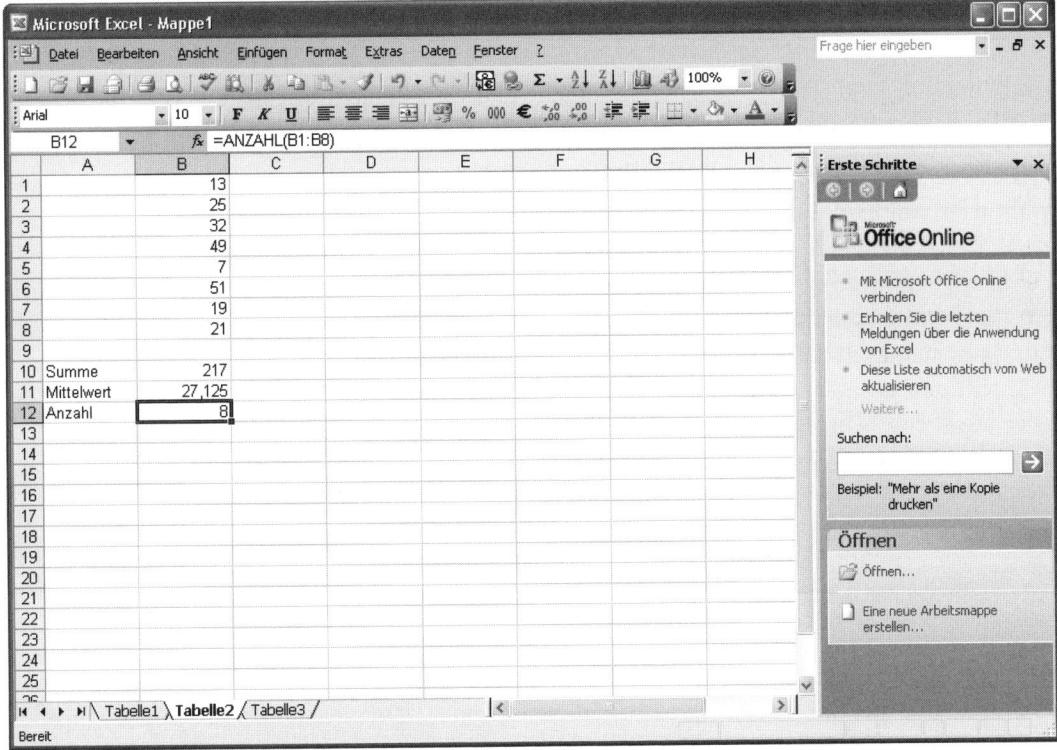

Abbildung 1.11 Excel versucht automatisch zu erkennen, welche Bereiche die Funktion berechnen soll (Excel 2007)

Unterhalb der Funktion gibt Excel übrigens noch eine Art Kurzreferenz aus. Man sieht die Funktion und wie sie aufgebaut ist. Der Parameter, der als Nächstes eingegeben werden muss, ist fett markiert. Auf diese Weise ersparen Sie sich oft den Blick ins Handbuch oder die Hilfe.

Abbildung 1.12 Berechnungen sind mit den integrierten Funktionen einer Tabelle schnell hinzugefügt (Excel 2003)

Mit dem Funktionsdialog beschäftigen wir uns an anderen Stellen noch ausführlicher, deshalb kann das hier weiter ignoriert werden.

Excel liefert Funktionen zu verschiedenen Kategorien:

- Finanzmathematik
- Datum & Zeit
- Mathematik & Trigonometrie
- Statistik
- Matrix
- Datenbank
- Text
- Logik
- Information
- Konstruktion (nur Excel 2007)
- Cube (nur Excel 2007)

Mit einigen Funktionsgruppen arbeiten wir in diesem Buch intensiver (z.B. *Finanzmathematik*) mit anderen weniger oder gar nicht (z.B. *Konstruktion* oder *Cube*). Aber auch im kaufmännischen Bereich sind manche Funktionen aus den Kategorien *Text* oder *Datum & Zeit* gut zu gebrauchen.

Eingeben in Zellen

Dass die Zelle die Schnittstelle zwischen Zeilen und Spalten ist, ist jedem schon nach den ersten Bemühungen mit Excel klar. Damit eine Zelle Daten aufnehmen kann, muss sie ausgewählt sein. Dazu klicken Sie einfach in sie hinein. Sie können durch einen Mausklick an eine andere Stelle die nächste Zelle auswählen. Alternativ lässt sich die Zellmarkierung auch mit den Pfeiltasten durch die Tabelle bewegen. Eine ausgewählte Zelle erkennen Sie daran, dass der Rand durch einen kräftigen schwarzen Rahmen hervorgehoben wird.

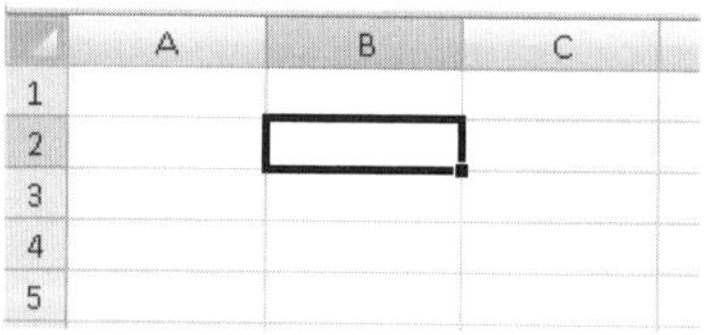

Abbildung 1.13 Dass die Zelle markiert ist, zeigt ein schwarzer Rahmen um die ausgewählte Zelle

Daten eingeben

Wie Dateneingabe funktioniert, wurde in den vorangegangenen Abschnitten schon gezeigt. Excel versucht auch immer sofort das Datenformat zu erkennen. Entsprechend werden die Eingaben auch ausgegeben, mal linksbündig (z.B. Texte), mal rechtsbündig (z.B. Zahlen) angeordnet.

HINWEIS Die Vorgabe von Excel für eine Zelle ist immer *Standard*. Inhalte, die in einer solchen Zelle eingegeben werden, untersucht Excel automatisch und ordnet ein passendes Format zu. Legen Sie selbst ein bestimmtes Format für eine Zelle fest, kann Excel sich bei der Eingabe schon mal stur stellen, falls das neu eingegebene Format von dem früher festgelegten abweicht.

	A	B	C	D	E	F
1						
2		30.10.2008	15:17	4712	15,32	Text
3						

Abbildung 1.14 Excel versucht schon bei der Eingabe den Typ der Information zu erkennen und ordnet ein entsprechendes Format zu

Daten in Bereiche eingeben

Normalerweise steht für die Eingabe die ganze Tabelle bereit. Sie können den Bereich aber auch begrenzen:

1. Markieren Sie den Bereich B3 bis C8. Dazu fahren Sie einfach mit dem Mauszeiger mit gedrückter linker Maustaste über den Bereich.

2. Geben Sie eine Zahl ein und schließen Sie mit der ⏎-Taste ab. Excel setzt die Zahl in die erste Zelle des Bereichs, die Zellmarkierung springt aber je nach Voreinstellung in die nächste Zelle darunter oder rechts daneben.

3. Geben Sie die nächsten Zahlen ein und schließen Sie jeweils mit der ⏎-Taste ab. So lange, bis der markierte Bereich gefüllt ist.

C8		▾	X ✓ fx	99	
	A	B	C	D	
1					
2					
3		17	21		
4		3,5	19		
5		401	1300		
6		12	400		
7		23	53		
8		0,3	99		
9					
10					

Abbildung 1.15 Der Bewegungsspielraum ist auf den markierten Bereich beschränkt

Die Markierung bewegt sich nur innerhalb des zuvor markierten Bereichs. Ist die letzte Zelle erreicht, wird wieder in die erste gesprungen. Diese Eingabevariante bietet sich überall dort an, wo Eingaben in zusammenhängende Bereiche erfolgen sollen.

TIPP Müssen Sie mehrere Bereiche mit Zahlen füllen, die nicht aneinander grenzen, funktioniert die Begrenzung der Zellenmarkierung auf diese Bereiche ebenfalls. Ist der erste Bereich gefüllt, springt die Markierung direkt in den nächsten Bereich, danach zum übernächsten und nach dem letzten wieder in den ersten. Nicht zusammenhängende Bereiche markieren Sie, indem Sie die Strg-Taste bei der Markierung der Bereiche gedrückt halten.

	A	B	C	D	E	F
1						
2						
3		17	21			
4		3,5	19			
5		401	1300			
6		12	400			
7		23	53			
8		0,3	99			
9						

Abbildung 1.16 Auch nicht zusammenhängende Bereiche können zur gezielten Eingabe genutzt werden

Bereiche ausfüllen

Wo der Mensch Arbeit sparen kann, da tut er es auch. Wahrscheinlich hätte er es ansonsten in der kurzen Zeit seit seinem ersten Auftreten in der Evolutionsgeschichte auch nicht so weit gebracht, dass er die Erde sogar zeitweise verlassen kann. Übertragen auf Excel bedeutet dies: Wo man sich das Tippen sparen und trotzdem viele Zelle füllen kann, da sollte man dies aus Gründen der Effizienz auch tun.

Es gibt einige hilfreiche Varianten, ganze Bereiche auszufüllen, die alle mit dem kleinen Kästchen zusammenhängen, das an der rechten unteren Ecke der markierten Zelle zu sehen ist: das so genannte Ausfüllkästchen.

1. Tragen Sie in die Zelle B2 eine 1 ein.
2. Drücken Sie die Tastenkombination [Strg]+[↵].
3. Fassen Sie mit dem Mauszeiger das Ausfüllkästchen an der rechten unteren Ecke und ziehen Sie es bis zur Zelle B10.

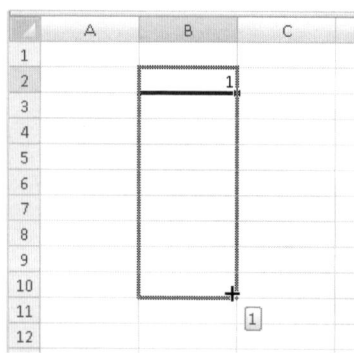

Abbildung 1.17 Mit der Maus lassen sich Zelleninhalte in weitere Zellen kopieren

Sie sehen, es wird nicht nur der Bereich markiert, sondern jede Zelle auch mit der Zahl 1 gefüllt. Gleiche Zelleninhalte lassen sich also ohne große Überlegungen schnell und einfach kopieren.

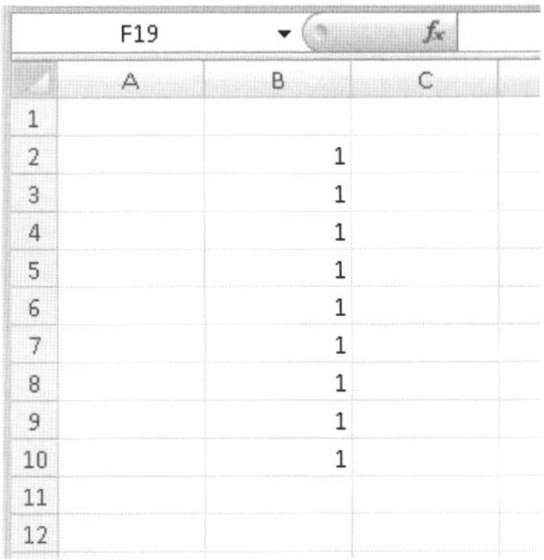

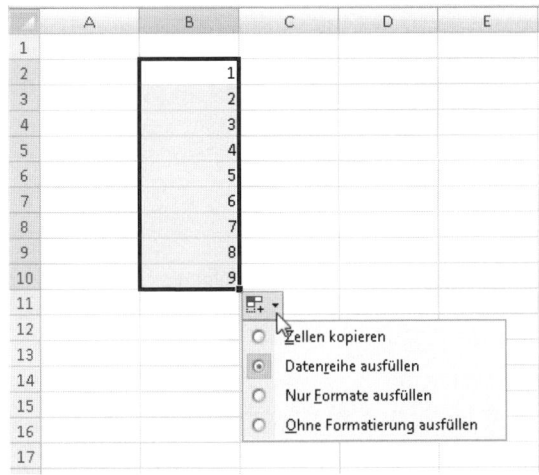

Abbildung 1.18 Was in einer Zelle steht, ist schnell in viele andere übertragen

Solange die Markierung besteht, finden Sie an der rechten unteren Ecke eine neue Schaltfläche: die *Auto-Ausfülloptionen*. Klicken Sie darauf, öffnet sich ein Dropdownmenü. Voreingestellt ist *Zellen kopieren*. Das Ergebnis sehen Sie bereits in der Tabelle. Klicken Sie jetzt einmal auf *Datenreihe ausfüllen*. Das Ergebnis wird Sie überraschen – beim ersten Mal. Künftig werden Sie diese Funktionalität aber sicher gerne nutzen. Über *Nur Formate ausfüllen* lassen sich die Formate der ersten Zelle auf die anderen übertragen, ohne dass der Inhalt der ersten Zelle kopiert wird. *Ohne Formatierung ausfüllen* übernimmt den Inhalt der ersten Zelle, gibt aber die Formatierung nicht mit weiter.

Abbildung 1.19 Wie die markierten Zellen gefüllt werden, können Sie auch nachträglich noch beeinflussen

Machen Sie nun noch folgendermaßen weiter:

1. Setzen Sie die Markierung durch einen Mausklick in Zelle C2.
2. Geben Sie dort eine 1 ein und bestätigen Sie mit der ⬇-Taste.
3. Geben Sie in die Zelle C3 eine 3 ein und bestätigen Sie mit der ↵-Taste.
4. Markieren Sie die Zellen C2 bis C3.
5. Fassen Sie mit dem Mauszeiger das Ausfüllkästchen und ziehen Sie den Bereich bis Zelle C10.

Jetzt hat Excel den Bereich nicht mit den gleichen Zahlen gefüllt, sondern eine Reihe gebildet. Aus den beiden Zahlen 2 und 5 hat Excel abgeleitet, dass es mit 5, 7, 9 usw. weitergehen soll.

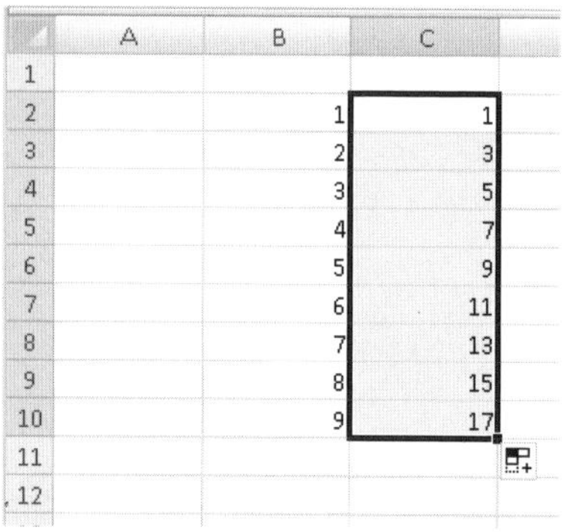

	A	B	C
1			
2		1	1
3		2	3
4		3	5
5		4	7
6		5	9
7		6	11
8		7	13
9		8	15
10		9	17
11			
12			

Abbildung 1.20 Excel analysiert unterschiedliche Zelleninhalte und bildet Reihen

Diese Technik kann noch ausgebaut werden:

1. Markieren Sie die Zelle D2 durch Anklicken.
2. Geben Sie die Formel =B2*C2 ein.
3. Bestätigen Sie mit der Tastenkombination [Strg]+[↵].
4. Fassen Sie mit dem Mauszeiger das Ausfüllkästchen und ziehen Sie den Bereich bis Zelle D10.

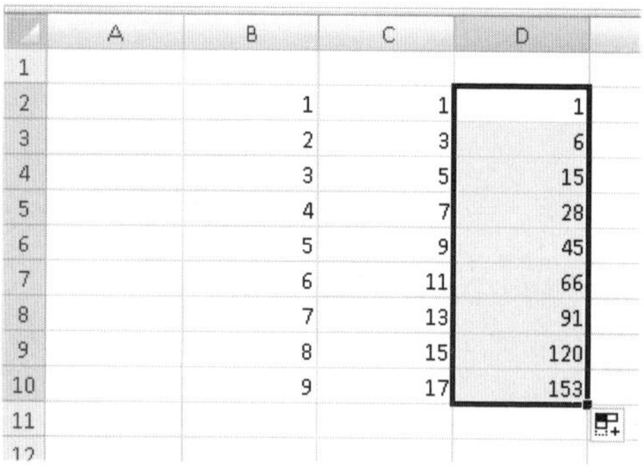

	A	B	C	D
1				
2		1	1	1
3		2	3	6
4		3	5	15
5		4	7	28
6		5	9	45
7		6	11	66
8		7	13	91
9		8	15	120
10		9	17	153
11				
12				

Abbildung 1.21 Formeln werden beim Kopieren angepasst, soweit relative Bezüge darin vorhanden sind

Sie sehen: Excel überträgt auch Formeln in die markierten Bereiche und passt dabei gleich die Bezüge an: Aus dem Bezug B2 wird in Zelle D3 der Bezug B3 und so weiter.

Reihen bilden

Die zuvor gezeigten Beispiele eröffnen für die schnelle und effektive Dateneingabe bereits einige Möglichkeiten. Wenn Sie aber glauben, damit sei auch schon das Ende der Fahnenstange erreicht, haben Sie sich geirrt.

Für den Anfang ein weiteres einfaches Beispiel:

1. Markieren Sie die Zelle A2 durch Anklicken.
2. Geben Sie »Januar« ein.
3. Drücken Sie die Tastenkombination [Strg]+[↵].

4. Fassen Sie mit dem Mauszeiger das Ausfüllkästchen und ziehen Sie den Bereich bis Zelle A10. Excel füllt den markierten Bereich mit den folgenden Monatsnamen.

A2	▼	fx	Januar	
	A	B	C	D
1				
2	Januar	1	1	1
3	Februar	2	3	6
4	März	3	5	15
5	April	4	7	28
6	Mai	5	9	45
7	Juni	6	11	66
8	Juli	7	13	91
9	August	8	15	120
10	September	9	17	153
11				

Abbildung 1.22 Reihen müssen für Excel nicht zwangsweise aus Zahlen bestehen

Datums- und Uhrzeitangaben kann Excel ebenfalls in Reihen passend ergänzen. Intervalle bei mindestens zwei Eingaben werden erkannt und in der Folge berücksichtigt.

G2	▼	fx	08:00:00	
	E	F	G	H
1				
2		01.01.2008	08:00	
3		01.02.2008	09:15	
4		01.03.2008	10:30	
5		01.04.2008	11:45	
6		01.05.2008	13:00	
7		01.06.2008	14:15	
8		01.07.2008	15:30	
9		01.08.2008	16:45	
10		01.09.2008	18:00	
11				
12				

Abbildung 1.23 Auch Datums- und Zeitwerte lassen sich in Reihe kopieren

Sie müssen schon etwas experimentieren, bis Sie eine Reihe finden, die Excel nicht automatisch vervollständigen kann.

Alles, was bisher gemacht wurde, lässt sich auch ohne Ausfüllkästchen realisieren. Sie finden im Menü *Bearbeiten/Ausfüllen/Reihe* (Excel 2003) bzw. in der Multifunktionsleiste auf der Registerkarte *Start* in der Gruppe *Bearbeiten* im Menü *Füllen/Reihe* (Excel 2007) ein Dialogfeld, das einige Varianten von Reihen anbietet.

Was man damit machen kann, zeigt ein abschließendes kleines Beispiel:

1. Markieren Sie die Zelle I2 per Mausklick.

2. Tippen Sie die Zahl 1 ein.

3. Bestätigen Sie mit der Tastenkombination ⌈Strg⌉+⌈↵⌉.

4. Markieren Sie den Bereich von I2 bis I10 (nicht über das Ausfüllkästchen).

5. Öffnen Sie das Dialogfeld *Reihe* je nach Excel-Version wie oben beschrieben.

6. Bei *Reihe in* entscheiden Sie sich für *Spalten*.

7. Markieren Sie bei *Typ* die Option *Geometrisch*.
8. Tragen Sie bei *Inkrement* den Wert 2 ein.
9. Bestätigen Sie mit *OK*.

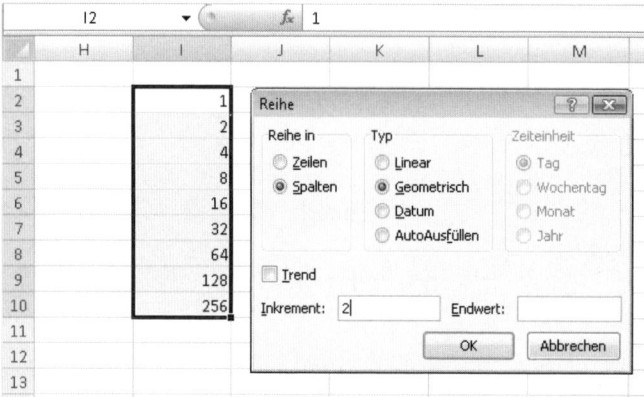

Abbildung 1.24 Geometrische Reihen sind für Excel auch kein Problem

Wenn Sie sich das Dialogfeld *Reihe*, das sich seit Excel 5.0 kaum verändert hat, ansehen, erkennen Sie schnell, dass auch Datumsreihen flexibel angepasst werden können und Trendreihen nur einen Mausklick entfernt sind.

Genauigkeit in Excel

Immer wieder hört man das Argument, dass Excel nicht genau genug rechnet. Was ist davon zu halten?

Anzahl der Nachkommastellen und Gleitkomma

Zunächst ist festzustellen, dass Excel mit einer 15-stelligen Genauigkeit rechnet. Alle Zahlen werden mit einer Genauigkeit von 15 Stellen nach dem Komma abgespeichert. Excel rechnet auch dann mit 15 Stellen, wenn weniger (meistens zwei) angezeigt werden. Berücksichtigt wird dann bei der Berechnung nicht die gerundete Anzeige, sondern das tatsächliche Ergebnis, das dahinter steht.

Sie können das leicht überprüfen, indem Sie beispielsweise in eine mit zwei Nachkommastellen formatierte Zelle eine Berechnung eingeben, die zwangsweise zu mehreren Nachkommastellen führt (z.B. = 1/13) und dann über *Zelle formatieren* (Excel 2003: *Format/Zellen* – Excel 2007: *Start/Zahl*) auf der Registerkarte *Zahlen* die Zahl der Dezimalstellen erhöhen und verringern.

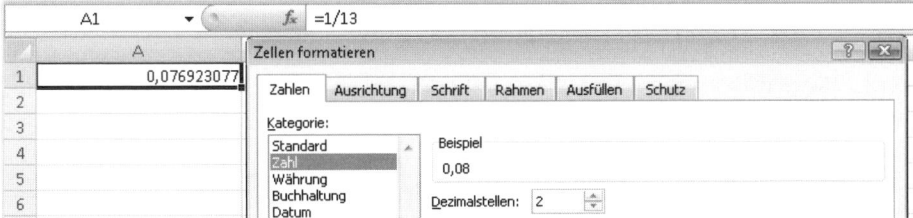

Abbildung 1.25 Die Anzeige entspricht in Excel nicht unbedingt der tatsächlichen Genauigkeit

Sie können dabei verfolgen, wie sich die Anzeige verändert. Es verändert sich nicht der tatsächlich gespeicherte und für die Berechnung zur Verfügung stehende Wert. Allerdings können Sie dies ändern und die Genauigkeit einschränken:

1. Rufen Sie den Menübefehl *Extras/Optionen* auf (Excel 2003) bzw. klicken Sie im *Office*-Menü auf die Schaltfläche *Excel-Optionen* (Excel 2007).

2. Aktivieren Sie die Registerkarte *Berechnung* (Excel 2003) bzw. blättern Sie in der Kategorie *Erweitert* bis zur Gruppe *Beim Berechnen dieser Arbeitsmappe* (Excel 2007).

3. Aktivieren Sie das Kontrollkästchen *Genauigkeit wie angezeigt festlegen* (bei Excel 2003 zu finden unter den *Arbeitsmappenoptionen*).

Nun rechnet Excel nicht mehr mit den gespeicherten, sondern den angezeigten Werten. Dies ist für den kaufmännischen Einsatz durchaus hilfreich, in der Regel sind aber die Rundungsfunktionen vorzuziehen. Im übernächsten Abschnitt erfahren Sie Genaueres dazu.

Dezimalstellen

Die Darstellung und Eingabe von Dezimalstellen ist in Excel sehr komfortabel gelöst. Bereits bei der Anlage von Zahlenformaten kann festgelegt werden, welche Dezimalstellen angezeigt werden. In der Symbolleiste *Standard* (Excel 2003) bzw. der Multifunktionsleiste auf der Registerkarte *Start* finden sich zwei Symbole, mit denen bei einer Zahl Dezimalstellen hinzugefügt oder entfernt werden können.

Abbildung 1.26 Mit diesen beiden Schaltflächen lassen sich Dezimalstellen entfernen oder hinzufügen

Jedes der beiden Symbole zur Dezimalstellenbearbeitung beinhaltet auch gleichzeitig die Funktion des anderen. Das erste Symbol trennt bei einer Zahl eine Stelle durch ein Dezimaltrennzeichen ab. Drücken Sie die ⌂-Taste bevor Sie das Symbol anklicken, wird die Funktion genau umgekehrt ausgeführt.

Insbesondere bei der Eingabe langer Zahlenkolonnen ist es lästig, immer das Dezimaltrennzeichen eingeben zu müssen. Dies kann dann unterbleiben, wenn Sie eine entsprechende Einstellung vornehmen:

1. Rufen Sie den Menübefehl *Extras/Optionen* auf (Excel 2003) bzw. klicken Sie im *Office*-Menü auf die Schaltfläche *Excel-Optionen* (Excel 2007).

2. Aktivieren Sie die Registerkarte *Bearbeiten* (Excel 2003) bzw. die Kategorie *Erweitert* (Excel 2007).

3. Aktivieren Sie das Kontrollkästchen *Feste Dezimalstelle setzen* (Excel 2003) bzw. *Dezimalkomma automatisch einfügen* im Abschnitt *Optionen bearbeiten* (Excel 2007).

4. Legen Sie die gewünschte *Stellenanzahl* fest.

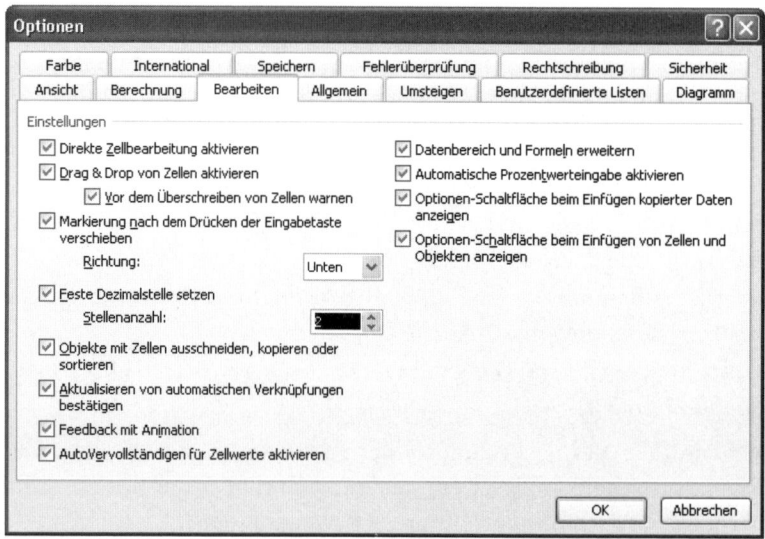

Abbildung 1.27   Dezimalstellen können fest zugewiesen werden – und das Komma wird dazu noch automatisch gesetzt

Von jeder Zahl, die jetzt eingegeben wird, werden automatisch die festgelegten Dezimalstellen von rechts abgetrennt. Das heißt aber auch, dass bei Zahlen, die keine Stellen nach dem Dezimalkomma haben, so viele Nullen eingegeben werden müssen, wie Dezimalstellen vorgesehen sind.

Runden

Über die Formatierung können Sie Excel bereits anweisen, eine zu lange Zahl zu runden. Legen Sie keine Formatierung fest, werden alle Nachkommastellen bis zur 15. Stelle angezeigt und danach abgeschnitten. Legen Sie z.B. zwei Nachkommastellen fest, rundet Excel ab der dritten Stelle in der Anzeige auf oder ab. Haben Sie allerdings über *Extras/Optionen* auf der Registerkarte *Berechnen* (Excel 2003) bzw. *Office*-Menü und *Excel-Optionen* in der Kategorie *Erweitert* (Excel 2007) *Genauigkeit wie angezeigt* aktiviert, hat dies auf die Berechnung in einer Formel erhebliche Auswirkungen: Es wird tatsächlich nur mit den angezeigten Stellen gerechnet.

Runden nach dem Komma

Excel stellt einige Funktionen zum Runden von Zahlen innerhalb der Gruppe der mathematischen Funktionen zur Verfügung. Die meisten dieser Funktionen funktionieren nach folgender Syntax:

```
=Rundenfunktion(Zahl;Anzahl_Stellen)
```

Der erste Parameter nimmt die Zahl oder den Bezug auf eine Zahl auf, der zweite Parameter gibt an, auf wie viele Stellen nach dem Komma gerundet werden soll. Einige Funktionen (GERADE; UNGERADE; VRUNDEN) kommen jedoch mit einem Parameter, der Angabe der Zahl, aus.

	A	B	C	D
1				
2		9,45438975321099		
3		9,45438975321099	9,4543	=ABRUNDEN(B3;4)
4		9,45438975321099	9,4544	=AUFRUNDEN(B4;4)
5		9,45438975321099	9	=GANZZAHL(B5)
6		9,45438975321099	10	=GERADE(B6)
7		9,45438975321099	9,4543	=KÜRZEN(B7;4)
8		9,45438975321099	9,4544	=RUNDEN(B8;4)
9		9,45438975321099	11	=UNGERADE(B9)
10		9,45438975321099	9	=VRUNDEN(B10;3)
11				

Abbildung 1.28 Mit Excel-Funktionen kann auf unterschiedliche Weise gerundet werden

Runden vor dem Komma

Sie möchten eine Zahl auf Zehner-, Hunderter- oder Tausenderstellen – vor dem Komma – runden? Das ist einfacher, als Sie vielleicht denken:

1. Fügen Sie die RUNDEN-Funktion ein.
2. Geben Sie als zweiten Parameter eine Zahl mit einem Minuszeichen ein (–1 für Zehner-, –2 für Hunderter- oder –3 für Tausenderstellen-Rundung).

	A	B	C	D
11				
12		945.438	945.440	=RUNDEN(B12;-1)
13		954.389	954.400	=RUNDEN(B13;-2)
14		943.897	944.000	=RUNDEN(B14;-3)
15				

Abbildung 1.29 Auch vor dem Komma kann gerundet werden

Damit wäre für die Zielrichtung dieses Buches das nötige Grundlagenwissen für den Umgang mit Excel so weit abgesteckt, dass Sie im folgenden Kapitel direkt mit dem Einstieg in das kaufmännische Rechnen mit Excel beginnen können.

Dreisatz- und Prozentrechnung

Eigentlich sollte der Dreisatz zu den Grundrechenarten gehören. Das Errechnen eines Wertes auf Grund vorliegender anderer Werte ist nicht nur für den Kaufmann wichtig, sondern auch, wie mir eine Fachfrau verlässlich versicherte, für das Stricken (Umrechnen einer Maschenprobe auf die Anleitung). Tatsächlich finden sich aber gerade bei der Beherrschung der Dreisatzrechnung viele selbst mit guter Schulbildung in der Defensive. Deshalb steht diese Technik auch gleich am Anfang der kaufmännischen Rechenverfahren, gefolgt von der eng verwandten Prozentrechnung.

Grundlagen der Dreisatzrechnung

Mit Excel ist eine Dreisatzrechnung keine große Sache, vorausgesetzt man kann Excel sagen, wie es zu machen ist. Die Ausgangssituation ist immer so, dass es drei bekannte Größen gibt und eine vierte gesucht wird. Manchmal gibt es auch noch mehr bekannte Werte und es wird nicht nur nach einer weiteren Größe gesucht. Aber wenn man den einfachen Dreisatz einmal verstanden hat, entlarvt man den zusammengesetzten Dreisatz ganz leicht.

Der einfache Dreisatz

Man unterscheidet dann noch zwischen Dreisätzen mit geradem und ungeradem Verhältnis, wobei sich das komplizierter anhört, als es eigentlich ist. Sie werden das an Beispielen besser verstehen, als wenn das jetzt umständlich theoretisch aufgearbeitet wird. Deshalb am besten gleich hinein in die Probleme.

Dreisatz mit geradem Verhältnis

Ein Schüler hilft jeden Freitagabend 4 Stunden in einem Gastronomiebetrieb mit und bekommt dafür 50 Euro. Am Samstagabend soll er ausnahmsweise für 5 ½ Stunden bei einer Hochzeitsfeier aushelfen. Wie viel Lohn kann er dafür erwarten? Die Lösung geht man traditionell folgendermaßen an:

Aussagesatz: Der Schüler erhält für 4 Stunden Arbeit 50 Euro.

Fragesatz: Wie viel Euro erhält der Schüler für 5 ½ Stunden Arbeit?

Umrechnungssatz: Wie viel bekommt der Schüler für 1 Stunde Arbeit?

Um den Lohn für 1 Stunde Arbeit zu errechnen, teilt man das Honorar (50 Euro) durch die geleistete Arbeitszeit (4 Stunden) und erhält den Betrag von 12,50 Euro. Diesen multipliziert man mit den Arbeitsstunden, für die man den Lohn errechnen will (5,5) und erhält so 68,75 Euro. Das kann man auch gleich in einer Rechnung zusammenfassen.

Lösung:

$$5,5 \text{ Stunden Arbeit} = \frac{50 \text{ Euro} \times 5,5 \text{ Stunden Arbeit}}{4 \text{ Stunden Arbeit}} = 68,75 \text{ Euro}$$

Mit Excel geht das natürlich ganz einfach.

	A	B	C	D	E
1					
2	Arbeitsstunden:	4	5,5		
3	Lohn:	50,00	68,75		
4			**68,75**		=C2*B5
5	Stundenlohn:	12,50			
6					
7					
8		=B3/B2			=B3*C2/B2
9					
10					

Abbildung 2.1 Dreisatzrechnung mit Excel funktioniert mit und ohne Umweg

In die Spalte A schreiben Sie die Größen, mit denen gerechnet werden soll, zum besseren Verständnis hinein. In Spalte B werden zunächst die zwei bekannten Größen aufgeführt. Eine erste Formel errechnet das Zwischenergebnis (Umrechnungssatz). In die Spalte C schreiben Sie neben die Arbeitsstunden für den bekannten Lohn die neuen Arbeitsstunden. Nun kann das Ergebnis ausgerechnet werden, indem das Zwischenergebnis mit dem neuen Arbeitslohn multipliziert wird (Zelle C3). Man kann es aber auch gleich in einer Rechnung erledigen, indem die Formel (Lösung) komplett eingegeben wird (Zelle C5).

HINWEIS   Man spricht von einem Dreisatz mit geradem Verhältnis, weil sich die beiden bekannten Größen gleichermaßen entwickeln, d.h., wird die eine mehr, wird es auch die andere, wird die eine weniger, passiert mit der anderen das Gleiche. Im Beispiel: Arbeitet der Schüler mehr, wird auch sein Lohn höher ausfallen. Arbeitet er weniger, ist sein Lohn geringer.

	A	B	C	D	E
1					
2	Arbeitsstunden:	4	3		
3	Lohn:	50,00	37,50		
4			**37,50**		=C2*B5
5	Stundenlohn:	12,50			
6					
7					
8		=B3/B2			=B3*C2/B2
9					
10					

Abbildung 2.2 Eine einmal angelegte Dreisatzrechnung in Excel kann immer wieder verwendet werden

Der Vorteil einer solchen Dreisatzrechnung in einer Excel-Tabelle ist, dass Sie diese nur einmal eingeben müssen. Stellt sich die Frage für den Schüler erneut, weil er jetzt auch Mittwochabend für 3 Stunden aushelfen soll, muss er nur in der Zelle C2 die 5,5 durch 3 überschreiben, um das neue Ergebnis zu erhalten. Er weiß dann, dass er am Mittwochabend genug verdient, um die Freundin am Donnerstagabend ins Kino einzuladen.

TIPP   Wenn Sie ein gerades Dreisatzverhältnis erkennen, können Sie sich als Faustregel merken: feste bekannte Größe durch variable bekannte Größe **dividieren** und mit der zu ermittelnden Größe **multiplizieren**. Im Beispiel ist die feste bekannte Größe der Lohn, die variable bekannte Größe die Arbeitszeit und die zu ermittelnde Größe die veränderte Arbeitszeit.

Dreisatz mit ungeradem Verhältnis

Eine Putzkolonne von 7 Frauen schafft ein komplettes Bürogebäude in 4,5 Stunden. Die Kolonne soll um eine weitere Arbeitskraft ergänzt werden, um an einem Tag zwei Bürogebäude komplett zu bewältigen.

Aussagesatz: Die Putzkolonne von 7 Frauen schafft ein Bürogebäude in 4,5 Stunden.

Fragesatz: Wie lange benötigen 8 Frauen, um ein Bürogebäude zu reinigen?

Umrechnungssatz: Wie lange braucht 1 Frau für ein Bürogebäude?

Zunächst ermittelt man also, wie lange eine Arbeitskraft für das ganze Gebäude benötigt. Da 7 Frauen zusammen arbeiten, benötigt eine Frau sieben Mal so lange. Dieses Ergebnis kann man dann durch die neue Anzahl Arbeitskräfte (8) teilen. Das Ergebnis sind 3,93 Stunden, also fast 4 Stunden. Eine Arbeitskraft mehr bringt also das gewünschte Ergebnis.

Lösung:

$$\text{Stunden Arbeit Bürogebäude} = \frac{7\ \text{Arbeitskräfte} \times 4{,}5\ \text{Stunden Arbeit}}{8\ \text{Arbeitskräfte}} = 3{,}93\ \text{Stunden}$$

Auch hier liefert eine Excel-Tabelle wieder schnell eine Lösung:

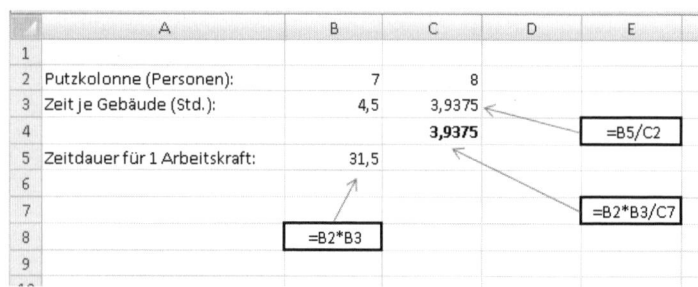

Abbildung 2.3 Auch Dreisätze mit ungeradem Verhältnis sind für Excel kein Problem

---

HINWEIS   Man spricht von einem Dreisatz mit ungeradem Verhältnis, wenn die Größen sich unterschiedlich entwickeln. Erhöht sich die eine Größe, verringert sich die andere. Im Beispiel wird die Zahl der Arbeitskräfte erhöht. Die Arbeitszeit verringert sich dadurch.

Auch dieses Beispiel kann variabel eingesetzt werden. So lässt sich zum Beispiel auch schnell austesten, um wie viele Arbeitskräfte man die Putzkolonne verringern kann, damit sie gerade an einem Tag fertig wird.

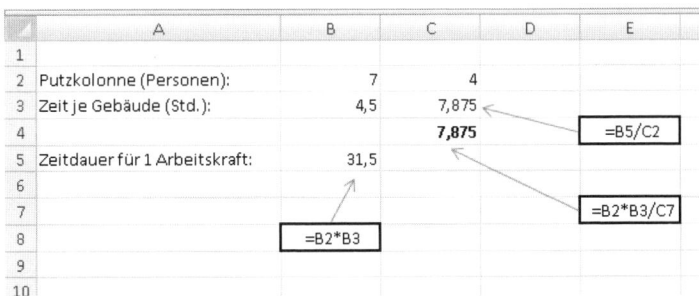

Abbildung 2.4 Dreisatztabellen lassen sich gut für Simulationen gebrauchen

---

TIPP   Wenn Sie ein ungerades Dreisatzverhältnis erkennen, können Sie sich als Faustregel merken: feste bekannte Größe mit der variablen bekannten Größe **multiplizieren** und mit der zu ermittelnden Größe **dividieren**. Im Beispiel ist die feste bekannte Größe die Anzahl der Personen der Putzkolonne, die variable bekannte Größe die Arbeitszeit je Gebäude und die zu ermittelnde Größe die veränderte Arbeitszeit für die Putzkolonne.

Der zusammengesetzte Dreisatz

Oft ist es nicht mit drei Größen getan. Plötzlich steht man vor einer Aufgabe, die scheinbar mit der Dreisatzrechnung nicht mehr gelöst werden kann. Vier, fünf oder gar sechs verschiedene Größen sind vorhanden, aus denen eine zusätzliche (oder alternative) Größe errechnet werden soll.

Aufgabe in Dreisätze auflösen

Drei Stanzmaschinen fertigen 12.000 Teile in 20 Stunden. Vier Stunden stehen die Maschinen still, weil eine durchgehende Betreuung der Maschinen nicht möglich ist. Aus Kostengründen soll die Stillstandzeit heraufgesetzt werden, um weiter Personal zu sparen. Trotzdem soll der Ausstoß dabei um 2.000 Teile erhöht werden. Wie viele Teile fertigen vier Stanzmaschinen höchstens in 18 Stunden?

Versuchen Sie nun, diesem Problem mit der bekannten Dreisatzrechnung auf den Grund zu gehen, stoßen Sie zunächst auf ein Problem: Eine Komponente ist immer zuviel. Deshalb ist es gut, solch ein Problem in zwei Dreisatzrechnungen aufzulösen:

1. Dreisatz: Drei Stanzmaschinen arbeiten 20 Stunden und schaffen 12.000 Teile.

1. Fragestellung: Vier Stanzmaschinen arbeiten x Stunden und schaffen 12.000 Teile.

Lösung:

$$x = \frac{3 \times 20}{4} = 15 \text{ Stunden}$$

2. Dreisatz: 12.000 Teile werden in 15 Stunden hergestellt.

2. Fragestellung: 14.000 Teile werden in x Stunden hergestellt.

Lösung:

$$x = \frac{14000 \times 15}{12000} = 17{,}5 \text{ Stunden}$$

Das vorgegebene Ziel wird mit Anschaffung einer weiteren Stanzmaschine also erreicht.

Die Lösung in Excel ist wieder schnell realisiert:

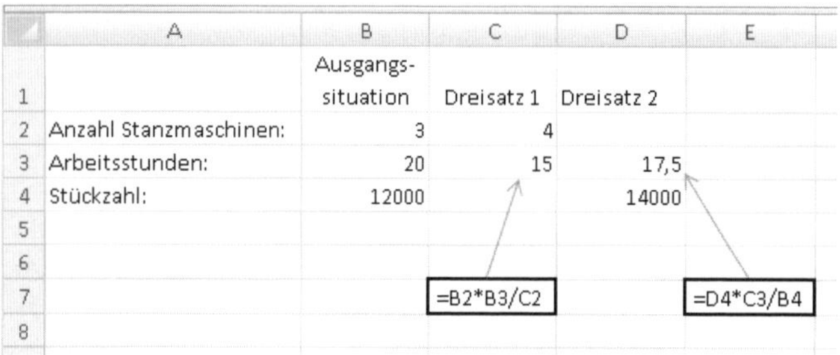

	A	B	C	D	E
1		Ausgangs-situation	Dreisatz 1	Dreisatz 2	
2	Anzahl Stanzmaschinen:	3	4		
3	Arbeitsstunden:	20	15	17,5	
4	Stückzahl:	12000		14000	
5					
6					
7			=B2*B3/C2		=D4*C3/B4
8					

Abbildung 2.5 Mit Excel löst man souverän auch Probleme eines zusammengesetzten Dreisatzes

Allerdings schafft Excel das auch in einem Durchgang. Man muss lediglich die Formel für die erste Dreisatzberechnung in die zweite einsetzen, im Beispiel also in der zweiten Formel den Bezug C3 durch die erste Formel (B2*B3/C2) tauschen.

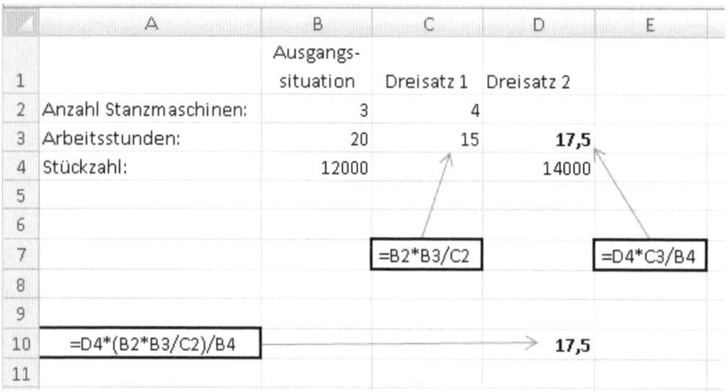

	A	B	C	D	E
1		Ausgangs-situation	Dreisatz 1	Dreisatz 2	
2	Anzahl Stanzmaschinen:	3	4		
3	Arbeitsstunden:	20	15	**17,5**	
4	Stückzahl:	12000		14000	
5					
6					
7			=B2*B3/C2		=D4*C3/B4
8					
9					
10	=D4*(B2*B3/C2)/B4			**17,5**	
11					

Abbildung 2.6 Eine zusammengesetzte Dreisatzrechnung erledigt man in Excel auch in einem Zuge

In Excel wird ganz schnell deutlich, wie zusammengesetzte Dreisätze in einer Berechnung zusammengeführt werden können. Wenn man einmal einen Dreisatz aufgegliedert hat und bei der letzten Berechnung sieht, auf welche Berechnungen in anderen Zellen Bezug genommen wird, muss man ja nur die Formeln aus diesen Bezügen integrieren. Zusammengesetzte Dreisätze, die aus zwei oder drei einzelnen bestehen, erledigt man nach etwas Übung dann sofort in einem Schritt.

HINWEIS Ein zusammengesetzter Dreisatz muss zunächst in mehrere Teildreisätze zerlegt werden. Sie können die Dreisätze dann einzeln berechnen, wobei die Reihenfolge keine Rolle spielt, oder sie alle auf einem Bruchstrich zusammenfassen.

Lösung mit dem Kettensatz finden

Fast in Vergessenheit geraten ist heute die Lösung zusammengesetzter Dreisatzprobleme mit dem Kettensatz. Dabei ist das eine einfache Möglichkeit, schnell zu einem Ergebnis zu kommen und dabei die verschiedenen Größen allein von der Aufgabenstellung her in eine sinnvolle Ordnung zu bringen.

Ein Testlabor bekommt den Auftrag, eine Stichprobe von 60 Produkten zu überprüfen. Für die Kalkulation werden folgende Informationen geliefert:

- Mitarbeiterkosten Unternehmensbrutto (Woche): 830 Euro/Mitarbeiter
- 15 Tests werden an einem halben Tag durchgeführt.
- 1 Tag hat 7,7 Arbeitsstunden.

Gefragt sind die Lohnkosten für die Testreihe.

Beim Kettensatz beginnt man mit der Frage, in diesem Fall: x Euro, und bildet damit den ersten Bedingungssatz: Wie viel Lohnkosten fallen für die 60 Produkttests an? Der zweite Bedingungssatz greift die zweite Komponente des ersten auf: 15 Tests werden in 4 Stunden durchgeführt. Beim dritten Bedingungssatz verfährt man gleichermaßen: 7,7 Stunden sind 1 Arbeitstag. Der letzte Bedingungssatz: Für 5 Arbeitstage kostet ein Mitarbeiter 830 Euro.

	A	B	C	D	E
1					
2	x	Euro	=	60	Tests
3	15	Tests	=	4	Stunden
4	7,7	Stunden	=	1	Arbeitstag
5	5	Arbeitstage	=	830	Euro
6					

Abbildung 2.7 Zunächst werden die Bedingungssätze gebildet

Jetzt ist es eigentlich einfach, die Lösung zu ermitteln. Man kippt diese Gliederung nach links – wobei die Frage vor den Bruchstrich rutscht – und rechnet sie aus:

$$x = \frac{60 \times 4 \times 1 \times 830}{15 \times 7,7 \times 5}$$

In Excel ist das wieder schnell realisiert. Das Ergebnis lautet: 344,94 Euro fallen für die Durchführung der Tests an Lohnkosten an.

	A	B	C	D	E
1					
2	x	Euro	=	60	Tests
3	15	Tests	=	4	Stunden
4	7,7	Stunden	=	1	Arbeitstag
5	5	Arbeitstage	=	830	Euro
6					
7		Lohnkosten für die Tests:			344,94 €
8					
9					
10		=(D2*D3*D4*D5)/(A3*A4*A5)			
11					

Abbildung 2.8 Ein Kettensatz lässt sich auch in Excel gut vorbereiten und ausrechnen

HINWEIS   Bei kleinen Formeln ist es oft nicht so wichtig, aber je umfangreicher sie werden, umso besser ist es, mit Klammern zu arbeiten. Sonst kann es leicht passieren, dass das Ergebnis nicht stimmt. Excel rechnet wie in der Mathematik üblich: Punkt vor Strich.

Der Kettensatz ist eine gute Methode, einen zusammengesetzten Dreisatz schnell zu lösen.

Wann ein Dreisatz nicht mehr hilft

Lösungen über Dreisatzrechnung sind nur dann möglich, wenn zwischen den Größen des zu berechnenden Problems ein linearer Zusammenhang besteht. So besteht zum Beispiel zwischen dem Milchkonsum der Bewohner eines Landes und der Sterblichkeitsrate von Landwirten dieser Zusammenhang nicht. Auch der Kleisterverbrauch beim Tapezieren ist nicht mit der Borstenanzahl am Tapezierpinsel in ein sinnvolles Verhältnis zu bringen. Ob aber beim Stricken die Maschenprobe auf die Strickanleitung umgerechnet wird, das Kuchenrezept auf eine andere Kuchenform angepasst wird oder der Lohn in Zusammenhang mit der Arbeitszeit gebracht wird – das alles lässt sich gut mit einer Dreisatzberechnung lösen; das meiste schon im Kopf, ganz sicher aber alles mit Excel.

Zuvor noch ein kleiner Exkurs in die Sprachgeschichte: Das Wort Prozent kommt aus dem Lateinischen. *Per centum* heißt dort: für, von oder je 100.

HINWEIS   1% sind ein Hundertstel eines Ganzen, 100% sind ein Ganzes. Damit ist deutlich, dass ein Prozentwert sich immer auf den Grundwert (das Ganze) bezieht und das Verhältnis des Prozentwertes zu diesem Grundwert ausdrückt.

Grundlagen der Prozentrechnung

Die Prozentrechnung ist eine Methode, Vergleiche transparent zu machen. Sie wird in fast allen Lebensbereichen angewendet und ist aus dem kaufmännischen Alltag nicht mehr wegzudenken. Der Vorteil ist: Da alles auf 100 bezogen ist, lassen sich Zahlen unterschiedlicher Herkunft miteinander vergleichen. Die Zahl der Arbeitslosen in Frankreich und in Luxemburg gibt absolut kein Bild von der tatsächlichen Situation am jeweiligen Arbeitsmarkt. Umgerechnet als Prozentsatz – bezogen beispielsweise auf die Gesamtbevölkerung – zeigen sie aber sehr deutlich, wie die Situation tatsächlich ist: 8,6% in Frankreich und 5% in Luxemburg (Stand: 2007).

Letztendlich ist die Prozentrechnung eine spezielle Form der Dreisatzrechnung. Deshalb wird sie nach Durcharbeitung der vorangegangenen Abschnitte auch nicht mehr schwer fallen.

Die drei Größen, um die es in der Prozentrechnung geht, sind:

- **Grundwert**   Das ist der Betrag, auf den sich die Prozentberechnung bezieht.
- **Prozentsatz**   Die Zahl, die mit einem Prozentzeichen versehen wird und das Verhältnis des Prozentwertes zum Grundwert angibt.
- **Prozentwert**   Ein Betrag, der zum Grundwert ins Verhältnis gesetzt wird. Das Verhältnis wird durch den Prozentsatz ausgedrückt.

Den Prozentwert ermitteln

Ausgangsfrage der Beschäftigung mit der Prozentrechnung ist die Suche nach dem Prozentwert, also welcher absolute Wert tatsächlich hinter den Prozenten steht. Dazu multipliziert man den Grundwert mit dem Prozentwert und dividiert das Ergebnis durch 100.

$$\text{Prozentwert} = \frac{\text{Grundwert} \times \text{Prozentsatz}}{100}$$

Vollständige Prozentwertermittlung mit Excel

Ein Händler gibt bei Barzahlung 5% Rabatt auf den Verkaufspreis, der 1.753,62 Euro beträgt. Wie hoch ist der Betrag, der vom Preis abgezogen werden kann?

$$\text{Prozentwert} = \frac{1753,62 \text{ Euro} \times 5}{100} = 87,68 \text{ Euro}$$

Die 5 % vom Verkaufspreis von 1.753,62 Euro machen also 87,68 Euro aus. Auch mit Excel ist dies schnell ermittelt.

	A	B	C	D	E
1					
2		Verkaufspreis:	1753,62		
3		Rabatt (%):	5		
4		Rabatt (€):	87,68 ←		=C2*C3/100
5		Barzahlungspreis:	1665,94		
6					
7					
8		=C2-C4			
9					

Abbildung 2.9 Der Prozentwert ist mit Excel schnell ermittelt, der Barzahlungspreis kann gleich zusätzlich errechnet werden

Die Prozentwertermittlung mit Excel ist so einfach, dass man kaum auf die Idee kommt, darüber nachzudenken, dass es noch einfacher gehen könnte. Das ist aber tatsächlich mit Excel möglich.

Vereinfachte Prozentwertermittlung mit Excel

Wenn Sie das Beispiel aus dem vorangegangenen Abschnitt nachgebaut haben, dann kopieren Sie jetzt zunächst die ganze Rechnung an eine andere Stelle:

1. Markieren Sie den Bereich von B2 bis C5.
2. Drücken Sie die Tastenkombination ⌈Strg⌉+⌈C⌉.
3. Klicken Sie in die Zelle B11.
4. Drücken Sie die Tastenkombination ⌈Strg⌉+⌈V⌉.
   Sie finden die Rechnung an dieser Stelle erneut, die Formeln wurden mit übertragen und angepasst, weil es sich um relative Bezüge handelt. Um die Prozentwertermittlung zu vereinfachen, unternehmen Sie nun noch folgende Schritte:
5. Löschen Sie den Inhalt von Zelle C12 (Zelle markieren und die ⌈Entf⌉-Taste drücken).

6. Klicken Sie auf die Schaltfläche mit dem Prozentsymbol in der Symbolleiste *Format* (Excel 2003) bzw. in der Multifunktionsleiste auf der Registerkarte *Start* (Excel 2007).

7. Geben Sie in die Zelle C12 die Zahl 5 – wenn die Zelle schon das Prozentformat enthält, sonst 0,05 ein.

8. Markieren Sie die Zelle C13 durch Anklicken und entfernen Sie aus der Formel /100.

	A	B	C	D	E
10					
11		Verkaufspreis:	1753,62		
12		Rabatt (%):	5%		
13		Rabatt (€):	87,68	←	=C11*C12
14		Barzahlungspreis:	1665,94		
15					
16					
17		=C11-C13			
18					
19					

Abbildung 2.10 Das Prozentformat vereinfacht die Prozentrechnung in Excel-Tabellen

Wie Sie sehen, ist trotz der gekürzten Formel die Rechnung nach wie vor korrekt. Außerdem ist jetzt auch noch das Prozentzeichen hinter dem Prozentsatz zu sehen.

HINWEIS Das Zahlenformat *Prozent* multipliziert den Inhalt der Zelle mit 100 in der Anzeige. Wird eine Zelle erst später mit dem Prozentformat belegt, so muss der Wert in einer Größe eingegeben werden, die bereits durch 100 dividiert ist. Das hört sich kompliziert an, ist aber im Prinzip leicht zu verstehen und nachzuvollziehen. Da immer von einem Grundwert von 100 ausgegangen wird, müssen Sie den Eingabewert immer hinter das Dezimalkomma legen. Aus 5 wird 0,05, aus 12 wird 0,12, aus 99 wird 0,99 und jetzt ist auch schon klar, dass aus 100 eine 1 wird. Im Normalfall ist es deshalb einfacher, vor der Eingabe der Werte das Prozentformat zuzuordnen. Denn dann macht das Format selbstständig aus der Eingabe 5 eine 0,05 und zeigt 5% an.

Nun braucht bei Berechnungen mit dem Prozentwert nicht mehr dividiert werden, weil dieser Vorgang bereits im Prozentsatz vorgenommen wurde.

Jeder Taschenrechner mit %-Taste funktioniert übrigens ebenso. Drückt man nach einer Multiplikation die %-Taste, bekommt man den Prozentwert angezeigt.

Die Anzahl der Dezimalstellen kann im Dialogfeld *Zellen formatieren* eingestellt werden, der in Excel 2003 über den Menübefehl *Format/Zellen* und in Excel 2007 auf der Registerkarte *Start* in der Gruppe *Zahl* (rechts unten auf den kleinen Pfeil klicken) erreicht werden kann.

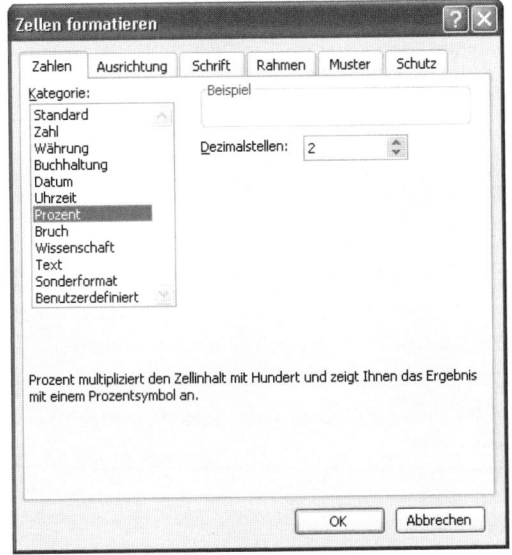

Abbildung 2.11 Das Zahlenformat *Prozent* multipliziert eine Zahl mit 100 und zeigt sie mit dem Prozentzeichen in der Zelle an

Noch einfacher geht es allerdings, wenn Sie die Schaltflächen für das Versetzen des Dezimalkommas verwenden, die Sie in der Symbolleiste *Format* (Excel 2003) bzw. auf der Registerkarte *Start* in der Gruppe *Zahl* (Excel 2007) finden.

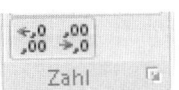

Abbildung 2.12 Zwei Schaltflächen, mit denen sich das Dezimalkomma nach links oder rechts verschieben lässt

Der Prozentsatz wird errechnet

Beim Kauf eines Neuwagens zu einem Kaufpreis von 18.300 Euro lässt der Verkäufer 800 Euro nach und spricht von einem erheblichen Rabatt. Der gleiche PKW wird von einem anderen Händler für 18.800 Euro angeboten, wobei er einen Rabatt von 5% verspricht, um konkurrenzfähig zu sein.

Die Formel zur Berechnung des Prozentsatzes lautet:

$$\text{Prozentsatz} = \frac{\text{Prozentwert} \times 100}{\text{Grundwert}}$$

Im ersten Beispiel lautet die Berechnung:

$$\text{Prozentsatz} = \frac{800 \times 100}{18.300} = 4,37\%$$

Natürlich ist auch Excel fähig, diese Berechnung vorzunehmen (wobei jetzt von vornherein mit der vereinfachten Form – s.o. – gearbeitet wird):

	A	B	C	D	E
1					
2		Verkaufspreis:	18.300,00		
3		Rabatt (%):	4,37%		=C4/C2
4		Rabatt (€):	800,00		
5					
6					

Abbildung 2.13 Um den Prozentsatz zu errechnen, muss Excel nur einfach zwei Zahlen dividieren

Damit ist auch schon mal geklärt, dass der Rabatt des zweiten Händlers höher ist. Ist der Kauf bei ihm aber tatsächlich günstiger? Mit Excel finden Sie das schnell heraus. Wie der Prozentwert ermittelt wird, haben Sie im vorangegangenen Kapitelabschnitt gesehen. Die vorhandenen Werte sind schnell in die Tabelle eingesetzt und die Formel für den Prozentwert hinzugefügt. Es muss lediglich der Grundwert (Verkaufspreis) mit dem Prozentsatz (Rabatt) multipliziert werden. Das Ergebnis erhalten Sie durch Subtraktion des Rabattbetrages (Prozentwertes) vom Verkaufspreis.

	A	B	C	D	E	F	G
1							
2		Verkaufspreis:	18.300,00		18.800,00		
3		Rabatt (%):	4,37%		5%		
4		Rabatt (€):	800,00		940		
5		Nettoverkaufspreis:	**17.500,00**		**17.860,00**		=E2-E4
6							
7			=E2*E3		=C4/C2		
8							
9							

Abbildung 2.14 Die Vergleichsrechnung zeigt, dass trotz des höheren Rabatts der zweite Händler teurer ist

---

TIPP Sie können sich die Formatierung der Zelle mit dem Prozentformat sparen, wenn Sie den Prozentwert mit dem Prozentzeichen zusammen eingeben. Excel erkennt, dass dieses Format gewünscht ist und belegt die Zelle mit dem Prozentformat.

Den Grundwert errechnen

Der künftige Bestsellerautor erhält von seinem Verlag die erste Honorarabrechnung, in der steht, dass das vertraglich vereinbarte Honorar von 12% vom Nettoladenverkaufspreis des Buches 2.826,06 Euro beträgt. Nachdem die Freude abgeklungen ist, zieht er die Stirn nachdenklich in Falten. Viele Fragen tauchen auf. Die erste ist die nach dem Umsatz, der mit seinem Buch gemacht wurde.

Den einfachen Grundwert errechnen

Zunächst einmal die Formel, mit der der Grundwert errechnet wird:

$$\text{Grundwert} = \frac{\text{Prozentwert} \times 100}{\text{Prozentsatz}}$$

Auf das Beispiel bezogen müsste der Autor nur folgende Rechnung machen, um den Umsatz zu ermitteln:

$$\text{Nettoumsatz} = \frac{2.826,06 \times 100}{12} = 23.550,50 \text{ Euro}$$

Hat der Autor Excel, muss er das nicht im Kopf errechnen und auch nicht aus der Schreibtischschublade den Taschenrechner hervorkramen.

	A	B	C	D	E
1					
2		Honorarsatz (%)	12%		
3		Honorar (€)	2.826,06		
4		Nettoumsatz	23.550,50	←	=C3/C2
5					
6					

Abbildung 2.15 Auch der Grundwert (Nettoumsatz) ist mit Excel schnell ermittelt

Auch hier reicht es, den Prozentwert (Honorar) durch den Prozentsatz (Honorarsatz) zu dividieren, wenn Letzterer bereits im Prozentformat in der Zelle angelegt wurde.

Die Frage, die sich für den Autor hier anschließt, ist, wie viele Exemplare seines Buches verkauft wurden. Das ist aus dem Nettoumsatzbetrag nicht so ohne weiteres herauszurechnen. Ist der Ladenverkaufspreis des Buches aber bekannt, kann die Frage schnell beantwortet werden. In diesem Beispiel gehen wir von einem Ladenverkaufspreis des Buches von 19,80 Euro aus.

Den vermehrten Grundwert errechnen

Eine einfache Division ist nicht möglich. Die Bezeichnung *Nettoumsatz* lässt schon vermuten, dass es auch so etwas wie einen *Bruttoumsatz* gibt. Tatsächlich ist das der Umatz, der um die Umsatzsteuer bereinigt wurde. Da die Umsatzsteuer für den Unternehmer ein durchlaufender Posten ist, hat er sie für seine weiteren Berechnungen aus dem (Brutto-)Umsatzbetrag herausgerechnet. Für Bücher ist in Deutschland ein Umsatzsteuersatz von 7% vorgeschrieben. Um aus dem Nettoumsatz also einen Bruttoumsatz zu machen, müssen 7% hinzugerechnet werden.

Der umständliche Weg wäre jetzt, 7% aus dem Grundwert herauszurechnen und dann mit dem Grundwert zu addieren. Das muss aber so umständlich nicht gemacht werden. Schreibt man alles schön in einen Bruch und kürzt dann im Zähler und Nenner, bleibt zum Schluss die Multiplikation des Grundwertes mit 1,07. Vereinfacht erklärt: Die 1 steht für den Grundwert (= 100%). Die 0,07 stehen für die 7% Umsatzsteuer, um die der Grundwert erhöht werden muss. Bei anderen Umsätzen, bei denen der Mehrwertsteuersatz von 19% berücksichtigt werden müsste, wird mit 1,19 multipliziert.

Auf diese Weise errechnet unser Autor mit Excel einen Bruttoumsatz von 25.199,04 Euro.

	A	B	C	D	E
1					
2		Honorarsatz (%)	12%		
3		Honorar (€)	2.826,06		
4		Nettoumsatz	23.550,50 ←		=C3/C2
5					
6		Bruttoumsatz	25.199,04 ←		=C4*1,07
7					
8					
9					

Abbildung 2.16 Der erweiterte Grundwert wird ebenfalls über eine einfache Multiplikation ermittelt

Nun muss nur noch der Bruttobetrag durch den Ladenverkaufspreis des Buches dividiert werden, um die verkaufte Stückzahl zu ermitteln. Da es bei dieser Art von Rechnung zu Rundungsdifferenzen kommen kann, immer aber nur ganze Stücke (Bücher) verkauft werden können, stellt der Autor sicherheitshalber die Zelle, die die *Verkaufte Stückzahl* aufnehmen soll, auf 0 Nachkommastellen ein.

	A	B	C	D	E
1					
2		Honorarsatz (%)	12%		
3		Honorar (€)	2.826,06		
4		Nettoumsatz	23.550,50 ←		=C3/C2
5					
6		Bruttoumsatz	25.199,04 ←		=C4*1,07
7					
8		Buchpreis	19,80		
9					
10		Verkaufte Stückzahl	1273 ←		=C6/C8
11					

Abbildung 2.17 Ausgehend von zwei vorliegenden Informationen (Prozentsatz und Prozentwert) konnten weitere Informationen auf einfache Weise errechnet werden

Natürlich hätte man auch einen anderen Weg gehen können: den Nettoladenpreis des Buches errechnen und dann den Nettoumsatz durch den Nettoladenpreis dividieren. Zu dessen Ermittlung wäre man den umgekehrten Weg gegangen: Bruttoladenverkaufspreis dividiert durch 1,07.

	A	B	C	D	E
1					
2		Honorarsatz (%)	12%		
3		Honorar (€)	2.826,06		
4		Nettoumsatz	23.550,50 ←		=C3/C2
5					
6		Bruttoumsatz	25.199,04 ←		=C4*1,07
7					
8		Buchpreis	19,80		
9					
10		Verkaufte Stückzahl	1273 ←		=C6/C8
11					
12		Nettoladenpreis	18,50 ←		=C8/1,07
13					
14		Verkaufte Stückzahl	1273 ←		=C4/C12
15					

Abbildung 2.18 Das Ergebnis ist auch beim Weg über den einzelnen Buchpreis das Gleiche

Hat man einmal das Prinzip der Prozentrechnung verstanden, ist es nicht mehr schwer, mit den vorliegenden Informationen (mindestens zwei von den dreien: Grundwert, Prozentwert, Prozentsatz müssen es immer sein!) den Rest zu errechnen und die Grundlage für weitere Berechnungen zu liefern.

Ein Spezialfall der Prozentrechnung ist die Zinsrechnung. Obwohl dabei eigentlich die gleichen Grundlagen gelten, wie sie hier aufgeführt wurden, geht es dabei doch etwas komplizierter – oder besser gesagt: komplexer – zu. Deshalb ist ihr auch ein eigenes Kapitel gewidmet (siehe Kapitel 3).

TIPP Wenn Sie sich mit dem Thema **Dreisatz** und **Prozentrechnung** einmal anders auseinandersetzen möchten, empfehle ich Ihnen das Buch: »rätselhaft + wunderbar – Eine literarische Reise in die Welt der Zahlen« (ISBN-13: 978-3-9811560-3-4). In den Kurzgeschichten *Wie backe ich einen Kirschkuchen – Von der sinkenden Steigerung* und *99%* wird das Thema Prozentrechnung einmal auf andere Art angegangen.

Kapitel 3

Zinsrechnung und Finanzmathematik

Zins ist ein Wort, das nicht neutral aufgefasst wird, sondern mehr oder weniger stark emotional belastet ist. Rein sachlich gesehen ist der Zins ein Betrag, der dafür gezahlt wird, dass eine bestimmte Summe Geldes über einen begrenzten Zeitraum hin verliehen wurde. In verschiedenen Religionen wurde und wird die Praxis, Zins zu nehmen, sogar verurteilt (im Judentum, im Islam und bis ins 18. Jahrhundert hinein auch im Christentum – um nur einmal die bedeutendsten religiösen Weltanschauungen beim Namen zu nennen).

Von Volkswirtschaftlern wird der Zins überwiegend als etwas gesehen, das die Wirtschaft in Gang hält. Ohne Zins gehe die Bereitschaft zur Investition zurück, ist eine gängige Aussage. Die Argumentationen führender Theoretiker gehen jedoch weiter und tiefer. Es gibt aber auch die andere Seite, Überlegungen, wie ohne Zins zu leben ist. Der Sozialreformer und Finanztheoretiker Silvio Gesell (1862–1930) etwa glaubte den Urzins erkannt zu haben, eine unvermeidliche Begleiterscheinung jeder Wirtschaft, die auf Geldgebrauch fußt. Allerdings dachte er diesen Urzins auf Null bringen zu können, indem er eine Art Freigeld einführte, das den steten Geldumlauf fordert. Ziel dieses Kapitels soll es jedoch nicht sein, die Zinstheorien auszuleuchten, sondern das Rechnen mit Zinsen zu erklären und die Anwendung der Zinsrechnung mit Excel zu demonstrieren. All denjenigen, die sich für dieses Thema interessieren, sei der lesenswerte Longseller von Margrit Kennedy: »Geld ohne Zinsen und Inflation« (ISBN-13: 978-3-44-212341-4) empfohlen.

Im zweiten Teil dieses Kapitels geht es dann um die Finanzmathematik, die über die Zinsrechnung hinausgeht. Allerdings kann dieser Teil nur exemplarisch einige Probleme aufgreifen und deren Umsetzung mit Excel zeigen. Für eine vollständige Abhandlung wäre ein eigenes Buch nötig.

Zinsrechnung

Die Zinsrechnung fußt auf der Prozentrechnung, allerdings geht sie über diese hinaus, weil der Faktor Zeit noch hinzukommt. Grundlage für jede Zinsberechnung ist das Kapital (Grundwert), auf das der Zins (Prozentwert) berechnet wird. Grundlage der Zinsberechnung ist der Zinssatz (Prozentwert). Dann spricht man noch vom Zinseszins. Damit ist gemeint, dass ein einmal gezahlter Zins bei der nächsten Zinsintervallberechnung mitberechnet wird; man zahlt also einen Zins auf den Zins. Andere Zinsbegriffe (Nominalzins, Realzins etc.) gehören dann schon in den Bereich der Finanzmathematik.

Grundlagen der Zinsrechnung

Die einfache Zinsrechnung unterscheidet sich zunächst nicht von der Prozentrechnung. Es kommt zwar als weiterer Faktor die Zeit hinzu, aber das ist, wie Sie gleich sehen werden, nicht weiter problematisch. Es muss lediglich der Bruch etwas erweitert werden.

Wird nichts anderes erwähnt, bezieht sich der Zinssatz auf ein Jahr. Bei Monats- und Tageszinsen muss also eine Anpassung erfolgen.

Berechnen der Jahreszinsen

Das Berechnen der Jahreszinsen ist eigentlich eine Kopfrechenaufgabe, die jeder mehr oder weniger gut beherrscht, der den Dreisatz verinnerlicht hat.

Jahreszinsberechnung

Wird ein fester Betrag (z.B. 5.000 Euro) für exakt ein Jahr zu einem Zinssatz von 4,5% angelegt, errechnet man die Zinsen nach folgender Formel:

$$\text{Zinsen} = \frac{\text{Kapital} \times \text{Zinssatz} \times \text{Jahre}}{100}$$

Das Ergebnis ist:

$$\text{Zinsen} = \frac{5.000 \times 4{,}5 \times 1}{100} = 225 \text{ Euro}$$

In Excel genügt wieder die Eingabe der drei bekannten Faktoren und die Multiplikation derselben, vorausgesetzt, der Zinssatz wurde in einer Zelle mit Prozentformat angelegt – dafür kann dann die Division durch 100 entfallen.

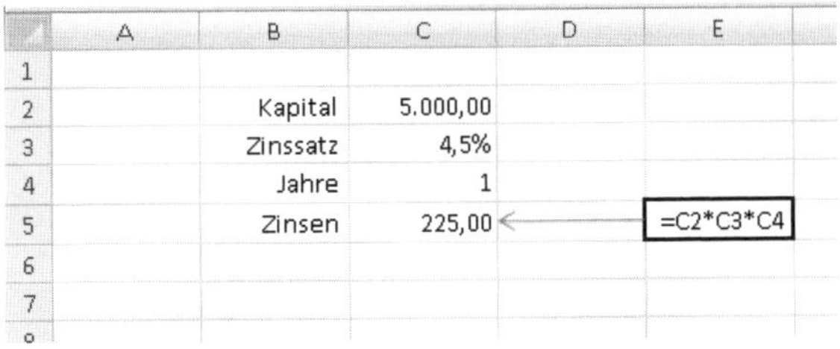

	A	B	C	D	E
1					
2		Kapital	5.000,00		
3		Zinssatz	4,5%		
4		Jahre	1		
5		Zinsen	225,00		=C2*C3*C4
6					
7					

Abbildung 3.1 Die einfache Zinsrechnung ist eine Prozentrechnung mit drei Faktoren

Mit Bereichsnamen arbeiten

Auch wenn die Formel zur Zinsberechnung recht einfach aufgebaut ist, sollte dies nicht darüber hinweg täuschen, dass sie nicht gerade verständlich ist. Nun bietet Excel dazu aber eine Hilfe an, die auch die Formeln in den Zellen besser nachvollziehbar macht. Um das Ganze nicht zu theoretisch zu halten, hier gleich die Anleitung dazu:

1. Markieren Sie die Zelle C2 per Mausklick.
2. Klicken Sie dann links oben in das *Namenfeld* und überschreiben Sie den dortigen Eintrag C2 mit *Kapital.*
3. Wiederholen Sie die Schritte 1 und 2 in den Zellen C3 und C4 und überschreiben Sie den Zellbezug im Namenfeld jeweils mit *ZSatz* und *Jahre.*

ACHTUNG Der Begriff *Zinssatz* ist in Excel schon für eine Funktion belegt. Er darf deshalb zwar für ein Namenfeld verwendet werden. Sobald man aber diesen Namen in eine Formel einfügt und nicht korrekt zuordnet, gibt Excel eine Fehlermeldung aus.

4. Markieren Sie die Zelle C4 und tragen Sie jetzt als Formel ein: =Kapital * ZSatz * Jahre.

5. Bestätigen Sie mit der ⏎-Taste.

	A	B	C	D
1				
2		Kapital	5.000,00	
3		Zinssatz	4,5%	
4		Jahre	1	
5		Zinsen	=Kapital*Zsatz*J	
6				𝑓ₓ JAHR
7				Jahre
8				𝑓ₓ JETZT

Abbildung 3.2 Man kann bei der Formeleingabe in einem Kontextmenü sehen, welche gleich oder ähnlich klingenden Namen bereits vergeben sind und die richtige Auswahl treffen

Bei der Formeleingabe mit Namen werden Sie von Excel unterstützt. In einem Kontextmenü bietet Excel gleich und ähnlich klingende Namen an. Wählen Sie in einem solchen Fall bei gleichen Namen immer das Angebot mit dem kleinen Etikett links daneben. Schreiben Sie einfach weiter, nimmt Excel an, dass Sie die Funktion einfügen wollen. Dies führt unweigerlich zu einer Fehlermeldung.

	A	B	C	D	E
1					
2		Kapital	5.000,00		
3		Zinssatz	4,5%		
4		Jahre	1		
5		Zinsen	225,00 ←		=C2*C3*C4
6			↑		
7					
8		=Kapital*ZSatz*Jahre			
9					
10					

Abbildung 3.3 Excel kann auch im Klartext rechnen

Wenn Sie jetzt Sorge haben, dass Sie zwar die Berechnung der Formel verstehen, in umfangreicheren Tabellen aber nicht mehr überblicken können, worauf sich solche Formeln im Klartext beziehen, dann können Sie unbesorgt sein. Es genügt ein Mausklick in die Formel und schon zeigt Excel mit farbigen Umrandungen an, worauf sich die Formel bezieht: Kapital erscheint z.B. in der Bearbeitungsleiste in blauer Schrift, und blau umrandet ist auch die Zelle, auf die sich Kapital bezieht.

Selbstverständlich lassen sich Namen auch wieder löschen. Da sich das Vorgehen in Excel 2007 und Excel 2003 unterscheidet, dazu im Folgenden zwei Anleitungen:

Excel 2003

1. Rufen Sie den Menübefehl *Einfügen/Namen/Definieren* auf.

2. Markieren Sie im Dialogfeld *Namen definieren* den Bereichsnamen, der gelöscht werden soll, durch Anklicken.

3. Klicken Sie auf die Schaltfläche *Löschen* und anschließend auf die Schaltfläche *Schließen*.

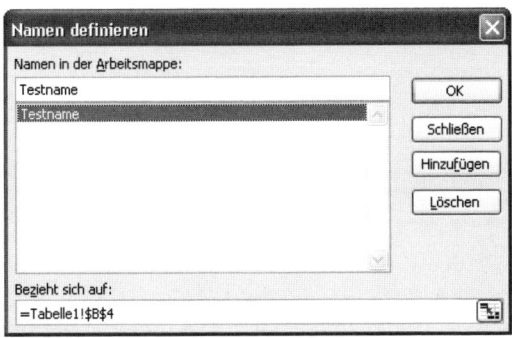

Abbildung 3.4 Bereichsnamen werden in Excel 2003 über das Dialogfeld *Namen definieren* gelöscht

Excel 2007

1. Öffnen Sie in der Multifunktionsleiste die Registerkarte *Formeln*.
2. Wählen Sie in der Gruppe *Definierte Namen* die Schaltfläche *Namens-Manager* aus.
3. Markieren Sie den Bereichsnamen, den Sie löschen möchten.
4. Klicken Sie auf die Schaltfläche *Löschen* und anschließend auf *Schließen*.

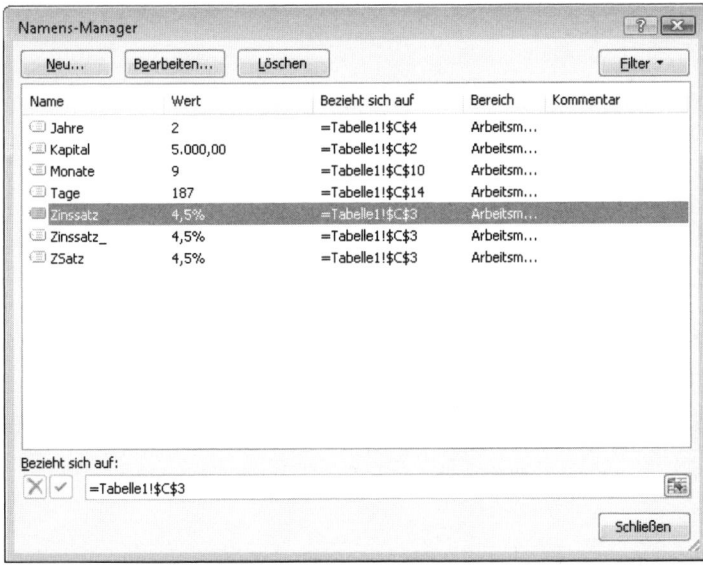

Abbildung 3.5 Das Dialogfeld *Namens-Manager* hilft in Excel 2007 bei der Verwaltung von Bereichsnamen

Berechnen der Monatszinsen

Werden Zinsen nicht für die volle Laufzeit eines Jahres, sondern für weniger oder mehr Monate gezahlt, muss die Formel etwas erweitert werden:

$$\text{Zinsen} = \frac{\text{Kapital} \times \text{Zinssatz} \times \text{Monate}}{100 \times 12}$$

Wird das Kapital also nicht nach einem Jahr, sondern bereits nach 9 Monaten zurückgezahlt, werden die Zinsen wie folgt errechnet:

$$\text{Zinsen} = \frac{5.000 \times 4,5 \times 9}{100 \times 12} = 168,75 \text{ Euro}$$

In Excel ergänzen Sie die Tabelle um ein Feld *Monate* (das Sie auch im *Namenfeld* entsprechend benennen), in der Formel teilen Sie durch 12. Obwohl es in diesem Fall auch ohne Klammern funktionieren würde, rate ich, für den Term über dem Bruchstrich die Klammern einzufügen. Wenn man es sich zur Gewohnheit macht, erlebt man später durch Unachtsamkeit keine bösen Überraschungen.

	A	B	C	D	E	F	G
1							
2		Kapital	5.000,00				
3		Zinssatz	4,5%				
4		Jahre	2				
5		Zinsen	450,00 ←		=C2*C3*C4		
6							
7							
8			=Kapital*ZSatz*Jahre				
9							
10		Monate	9				
11							
12		Monatszinsen	168,75 ←		=(Kapital*ZSatz*Monate)/12		
13							
14							

Abbildung 3.6 Das Berechnen der Monatszinsen ist kaum aufwändiger als das der Jahreszinsen

Berechnen der Tageszinsen

Monatszinsen werden eher seltener berechnet. Das Ermitteln der Tageszinsen ist dagegen der Alltag im Geschäftsleben. Die Formel verändert sich folgendermaßen:

$$\text{Zinsen} = \frac{\text{Kapital} \times \text{Zinssatz} \times \text{Tage}}{100 \times 360}$$

Wurde das Kapital nach 187 Tagen zurückgezahlt, sieht die Berechnung der Zinsen folgendermaßen aus:

$$\text{Zinsen} = \frac{5.000 \times 4,5 \times 187}{100 \times 360} = 116,88 \text{ Euro}$$

In Excel wird ein Feld für die Anzahl der Tage hinzugefügt, in der Formel wird der Bezug auf die Monate durch den Bezug auf die Tage ersetzt und das Ganze durch 360 dividiert.

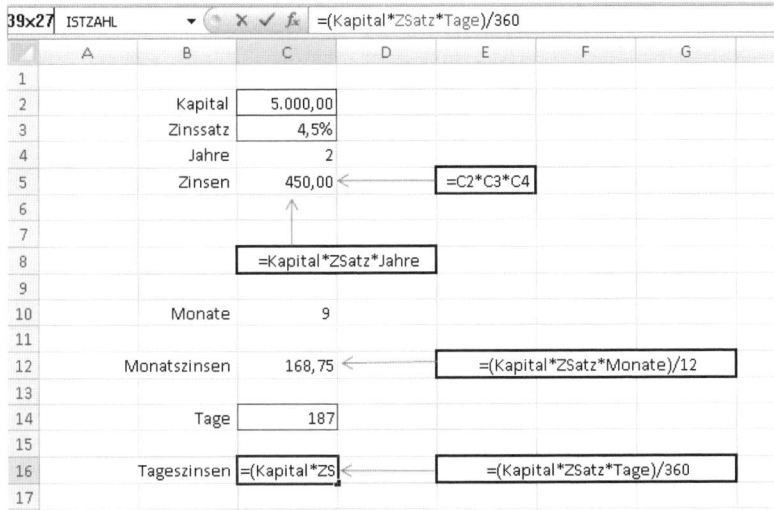

Abbildung 3.7 Die Bezüge werden in Excel deutlich markiert, so dass auch bei Bezugsnamen immer der Überblick gewahrt bleibt

Die Berechnung der Tage

Was auf den ersten Blick gar nicht so auffällt, ist das Problem, die Anzahl der Tage zu berechnen. Man muss ja eigentlich nur die Anzahl Tage zwischen dem Auszahlungs- und dem Rückzahlungstermin errechnen. Theoretisch! Praktisch sieht es etwas komplizierter aus, denn es gibt verschiedene Berechnungsmethoden:

- Behörden und Privatpersonen machen es in Deutschland so: Das Jahr wird mit 365 Tagen und die Monate nach der genauen Tageszahl gerechnet.

- Im Geschäftsalltag rechnen Kaufleute mit 360 Tagen und jeden Monat mit 30 Tagen.

Auf diese Weise rechnet man auch in der Schweiz, Dänemark, Schweden, Norwegen und Russland.

In Frankreich, Belgien, Niederlande, Italien, Spanien und Österreich nimmt man das Jahr mit 360 Tagen und rechnet jeden Monat genau.

Diese französische Methode nennt man seit 1994 auch Eurozinsmethode. Die Deutsche Bundesbank und die Geschäftsbanken wenden diese Eurozinsmethode an. Zu berücksichtigen ist dabei, dass der erste Tag des Zeitraums nicht mitgezählt wird, der letzte Tag aber als voller Zinstag gilt.

Nutzen wir das bereits eingeführte Beispiel, um einmal die unterschiedlichen Berechnungsarten zu demonstrieren: Auszahlung des Kapitals ist der 14.2.2008, Rückzahlungstermin ist der 2.8.2008.

- Privatpersonen und Behörden rechnen für den Februar 2008 (29 Tage) 16 Tage, für März, Mai und Juli je 31 Tage und für April und Juni je 30 Tage. Für den August kommen noch einmal 2 Tage dazu. Macht in der Summe: 171 Tage.

- Kaufleute rechnen für den Februar (30 Tage) 17 Tage, für März bis Juli je 30 Tage und für den August 2 Tage: 169 Tage.

- Nach der Eurozinsmethode rechnet man für den Februar (29 Tage) 15 Tage (der erste Tag wird nicht mitgerechnet) und die folgenden Monate wie bei Privatpersonen und Behörden: 31+30+31+30+31 und 2 Tage für den August: 170 Tage.

Was dies für den tatsächlichen Zinsbetrag bedeutet, lässt sich mit Excel schnell errechnen.

	A	B	C	D	E	F	G
1							
2		Kapital	5.000,00				
3		Zinssatz	4,5%				
4		Jahre	2				
5		Zinsen	450,00 ←		=C2*C3*C4		
18							
19		Tage Privat	171	105,12 ←	=(Kapital*ZSatz*C19)/366		
20		Tage Kaufleute	169	105,63 ←	=(Kapital*ZSatz*C20)/360		
21		Tage Eurozins	170	106,25 ←	=(Kapital*ZSatz*C21)/360		
22							
23							

Abbildung 3.8 Wie Zinstage errechnet werden, hat durchaus Einfluss auf den Zinsbetrag

---

ACHTUNG   Bei der Errechnung privater Zinstage muss berücksichtigt werden, dass es sich bei dem Jahr 2008 um ein Schaltjahr handelt. Teiler ist nicht 365, sondern 366. Zu beachten ist, dass bei der Eurozinsmethode zwar taggenau innerhalb des Monats gerechnet wird, auf das ganze Jahr jedoch nur mit 360 Tagen. Unter dem Bruchstrich steht also als Teiler 360 und nicht 365 bzw. 366.

Bei den folgenden Formeln wird nicht mehr mit Namen für die Zellen gearbeitet, um das Nachbauen der Beispiele nicht unnötig zu erschweren. Der Einsatz von Bereichsnamen ist aber gerade in großen Tabellen anzuraten, weil sie Fehlbezüge vermeiden helfen. Außerdem geht Excel davon aus, dass es sich bei Bezügen auf Bereichsnamen um absolute Bezüge handelt, was wiederum beim Kopieren von Zellen und Bereichen berücksichtigt werden muss.

Kapital, Zinssatz und Zeit berechnen

Die Formel zur Ermittlung der Tageszinsen kann so umgeformt werden, dass auch die anderen Werte bei Bedarf ermittelt werden können. Der Einfachheit halber gehe ich jetzt in den weiteren Abschnitten von der kaufmännischen Zinsermittlung aus.

Kapital ermitteln

$$\text{Kapital} = \frac{\text{Zinsen} \times 100 \times 360}{\text{Zinssatz} \times \text{Tage}}$$

In 3 Monaten (90 Tage) wird ein Betrag von 5.000 Euro benötigt. Der aktuelle Zinssatz für eine Anlage über diesen Zeitraum ist 3,75%. Wie viel Kapital muss angelegt werden, damit bei Auszahlung 5.000 Euro Zinsen aus dem Kapital zur Verfügung stehen?

$$\text{Kapital} = \frac{5000 \text{ Euro} \times 100 \times 360}{3,75 \times 90} = 533.333,33 \text{ Euro}$$

So ist schnell errechnet, dass man dafür mehr als eine halbe Millionen Euro benötigt. Mit Excel geht es noch schneller. Bei Einsatz des Prozentformats kann auch auf die Multiplikation mit 100 wieder verzichtet werden.

	A	B	C	D	E	F
1						
2		Kapital	533.333,33		=(C3*360)/(C4*C5)	
3		Zinsen	5.000,00			
4		Zinssatz	3,75%			
5		Tage	90			
6						
7						

Abbildung 3.9 Das Kapital ist schnell ermittelt, das zur Erzielung einer bestimmten Zinssumme eingesetzt werden muss

Solche einfachen Tabellenberechnungen reizen zur Simulation. So lässt sich durch Anpassung des Zinssatzes zum Beispiel auf 4,5% schnell feststellen, dass fast 90.000 Euro weniger eingesetzt werden müssen. Da lohnt sich schon das Verhandeln mit den Banken oder die Suche nach besseren Anlagemöglichkeiten.

	A	B	C	D	E	F
1						
2		Kapital	444.444,44		=(C3*360)/(C4*C5)	
3		Zinsen	5.000,00			
4		Zinssatz	4,50%			
5		Tage	90			
6						
7						

Abbildung 3.10 Man muss nur eine Zahl austauschen, um schnell ein anderes Ergebnis zu sehen

Zinssatz ermitteln

Die Formel wird folgendermaßen umgestellt:

$$\text{Zinssatz} = \frac{\text{Zinsen} \times 100 \times 360}{\text{Kapital} \times \text{Tage}}$$

Ein Kapital von 50.000 Euro brachte nach 180 Tagen 900 Euro Zinsen. Wie hoch war der Zinssatz?

$$\text{Zinssatz} = \frac{900 \times 100 \times 360}{50.000 \times 180}$$

Die Tabelle in Excel ist wieder schnell eingerichtet. Beachtet werden muss, dass die Zelle für den Zinssatz mit dem Prozentformat belegt werden muss. Da hier die Formel hineinkommt, kann das nicht bei der Eingabe automatisch erledigt werden.

	A	B	C	D	E	F
6						
7		Kapital	50.000,00			
8		Zinsen	900,00			
9		Zinssatz	3,60% ←		=(C8*360)/(C7*C10)	
10		Tage	180			
11						
12						

Abbildung 3.11 Bei der Zinssatzermittlung in der Excel-Tabelle auf das Prozentformat achten!

Zinstage ermitteln

Die Formel wird folgendermaßen angepasst:

$$\text{Tage} = \frac{\text{Zinsen} \times 100 \times 360}{\text{Kapital} \times \text{Zinssatz}}$$

Die Bank berechnet auf dem Kontoauszug am Quartalsende für ein Darlehen von 30.000 Euro den Betrag von 514,75 Euro für Zinsen. Der Zinssatz beträgt 7,1%. Vor wie viel Tagen wurde das Darlehen aufgenommen?

$$\text{Tage} = \frac{514,75 \times 100 \times 360}{30.000 \times 7,1} = 87 \text{ Tage}$$

Das Erstellen der Excel-Tabelle für diese kleine Berechnung sollte nun keine besonderen Anforderungen mehr stellen.

	A	B	C	D	E	F
1						
12		Kapital	30.000,00			
13		Zinsen	514,75			
14		Zinssatz	7,10%			
15		Tage	87 ←		=(C13*360)/(C12*C14)	
16						
17						

Abbildung 3.12 Die Ermittlung der Zinstage ist jetzt kein Problem mehr

Es muss übrigens nicht bei der Anzahl der Tage bleiben. Wenn Sie vergleichen möchten, ob die Berechnung mit dem Auszahlungszeitpunkt (Datum) auf dem Kontoauszug übereinstimmt (wer traut schon den Wertstellungspraktiken seiner Bank?), dann lassen Sie das doch Excel gleich nachprüfen. Dazu fügen Sie lediglich das Abrechnungsdatum hinzu und subtrahieren von diesem die Anzahl der Tage. Schon sehen Sie das Datum, das auch auf dem Kontoauszug bei der Auszahlung stehen müsste. Wenn nicht – bitten Sie um einen Termin bei Ihrem Bankberater.

	A	B	C	D	E	F
1						
12		Kapital	30.000,00			
13		Zinsen	514,75			
14		Zinssatz	7,10%			
15		Tage	87		=(C13*360)/(C12*C14)	
16						
17		Abrechnungsdatum	31.12.2008			
18		Auszahlungdatum	05.10.2008		=C17-C15	
19						
20						

Abbildung 3.13 Das Auszahlungsdatum ist schnell gefunden, wenn das Abrechnungsdatum zur Verfügung gestellt wird

Zinseszinsrechnung

Eigentlich müsste der Begriff längst so bekannt sein, dass sich keiner mehr wundert. Und doch trifft man immer wieder Menschen, die den Kopf schütteln und fragen, ob es sich um so etwas Ähnliches wie Kindeskinder handelt.

Grundlagen der Zinseszinsrechnung

Bei der Zinseszinsrechnung werden die nicht ausgezahlten Zinsen mitberücksichtigt, d.h. in der folgenden Periode ebenfalls verzinst. Vielen ist die Bedeutung dieser Methode nicht in letzter Konsequenz bewusst. Ich habe einigen Personen folgende Frage gestellt: Du bekommst 10.000 Euro geliehen und zahlst 10% Zinsen. Nach 10 Jahren zahlst du das geliehene Geld samt Zinsen zurück. Wie viel musst du zahlen? Die Zahlen wurden absichtlich so gewählt, da mit 10 gut auch im Kopf zu rechnen ist. Die Antworten fielen trotzdem sehr unterschiedlich aus. Wenn nicht mit einem »Weiß ich nicht!« gekontert wurde, dann lauteten die Antworten beispielsweise »10.000 Euro«, »11.000 Euro« , »20.000 Euro« oder »mehr als das Doppelte«. Letzteres war dann schon sehr nah an der Lösung.

	A	B	C	D	E	F
1						
2		Jahr	Schulden	Zinsen		
3		0	10.000,00	1.000,00		=C3*10%
4		1	11.000,00	1.100,00		
5		2	12.100,00	1.210,00		=C3+D3
6		3	13.310,00	1.331,00		
7		4	14.641,00	1.464,10		
8		5	16.105,10	1.610,51		
9		6	17.715,61	1.771,56		
10		7	19.487,17	1.948,72		
11		8	21.435,89	2.143,59		
12		9	23.579,48	2.357,95		
13		10	25.937,42			
14						

Abbildung 3.14 Bei der Zinseszinsrechnung werden die Zinsen im Laufe der Zeit mitverzinst

Eine einfache Excel-Tabelle zeigt die tatsächliche Lösung schon mit wenig Aufwand. In Zelle D3 wird die Darlehenssumme mit 10% multipliziert. Damit sind die Jahreszinsen errechnet. Für das nächste Jahr addiert man das Vorjahr plus die dafür angefallenen Zinsen. Dann kann man in beiden Spalten durch Ausfüllen nach unten kopieren (Näheres dazu finden Sie in Kapitel 1).

11.000 Euro sind nach einem Jahr zu zahlen. Einfach nur die 10% vom Kapital auszurechnen, das auf 10 Jahre verliehen wird, ist also eindeutig falsch. Das Doppelte der Darlehenssumme ist nach etwa 7 Jahren zu zahlen. Nach 10 Jahren betragen die Zinsen schon das 1½-fache des ursprünglichen Darlehensbetrages. Man sollte sich gut überlegen, ob man sich darauf einlässt, die Zinsen stehen zu lassen und erst am Ende der Laufzeit zu zahlen. Insbesondere dann, wenn in der Zwischenzeit nicht getilgt wird, kann das ein böses Erwachen geben.

HINWEIS   Allerdings muss ergänzend gesagt werden, dass die Situation nicht ganz so kritisch ist, wie sie zunächst aussieht. Gemäß § 248 Abs. 1 BGB ist im deutschen Zivilrecht festgelegt, dass eine im Voraus getroffene Vereinbarung, wonach Zinsen wieder Zinsen tragen sollen, nichtig ist. Damit ist die Berechnung von Zinseszinsen bei Privatgeschäften schon mal ausgeschlossen. Nach Absatz 2 dieser Vorschrift gilt eine Ausnahme allerdings für Sparkassen und anderen Kreditanstalten. Diese können wirksam die Zahlung von Zinseszinsen versprechen und vereinbaren. Auch beim handelsrechtlichen Kontokorrent können gemäß § 355 HGB Zinseszinsen vereinbart werden.

Zinseszinsrechnung mit Formeln und Funktionen

Zinseszinsrechnung muss aber nicht wie dargestellt durch umständliche Tabellen erfolgen. Es gibt Formeln dafür – der Mathematik sei Dank – und sogar Funktionen, die Excel mitbringt.

Formeln zur Auf- und Abzinsung

Berechnet man den Endwert eines Kapitals (wie im vorangegangenen Beispiel), spricht man von Aufzinsung. Den Aufzinsungsfaktor (q) für einen bestimmten Zinssatz (p) berechnet man folgendermaßen:

$$q = \left(1 + \frac{p}{100}\right)$$

Das Endkapital (K_n) errechnet man, indem man das Anfangskapital (K_0) mit dem Aufzinsungsfaktor multipliziert und mit der Anzahl der Jahre (n) potenziert.

$$K_n = K_0 \left(1 + \frac{p}{100}\right)^n$$

Sie möchten ein Kapital von 20.000 Euro für 4 Jahre zu einem Zinssatz von 5% anlegen und dabei die gutgeschriebenen Zinsen jeweils stehen lassen.

$$K_n = 20.000 \left(1 + \frac{5}{100}\right)^4 = 24.310,13$$

Mit Excel lässt sich das viel leichter berechnen, als mit Stift und Papier oder auch mit dem Taschenrechner. Es ist lediglich darauf zu achten, dass die Klammern korrekt gesetzt werden. Lieber ein Klammernpaar zuviel als zu wenig. Auch darf der Zinssatz nicht als Prozentwert eingesetzt werden. Alternativ kann man allerdings auch die Division durch 100 fortlassen.

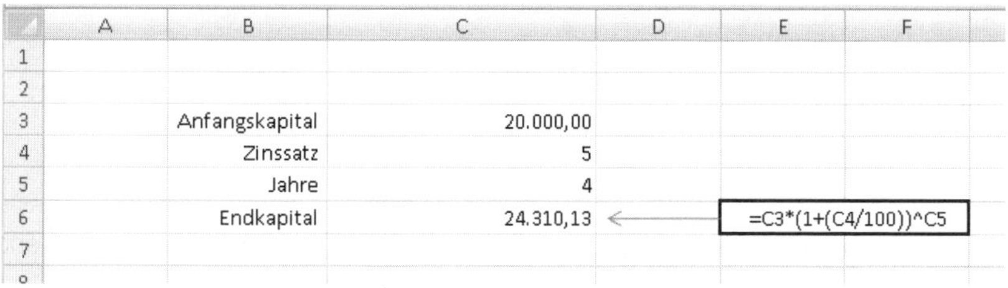

	A	B	C	D	E	F
1						
2						
3		Anfangskapital	20.000,00			
4		Zinssatz	5			
5		Jahre	4			
6		Endkapital	24.310,13	←	=C3*(1+(C4/100))^C5	
7						

Abbildung 3.15 Aufzinsung eines Kapitals mit einer Formel

Wenn man von Abzinsung spricht, dann geht man von einem bekannten Endwert (K_n) aus und möchte wissen, wie hoch das Anfangskapital (K_0) sein muss, um diesen Endwert zu erhalten. Bekannt sein müssen wiederum der Zinssatz (p) und die Zeitdauer in Jahren (n).

$$K_0 = K_n \frac{1}{\left(1+\frac{p}{100}\right)^n}$$

Sollen 25.000 Euro mit einem Zinssatz von 5% in vier Jahren erreicht werden, sieht die Berechnung über die Formel folgendermaßen aus:

$$K_0 = 25.000 \frac{1}{\left(1+\frac{5}{100}\right)^4} = 20.567,56$$

Auch hier hilft Excel, leichter zum Ziel zu kommen.

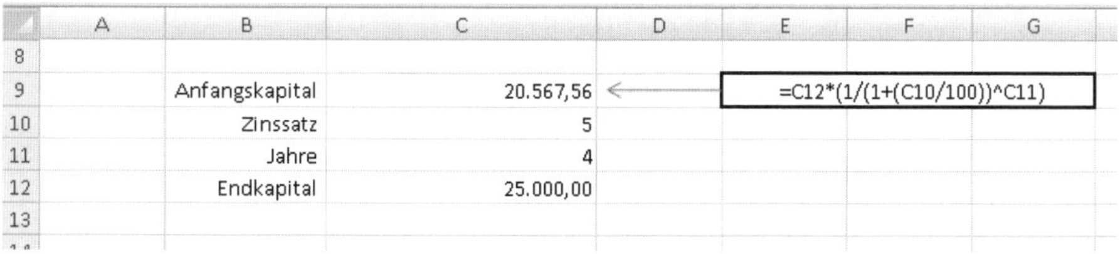

	A	B	C	D	E	F	G
8							
9		Anfangskapital	20.567,56	←	=C12*(1/(1+(C10/100))^C11)		
10		Zinssatz	5				
11		Jahre	4				
12		Endkapital	25.000,00				
13							

Abbildung 3.16 Abzinsung eines Kapitals mit einer Formel

Zinseszinsrechnung mit Excel-Funktionen

Es ist natürlich lästig, wenn man immer erst eine Funktion nachschlagen oder diese gar auswendig lernen muss. Für vieles bringt aber Excel gleich einiges an Handwerkszeug mit, so dass Nachschlagen und Auswendig lernen nicht nötig ist. Man muss nur wissen, wo man was findet. Da sich Excel 2003 und 2007 um einiges in der Vorgehensweise unterscheiden, folgen wiederum zwei Anleitungen.

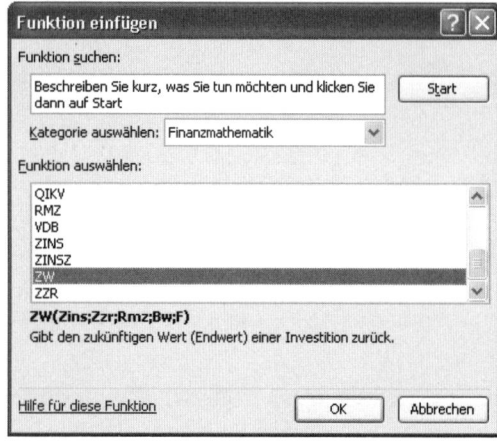

Abbildung 3.17   Das Dialogfeld *Funktion einfügen* in Excel 2003

Excel 2003

1. Markieren Sie in der Tabelle die Zelle C7.
2. Öffnen Sie über *Einfügen/Funktion* das Dialogfeld *Funktion einfügen*.
3. Wählen Sie im Listenfeld *Kategorie auswählen* den Eintrag *Finanzmathematik* aus.
4. Wählen Sie in der Liste *Funktion auswählen* den Eintrag *ZW* aus und klicken Sie auf *OK*.
5. Im Dialogfeld *Funktionsargumente* blinkt die Einfügemarke im Feld *Zins*. Markieren Sie durch Anklicken mit der Maus in der Tabelle die Zelle C4.
6. Ergänzen Sie /100, damit der Wert als Prozentwert umgerechnet wird. Ist die Zelle bereits im Prozentformat formatiert, kann dies allerdings unterbleiben.
7. Drücken Sie die ⇆-Taste (dieser Schritt wird für die folgenden Eingabefelder nicht mehr wiederholt).
8. Für das Feld *Zzr* (Zahlungszeiträume) wählen Sie die Zelle C5.
9. In das Feld *Rmz* (regelmäßige Zahlungen) tragen Sie eine 0 ein.
10. In das Feld *Bw* (Barwert) tragen Sie die Zelle C3 ein.
11. Schließen Sie den Vorgang mit einem Klick auf die Schaltfläche *OK* ab.

TIPP   Statt die Zellbezeichnungen in die jeweiligen Felder einzutragen, können Sie diese auch in der Tabelle anklicken. Der Zellbezug wird dann übernommen.

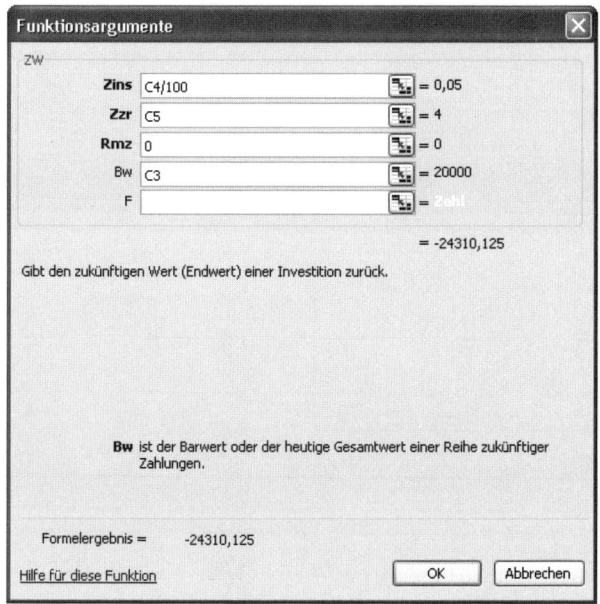

Abbildung 3.18 Die notwendigen Parameter für die Berechnung werden im Dialogfeld *Funktionsargumente* gesammelt

Sie können das Ergebnis bereits im Dialogfeld sehen, bevor Sie dieses schließen. Lassen Sie sich nicht dadurch irritieren, dass ein Minus davor steht. Da es sich um einen »zukünftigen Wert« handelt, geht Excel von einer Schuld aus und zeigt den Betrag negativ an. Sie können das umgehen, indem Sie die ganze Funktion mit −1 multiplizieren oder noch einfacher, indem Sie in das Feld *Bw* vor den Bezug (oder Betrag, falls der direkt eingegeben wird) ein Minuszeichen setzen.

Excel 2007

1. Markieren Sie in der Tabelle die Zelle C7.
2. Wechseln Sie in der Multifunktionsleiste zur Registerkarte *Formeln*.
3. Öffnen Sie die Liste *Finanzmathematik* und wählen Sie die Funktion *ZW* aus.

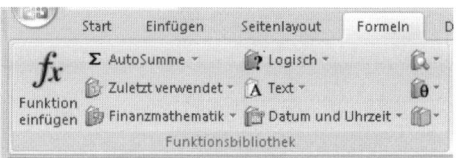

Abbildung 3.19 Excel fasst auf der Registerkarte *Formeln* die vorhandenen Funktionen gruppenweise in der Funktionsbibliothek zusammen

4. Setzen Sie im Dialogfeld *Funktionsargumente* in das Eingabefeld bei *Zins* den Bezug C4/100.
5. Bei *Zzr* (Zahlungszeiträume) legen Sie als Bezug C5 fest.
6. Beim *Rmz* (regelmäßige Zahlungen) tragen Sie eine 0 ein.
7. Bei *Bw* geben Sie den Bezug −C3 an.
8. Schließen Sie die Eingaben mit einem Klick auf *OK* ab.

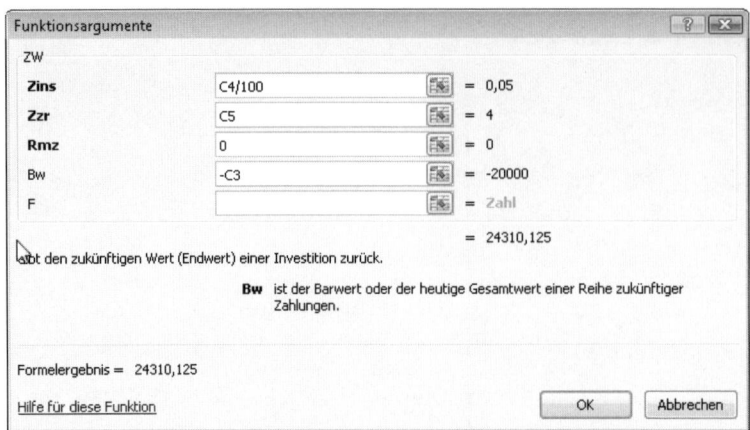

Abbildung 3.20 Die nötigen Parameter werden auch in Excel 2007 im Dialogfeld
Funktionsargumente gesammelt

Das Ergebnis unterscheidet sich nicht von der Berechnung, die zuvor über die Zinseszinsformel gemacht wurde, abgesehen davon, dass die Excel-Funktion auch gleich eine Formatierung der Zelle mit dem Währungsformat vornimmt. Der Vorteil beim Einsatz einer vorgefertigten Funktion liegt darin,

■ dass man sich keine Formeln merken oder nachschlagen muss,

■ dass man die nötigen Argumente im Dialogfeld nach und nach direkt oder indirekt (durch Anklicken der jeweiligen Zellen) übernehmen kann und

■ dass man verfolgen kann, wie sich das Ergebnis entwickelt.

	A	B	C	D	E	F
1						
2						
3		Anfangskapital	20.000,00			
4		Zinssatz	5			
5		Jahre	4			
6		Endkapital	24.310,13	←	=C3*(1+(C4/100))^C5	
7			24.310,13 €	←	=ZW(C4/100;C5;0;-C3)	
8						

Abbildung 3.21 Zwei Berechnungen – ein Ergebnis

Mit dem Einsatz dieser Excel-Funktionen ist der erste Schritt in Richtung Finanzmathematik getan. Im letzten Abschnitt dieses Kapitels werden weitere Funktionen und Lösungen aus diesem Bereich vorgestellt.

Finanzmathematik mit Excel

Mit dem Thema Auf- und Abzinsung wurde der Schritt in die Finanzmathematik eigentlich schon gemacht. Excel bringt ja zu diesem Thema bereits mehr als nur eine Handvoll fertiger Funktionen mit.

Einteilung der Finanzfunktionen

Die finanzmathematischen Funktionen lassen sich in vier Gruppen einteilen:

- Funktionen zur Investitionskalkulation
- Funktionen für die Berechnung der Kapitalverzinsung
- Funktionen für die Berechnung der Abschreibung
- Funktionen zur Analyse von Wertpapieren

Alle finanzmathematischen Funktionen hier zu behandeln, würde den Rahmen dieses Buches sprengen. Manche sind auch so speziell, dass sie gar nicht von allgemeinem Interesse sind. Es werden aber in den folgenden Kapitelabschnitten aus allen vier Gruppen exemplarisch Funktionen vorgestellt.

Wie Sie zuvor sicher schon bemerkt haben, verwendet Excel in den Funktionen als Bezeichnung für Parameter ganz eigene Abkürzungen. Damit diese im folgenden Text nicht immer wieder erklärt werden müssen, folgt hier eine Tabelle mit Erläuterungen. Wenn Sie zwischendrin mal eine vergessen haben (was durchaus passieren kann), schlagen Sie einfach hier wieder nach.

Parameter	Beschreibung
Zzr	Zahlungszeitraum
Rmz	Regelmäßige Zahlungen
F	Fälligkeit: 0=Periodenende, 1=Periodenanfang (0 ist Standardeinstellung)
Periode	Folgenummer einer unregelmäßigen periodischen Zahlung
Barwert	Heutiger Wert einer Investition
Zins	Zinssatz (oder Diskontsatz)
Zw	Zukunftswert einer Investition am Ende des Zahlungszeitraums. Wenn nicht angegeben, dann gilt 0 (Null).
Wert_1 ... Wert_n	Periodische Zahlungen

Tabelle 3.1 Die häufigsten Parameter in den Finanzfunktionen

Finanzfunktionen zur Investitionskalkulation und Kapitalverzinsung

Was Investitionen sind, wissen Betriebs- und Volkswirtschaftler ganz genau; die Definitionen sind aber nicht deckungsgleich. Während die Betriebswirtschaftler sofort an die Anschaffung und Finanzierung mittel- bis langfristiger Produktionsmittel (z.B. Maschinen) denkt, interessiert sich der Volkswirtschaftler nicht nur für das Anlagevermögen eines Betriebes, sondern das aller Betriebe einer Volkswirtschaft. Außerdem rechnet er die Wohninvestitionen der privaten Haushalte noch hinzu. Diese Definitionen interessieren uns hier aber nur zur Einleitung in die Thematik. Wir konzentrieren uns deshalb auf die betriebswirtschaftliche Betrachtungsweise und reduzieren die Betrachtung auch ausschließlich auf die Zinskomponente der Investition. Deshalb werden die Funktionen zur Kapitalverzinsung gleich hinzugenommen.

Die Funktion *BW*

Mit der Funktion *BW* berechnet man den Barwert einer Investition. In der Regel soll damit herausgefunden werden, ob eine Anlage eines bestimmten Betrages mit Blick auf die Zukunft rentabel ist. Eigentlich wird damit nur ermittelt, ob eine Kapitalanlage sich von der Verzinsung her lohnt. Man setzt diese Funktion für zwei verschiedene Berechnungsvarianten ein:

- Zum Ermitteln regelmäßiger Zahlung
- Um eine Zahlung zu einem Endzeitpunkt festzustellen

Die Funktion samt Parameter lautet:

=BW(Zins;Zzr;Rmz;Zw;F)

Bereiten Sie für die Übungen eine einfache Tabelle vor (siehe Abbildung 3.22). In dieser Form (oder leicht abgewandelt) kann sie auch für die anderen Übungen in diesem Kapitel benutzt werden.

TIPP   Klicken Sie mit der rechten Maustaste auf ein Tabellenregister und wählen Sie im Kontextmenü den Eintrag *Verschieben/kopieren* aus. Im folgenden Dialogfeld legen Sie fest, wohin die neue Tabelle kommen soll – z.B. *(ans Ende stellen)* – und vor dem Klick auf die Schaltfläche *OK* aktivieren Sie schnell noch das Kontrollkästchen *Kopie erstellen*. Dann steht Ihnen eine Kopie der Tabelle zur Verfügung, die weiterbearbeitet werden kann, ohne dass die vorherigen Beispiele bzw. Berechnungen gelöscht werden.

	A	B	C
1			
2		Funktion:	**BW**
3			
4		Zins:	
5		Zahlungszeitraum (Zzr):	
6		Regelmäßige Zahlungen (Rmz):	
7		Zukunftswert (Zw):	
8		Fälligkeit (F):	
9			

Abbildung 3.22   Eine vorbereitete Tabelle, in der die nötigen Parameter jeweils einzeln erfasst werden können, ist eine gute Vorgabe zum Austesten unterschiedlicher finanzmathematischer Funktionen

Folgendes soll berechnet werden: Ein Betrag von 25.000 Euro soll in 7 Jahren zurückgezahlt werden. Welcher Betrag muss zu 6% Zinsen heute dafür angelegt werden?

Sie tragen bei *Zins* die 6% ein, bei *Zahlungszeitraum* 7 und bei *Zukunftswert* 25.000. Die Zelle neben *Fälligkeit* bekommt den Wert 0 (Null) zugewiesen. Sie können aus der Tabelle oben ablesen, das diese für *Periodenende* steht. Zwar hätten Sie dieses Feld auch leer lassen können, denn Excel wäre dann ebenfalls von 0=Periodenende ausgegangen, allerdings empfehle ich trotzdem die Eingabe dieser Information, denn bei anderen Berechnungen wird diese dann nicht vergessen. Eine vergessene 1 bringt dann schon mal ein etwas anderes Ergebnis.

In Zelle C10 kann nun die Funktion *BW* eingetragen werden, entweder über das Dialogfeld *Funktionsargumente* oder direkt. Bei der direkten Eingabe muss auf eine Hilfestellung nicht verzichtet werden. Sobald Excel die erste Klammer erkennt, bietet es die nötigen Parameter in einer Hilfe an. Der jeweils aktuelle Parameter ist fett hervorgehoben. Dadurch, dass in der Tabelle die einzelnen Werte aufgelistet sind, müssen Sie nun nicht mehr lange überlegen, auf welche Zelle der Bezug gerichtet werden soll.

	A	B	C	D
1				
2		Funktion:	**BW**	
3				
4		Zins:	6%	
5		Zahlungszeitraum (Zzr):	7	
6		Regelmäßige Zahlungen (Rmz):		
7		Zukunftswert (Zw):	25.000,00	
8		Fälligkeit (F):	0	
9				
10		**Barwert einer Investition:**	=BW(	
11			BW(**Zins**; Zzr; Rmz; [Zw]; [F])	
12				

Abbildung 3.23 Excel bietet sofort eine Hilfe an, wenn es die Funktion erkannt hat

HINWEIS   Ist ein Wert nicht vorhanden – im Beispiel *Rmz* – dann muss auch kein Bezug eingetragen werden. Keinesfalls vergessen werden darf allerdings das Semikolon. In solch einem Fall folgen dann zwei direkt aufeinander, ohne dass etwas dazwischen steht.

Es müssen heute 16.626,43 Euro angelegt (investiert) werden, damit in 7 Jahren 25.000 Euro ausgezahlt werden können.

C10	▼	*fx*	=BW(C4;C5;;C7;C8)

	A	B	C
1			
2		Funktion:	**BW**
3			
4		Zins:	6%
5		Zahlungszeitraum (Zzr):	7
6		Regelmäßige Zahlungen (Rmz):	
7		Zukunftswert (Zw):	25.000,00
8		Fälligkeit (F):	0
9			
10		**Barwert einer Investition:**	-16.626,43 €
11			

Abbildung 3.24 Es müssen 16.626,43 Euro angelegt werden, um in sieben Jahren 25.000 Euro ausgezahlt zu bekommen

Eine weitere Berechnung: In den nächsten sieben Jahren sollen jährlich 5.000 Euro aus einer Anlage zurückgezahlt werden. Der Zinssatz ist für diesen Zeitraum fest 4,5%. Was muss heute für ein Betrag angelegt werden?

In diesem Fall steht im Feld neben *Regelmäßige Zahlungen* ein Wert: 5.000 Euro, und das Feld neben *Zukunftswert* bleibt leer. Entsprechend muss die Formel angepasst werden: Der dritte Parameter wird mit einem Bezug gefüllt (C6) und der Bezug für den vierten wird gelöscht.

	C10	▼	f_x	=BW(C4;C5;C6;;C8)	
	A	B		C	
1					
2		Funktion:	**BW**		
3					
4		Zins:		4,5%	
5		Zahlungszeitraum (Zzr):		7	
6		Regelmäßige Zahlungen (Rmz):		5000	
7		Zukunftswert (Zw):			
8		Fälligkeit (F):		0	
9					
10		**Barwert einer Investition:**		-29.463,50 €	
11					

Abbildung 3.25 In der vorhandenen Tabelle werden neue Werte eingetragen, überflüssige gelöscht und die Parameter angepasst

Eigentlich müssen die Parameter gar nicht angepasst werden. Bei den vorangegangenen Beispielen wurde das lediglich aus didaktischen Gründen gemacht; einmal um zu zeigen, dass leere Parameter unbedingt durch ein Semikolon abgeschlossen werden müssen und dann auch, um zu zeigen, welche Parameter für die jeweilige Berechnung nötig sind. Wenn Sie jeden Parameter in dieser Tabelle durch einen Bezug festlegen, müssen Sie nie wieder etwas an der Formel ändern. Sie müssen nur darauf achten, dass die Felder, die nicht benötigt werden, auch wirklich leer sind. So bekommen Sie dann eine flexible Tabelle zur Errechnung des Barwerts.

Die Funktion *NBW*

Mit der Funktion *NBW* wird der Nettobarwert einer Investition auf Basis eines Abzinsungsfaktors für eine Reihe periodischer Zahlungen ermittelt.

Die Funktion samt Parameter lautet:

=NBW(Zins;Wert_1;Wert_2 ...)

HINWEIS   Subtrahiert man den Anlagewert davon, erhält man den Kapitalwert der Investition. Ist die Anlagesumme mit negativem Vorzeichen eingetragen, muss man natürlich diesen Betrag hinzuaddieren!

Berechnen Sie: Eine Anlage, die 28.000 Euro kostet, erbringt voraussichtlich in den nächsten Jahren folgende Erträge: Im ersten Jahr −6.500 Euro (Verlust), im zweiten Jahr 0 (keinen Ertrag), im dritten Jahr 13.900 Euro (Ertrag) und im vierten Jahr 29.300 Euro (Ertrag). Der Zinssatz, der zum Vergleich herangezogen werden soll, beträgt 6,2%.

	B	C	D	E	F
1					
2	Funktion:	**NBW**			
3					
4	Anlagesumme:	28.000,00			
5	Zins:	6,20%			
6	Wert_1:	-6.500,00			
7	Wert_2:	0,00			
8	Wert_3:	13.900,00			
9	Wert_4:	29.300,00			
10					
11	**Barwert einer Investition:**	28.518,38 € ←		=NBW(C5;C6;C7;C8;C9)	
12					
13	**Kapitalwert:**	518,38 € ←		=C11-C4	
14					
15	**Kapitalwert (bis zum 3. Jahr):**	-22.515,63 € ←		=NBW(C5;C6;C7;C8)-C4	
16					

Abbildung 3.26 Zur Ermittlung des Kapitalwerts reicht die *NBW*-Funktion allein nicht aus

Jedes Ergebnis, das größer als Null ist, deutet darauf hin, dass die Investition rentabel ist. Im Beispiel wird deutlich gezeigt, dass dies erst nach drei Jahren der Fall ist. Für eine kurzfristige Investition lohnt sich diese Anlageform also nicht.

Die Funktion *ZW*

Die Funktion *ZW* ist das Gegenstück zur Funktion *BW*. Der zukünftige Wert, also der Endwert einer Investition wird damit ermittelt. Sie wurde bereits im vorangegangen Kapitelabschnitt zur Zinsberechnung eingesetzt. Hier der Vollständigkeit halber noch einmal mit einem praktischen Beispiel zur Investitionsfinanzierung.

Die Funktion samt Parameter lautet:

=ZW(Zins;ZZr;RMz;Barwert;F)

Ein stiller Gesellschafter zahlt jährlich einen Betrag von 2.000 Euro an ein Unternehmen, und das 5 Jahre lang. Dann ist sein Anteil aufgefüllt. Es gibt eine Verzinsung von 4,5%, die stehen bleiben und während dieser Zeit nicht abgehoben werden. Welches Kapital steht am Ende der fünf Jahre zur Verfügung?

	A	B	C	D	E	F
1						
2		Funktion:	**ZW**			
3						
4		Zins:	4,5%			
5		Zahlungszeitraum (Zzr):	5			
6		Regelmäßige Zahlungen (Rmz):	2.000,00			
7		Zukunftswert (Zw):				
8		Fälligkeit (F):	0			
9						
10		**Endwert einer Investition:**	-10.941,42 € ←		=ZW(C4;C5;C6;;C8)	
11						

Abbildung 3.27 Der Endwert einer Investition wird über die Funktion *ZW* ermittelt

Sind bereits 2.000 Euro eingezahlt (die ursprüngliche Beteiligung) und die laufenden Zahlungen (siehe Beispiel zuvor) sind eine Aufstockung des Beteiligungskapitals, sieht die Berechnung entsprechend der Abbildung 3.28 aus.

	A	B	C	D	E	F
1						
2		Funktion: **ZW**				
3						
4		Zins:	4,5%			
5		Zahlungszeitraum (Zzr):	5			
6		Regelmäßige Zahlungen (Rmz):	2.000,00			
7		Zukunftswert (Zw):	2.000,00			
8		Fälligkeit (F):	0			
9						
10		**Endwert einer Investition:**	-13.433,78 €	←	=ZW(C4;C5;C6;C7;C8)	
11						

Abbildung 3.28   Bereits angespartes (oder investiertes) Kapital kann mitgerechnet werden

Die Funktion *ZINS*

Die Funktion *ZINS* liefert die Kapitalverzinsung einer Anlage oder Investition, wenn diese in regelmäßigen Zahlungen oder einer einmaligen Pauschalzahlung erbracht wird.

Die Funktion samt Parameter lautet:

=ZINS(Zzr;Rmz;Barwert;Zw;F;Schätzwert)

Bei einer Anlage von 30.000 Euro wird über 7 Jahre eine jährliche Rückzahlung von 5.000 Euro zugesagt. Wie hoch ist der effektive Jahreszins?

Beim Parameter *Schätzwert* kann ein Wert für den Zinssatz angegeben werden. Sie können allerdings diesen Parameter auch leer lassen. Dann nimmt Excel allerdings einen Wert von 10% an.

	A	B	C	D	E	F	G
1							
2		Funktion: **ZINS**					
3							
4		Zahlungszeitraum (Zzr):	7				
5		Regelmäßige Zahlungen (Rmz):	5.000,00				
6		Barwert (Bw):	-30.000,00				
7		Zukunftswert (Zw):					
8		Fälligkeit (F):	0				
9		Schätzwert:					
10							
11		**Zinssatz**	4,01%	←	=ZINS(C4;C5;C6;C7;C8;C9)		
12							
13							

Abbildung 3.29   Der Effektivzinssatz auch für etwas verzwickte Zahlungsmodelle lässt sich mit der Funktion *ZINS* leicht ermitteln

Haben Sie in die Formel alle Parameter übernommen, können Sie auch ein wenig experimentieren. Bei der Eingabe und Auswertung müssen Sie aber mitdenken.

Wollen Sie beispielsweise ermitteln, wie rentabel eine Lebensversicherung ist, die Ihnen nach 12 Jahren mit 100.000 Euro ausgezahlt wird und für die Sie jeden Monat 500 Euro einzahlen müssen, dann realisieren Sie dies mit der Tabelle aus Abbildung 3.30 folgendermaßen:

	A	B	C	D	E	F	G
1							
2		Funktion: **ZINS**					
3							
4		Zahlungszeitraum (Zzr):	144				
5		Regelmäßige Zahlungen (Rmz):	-500,00				
6		Barwert (Bw):					
7		Zukunftswert (Zw):	100.000,00				
8		Fälligkeit (F):	0				
9		Schätzwert:					
10							
11		**Zinssatz (Monat)**	0,44%	←		=ZINS(C4;C5;C6;C7;C8;C9)	
12		**Zinssatz (Jahr)**	5,25%				
13							
14							
15			=C11*12				
16							

Abbildung 3.30 Eine einmal angelegte Tabelle für die Funktion *ZINS* kann vielfältig genutzt werden

- Die Zahl 144 bei Zahlungszeitraum ergibt sich folgendermaßen: 12 Monate * 12 Jahre = 144 Zahlungszeiträume.

- Der Zinssatz (Monat) muss mit 12 multipliziert werden, damit ein vergleichbarer Jahreszinssatz herauskommt.

Die Funktion *ZINS* rechnet iterativ, das heißt, sie nähert sich dem Ergebnis durch zahlreiche Berechnungen an. Findet es die Lösung nicht innerhalb von 20 iterativen Berechnungen, zeigt die Funktion den Fehler #ZAHL! an. Tragen Sie in einem solchen Fall einen Schätzwert ein, um die Näherungsrechnung etwas einzugrenzen. Manchmal hilft aber auch das nicht, wenn z.B. die Zahlen einfach nicht zusammen passen, wie in der Tabelle aus Abbildung 3.31.

	A	B	C	D	E	F	G
1							
2		Funktion: **ZINS**					
3							
4		Zahlungszeitraum (Zzr):	99				
5		Regelmäßige Zahlungen (Rmz):	10,00				
6		Barwert (Bw):	700,00				
7		Zukunftswert (Zw):					
8		Fälligkeit (F):	0				
9		Schätzwert:					
10							
11		**Zinssatz (Monat)**	#ZAHL!	←		=ZINS(C4;C5;C6;C7;C8;C9)	

Abbildung 3.31 Bei solchen Eingaben hilft auch kein Schätzwert mehr

Bei einer *Iteration* handelt es sich um eine Näherungsrechnung. Jede neue Berechnung bezieht das vorherige Ergebnis ein, um sich so dem eigentlichen Ergebnis anzunähern. Excel verwendet dieses Verfahren in bestimmten Funktionen, um ein Ergebnis zu liefern. Über den Menübefehl *Extras/Optionen* auf der Registerkarte *Berechnung* (Excel 2003) bzw. Office-Schaltfläche und *Excel-Optionen/Formeln* unter *Berechnungsoptionen* (Excel 2007) kann die Iterationsgenauigkeit eingestellt und beeinflusst werden.

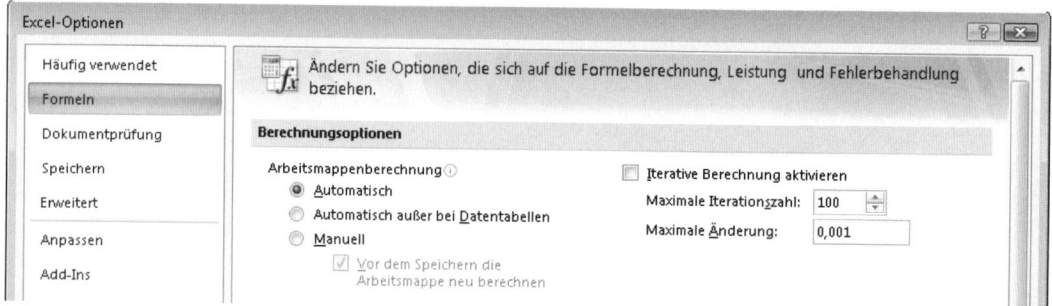

Abbildung 3.32 Die Iterationsgenauigkeit kann angepasst werden

---

ACHTUNG   Beachten Sie aber, dass eine zu hohe Iterationszahl die Berechnung von Anwendungen sehr ver-
langsamen kann.

Die Funktion *EFFEKTIV*

Diese Funktion errechnet die Effektivverzinsung unter Berücksichtigung der Nominalverzin-
sung (der für einen Kredit vereinbarte Zinssatz) sowie der jeweiligen Anzahl der Zinszahlungen
pro Jahr.

ACHTUNG   Damit Sie die Funktion in Excel 2003 nutzen können, muss das Add-In *Analyse-Funktionen* installiert sein.

Damit Sie die Funktion in Excel 2003 nutzen können, muss das Add-In Analyse-Funktionen
installiert sein.

Die Funktion samt Parameter lautet:

=EFFEKTIV(Nominalzins;Perioden)

wobei mit *Perioden* die Anzahl der Verzinsungsperioden innerhalb eines Jahres gemeint sind.

	A	B	C	D	E	F
1						
2		Funktion:	**EFFEKTIV**			
3						
4		Nominalzins:	6,5%			
5		Perioden:	4			
6						
7		**Zinssatz (Monat)**	6,66% ←		=EFFEKTIV(C4;C5)	
8						
9						

Abbildung 3.33 Die Funktion *EFFEKTIV* ermittelt den Effektivzinssatz unter Berücksichtigung der Zinsperioden

Die Funktion *EFFEKTIV* ermittelt nicht den »effektiven Jahreszinssatz«, wie er vom Gesetz in § 492 Absatz 2 Satz 1 BGB vorgeschrieben ist, damit Verbraucher unterschiedliche Kreditangebote vergleichen können.

Tatsächlich gibt es unterschiedliche Varianten zur Berechnung eines effektiven Jahreszinssatzes – für Anleihen, für Kredite mit festen monatlichen Raten u.a. Die einfachste Variante nach der Uniform-Methode sieht folgendermaßen aus:

$$\text{Eff. Jahreszinssatz} = \frac{\text{Kreditkosten} \times 24}{(\text{Laufzeit\_in\_Monaten} + 1) \times \text{Nettodarlehensbetrag}} \times 100$$

Monatliche Raten ermitteln mit *RMZ*

Die Funktion *RMZ* berechnet die konstante Zahlung einer Annuität pro Periode – ein konstanter Zinssatz vorausgesetzt. Sie erinnern sich? Wir hatten *RMZ* (= Regelmäßige Zahlungen) schon als Parameter in anderen Funktionen verwendet.

HINWEIS Im Hilfetext der Funktion ist von einer Annuität die Rede. Ich bin sicher, dass dieses Wort nicht für jeden verständlich ist, deshalb hier eine knappe Erklärung vorweg: Eine Annuität (lat. annus, Jahr) im Sinne der Investitionsrechnung ist eine regelmäßig jährlich fließende Zahlung, die sich aus den Elementen Zins und Tilgung zusammensetzt. In der Finanzmathematik generell wird die Annuität generell pro Periode (die auch kleiner als ein Jahr sein kann) gerechnet.

Mit dieser Funktion kann also die monatliche Rate für die Rückzahlung eines Darlehens ermittelt werden. Außerdem ist dann schnell die Gesamtrückzahlungssumme errechnet, indem man die monatliche Rate mit der Anzahl der Monate multipliziert. Durch die Subtraktion des ursprünglichen Darlehensbetrags erhält man den Zinsanteil über die gesamte Laufzeit.

	A	B	C	D	E	F
1						
2		Funktion:	**RMZ**			
3						
4		Zinssatz (%):	9,2%			
5		Zahlungszeiträume (Zzr):	36			
6		Barwert (Bw):	7.200,00			
7		Zukunftswert (Zw):				
8		Fälligkeit (F):	1			
9						
10						
11		**Monatliche Rate:**	-227,88	←	=RMZ(C4;C5;C6;C7;C8)	
12		**Komplette Rückzahlung:**	-8.203,74	←	=C11*C5	
13		**Zinsanteil der Rückzahlung:**	-1.003,74	←	=C6+C12	
14						
15						
16						

Abbildung 3.34 Mit Hilfe der Funktion *RMZ* wird nicht nur die monatliche Rate ermittelt

Soweit zur Investitions- und Kapitalverzinsung. Im nächsten Abschnitt geht es um Abschreibungen. Aber keine Angst – Sie als Leser sind noch längst nicht abgeschrieben ;-).

Funktionen zur Berechnung von Abschreibungen

Mit Abschreibungen bezeichnet man Wertverluste an Unternehmensvermögen. Sachvermögen verliert Wert durch Nutzung, Alterung oder unvorhergesehene Schäden (z.B. durch Unfall). Auch Finanzvermögen kann an Wert verlieren (etwa durch ausgefallene Forderungen). Diese Wertminderung muss im betrieblichen Rechnungswesen erfasst werden, denn sie bedeutet eine Veränderung der Vermögenslage des Unternehmens. Durch die Absetzung für Abnutzung (AfA), so die vollständige Bezeichnung für Abschreibung, wird die erwartete Wertminderung in der Buchhaltung festgehalten und fließt in die Bilanz ein (bilanzielle Abschreibung). Auf freiwilliger Basis beruht diese Abschreibung nicht. Der Gesetzgeber verlangt eine planmäßige Abschreibung in § 253 HGB.

Neben der planmäßigen Abschreibung gibt es auch noch die kalkulatorische Abschreibung, die in der Kalkulation und Kosten- und Leistungsrechnung eine Rolle spielt, um die Selbstkosten zu ermitteln. Mehr dazu dann in Kapitel 6.

Abschreibungsmethoden

Bei der Abschreibung werden die Anschaffungskosten auf die Geschäftsjahre, in denen das Anlagegut genutzt wird, verteilt. Der jährliche Betrag wird als Aufwand abgesetzt. Dazu gibt es verschiedene Methoden:

- **Lineare Abschreibung**   Das Anlagegut wird mit gleich bleibenden Beträgen abgeschrieben. Dabei werden die Anschaffungskosten durch die Anzahl der Nutzungsjahre geteilt.

- **Degressive Abschreibung**   Das Anlagegut wird mit veränderlichen, fallenden Beträgen, die prozentual vom Restwert berechnet werden, abgeschrieben. Am Anfang sind die Abschreibungsbeträge hoch, zum Schluss werden sie immer niedriger.

ACHTUNG   Mit der Unternehmenssteuerreform 2008 wurde die degressive Abschreibung für bewegliche Wirtschaftsgüter des Anlagevermögens, die nach dem 31.12.2007 angeschafft oder hergestellt wurden, generell abgeschafft. Aufgrund der aktuellen Finanzkrise hat die Bundesregierung alledings inzwischen beschlossen, für in den Jahren 2009 oder 2010 angeschaffte bewegliche Wirtschaftsgüter die degressive Abschreibung wieder zuzulassen. Für in diesem Zeitraum angeschaffte Wirtschaftsgüter des Anlagevermögens beträgt die degressive Abschreibung das 2,5-fache der linearen Abschreibung, maximal aber 25 Prozent.

Es gibt noch die progressive Abschreibung und die Leistungsabschreibung, die aber hier nicht beachtet werden, weil sie weniger gebräuchlich sind.

Lineare Abschreibung mit der Funktion *LIA* ermitteln

Diese Funktion gibt die lineare Abschreibung eines Wirtschaftsguts pro Periode zurück.

Die Funktion samt Parameter lautet:

=LIA(Ansch_Wert;Restwert;Nutzungsdauer)

Der Parameter *Ansch_Wert* verlangt die Anschaffungskosten des Wirtschaftsguts, für das die Abschreibung berechnet werden soll. *Restwert* ist der Wert, der nach Ablauf der Nutzungsdauer voraussichtlich erzielt werden kann (andere Bezeichnung: Schrottwert). Er kann auch 1 Euro betragen – dann bleibt dieses Anlagegut als Erinnerungsposten in der Anlagenbuchhaltung stehen – oder ganz auf 0 abgeschrieben werden – dann ist dieses Anlagegut im nächsten Jahr aus der Anlagebuchhaltung verschwunden. *Nutzungsdauer* ist die Zeit, über die das Wirtschaftsgut genutzt und abgeschrieben wird.

Eine Ölpresse für 35.000 Euro Anschaffungskosten wird mit einer Laufzeit von zehn Jahren abgeschrieben. Der Restwert wird auf 3.000 Euro geschätzt.

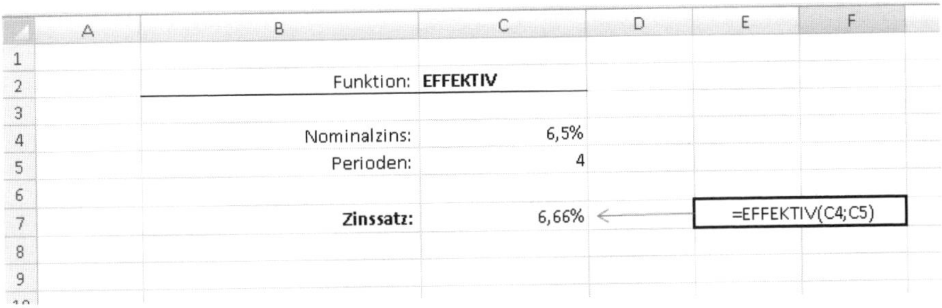

	A	B	C	D	E	F
1						
2		Funktion:	**EFFEKTIV**			
3						
4		Nominalzins:	6,5%			
5		Perioden:	4			
6						
7		**Zinssatz:**	6,66% ←		=EFFEKTIV(C4;C5)	
8						
9						

Abbildung 3.35 Die jährliche Abschreibung kann mit der Funktion *LIA* schnell ermittelt werden

Degressive Abschreibung mit der Funktion *GDA* ermitteln

Diese Funktion gibt die Abschreibung eines Anlagegutes für einen angegebenen Zeitraum unter Verwendung der degressiven Doppelraten-Abschreibung oder eines anderen von Ihnen angegebenen Abschreibungsverfahrens zurück.

Die Funktion samt Parameter lautet:

=GDA(Ansch_Wert;Restwert;Nutzungsdauer;Periode;Faktor)

Da bei der degressiven Abschreibung der Abschreibungsbetrag nicht gleich bleibt, muss zur Bestimmung auch die jeweils zu berechnende Periode angegeben werden. Faktor nimmt das Maß, um das die Abschreibung abnimmt, auf. Wird nichts angegeben, wird 2 angenommen.

Bei dem gleichen Beispiel, das für die lineare Abschreibung genutzt wird, sieht die Berechnung folgendermaßen aus:

	A	B	C	D	E	F
1						
2		Funktion:	**RMZ**			
3						
4		Zinssatz(%):	9,2%			
5		Zahlungszeiträume(Zzr):	36			
6		Barwert (Bw):	7.200,00			
7		ZukünftigerWert (Zw):				
8		Fälligkeit (F):	1			
9						
10						
11		**Monatliche Rate:**	-227,88	←	=RMZ(C4/12;C5;C6;C7;C8)	
12		**Komplette Rückzahlung:**	-8.203,74	←	=C11*C5	
13		**Zinsanteil der Rückzahlung:**	-1.003,74	←	=C6+C12	
14						
15						

Abbildung 3.36 Bei der degressiven Abschreibung berechnet die Funktion *GDA* für jede Periode einen anderen Wert

Soll die Formel mit der Funktion in die darunter liegenden Zellen kopiert werden, beachten Sie, dass alle Bezüge außer den vierten absolut gesetzt werden müssen. Am einfachsten geht das, wenn Sie in den jeweiligen Bezug in der Formel klicken und dann die F4-Taste drücken.

HINWEIS   Bei der degressiven Abschreibung wird der Restwert nie Null oder auf den definierten Restwert (Schrottwert) kommen, selbst wenn man über die vorgegebenen Perioden hinausgeht.

Die Funktion lässt sich hinsichtlich der Perioden auch nicht überlisten. Kopiert man die letzte Zeile in die darunter liegende, schafft also eine elfte Periode, gibt die Funktion #ZAHL! als Fehlermeldung aus. Ändert man die Nutzungsdauer entsprechend auf elf Perioden, ändern sich auch alle Abschreibungsbeträge in den vorangegangenen Perioden. Je kleiner allerdings der Restwert (Schrottwert) ist, umso kleiner ist auch die Differenz nach Abschreibung der letzten Periode.

	A	B	C	D	E	F	G
1							
2		Funktion:	**GDA**				
3							
4		Anschaffungswert:	35.000,00				
5		Schrottwert:	1,00				
6		Nutzungsdauer:	10				
7		Faktor:	6				
8						=GDA($C$4;$C$5;$C$6;B10;$C$7)	
9		Jahr	Abschr.	Restwert			
10		1	21.000,00 €	14.000,00 €	←	=C4-C10	
11		2	8.400,00 €	5.600,00 €	←		=D10-C11
12		3	3.360,00 €	2.240,00 €			
13		4	1.344,00 €	896,00 €			
14		5	537,60 €	358,40 €			
15		6	215,04 €	143,36 €			
16		7	86,02 €	57,34 €			
17		8	34,41 €	22,94 €			
18		9	13,76 €	9,18 €			
19		10	5,51 €	3,67 €			
20							

Abbildung 3.37 Die Funktion *GDA* kommt nie exakt auf den vorgegebenen Restwert

Eine Variante dieser Funktion ist *GDA2*. Diese Funktion samt Parameter lautet:

=GDA2(Anschaffungswert;Restwert;Nutzungsdauer;Periode;Monate)

Der letzte Parameter nimmt die Zahl der Monate aus dem ersten Jahr auf. Im letzten Jahr wird dann mit der Differenz zum ersten Jahr gerechnet. Werden im ersten Jahr also acht Monate berücksichtigt, rechnet die Funktion im letzten Jahr mit vier Monaten.

	A	B	C	D	E	F	G
1							
2		Funktion:	**GDA2**				
3							
4		Anschaffungswert:	35.000,00				
5		Schrottwert:	1,00				
6		Nutzungsdauer:	10				
7		Monate im 1. Jahr:	8				
8						=GDA2($C$4;$C$5;$C$6;B10;$C$7)	
9		Jahr	Abschr.	Restwert			
10		1	15.143,33 €	19.856,67 €	←	=C4-C10	
11		2	12.886,98 €	6.969,69 €	←		=D10-C11
12		3	4.523,33 €	2.446,36 €			
13		4	1.587,69 €	858,67 €			
14		5	557,28 €	301,39 €			
15		6	195,60 €	105,79 €			
16		7	68,66 €	37,13 €			
17		8	24,10 €	13,03 €			
18		9	8,46 €	4,57 €			
19		10	2,97 €	1,61 €			
20							

Abbildung 3.38 Die Funktion *GDA2* berücksichtigt im ersten und letzten Jahr die Monate

Funktionen zur Berechnung von Wertpapieren

Excel enthält eine große Zahl von Funktionen, die mit der Berechnung von Wertpapieren zu tun haben. Viele sind ohne Detailwissen zu Wertpapieren und dem Handel mit Wertpapieren nicht leicht zu verstehen. Da dies aber im Rahmen dieses Buches nicht komplett ausgebreitet werden kann, beschränke ich mich auf einige einfach einzusetzende Funktionen.

Es gibt eine Vielzahl unterschiedlicher Wertpapiere, solche mit oder ohne fester Verzinsung, mit oder ohne fester Laufzeit usw. Bei der Auswahl der vorgestellten Funktionen habe ich versucht, die gängigsten Formen zu berücksichtigen.

Basis für die Zinstage

Zur korrekten Berechnung der meisten Funktionen wird eine Angabe zur Basis der Zinstage benötigt. Fünf Varianten sind möglich:

Kennzahl für die Basis	Zählung der Tage
0 oder leer	USA (NASD): 30 Tage pro Monat/360 Tage pro Jahr
1	Taggenau/taggenau
2	Taggenau Monat/360 Tage pro Jahr
3	Taggenau/365
4	Europa: 30/360

Tabelle 3.2   Basis der Zinstage

Auszahlungsbetrag ermitteln mit der Funktion *AUSZAHLUNG*

Mit dieser Funktion ermitteln Sie den Auszahlungsbetrag eines Wertpapiers für einen (zukünftigen) Fälligkeitstag.

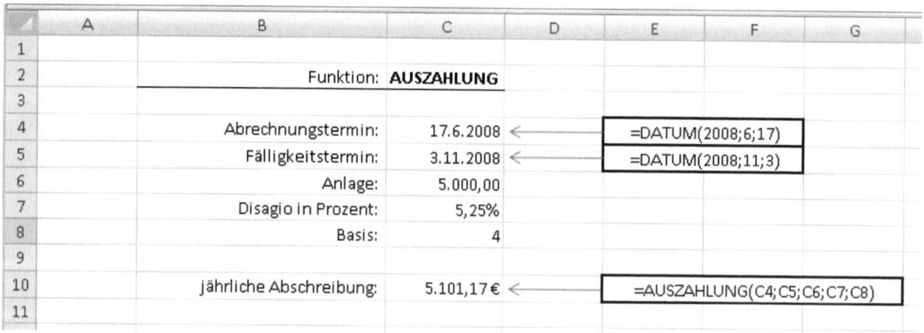

Abbildung 3.39   Der Auszahlungsbetrag eines Wertpapiers zu einem bestimmten Termin lässt sich in Excel mit der Funktion schnell ermitteln

HINWEIS Die Excel-Hilfe weist darauf hin, dass die Datumsangaben mit Hilfe der Funktion *DATUM* (oder einer Formel) ermittelt werden sollten, da die Eingabe eines Datums als Text Probleme bei der Berechnung erzeugen könnten. Excel reagiert dann mit der Fehlermeldung #WERT!.

Im Beispiel habe ich diese Funktion benutzt, Tests haben aber ergeben, dass die korrekte Datumseingabe in Zellen, die mit dem Datumsformat belegt sind, durchaus unproblematisch ist.

Mit dem Abrechnungstermin in dieser Funktion ist der Termin gemeint, an dem das Wertpapier gekauft wird und in den Besitz des Käufers übergeht. Fälligkeitstermin ist der Tag, an dem das Wertpapier verkauft wird oder abläuft.

Den Abzinsungssatz eines Wertpapiers mit *DISAGIO* ermitteln

Kennen Sie den Abzinsungssatz (Disagio) des verkauften Wertpapiers nicht, können Sie diesen leicht mit Hilfe der Funktion *DISAGIO* errechnen.

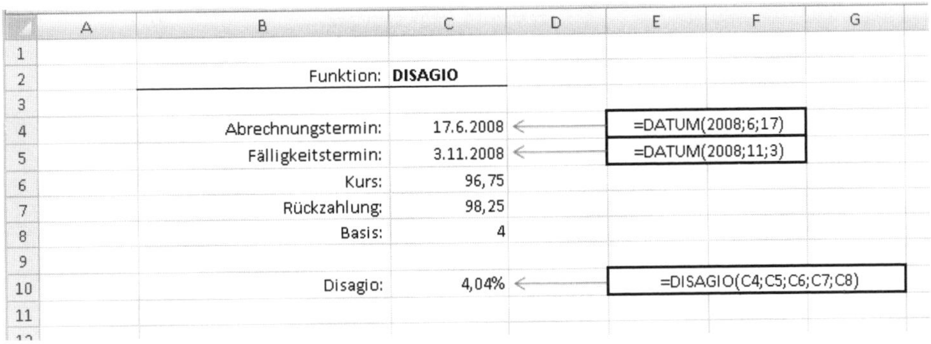

Abbildung 3.40 Der Abzinsungssatz (Disagio) eines Wertpapiers wird mit der Funktion *DISAGIO* ermittelt

Der Rückzahlungs- und Kurswert geht immer von der Basis 100 aus. Soll das *Disagio* als Prozentwert angezeigt werden, muss die Zelle mit dem Prozentformat belegt werden.

Kurswert mittels der *KURSFÄLLIG*-Funktion ermitteln

Diese Funktion errechnet den Kurs pro 100 Euro Nennwert für ein verzinsliches Wertpapier.

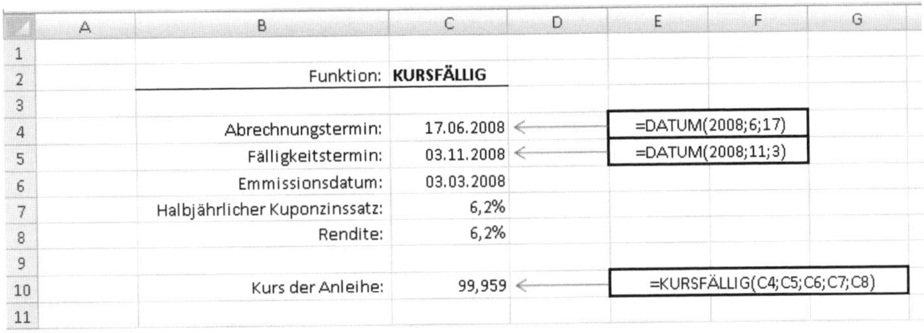

Abbildung 3.41 Der Kurs eines festverzinslichen Wertpapiers wird ermittelt

Das Emmissionsdatum ist der Tag, an dem das Wertpapier ausgegeben wurde. Der Abrechnungstermin ist der Tag, an dem der Käufer das Wertpapier erworben hat.

Jährliche Rendite errechnen mit der *RENDITEFÄLL*-Funktion

Diese Funktion gibt die jährliche Rendite eines Wertpapiers zurück, das Zinsen am Fälligkeitsdatum auszahlt.

	B	C	D	E	F	G
1						
2	Funktion:	**RENDITEFÄLL**				
3						
4	Abrechnungstermin:	17.06.2008	←	=DATUM(2008;6;17)		
5	Fälligkeitstermin:	03.11.2008	←	=DATUM(2008;11;3)		
6	Emmissionsdatum:	03.03.2008				
7	Halbjährlicher Kuponzinssatz:	6,25%				
8	Preis:	100,1235				
9						
10	Rendite der Anleihe:	5,811%	←	=RENDITEFÄLL(C4;C5;C6;C7;C8)		
11						

Abbildung 3.42   Die jährliche Rendite eines festverzinslichen Wertpapiers ermittelt die Funktion *RENDITEFÄLL*

HINWEIS   Die Wertpapierformeln reagieren mit der Fehlermeldung #ZAHL!, wenn Zins oder Kurs negativ eingegeben werden, die Basis kleiner 0 oder größer 4 ist oder das Abrechnungsdatum später liegt als das Fälligkeitsdatum.

Hilfe finden

Soviel zu den finanzmathematischen Funktionen. Die vorgestellten Funktionen bringen nur einen kleinen Ausschnitt. Einen Überblick können Sie sich verschaffen, wenn Sie in Excel in der Hilfe nachschlagen:

Excel 2003

1. Rufen Sie den Menübefehl *Einfügen/Funktion* auf.

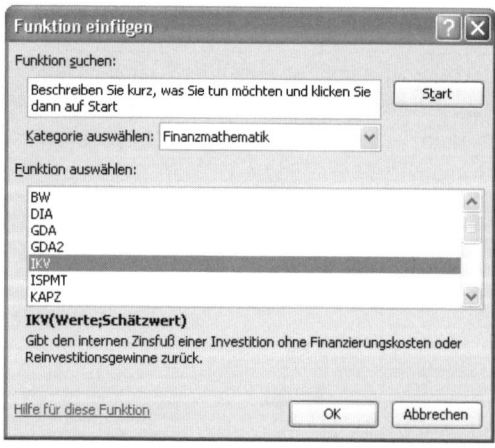

Abbildung 3.43   Eine kurze Erläuterung ist bereits zu sehen, wenn eine Funktion in der Liste ausgewählt wird (Excel 2003)

2. Wählen Sie im Listenfeld *Kategorie auswählen* den Eintrag *Finanzmathematik* aus.

3. Markieren Sie die gewünschte Funktion in der Liste *Funktion auswählen*. Eine kurze Erläuterung der Funktion ist dann bereits zu sehen.

4. Klicken Sie auf den Link *Hilfe für diese Funktion*.

Excel 2007

1. Wählen Sie in der Multifunktionsleiste die Registerkarte *Formeln* aus.

2. Öffnen Sie die Liste der Funktionen bei *Finanzmathematik*.

3. Markieren Sie die gewünschte Funktion in der Liste. Bereits jetzt ist rechts in einem Hilfetext eine kurze Erläuterung der Funktion zu sehen. Betätigen Sie aber nicht, wie dort angegeben, die Hilfe über die Funktionstaste [F1]. Die gewünschte Funktion wird dann in der Hilfe nämlich noch nicht angezeigt.

4. Öffnen Sie durch Anklicken das Dialogfeld *Funktionsargumente*.

5. Klicken Sie auf den Link *Hilfe für diese Funktion*, um eine ausführliche Hilfe zur nachgefragten Funktion zu bekommen.

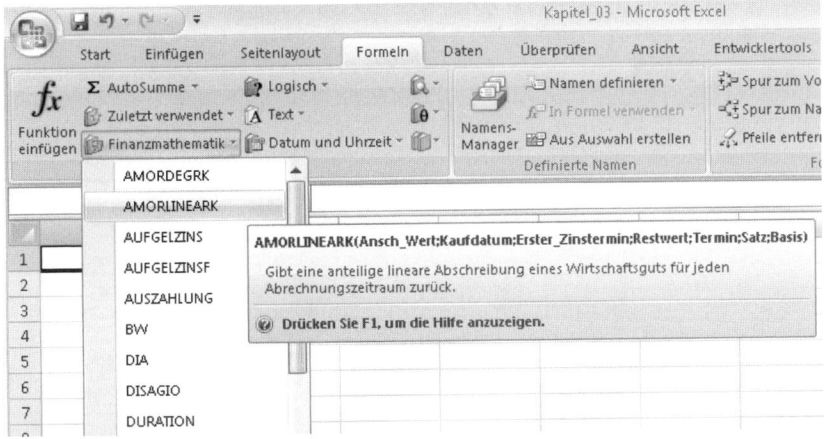

Abbildung 3.44 Die Funktionen der Kategorie *Finanzmathematik* kann man sich in der Multifunktionsleiste anzeigen lassen (Excel 2007)

ACHTUNG In die Hilfe zu schauen, ist nicht verkehrt. Dort werden sämtliche Funktionen, die Excel mitbringt, ausführlich mitsamt aller nötigen Parameter erläutert. Beispiele zeigen die Einsatzmöglichkeiten der jeweiligen Funktion. Trauen Sie aber diesen Hilfeinformationen nicht blind; es sind noch Fehler enthalten. So bringt die Funktion *ZINSZ* bereits seit mehreren Versionen in der Hilfe ein Beispiel der *NBW*-Funktion. Auch in der Version Excel 2007 hat Microsoft das noch nicht bereinigt.

Kapitel 4

Kontokorrentrechnung

In dem Wort Kontokorrent steckt als Erstes deutlich erkennbar für jeden das Wort »Konto« drin und tatsächlich ist auch ein Kontokorrent eine Aufrechnung in Kontoform. Generell versteht man unter Kontokorrent die gegenseitige Verrechnung von Ansprüchen und Leistungen zweier Partner. Beide Parteien können eine Kontokorrentbeziehung jederzeit kündigen. Dann wird der Saldo sofort fällig.

Nach deutschem Handelsrecht (§ 355 HGB) muss bei einer Kontokorrentbeziehung mindestens ein Vertragspartner Kaufmann sein. Weiterhin soll der Saldo des Kontokorrents mindestens einmal pro Jahr (im Rechnungsabschluss) festgestellt werden.

Das bekannteste Kontokorrent ist das Bankkonto. Damit hat fast jeder zu tun, da heute kaum noch jemand ohne Bankkonto auskommt. Entsprechend sollte jeder auch mit den Gepflogenheiten und der Kontokorrentrechnung vertraut sein. In diesem kurzen Kapitel wird auf Wesentliches dabei eingegangen.

Das Bankkonto

Die Kontoauszüge der verschiedenen Banken sind mehr oder weniger gleich aufgebaut. Links steht das Buchungsdatum, dann kommen die Erläuterungen zu den Buchungen und rechts steht der Buchungsbetrag – viel zu oft mit einem hässlichen Minus verziert. Das bedeutet, auch das wissen die meisten, dass es sich um eine Sollbuchung handelt, also um Geld, das vom Konto weggeht. Steht nichts dabei, handelt es sich um eine Habenbuchung, um Geldzugänge auf dem Konto.

HINWEIS   Auf allen Kontoauszügen gibt es noch ein weiteres Datum: das Wertstellungsdatum. Buchungsdatum und Wertstellungsdatum können auseinander liegen. Steht etwa das Buchungsdatum auf dem 1.10. und das Wertstellungsdatum auf dem 2.10., bedeutet das bei einer Habenbuchung, dass der Betrag, obwohl schon am 1.10. gebucht, erst am 2.10. tatsächlich zur Verfügung steht. Steht das Buchungsdatum auf dem 2.10., das Wertstellungsdatum auf dem 1.10., bedeutet das bei einer Sollbuchung, dass der Betrag zwar erst ab dem 2.10. auf dem Kontoauszug erscheint, zinsmäßig aber bereits ab dem 1.10. berücksichtigt wird.

Beim folgenden Beispiel werden wir das Buchungsdatum unberücksichtigt lassen und lediglich das Wertstellungsdatum benutzen, um die Rechnung nicht zu verkomplizieren.

Kontoführung in Excel

Da Bankkonten heute gut und einfach online geführt werden können, entweder über den Browser oder über spezielle Homebanking-Programme, ist es eigentlich nicht nötig, ein Bankkonto in Excel nachzubilden. Andererseits schadet es auch nicht, zu verstehen, wie solche Kontoauszüge tatsächlich »funktionieren«. Außerdem ist diese Form durchaus auch für andere Kontokorrentrechnungen (z.B. für Kreditoren- und Debitorenauflistungen) üblich, sodass es durchaus sinnvoll ist, solch ein exemplarisches Modell einmal mit Excel auszuprobieren. Und wenn Sie zu denjenigen gehören, die den Banken nicht unbesehen trauen, dann lernen Sie damit ein Werkzeug kennen, mit dem Sie Ihre Kontoauszüge überprüfen können.

Kontotabelle anlegen

Eine solche Kontokorrenttabelle ist schnell angelegt. Man benötigt nur drei Spalten. Die erste wird mit dem Datumsformat, die letzte mit einem Zahlenformat belegt.

	A	B	C
1	Wert	Vorgang/Buchungsinformation	Umsatz in Euro
2	1.10.08	Zinsen, Porto und Entgelte für das abgelaufene Quartal	-29,70
3	1.10.08	Tilgung Darlehen 034781-331A	-240,00
4	1.10.08	Lastschrift Haftpflichtversicherung Helvetia	-178,53
5	2.10.08	Gehalt	2.053,70
6	3.10.08	Dauerauftrag Miete	-600,00
7	5.10.08	Auszahlung	-300,00
8	9.10.08	T-Mobile September 08	-53,77
9	15.10.08	Förderverein GHS/Mitgliedsbeitrag 4.Quartal	-25,00
10	17.10.08	Auszahlung	-250,00
11	21.10.08	Gutschrift Finanzamt: Steuerrückerstattung 2007	910,21
12	22.10.08	Auszahlung	-100,00
13	27.10.08	Lastschrift Hundeverein	-125,00
14			
15			
16		Alter Kontostand Euro	-270,94
17			

Abbildung 4.1 Eine Kontokorrenttabelle stellt zunächst keine großen Anforderungen

Die verschiedenen Banken weichen auch in manchen Details voneinander ab. Einige führen den Saldo des vorherigen Kontoauszugs am Anfang des neuen Auszugs aus, manche erst am Ende. Außerdem sind auswertende Angaben in unterschiedlichem Umfang vorhanden. Ich habe mich für eine Variante entschieden, die mir für diese Zwecke am übersichtlichsten erschien: sämtliche Informationen und Auswertungen unterhalb der laufenden Buchungen anzuordnen. Sollten einmal die Zeilen nicht reichen, lassen sich diese leicht einfügen.

	A	B	C
17			
18		Zahlungseingänge Euro	
19		Zahlungsausgänge Euro	
20			
21		Neuer Kontostand Euro	
22		Durchschnittlicher Habensaldo	
23		Zinssatz für Dispositionskredit	12,000%
24		Zinssatz für geduldete Überziehung	17,000%
25		Kontokorrentkredit	2.000,00
26			
27			
2n			

Abbildung 4.2 Auswertungen und Informationen werden unterhalb der laufenden Buchungen angeordnet

Formeln zur Kontokorrentauswertung

Nach der Eingabe der laufenden Buchungen gilt es, die nötigen Berechnungen einzurichten. Manche sind so einfach, dass man sie fast nicht zu erklären braucht. Für andere Berechnungen müssen Funktionen zu Hilfe genommen werden.

Aktuellen Kontostand ermitteln

Die erste Information, die es zu ermitteln gilt, ist der aktuelle Kontostand. Laufende Buchungen sind vorhanden und der Saldovortrag vom Vormonat (*Alter Kontostand*) auch. So muss also beides nur addiert werden: die Summe der Buchungen (mit Hilfe der Funktion *SUMME*) und der Saldovortrag. Sind die Vorzeichen richtig eingegeben (Minus bei Abgängen vom Konto), wird mit dieser einfachen Rechenoperation der aktuelle Kontostand richtig ausgegeben.

	A	B	C	D	E	F
1	Wert	Vorgang/Buchungsinformation	Umsatz in Euro			
2	1.10.08	Zinsen, Porto und Entgelte für das abgelaufene Quartal	-29,70			
3	1.10.08	Tilgung Darlehen 034781-331A	-240,00			
4	1.10.08	Lastschrift Haftpflichtversicherung Helvetia	-178,53			
5	2.10.08	Gehalt	2.053,70			
6	3.10.08	Dauerauftrag Miete	-600,00			
7	5.10.08	Auszahlung	-300,00			
8	9.10.08	T-Mobile September 08	-53,77			
9	15.10.08	Förderverein GHS/Mitgliedsbeitrag 4.Quartal	-25,00			
10	17.10.08	Auszahlung	-250,00			
11	21.10.08	Gutschrift Finanzamt: Steuerrückerstattung 2007	910,21			
12	22.10.08	Auszahlung	-100,00			
13	27.10.08	Lastschrift Hundeverein	-125,00			
14						
15						
16		Alter Kontostand Euro	-270,94			
17						
18		Zahlungseingänge Euro				
19		Zahlungsausgänge Euro				
20						
21		Neuer Kontostand Euro	790,97 ←		=C16+SUMME(C2:C13)	

Abbildung 4.3   Der aktuelle Kontostand ist leicht zu ermitteln

---

ACHTUNG   Setzen Sie den Bezug zum Saldovortrag »Alter Kontostand« nicht absolut. Sollte es nötig sein, weitere Zeilen hinzuzufügen, wird sonst die Formel nicht automatisch angepasst.

Zahlungseingänge und -ausgänge ermitteln

Etwas mehr Überlegung erfordert die Berechnung der Zahlungseingänge und -ausgänge. Da alle in einer Spalte stehen, ist ein direktes Auslesen nicht möglich. Oder man errechnet es quasi per Direktzuweisung der Bezüge. Das ist aber umständlich und müsste jeden Monat neu angepasst werden. Besser ist da der Einsatz der *SUMMEWENN*-Funktion.

Die Funktion ist folgendermaßen aufgebaut:

=SUMMEWENN(Bereich;Suchkriterien;[Summe_Bereich])

Bereich nimmt den Bereich auf, der bei der Untersuchung berücksichtigt werden soll. Der Parameter *Suchkriterien* nimmt die Bedingungen auf, nach denen die zu summierenden Zellen ausgewählt werden. Der dritte optionale Parameter nimmt einen weiteren Bereich auf, und zwar dann, wenn die eigentliche Addition in anderen Zellen als in denen, die im ersten Bereich festgelegt sind, stattfinden soll. Andernfalls können Sie diesen Parameter weglassen oder den ersten Bereich wiederholt aufführen.

Der zweite Parameter kann sich auf eine andere Zelle beziehen, in der die Suchkriterien hinterlegt sind. Das ist dann immer sinnvoll, wenn man flexibel bei der Kriterieneingabe bleiben möchte. Hier können aber auch Suchkriterien direkt eingegeben werden. Für die Zahlungseingänge sieht die Formel folgendermaßen aus:

=SUMMEWENN(C2:C13;">0";C2:C13)

Der Bereich, der die Buchungssummen enthält, soll summiert werden und zwar dann, wenn die Beträge größer als Null sind.

	A	B	C	D	E	F	G
7	5.10.08	Auszahlung	-300,00				
8	9.10.08	T-Mobile September 08	-53,77				
9	15.10.08	Förderverein GHS/Mitgliedsbeitrag 4.Quartal	-25,00				
10	17.10.08	Auszahlung	-250,00				
11	21.10.08	Gutschrift Finanzamt: Steuerrückerstattung 2007	910,21				
12	22.10.08	Auszahlung	-100,00				
13	27.10.08	Lastschrift Hundeverein	-125,00				
14							
15							
16		Alter Kontostand Euro	-270,94				
17							
18		Zahlungseingänge Euro	2.963,91	←	=SUMMEWENN(C2:C13;">0";C2:C13)		
19		Zahlungsausgänge Euro	-1.902,00	←	=SUMMEWENN(C2:C13;"<0";C2:C13)		
20							
21		Neuer Kontostand Euro	790,97	←	=C16+SUMME(C2:C13)		

Abbildung 4.4 Bedingtes Summieren sorgt dafür, dass nur die richtigen Zahlen in die Summe aufgenommen werden

Den durchschnittlichen Habensaldo errechnen

Mit den vorhandenen Werten ist der durchschnittliche Habensaldo nicht zu errechnen. Es gibt überhaupt nur einen Habensaldo, nämlich den bei »Neuer Kontostand«. Um auf den gewünschten Wert zu kommen, müssen einige Nebenrechnungen durchgeführt werden.

HINWEIS   Der *Saldo* (vom italienischen Adjektiv saldo, salda = fest) ist in der Buchführung (und auf Bankkontoauszügen) die Differenz zwischen der Soll- und der Habenseite eines Kontos. Sind die Umsätze im Soll (= linke Kontoseite) größer als im Haben (= rechte Kontoseite) entsteht ein Sollsaldo, andernfalls ein Habensaldo.

Für die erste Nebenrechnung wird eine neue Spalte eingerichtet, in der durch einfache Addition der Saldo von einer zur nächsten Buchung errechnet wird. Im ersten Buchungseintrag mit dem Saldovortrag (*Alter Kontostand*) und ab dem zweiten jeweils mit dem Saldo der vorangegangenen Buchung. Auf diese Weise ist schon mal zu sehen, wie sich der Kontostand wertstellungsmäßig entwickelt.

	A	B	C	D	E	F
1	Wert	Vorgang/Buchungsinformation	Umsatz in Euro	Saldo		
2	1.10.08	Zinsen, Porto und Entgelte für das abgelaufene Quartal	-29,70	-300,64	←	=C16+C2
3	1.10.08	Tilgung Darlehen 034781-331A	-240,00	-540,64	←	=D2+C3
4	1.10.08	Lastschrift Haftpflichtversicherung Helvetia	-178,53	-719,17		
5	2.10.08	Gehalt	2.053,70	1.334,53		
6	3.10.08	Dauerauftrag Miete	-600,00	734,53		
7	5.10.08	Auszahlung	-300,00	434,53		
8	9.10.08	T-Mobile September 08	-53,77	380,76		
9	15.10.08	Förderverein GHS/Mitgliedsbeitrag 4.Quartal	-25,00	355,76		
10	17.10.08	Auszahlung	-250,00	105,76		
11	21.10.08	Gutschrift Finanzamt: Steuerrückerstattung 2007	910,21	1.015,97		
12	22.10.08	Auszahlung	-100,00	915,97		
13	27.10.08	Lastschrift Hundeverein	-125,00	790,97		
14						

Abbildung 4.5   Den Saldo zwischen zwei Buchungen ermittelt man mit einer einfachen Addition

Damit die Habensalden gewichtet werden können – manche gehen ja über mehrere Tage –, muss die Differenz in Tagen ermittelt werden. Das ist vergleichsweise einfach. Man muss nur das Vorgängerdatum vom nächsten Datum abziehen. Abschließend wird die Anzahl der Tage über die Funktion *SUMME* ermittelt. Dieser Wert wird später als Divisor benötigt.

	A	B	C	D	E	F	G	H	I
1	Wert	Vorgang/Buchungsinformation	Umsatz in Euro	Saldo					
2	1.10.08	Zinsen, Porto und Entgelte für das abgelaufene Quartal	-29,70	-300,64	←	=C16+C2			
3	1.10.08	Tilgung Darlehen 034781-331A	-240,00	-540,64	←	=D2+C3			
4	1.10.08	Lastschrift Haftpflichtversicherung Helvetia	-178,53	-719,17					
5	2.10.08	Gehalt	2.053,70	1.334,53	1	←		=A5-A4	
6	3.10.08	Dauerauftrag Miete	-600,00	734,53	1				
7	5.10.08	Auszahlung	-300,00	434,53	2				
8	9.10.08	T-Mobile September 08	-53,77	380,76	4				
9	15.10.08	Förderverein GHS/Mitgliedsbeitrag 4.Quartal	-25,00	355,76	6				
10	17.10.08	Auszahlung	-250,00	105,76	2				
11	21.10.08	Gutschrift Finanzamt: Steuerrückerstattung 2007	910,21	1.015,97	4				
12	22.10.08	Auszahlung	-100,00	915,97	1				
13	27.10.08	Lastschrift Hundeverein	-125,00	790,97	5				
14					26	←		=SUMME(E5:E13)	
15									

Abbildung 4.6   Die Differenz an Tagen zwischen den Buchungsvorfällen wird durch Subtraktion ermittelt

Nun kann der Saldo mit der Anzahl der Tage multipliziert werden. Die gesamte Spalte wird dann summiert, wobei wiederum die *SUMMEWENN*-Funktion genutzt wird, um evtl. vorhandene Minussalden auszuschließen. Die dürfen in die Berechnung für den durchschnittlichen Habensaldo nicht einfließen.

	A	B	C	D	E	F	G	H	I
1	Wert	Vorgang/Buchungsinformation	Umsatz in Euro	Saldo					
2	1.10.08	Zinsen, Porto und Entgelte für das abgelaufene Quartal	-29,70	-300,64		=C16+C2			
3	1.10.08	Tilgung Darlehen 034781-331A	-240,00	-540,64		=D2+C3			
4	1.10.08	Lastschrift Haftpflichtversicherung Helvetia	-178,53	-719,17					
5	2.10.08	Gehalt	2.053,70	1.334,53	1	1334,53		=A5-A4	
6	3.10.08	Dauerauftrag Miete	-600,00	734,53	1	734,53			
7	5.10.08	Auszahlung	-300,00	434,53	2	869,06			
8	9.10.08	T-Mobile September 08	-53,77	380,76	4	1523,04		=D8*E8	
9	15.10.08	Förderverein GHS/Mitgliedsbeitrag 4.Quartal	-25,00	355,76	6	2134,56			
10	17.10.08	Auszahlung	-250,00	105,76	2	211,52			
11	21.10.08	Gutschrift Finanzamt: Steuerrückerstattung 2007	910,21	1.015,97	4	4063,88			
12	22.10.08	Auszahlung	-100,00	915,97	1	915,97			
13	27.10.08	Lastschrift Hundeverein	-125,00	790,97	5	3954,85			
14					26	15741,94		=SUMME(E5:E13)	
15									
16		Alter Kontostand Euro	-270,94			=SUMMEWENN(F5:F13;">0";F5:F13)			

Abbildung 4.7 Gewichtete Salden werden durch Multiplikation der Salden mit der Anzahl der Tage erstellt

Um den durchschnittlichen Habensaldo zu errechnen, muss jetzt nur noch die gewichtete Summe der Habensalden durch die Anzahl der Tage geteilt werden.

	A	B	C	D	E	F	G	H	I
13	27.10.08	Lastschrift Hundeverein	-125,00	790,97	5	3954,85			
14					26	15741,94		=SUMME(E5:E13)	
15									
16		Alter Kontostand Euro	-270,94			=SUMMEWENN(F5:F13;">0";F5:F13)			
17									
18		Zahlungseingänge Euro	2.963,91			=SUMMEWENN(C2:C13;">0";C2:C13)			
19		Zahlungsausgänge Euro	-1.902,00			=SUMMEWENN(C2:C13;"<0";C2:C13)			
20									
21		Neuer Kontostand Euro	790,97			=C16+SUMME(C2:C13)			
22		Durchschnittlicher Habensaldo	605,46			=F14/E14			

Abbildung 4.8 Der durchschnittliche Habensaldo ist nach allen Vorbereitungen nur eine kleine Division

Hier ist allerdings jetzt noch eine kleine Ergänzung einzubauen. Denkbar wäre es, dass es einen Monat lang überhaupt keinen Habensaldo gibt. Mit der Formel, wie sie bis jetzt eingebaut ist, würde zwar ein negativer Wert in der Zelle vermieden, aber es würde eine Null ausgegeben. Besser wäre es, wenn dort nichts stünde. Deshalb sollte die Formel folgendermaßen ergänzt werden:

=WENN((F14/E14)>0;F14/E14;"")

Diese Formel untersucht zunächst, ob sich aus der Division der Zelle F14 mit der Zelle E14 ein Wert größer 0 ergibt. Wenn ja, dann wird die Division durchgeführt und in der Zelle ausgegeben. Wenn nein, dann wird die Division nicht durchgeführt und die Zelle leer gelassen (zwischen den Anführungszeichen steht ja nichts).

Zinsen in einem Kontokorrent ermitteln

Normalerweise gibt es Habenzinsen auf einem Bankkontokorrent nicht (Ausnahmen bestätigen die Regel). Gerät das Konto aber ins Minus, werden ordentlich Sollzinsen dafür verlangt. Grund genug, so etwas so selten wie möglich so zu machen. Da es aber trotz allem vorkommen kann, sollte ein Dispositionskredit mit der Bank vereinbart werden. Überziehungen innerhalb dieses Rahmens werden deutlich niedriger verzinst als lediglich geduldete Überziehungen.

Tageszinsen ermitteln

Für einige Beispielrechnungen mit Zinsen auf dem Kontokorrent wurde das vorangegangene Beispiel etwas erweitert und angepasst. Probleme sollte die Berechnung von Tageszinsen nicht mehr bereiten, wenn Sie das vorangegangene Kapitel durchgearbeitet haben.

	A	B	C	D	E	F
1	**Wert**	**Vorgang/Buchungsinformation**	**Umsatz in Euro**	**Saldo**		
2	1.10.08	Zinsen, Porto und Entgelte für das abgelaufene Quartal	-29,70	-300,64		
3	1.10.08	Tilgung Darlehen 034781-331A	-480,00	-780,64		
4	1.10.08	Lastschrift Haftpflichtversicherung Helvetia	-198,53	-979,17		
5	2.10.08	Gehalt	2.053,70	1.074,53	1	1.074,53
6	3.10.08	Dauerauftrag Miete	-600,00	474,53	1	474,53
7	5.10.08	Auszahlung	-400,00	74,53	2	149,06
8	9.10.08	T-Mobile September 08	-53,77	20,76	4	83,04
9	15.10.08	Förderverein GHS/Mitgliedsbeitrag 4.Quartal	-25,00	-4,24	6	-25,44
10	17.10.08	Auszahlung	-250,00	-254,24	2	-508,48
11	21.10.08	Gutschrift Finanzamt: Steuerrückerstattung 2007	910,21	655,97	4	2.623,88
12	22.10.08	Auszahlung	-100,00	555,97	1	555,97
13	27.10.08	Lastschrift Hundeverein	-125,00	430,97	5	2.154,85
14	27.10.08	Stromabschlag Oktober	-99,00	331,97	0	0,00
15	28.10.08	Auszahlung	-1.200,00	-868,03	1	-868,03
16	31.10.08	Abschlag Gas	-85,00	-953,03	3	-2.859,09
17					30	7.115,86
18						
19		Alter Kontostand Euro	-270,94			
20						

Abbildung 4.9   Ein überzogenes Konto kann sehr kostspielig werden

Die Tageszinsformel ist aus Kapitel 3 noch bekannt:

$$\text{Zinsen} = \frac{\text{Kapital} \times \text{Zinssatz} \times \text{Tage}}{100 \times 360}$$

Eine Erläuterung kann deshalb an dieser Stelle ausgespart werden. Die nötigen Informationen sind bereits in der Tabelle vorhanden, so dass sie direkt umgesetzt werden kann, z.B. um die Zinsen für den Betrag in Zelle F9 zu ermitteln. Mit Blick auf die Kopierbarkeit der Formel in andere Zellen wird gleich eine Prüfung eingebaut. Schließlich sollen ja nur Zinsen berechnet werden, wenn der Kontosaldo negativ ist. Die Formel in Zelle G9 lautet entsprechend:

*=WENN(F9<0;(F9*$C$26*E9)/360;0)*

Wenn die Zelle F9 kleiner als Null (also negativ) ist, dann soll die Zinsformel (zweiter Parameter) zum Einsatz kommen. Sonst wird einfach Null (0) ausgegeben. Mit Blick auf das Kopieren dieser Formel in andere Zellen wird der Bezug auf den Zinssatz (C26) absolut gesetzt ($C$26).

HINWEIS   Der Aufbau der *WENN*-Funktion ist folgender:

=WENN(Prüfung;Dann_Wert;Sonst_Wert)

Die *Prüfung* muss aus einem Ausdruck bestehen, der als Ergebnis WAHR oder FALSCH liefert.

Ist das Ergebnis WAHR, wird der zweite Parameter (*Dann_Wert*) ausgeführt.

Ist das Ergebnis FALSCH, wird der dritte Parameter (*Sonst_Wert*) ausgeführt. Dieser Parameter kann auch leer sein. Excel macht dann einfach »nichts«.

Jeder der drei Parameter kann durch eine weitere Formel gefüllt werden.

	A	B	C	D	E	F	G	H	I
1	Wert	Vorgang/Buchungsinformation	Umsatz in Euro	Saldo			Zinsen		
2	1.10.08	Zinsen, Porto und Entgelte für das abgelaufene Quartal	-29,70	-300,64					
3	1.10.08	Tilgung Darlehen 034781-331A	-480,00	-780,64			=WENN(F9<0;(F9*$C$26*E9)/360;0)		
4	1.10.08	Lastschrift Haftpflichtversicherung Helvetia	-198,53	-979,17					
5	2.10.08	Gehalt	2.053,70	1.074,53	1	1.074,53			
6	3.10.08	Dauerauftrag Miete	-600,00	474,53	1	474,53			
7	5.10.08	Auszahlung	-400,00	74,53	2	149,06			
8	9.10.08	T-Mobile September 08	-53,77	20,76	4	83,04			
9	15.10.08	Förderverein GHS/Mitgliedsbeitrag 4.Quartal	-25,00	-4,24	6	-25,44	-0,05088		
10	17.10.08	Auszahlung	-250,00	-254,24	2	-508,48			
11	21.10.08	Gutschrift Finanzamt: Steuerrückerstattung 2007	910,21	655,97	4	2.623,88			
12	22.10.08	Auszahlung	-100,00	555,97	1	555,97			
13	27.10.08	Lastschrift Hundeverein	-125,00	430,97	5	2.154,85			
14	27.10.08	Stromabschlag Oktober	-99,00	331,97	0	0,00			
15	28.10.08	Auszahlung	-1.200,00	-868,03	1	-868,03			
16	31.10.08	Abschlag Gas	-85,00	-953,03	3	-2.859,09			
17					30				

Abbildung 4.10   Tageszinsen werden für negative Salden ermittelt

Überziehungszinsen ermitteln

Leider ist diese Formel trotz allem noch nicht kopierbar. Immerhin gibt es ja zwei Zinssätze; einen, der innerhalb des Dispositionskredites gilt und einen, der für geduldete Überziehungen darüber hinaus gilt. Die Formel muss also erweitert werden. Zunächst muss mit einer *WENN*-Formel geprüft werden, ob der Wert der zu überprüfenden Zelle negativ ist. Wenn das der Fall ist, muss geprüft werden, ob der Wert kleiner als –2000 ist. Wenn ja, muss die Differenz zu –2000 (der maximalen Summe des Dispositionskredites) mit dem höheren Zinssatz verzinst werden. Hinzuaddiert werden die normalen Zinsen bis zu 2000. Die isolierte Berechnung dafür lautet:

$$((F16+\$C\$28)*\$C\$27*E16)/360+((\$C\$28*\$C\$26*E16)/360)$$

Zum Wert der Zelle wird der Betrag des Dispositionskredites ($C$28) hinzuaddiert. Es bleibt die Differenz, für die der höhere Zinssatz ermittelt werden soll. Auch hier wird der Bezug zur Zelle mit dem höheren Zinssatz (C27) absolut gesetzt ($C$27). Der zweite Teil des Terms entspricht der zuvor schon ermittelten Tageszinsberechnung mit dem Unterschied, dass für den kompletten Dispositionsrahmen (2.000 Euro), der ja ausgeschöpft ist, wenn eine größere Überziehung vorliegt, die Tageszinsen berechnet werden.

	C	D	E	F	G	H	I	J	K	L
1	Umsatz in Euro	Saldo			Zinsen					
2	-29,70	-300,64								
3	-480,00	-780,64			=WENN(F9<0;(F9*$C$26*E9)/360;0)					
4	-198,53	-979,17								
5	2.053,70	1.074,53	1	1.074,53						
6	-600,00	474,53	1	474,53						
7	-400,00	74,53	2	149,06						
8	-53,77	20,76	4	83,04						
9	-25,00	-4,24	6	-25,44	-0,05088					
10	-250,00	-254,24	2	-508,48						
11	910,21	655,97	4	2.623,88						
12	-100,00	555,97	1	555,97						
13	-125,00	430,97	5	2.154,85						
14	-99,00	331,97	0	0,00						
15	-1.200,00	-868,03	1	-868,03						
16	-85,00	-953,03	3	-2.859,09	0,782955833					
17			30							
18										
19	-270,94									
20	=WENN(F16<0;WENN(F16<-2000;(((F16+$C$28)*$C$27*E16)/360)+(($C$28*$C$26*E16)/360);(F16*$C$26*E16)/360);0)									

Abbildung 4.11 In der zweiten Formel ist auch berücksichtigt, dass ein eventuell vorhandener Dispositionsrahmen überschritten wird

Diese Formel kann nun in die darüber liegenden Zellen kopiert werden. Sie wird Zinsen taggenau errechnen, wenn der Dispositionssaldo negativ ist und sie wird Überziehungszinsen in Ansatz bringen, für den über den Dispositionskredit hinausgehenden Betrag. Summieren Sie diese Spalte, erhalten Sie die Gesamtzinsen, die für den laufenden Monat zu zahlen sind.

Solche langen Formeln sind nicht leicht zu verstehen, wenn man sie das erste Mal sieht. Wenn sie aber Stück für Stück entwickelt werden, wie zuvor beschrieben, sollten sie Ihnen eigentlich keine Probleme bereiten. Nicht verkehrt ist es, sich die Struktur solcher langen Formeln zu skizzieren und Parameter für Parameter abzuhaken. Zwar unterstützt auch Excel durch farbige Klammern und differenzierte Fehlermeldungen (etwa wenn ein Argument zuviel oder zuwenig eingegeben wurde), aber die Übersicht behält man besser im Auge, wenn die Struktur der Formel immer deutlich nachvollzogen werden kann.

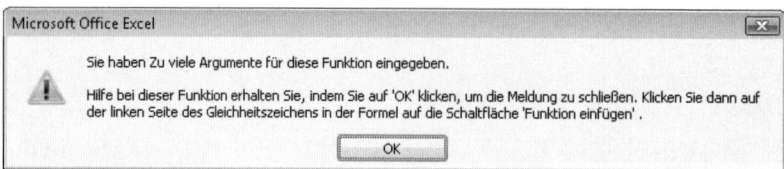

Abbildung 4.12 Excel prüft immer, ob alle Elemente einer Formel vorhanden sind oder sogar zuviel eingefügt wurden

> **TIPP**   Die *WENN*-Funktion lässt sich verschachteln, allerdings nicht unbegrenzt. Lediglich 64 (!) Verschachtelungen sind mit Excel 2007 möglich. Allerdings ist dies kaum anzuraten. Solch eine stark verschachtelte Funktion ist schwer zu überblicken und noch schwerer zu pflegen. In früheren Versionen von Excel (bis einschließlich Excel 2003) galt eine Verschachtelungstiefe von 7 als Limit. Dies würde ich aber auch als Limit für eine Verschachtelung in Excel 2007 empfehlen. Werden mehr Verschachtelungen benötigt, sollten Sie besser überlegen, ob in anderen Zellen nicht Zwischenrechnungen durchgeführt werden.

Kontokorrentmodell erweitern

Wollen Sie dieses Modell fortlaufend nutzen, empfehle ich folgendes Vorgehen:

- Legen Sie eine leere Tabelle an, die zwar keine Werte, aber alle Formeln enthält.
- Schützen Sie die Formeln, um ein Überschreiben zu verhindern.
- Für jeden neuen Monat kopieren Sie die Tabelle (mit der rechten Maustaste auf die Registerlasche klicken, im Kontextmenü den Eintrag *Verschieben/kopieren* auswählen und im Dialogfeld das Kontrollkästchen *Kopie erstellen* aktivieren).
- In der ersten Monatstabelle (in der Regel Januar) wird der Saldoübertrag bei *Alter Kontostand* manuell eingetragen. Ab der zweiten Monatstabelle wird hier ein Bezug zur vorherigen Monatstabelle (Bezug auf die Zelle *Neuer Kontostand*) eingesetzt.

Mit Hilfe dieses Modells können Sie die Kontoauszüge Ihrer Bank kontrollieren.

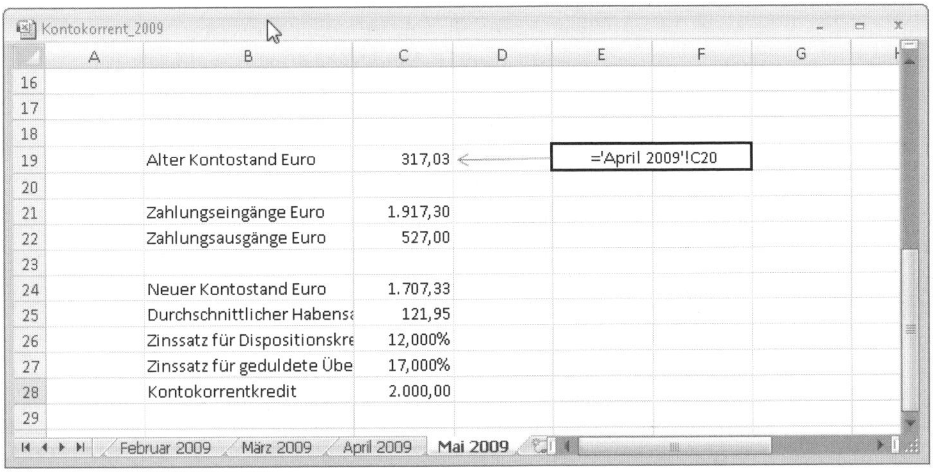

Abbildung 4.13 Der alte Kontostand kann direkt aus dem Vormonat übernommen werden

Andere Kontokorrentkonten

Eine häufige Form der Kontokorrentrechnung findet sich in der Debitoren- und Kreditorenbuchhaltung. Debitoren sind Kunden, Kreditoren Lieferanten. Hier wird festgehalten, welche Rechnungen gestellt und gezahlt wurden. Auf diese Weise kann man leicht die offenen Posten – also die Beträge, die noch zu zahlen sind – ermitteln.

Häufig sind diese Unter-Buchhaltungen in der Buchhaltungssoftware bereits verankert. Wenn die Buchhaltung vom Steuerberater erledigt wird, ist es aber durchaus sinnvoll, solch eine »Offene Posten«-Rechnung für Kunden- und Lieferanten mit Excel als Kontokorrent zu führen. Man hat dann die Übersicht darüber, was aktuell an Zahlungen fällig ist und kann mahnen oder bei Lieferanten Mahnungen vermeiden.

Mahnungsfälligkeit anzeigen

Über die reine Errechnung von offenen Beträgen hinaus kann solch eine Tabelle auch genutzt werden, um auf Sachverhalte aufmerksam zu machen, etwa wenn das Zahlungsziel überzogen ist oder der vorgegebene Kreditrahmen überschritten wurde.

	A	B	C	D	E	F	G	H	I	J
1										
2		Kunde:	Müller & Mehl oHG				16.734,19	←	=SUMME(G5:G22)	
3										
4		Re.Nr.	Re.Datum	Re.Betrag	Zahlungs-Datum	Zahlungs-Betrag	Offener Posten			
5		R17308-27	17.03.08	17.270,39	27.03.08	17.270,39	0,00	←	=WENN(D5="";"";D5-F5)	
6		R02408-13	02.04.08	5.307,20	21.04.08	5.197,18	110,02			
7		R11508-49	11.05.08	21.970,33	03.06.08	21.970,33	0,00			
8		R30608-101	30.06.08	1.970,18			1.970,18			
9		R15708-21	15.07.08	9.850,00	02.08.08	8.900,00	950,00			
10		R22808-51	22.08.08	12.003,99	05.09.08	5.000,00	7.003,99			
11		R15908-33	15.09.08	6.700,00			6.700,00			
12										

Abbildung 4.14   Eine einfache Offene-Posten-Rechnung ist in Excel ohne große Umstände schnell realisiert

Als zusätzliche Informationen werden das aktuelle Datum und das mit dem Kunden vereinbarte Zahlungsziel benötigt. Beides trage ich der Übersicht halber in der Tabelle oberhalb der laufenden Buchungen ein, aber eigentlich ist es egal, wo es steht. Nur der Bezug muss in der Formel später stimmen. Für das aktuelle Datum wird die Funktion *HEUTE* benutzt, die jeden Tag das aktuelle Datum liefert.

Über eine *WENN*-Funktion wird Folgendes geprüft:

1. Ist der Wert in der Spalte G = 0: =WENN(G11=0;

2. Wird die Frage zu 1. mit WAHR beantwortet, soll nichts in die Zelle geschrieben werden: "";.

3. Wird die Frage zu 1. mit FALSCH beantwortet, wird untersucht, ob die Zelle in Spalte E (z.B. E11) leer ist? Dann hat noch keine Zahlung stattgefunden: WENN(E11="";.

4. Wird die Frage zu 3. mit WAHR beantwortet, wird die Differenz in Tagen zwischen dem aktuellen Datum und dem Rechnungsdatum ermittelt. Anschließend wird geprüft, ob die Anzahl Tage größer als das vereinbarte Zahlungsziel ist: WENN(F"-C11)>$F$1;.

5. Wird die Frage zu 4. mit WAHR beantwortet, dann wird Mahnen in die Zelle geschrieben: "Mahnen".

6. Wird die Frage zu 4. mit FALSCH beantwortet, dann wird nichts in die Zelle geschrieben: "");.

7. Wird die Frage zu 3. mit FALSCH beantwortet, wird geprüft, ob die Differenz zwischen Zahlungsdatum und Rechnungsdatum größer als das vereinbarte Zahlungsziel ist: WENN((E11-C11)>$F$1;.

8. Wird die Frage zu 7. mit WAHR beantwortet, wird Mahnen in die Zelle geschrieben: "Mahnen";.

9. Wird die Frage zu 7. mit FALSCH beantwortet, wird nichts in die Zelle geschrieben: "";).

10. Die äußeren beiden *WENN*-Funktionen werden geschlossen:)).

Diese Formel kann nun in die anderen Zellen kopiert werden. Sie wird jedes Mal zuverlässig anzeigen, wann eine Rechnung überfällig ist.

	A	B	C	D	E	F	G	H	I	J
1					Zahlungsziel (Tage):	21				
2		Kunde:	**Müller & Mehl oHG**		aktuelles Datum:	18.10.08	16.734,19		=SUMME(G5:G22)	
3									=HEUTE()	
4		**Re.Nr.**	**Re.Datum**	**Re.Betrag**	**Zahlungs-Datum**	**Zahlungs-Betrag**	**Offener Posten**			
5		R17308-27	17.03.08	17.270,39	27.03.08	17.270,39	0,00		=WENN(D5="";"";D5-F5)	
6		R02408-13	02.04.08	5.307,20	21.04.08	5.197,18	110,02			
7		R11508-49	11.05.08	21.970,33	03.06.08	21.970,33	0,00			
8		R30608-101	30.06.08	1.970,18			1.970,18	Mahnen		
9		R15708-21	15.07.08	9.850,00	02.08.08	8.900,00	950,00			
10		R22808-51	22.08.08	12.003,99	05.09.08	5.000,00	7.003,99			
11		R15908-33	15.09.08	6.700,00			6.700,00	Mahnen		
12										
13										
14										
15		=WENN(G11=0;"";WENN(E11="";WENN(($F$2-C11)>$F$1;"Mahnen";"");WENN((E11-C11)>$F$1;"Mahnen";"")))								
16										
17										
18										

Abbildung 4.15 Wann eine Rechnung gemahnt werden muss, sagt diese Tabelle genau

Kreditlimit prüfen

Um zu prüfen, wann das Kreditlimit überschritten wird, muss als zusätzliche Information noch das kundenspezifische Kreditlimit eingefügt werden. Die Formel ist diesmal vergleichsweise einfach zu erstellen, denn es muss ja nur geprüft werden, ob die Summe der offenen Posten (G2) größer ist als das vorgegebene Kreditlimit (C3):

=WENN(G2>G3;"Kreditlimit überschritten";"")

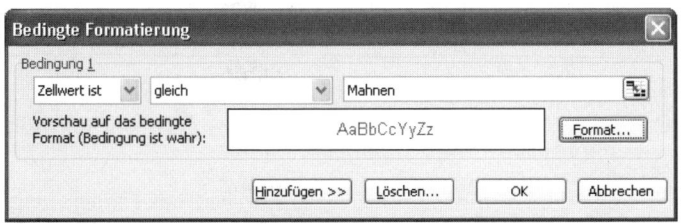

Abbildung 4.16 Bei Überschreiten des Kreditlimits wird sofort ein Hinweis ausgegeben

Damit deutlicher wird, dass etwas nicht stimmt, kann noch dafür gesorgt werden, dass die Hinweise (Kreditlimit überschritten, Mahnen) rot ausgegeben werden. Dazu reicht es eigentlich, die Schriftfarbe auf rot zu setzen, denn wenn nichts ausgegeben wird, spielt die Schriftfarbe keine Rolle. Mit Blick auf erweiterte Formeln (etwa wenn ein Alternativtext ausgegeben werden soll) lässt sich hier besser mit der Bedingten Formatierung arbeiten.

Dazu gehen Sie folgendermaßen vor:

1. Markieren Sie im Beispiel die Bereiche H5:B12.
2. Rufen Sie unter Excel 2003 den Menübefehl *Format/Bedingte Formatierung* auf bzw. klicken Sie unter Excel 2007 in der Multifunktionsleiste auf der Registerkarte *Start* in der Gruppe *Formatvorlagen* auf *Bedingte Formatierung*.
3. Nur in Excel 2007 müssen Sie noch *Neue Regel* und bei *Regeltyp auswählen* den Eintrag *Nur Zellen formatieren, die enthalten* auswählen.
4. Bei *Bedingung1* wählen Sie *Zellwert ist* (Excel 2003), bei *Nur Zellen formatieren mit* wählen Sie *Zellwert* (Excel 2007).

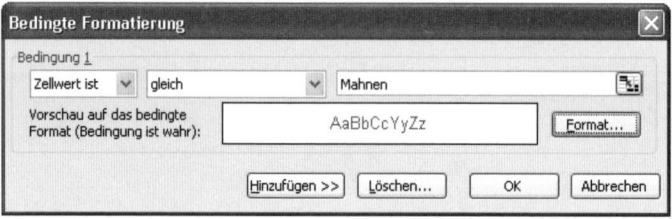

Abbildung 4.17 Bedingte Formatierung in Excel 2003

5. In beiden Versionen wählen Sie daneben *gleich* und tragen in das dritte Feld *Mahnen* ein.
6. Über die Schaltfläche *Format* (Excel 2003) bzw. *Formatieren* (Excel 2007) öffnen Sie das Dialogfeld *Zellen formatieren* und stellen auf der Registerkarte *Schrift* als Schriftfarbe einen roten Farbton ein.
7. Mit zweimaligem Bestätigen über *OK* wird die Bedingte Formatierung übernommen.

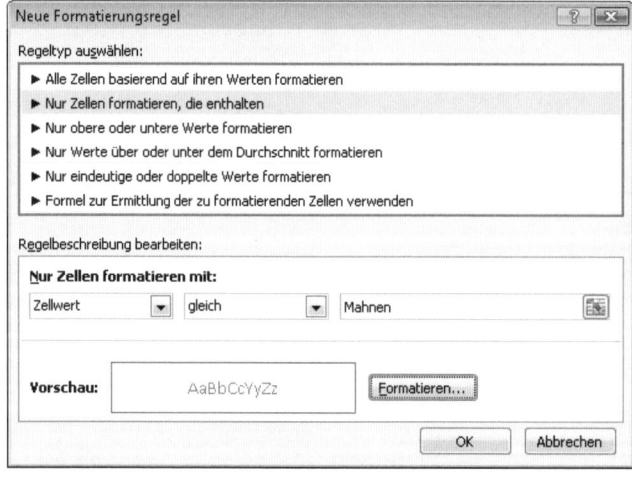

Abbildung 4.18 Bedingte Formatierung in Excel 2007

Kapitel 5

Währungsrechnung

Mit der Einführung des Euro am 1.1.2002 ist zumindest der Zahlungsverkehr in Europa einfacher geworden. Wer vorher bei Auslandsreisen durch mehrere Länder zum Umrechnungspraktiker werden musste, der hat das heute nicht mehr nötig. Man wundert sich nach wie vor noch, wie unterschiedlich Preise sein können – aber man wundert sich in einer Währung. Zumindest in Europa. Zumindest dort inzwischen in den meisten Ländern. Es gibt also seit 2002 weniger Währungen in der Welt, aber nach wie vor sind noch zahlreiche andere vorhanden und das Umrechnen von einer Währung in die andere ist noch nicht ganz beiseite zu legen. Währungsrechnen ist deshalb wichtig und soll in einem eigenen Kapitel behandelt werden.

HINWEIS	Folgende Länder haben den Euro eingeführt (Stand: Januar 2009): Andorra, Belgien, Deutschland, Finnland, Frankreich, Griechenland, Irland, Italien, Kosovo, Luxemburg, Malta, Monaco, Montenegro, Niederlande, Österreich, Portugal, San Marino, Slowakei, Slowenien, Spanien, Vatikanstadt, Zypern.

Wechselkurse umrechnen

Vielen fällt es schwer, von einer Währung in die andere umzurechnen. Insbesondere dann, wenn die Verhältnisse sehr ungleich sind, etwa wie früher in Österreich bei Schillingen, in Italien bei Lira oder heute beim japanischen Yen. Dabei ist das Umrechnen von Wechselkursen nichts anderes als einfache Dreisatzrechnung.

Die folgenden Wechselkurse (Stand Dezember 2008) werde ich in diesem Kapitel benutzen:

- 1 EUR = 1,351 USD (United States Dollar)
- 1 EUR = 122,42 JPY (Yen)
- 1 EUR = 0,8994 GBP (Pfund Sterling)
- 1 EUR = 1,5789 CHF (Schweizer Franken)

Aktuelle Wechselkurse sind immer zu finden unter: *http://www.ecb.eu/euro.html*.

Euro in ausländische Währung wechseln

Für eine Reise nach San Francisco wollen Sie bei Ihrer Bank 2.000 Euro in Dollar wechseln. Wie viel Dollar erhalten Sie für den Eurobetrag?

Das lässt sich leicht aufgliedern:

Aussagesatz: 1 Euro = 1,351 $

Fragesatz: 2.000 Euro = x $

In eine Formel gebracht ergibt dies das folgende Ergebnis:

$$x = \frac{2000 \times 1{,}351}{1} = 2702 \ \$$$

In Excel ist diese Rechnung schnell nachgestellt.

	A	B	C	D	E
1					
2		Fremdwährung (1 Euro):	1,351 $		
3					
4		Anzahl Euro:	2.000,00 €		
5					
6		Anzahl Fremdwährung:	2.702,00 $ ←		=C4*C2
7					

Abbildung 5.1 Umrechnung von Euro in eine Fremdwährung ist für Excel kein Thema

Solch eine einfache Tabelle lässt sich leicht für verschiedene Rechnungen nutzen. Um Euro in Dollar umzurechnen, müssen Sie nur den Wechselkurs anpassen (ist täglich bei den Banken zu erfragen, auch über das Internet) und den zu wechselnden Euro-Betrag eingeben.

Oder Sie geben den Wechselkurs einer anderen Währung ein. Sie sollten aber dann in der Spalte D die Währung, mit der Sie rechnen, kennzeichnen, damit es keine Missverständnisse gibt. Haben Sie eine Geschäftsreise nach London vor, wechseln Sie die Euro in britische Pfund Sterling um, denn die Engländer konnten sich noch nicht entschließen, an der Euro-Gemeinschaft teilzuhaben.

	A	B	C	D	E
1					
2		Fremdwährung (1 Euro):	0,8994 GBP		
3					
4		Anzahl Euro:	2.000,00 €		
5					
6		Anzahl Fremdwährung:	1.798,80 GBP ←		=C4*C2
7					

Abbildung 5.2 Mit welcher Währung gerechnet wird, ist Excel eigentlich egal

Ausländische Währung in Euro wechseln

Das Umrechnen von anderen Währungen in Euro ist ebenso unproblematisch. Der Bruch wird einfach umgestellt.

Sie kommen aus der Schweiz zurück und haben noch 157,20 CHF. Wie viel Euro bekommen Sie beim Rücktausch?

Aussagesatz: 1,5789 CHF = 1 Euro

Fragesatz: 157,20 CHF = x Euro

In die Formel eingesetzt ergibt das:

$$x = \frac{157,20 \times 1}{1,5789} = 99,56 \text{ Euro}$$

Die Excel-Tabelle dazu ist ebenso schnell und unkompliziert aufgebaut wie die Umrechnung von Euro in Fremdwährung.

	A	B	C	D	E
7					
8		Euro (1 Fremdwährung):	1,5789	CHF	
9					
10		Anzahl Fremdwährung:	157,20	CHF	
11					
12		Anzahl Euro:	99,56 €	←	=C10/C8
13					

Abbildung 5.3 Die Umrechnung von Fremdwährung in Euro benötigt ebenfalls nicht viel Aufwand in einer Tabelle

HINWEIS   Falls Sie die »1« als Divisor oder Multiplikator irritiert (in der Excel-Formel wurde sie ja weggelassen): Die meisten Währungen werden auf der Basis »1« umgerechnet: 1 Euro = 1,351 $. Manchmal wird die Währung aber auch auf der Basis 100 oder 1000 umgerechnet. Dann muss der Divisor/Multiplikator entsprechend angepasst werden.

Ankauf und Verkauf von Devisen und Sorten

Fachleute sprechen von Sorten, wenn sie ausländisches Bargeld meinen. Bei den vorangegangenen Umrechnungen ging es immer darum, (Bar)geld von einer Währung in eine andere zu tauschen: Es fand also ein Sortentausch statt.

Spricht man von Devisen, ist damit Buchgeld in Fremdwährung gemeint. Dazu gehören auch Geldforderungen in anderen Währungen sowie Schecks und Wechsel in Fremdwährungen.

Devisenhandel

Vielleicht ist Ihnen bei den Berechnungen im vorangegangenen Kapitelabschnitt der Gedanke gekommen, was die Banken bei solchen Tauschgeschäften eigentlich verdienen? Tatsächlich wurde bei dieser einfachen Berechnung aber etwas ausgeblendet, was man an jedem Bankschalter (oder in jeder Wechselstube) durch Aushang oder Nachfrage erfährt: Es gibt zwei Arten von Kursen:

- den Geldkurs, d.i. der Ankaufskurs der Bank
- den Briefkurs, d.i. der Verkaufskurs der Bank

Beide Kurse sind nicht identisch. Der Geldkurs liegt normalerweise unter dem Briefkurs. Die Differenz – die Spanne zwischen Geld- und Briefkurs – ist der Verdienst der Bank.

Die Kurse werden über den Devisenhandel, der an den Devisenbörsen stattfindet, festgelegt. Wie an allen anderen Börsen auch, bestimmen Angebot und Nachfrage die täglichen Kurse. Teilnehmen dürfen an den Devisenbörsen nur Banken.

Devisenkurse

Euro

Währung	Vortag	Eröff	Akt.	Datum	Zeit	Abs.	in %	Geld	Brief	Hoch	Tief
Euro-Australischer Dollar	2,0255	2,0251	2,0440	17.12.	14:45:22	+0,0185	+0,91%	0,0000	0,0000	2,0471	2,0130
Euro-Britisches Pfund	0,9022	0,9026	0,9178	17.12.	14:45:14	+0,0156	+1,73%	0,0000	0,0000	0,9203	0,8984
Euro-Hong Kong Dollar	10,8908	10,8899	10,8789	17.12.	13:49:11	-0,0119	-0,11%	0,0000	0,0000	10,9608	10,8789
Euro-Japanischer Yen	124,7700	124,7100	124,4700	17.12.	14:45:17	-0,3000	-0,24%	0,0000	0,0000	125,4200	124,2100
Euro-Kanadischer Dollar	1,6944	1,6948	1,7027	17.12.	14:45:19	+0,0083	+0,49%	0,0000	0,0000	1,7076	1,6809
Euro-Norwegische Krone	9,5880	9,5890	9,4936	17.12.	13:49:52	-0,0944	-0,98%	0,0000	0,0000	9,5994	9,4924
Euro-Schwedische Krone	11,1060	11,1130	11,0029	17.12.	13:50:42	-0,1031	-0,93%	0,0000	0,0000	11,1413	10,9950
Euro-Schweizer Franken	1,5753	1,5751	1,5606	17.12.	14:45:27	-0,0147	-0,93%	0,0000	0,0000	1,5776	1,5599
Euro-Singapur-Dollar	2,0510	2,0481	2,0462	17.12.	13:50:42	-0,0048	-0,23%	0,0000	0,0000	2,0596	2,0462
Euro-Südafrikanischer Rand	14,0803	14,0951	14,0223	17.12.	13:50:43	-0,0580	-0,41%	0,0000	0,0000	14,1691	14,0223
Euro-US Dollar	1,4060	1,4060	1,4086	17.12.	14:45:19	+0,0026	+0,18%	0,0000	0,0000	1,4187	1,4010

US-Dollar

Währung	Vortag	Eröff	Akt.	Datum	Zeit	Abs.	in %	Geld	Brief	Hoch	Tief
US Dollar-Australischer Dollar	1,4413	1,4409	1,4522	17.12.	14:45:20	+0,0109	+0,76%	0,0000	0,0000	1,4573	1,4237
US Dollar-Britisches Pfund	0,6419	0,6419	0,6517	17.12.	14:45:14	+0,0099	+1,54%	0,0000	0,0000	0,6559	0,6361
US Dollar-Euro	0,7113	0,7111	0,7100	17.12.	14:45:18	-0,0013	-0,18%	0,0000	0,0000	0,7138	0,7048
US Dollar-Hong Kong Dollar	7,7503	7,7496	7,7496	17.12.	14:15:10	-0,0007	-0,01%	0,0000	0,0000	7,7503	7,7495
US Dollar-Japanischer Yen	88,7400	88,6700	88,3600	17.12.	14:45:17	-0,3800	-0,43%	0,0000	0,0000	89,2100	88,1800
US Dollar-Kanadischer Dollar	1,2053	1,2055	1,2091	17.12.	14:45:17	+0,0038	+0,32%	0,0000	0,0000	1,2118	1,1955
US Dollar-Norwegische Krone	6,8290	6,8227	6,7652	17.12.	14:22:11	-0,0638	-0,93%	0,0000	0,0000	6,8227	6,7280
US Dollar-Russischer Rubel	27,4650	27,4650	27,5930	17.12.	14:34:13	+0,1280	+0,47%	0,0000	0,0000	27,5930	27,1980
US Dollar-Schweizer Franken	1,1201	1,1200	1,1078	17.12.	14:45:32	-0,0123	-1,10%	0,0000	0,0000	1,1242	1,1066
US Dollar-Singapur-Dollar	1,4590	1,4581	1,4572	17.12.	14:38:42	-0,0018	-0,12%	0,0000	0,0000	1,4591	1,4559
US Dollar-Südafrikanischer Rand	10,0189	10,0220	9,9985	17.12.	13:46:42	-0,0204	-0,20%	0,0000	0,0000	10,0360	9,9456

Euro

Land	Währung	Euro-Wechselkurs
Deutschland	DM	1,95583
Belgien/Lux.	BFr/LFr	40,33990
Finnland	FM	5,94573
Frankreich	FF	6,55957
Griechenland	GRD	340,750
Irland	IPF	0,787564
Italien	L	1936,27000
Niederlande	FL	2,20371
Österreich	Sch	13,76030
Portugal	ES	200,48200
Spanien	Pta	166,38600

Abbildung 5.4 Devisenkurse zum Euro und zum Dollar sowie Euro-Wechselkurse (zur alten Währung)

Devisen und Sorten bei Banken kaufen und verkaufen

Devisen und Sorten können also bei Banken gekauft werden. Wie schon gesagt, machen Banken das nicht umsonst. Beim Sortenkauf verdienen sie an der Differenz zwischen Brief- und Geldkurs. Beim Devisenkauf fällt diese Spanne geringer aus. Dafür werden zusätzlich berechnet:

- Maklergebühr
- Bankprovision
- eine Abwicklungsgebühr bei kleineren Aufträgen

Geld- und Briefkurs

Am 17.12.2008 war der Mittelkurs für den Japanischen Yen 123.829 (Geld) und 123.872 (Brief). Der Unterschied beträgt 43 JPY, das sind umgerechnet 0,35 Euro.

	A	B	C	D	E	F
1						
2		Japan	●			
3						
4		1 Euro	123.872,00 JPY			
5		1 JPY	0,008073 Euro			
6						
7		Mittelkurs	123.872,00 Brief			
8		Mittelkurs	123.829,00 Geld			
9						
10		Differenz	43,00 JPY ←			=C7-C8

Abbildung 5.5 Die Differenz zwischen Brief- und Geldkurs ist offensichtlich

Wenn Sie also später nicht verbrauchtes Bargeld zurückwechseln, machen Sie das zum ungünstigeren Kurs, denn ankaufen wird die Bank nur zum Geldkurs. Deshalb ist es immer gut zu überlegen, wie viel Bargeld man tatsächlich benötigen könnte.

Wechseln über mehrere Währungen

Ein Geschäftsmann tauscht in Frankfurt 750 Euro in US$ um (1,4059), weil er nach New York fliegen soll. In letzter Minute muss er seine Pläne ändern und nach London. Dort tauscht er die US$ in GBP (0,6419) um. Wäre er günstiger oder schlechter gefahren, hätte er gleich die Euro in GBP (0,91855) getauscht?

	A	B	C	D	E	F	G
17		**Umtausch Euro in US$**					
18							
19		Fremdwährung (1 Euro):	1,4059 US$				
20							
21		Anzahl Euro:	750,00 €				
22							
23		Anzahl Fremdwährung:	1.054,43 US$ ←			=C21*C19	
24							
25		**Umtausch US$ in GBP**					
26							
27		Fremdwährung (1 US$):	0,6419 GBP				
28							
29		Anzahl US$:	1.054,43 US$ ←			=C23	
30							
31		Anzahl Fremdwährung:	**676,84** GBP ←			=C29*C27	
32							
33		**Umtausch Euro in GBP**					
34							
35		Fremdwährung (1 Euro):	0,91855 GBP				
36							
37		Anzahl Euro:	750,00 €				
38							
39		Anzahl Fremdwährung:	**688,91** GBP ←			=C37*C35	
40							

Abbildung 5.6 Bei direktem Umtausch hätte man das bessere Ergebnis erzielt

Das Problem ist leicht zu lösen, denn man muss ja nur die erste Tabelle, die in Excel zur Umrechnung von Euro in Fremdwährung entwickelt wurde, dreimal einsetzen. Das erste Mal, um von Euro in US$ und das zweite Mal, um von US$ in GBP umzurechnen. Eine dritte Rechnung – Umrechnung von Euro in GBP – wird zu Vergleichszwecken gemacht.

Das Ergebnis ist eindeutig. Bei direktem Umtausch wäre ein besseres Ergebnis erzielt worden. Nun war zwar im Beispiel die Situation nicht so vorgegeben, dass tatsächlich eine Wahlmöglichkeit bestanden hätte, aber wenn man die Zusammenhänge verstanden hat, überlegt man sich im konkreten Fall, ob ein frühzeitiger Umtausch unbedingt nötig ist.

Das Währungsformat

Bei den vorangegangenen Übungen wurde die Währung in eine neben dem Wert liegende Zelle geschrieben. Es ist aber auch möglich, das jeweilige Währungszeichen dem Betrag direkt mitzugeben; Excel kennt ein so genanntes Währungsformat.

Dieses Format ist insofern interessant, als dass Excel die Zahlen, die mit diesem Format belegt sind, trotz des Währungszeichens noch als Zahl erkennt. Man kann also damit noch rechnen.

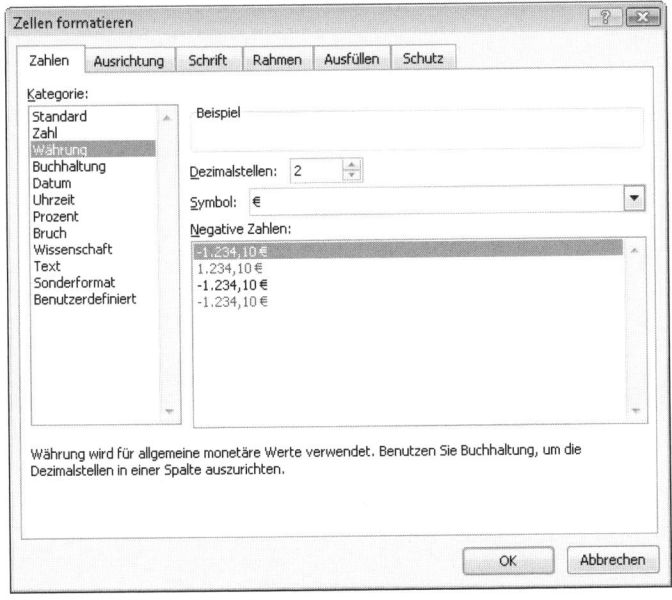

Abbildung 5.7 Beim Währungsformat wird das gewünschte Währungszeichen direkt an die Zahl angehängt

Über das Listenfeld *Symbol* können eine Vielzahl von Währungszeichen und Währungsbezeichnungen ausgewählt werden. In der Kategorie *Buchhaltung* findet sich ein spezielles Währungsformat. Es unterscheidet sich von dem allgemeinen Währungsformat dadurch, dass die Dezimalstellen und Symbole in einer Spalte gleichmäßig ausgerichtet werden.

HINWEIS   Das Währungs-/Buchhaltungsformat kann auch über die Symbolleiste *Format* (Excel 2003) bzw. über die Multifunktionsleiste auf der Registerkarte *Start* in der Gruppe *Zahl* durch Anklicken des Symbols gewählt werden.

	A	B	C	D
1				
2		3.700,00 €	3.700,00 €	
3		0,17 €	0,17 €	
4		24,30 €	24,30 €	
5		35,40 €	35,40 €	
6		199,99 €	199,99 €	
7		17.205,40 €	17.205,40 €	
8		950,00 €	950,00 €	
9		1.090,01 €	1.090,01 €	
10		-317,43 €	- 317,43 €	
11		0,00 €	- €	
12				
13				

Abbildung 5.8 Der Unterschied zwischen dem Währungsformat (Spalte B) und dem Buchhaltungsformat (Spalte C) ist nicht groß – aber zu erkennen

Kapitel 6

Kostenrechnung und Kalkulation

In diesem Kapitel:

Eigentlich sollte alles ganz einfach sein: Die Kosten, die in einem Betrieb anfallen, werden komplett auf die Produkte umgelegt. Dann kommt eine angemessene Gewinnspanne drauf (schon der italienische Mathematiker Luca Pacioli schrieb 1494 in seiner Abhandlung über die Buchführung: »Das Ziel eines jeden Kaufmannes ist die Erwerbung eines erlaubten und angemessenen Gewinns für seinen Unterhalt.«) und schon ist alles getan, um mit dem Unternehmen gut zurechtzukommen. Leider funktioniert das am Markt heute nicht so. Preis- und Konkurrenzdruck sorgen dafür, dass nicht beliebig alle Kosten auf die Produkte umgelegt und damit durch den Verkauf wieder hereingeholt werden können. Außerdem zeigt sich bei näherer Betrachtung dieser Problematik, dass dieses »Umlegen der Kosten« nicht so einfach ist. Entsprechend hat sich eine Kosten- und Leistungsrechnung in den letzten sechzig Jahren herausgebildet, die diese Thematik differenzierter und genauer angeht. Damit beschäftigt sich dieses Kapitel ausführlich, wenn auch nicht umfassend.

Kostenrechnungsgrundlagen

Bevor es ans Rechnen geht, sind einige Grundlagen und Begriffe zu klären – soweit sie für die weiteren Beispiele und Übungen notwendig sind. Es ist jedoch im Rahmen dieses Buches nicht möglich, einen kompletten Lehrgang der Kostenrechnung vorzulegen. Wer einen ersten Überblick über das Gesamtgebiet der Kosten- und Leistungsrechnung bekommen möchte, kann dazu zu meinem Buch »Taschenguide Kostenrechnung«, 4. Aufl., Freiburg, ISBN-13: 978-3-448-07975-3 greifen. Für das Verständnis der folgenden Beispiele und Übungen ist das allerdings nicht nötig.

Entwicklung der Kostenrechnung

Nach dem Zweiten Weltkrieg in der Wiederaufbauzeit ließ sich die Vollkostenrechnung – alle Kosten ermitteln und auf die Kostenträger (Produkte, Dienstleistungen) umlegen – eine ganze Weile gut nutzen. Solange die Nachfrager größer war als das Angebot, konnten die Preise am Markt so ausgerichtet werden, dass sämtliche Kosten gedeckt wurden. Spätestens seit Anfang der siebziger Jahre des vorigen Jahrhunderts war das aber vorbei. Es wurden andere Modelle entwickelt, die unter der Bezeichnung Teilkostenrechnung zusammengefasst wurden.

Das Direct Costing kam aus den USA und wurde zur Deckungsbeitragsrechnung weiterentwickelt. Es ging dabei nicht mehr darum, alle Kosten den Kostenträgern zuzuordnen, sondern nur noch direkt und unzweifelhaft zuordenbare Kosten den jeweiligen Trägern zuzuordnen. Die verbleibenden Kosten mussten gemeinsam von allen Kostenträgern gedeckt werden. Kaum zehn Jahre später gab es dann unter dem Druck der internationalen Märkte und Produktionsbedingungen, der ja immer noch nicht nachgelassen hat, weitere Entwicklungen, die teilweise auf die Vollkostenrechnung zurückgriffen (z.B. in der Prozesskostenrechnung). Seit den 90er Jahren ist ein Trend zum Kostenmanagement festzustellen. Ziel ist es nicht mehr, Kosten nur noch zu rechnen, sondern möglichst schon im Entstehungsprozess zu beeinflussen.

Aufgaben der Kostenrechnung

Die Aufgaben der Kostenrechnung sind etwas vielfältiger, als sich aus der vorangegangenen Beschreibung zu ergeben scheint. In der Buchhaltung werden lediglich Aufwendungen und Erträge gegenübergestellt. Die Kostenrechnung jedoch muss den Werteverzehr zur Leistungserstellung (also das, was an Material und Geld benötigt wird, um das Produkt oder die Dienstleistung zu erzeugen) mengenmäßig und wertmäßig erfassen, gliedern, analysieren und Aussagen machen über

- den betrieblichen Werteverzehr (die Kosten) sowie über

- den betrieblichen Wertezuwachs (den Ertrag).

Unter anderem werden dazu

- das **Betriebsergebnis** ermittelt,

- eine periodische **kurzfristige Erfolgsrechnung** (meist monatlich) aufgestellt

- sowie die **Herstell- und Selbstkosten** je Leistungseinheit ermittelt (Kalkulation).

Damit liefert die Kostenrechnung wichtige Informationen für die Preispolitik. Sie ist

- eine **Planungsrechnung** und stellt Informationen zu Prognosen und Entscheidungen zur Verfügung (arbeitet also dem Controlling zu),

- eine **Kontrollrechnung** in dispositiver Hinsicht und zur Ausführungskontrolle

- und erfüllt **Dokumentationsaufgaben** (dient damit der Betriebsstatistik).

Obwohl es nur wenige gesetzliche Grundlagen zur Kostenrechnung gibt (z.B. Aufbewahrungspflichten für Kalkulationsunterlagen), ist sie ein wichtiges und unverzichtbares Instrument jedes modernen Unternehmens gleich welcher Kategorie.

Wichtige Grundbegriffe

Die Klärung einiger Begriffe ist nötig, damit Sie die Beispiele und Tabellen in diesem Kapitel besser verstehen, insbesondere dann, wenn Ihnen die Thematik neu ist.

So viel Aufwand für das bisschen Ertrag

In der Kostenrechnung wimmelt es nur so von unterschiedlichen Kostenbegriffen. Die vier wichtigsten sind Aufwand, Kosten, Ertrag und Erlös.

Mit **Kosten** bezeichnet man den in Geld ausgedrückten Werteverbrauch, sofern er zur Erstellung und Verwertung der betrieblichen Leistung in einer bestimmten Periode anfällt. Dem gegenüber steht der **Aufwand**. Das ist der Werteverzehr einer Unternehmung in einer Periode. Beide Begriffe decken also im Wesentlichen die gleichen Vorgänge ab. Allerdings muss man beim Aufwand die so genannten **neutralen Aufwendungen** separieren. Dabei handelt es sich um Kosten, die mit dem eigentlichen Betriebszweck nichts zu tun haben. Wer sich ein wenig mit der doppelten Buchführung auskennt, weiß, dass für die neutralen Aufwendungen auch eigene Kontenbereiche vorgesehen sind. Es gibt auch noch die so genannten **kalkulatorischen Kosten**. Das sind solche, die zunächst nicht wirklich anfallen, sondern auf ein zukünftiges Ereignis oder eine vergleichbare Situation hin kalkuliert werden.

HINWEIS   **Aufwendungen** sind ein Thema für die Buchhaltung, **Kosten** ein Thema der Kosten- und Leistungsrechnung.

Den Aufwendungen und Kosten stehen Erträge und Erlöse gegenüber.

Als **Ertrag** bezeichnet man den gesamten, in Geld ausgedrückten Wertezugang einer Periode, soweit er zur Vergrößerung des Vermögens führt. Bei einer Kreditaufnahme ist das nicht der Fall. Von **Erlösen** spricht man, wenn der Wertezugang nur aus dem betrieblichen Leistungsprozess stammt. Erträge, die nicht betrieblich bedingt sind (z.B. aus Wertpapierverkäufen), nennt man **neutrale Erträge**. Andererseits gibt es auch Erlöse, denen keine Erträge gegenüberstehen. Man spricht dann von **Zusatz-** oder **Anderskosten**.

Des einen Ausgabe ist des anderen Einnahme

Eine **Auszahlung** ist immer ein barer oder bargeldloser Zahlungsvorgang, bei dem das Unternehmen der Zahlungsleistende ist. Geld wird in Bewegung gesetzt, aus der einen Kasse in eine andere, von einem Bankkonto auf ein anderes. Wird eine Rechnung nicht sofort bezahlt, sondern später, findet zwar ein Schuldenzugang statt, aber noch keine Geldbewegung. Schuldenzugänge und Auszahlungen werden unter dem Oberbegriff **Ausgaben** zusammen gefasst.

Unter **Einzahlungen** versteht man nur bare oder bargeldlose Zahlungsvorgänge, bei denen das Unternehmen der Zahlungsempfänger ist. Werden aber die ausgelieferten Waren nicht sofort, sondern erst später bezahlt, entsteht keine Einzahlung, sondern eine Forderung. Forderungen und Einzahlungen werden unter dem Begriff **Einnahmen** zusammengefasst.

Nichts als Kosten gehabt

Dass Kosten ein Thema für die Kosten- und Leistungsrechnung sind, wurde weiter oben schon geschrieben. Ganz so einfach ist es damit aber nicht, denn die Kostenrechnung gibt sich nicht mit einem globalen Kostenbegriff zufrieden.

Einzel- und Gemeinkosten

Je nachdem, wie Kosten bestimmten Kostenträgern zugeordnet werden können, spricht man von Einzel- oder Gemeinkosten.

- Einzelkosten lassen sich einem Kostenträger direkt zurechnen. Zum Beispiel das Material, das in ein Produkt eingeht (das Produkt ist der Kostenträger).

- Gemeinkosten lassen sich dem einzelnen Kostenträger nicht direkt zuordnen. Sie werden über Zuschlagssätze auf alle Kostenträger verteilt. Wie diese Zuschlagssätze ermittelt werden, erfahren Sie im Laufe dieses Kapitels.

Variable und fixe Kosten

Kosten, die sich der veränderten Marktlage oder der Produktionsmenge anpassen, nennt man variable oder proportionale Kosten. Kosten, die unabhängig von Produktionsmenge oder

Marktlage gleich bleiben, nennt man konstante oder fixe Kosten. Man spricht bei fixen Kosten auch von Kosten der Betriebsbereitschaft.

	A	B	C	D	E
1					
2		Materialkosten/Stück:	1,17 €		
3					
4		Menge/Stück:			
5		1000	1.170,00 €	←	=$C$2*B5
6		1500	1.755,00 €		
7		2000	2.340,00 €		
8		2500	2.925,00 €		
9		3000	3.510,00 €		
10		3500	4.095,00 €		
11		4000	4.680,00 €		
12		4500	5.265,00 €		
13		5000	5.850,00 €		
14					
15					

Abbildung 6.1 Materialkosten nehmen mit steigender Produktionsmenge zu – das lässt sich mit Excel schnell ermitteln

Mischkosten

Ein Teil der Gemeinkosten enthält zugleich fixe und variable Kostenanteile, die sich aus den Kosten nicht eindeutig heraustrennen lassen. Kosten mit dieser Eigenschaft nennt man Mischkosten.

- Mischkosten nehmen mit steigender Produktion insgesamt proportional zu und zeigen ein den variablen Kosten ähnliches Verhalten.

- Die auf ein Stück umgerechneten Mischkosten verringern sich mit steigender Produktion und zeigen ein Verhalten wie die veränderlichen Stückkosten.

Überblick über die Aufgaben der Kostenrechnung

Die Kostenrechnung fragt, welche Kosten wo und wofür anfallen. Um diese drei Fragen beantworten zu können, werden drei verschiedene Rechnungen geführt:

- **Kostenartenrechnung**   Sie stellt die Frage: Welche Kosten sind angefallen? Die Informationen kommen oft aus der Finanzbuchhaltung.

- **Kostenstellenrechnung**   Sie stellt die Frage: Wo sind die Kosten angefallen?

- **Kostenträgerrechnung**   Sie stellt die Frage: Wofür sind die Kosten angefallen?

Die Kostenträgerrechnung gliedert sich noch einmal in zwei spezielle Rechnungen:

- **Kostenträgerzeitrechnung**   Sie stellt die Frage: Wie lautet das Betriebsergebnis für eine bestimmte Abrechnungsperiode? Die angefallenen Kosten werden also periodisch geordnet. Man spricht auch von der kurzfristigen Erfolgsrechnung.

- **Kostenträgerstückrechnung**   Sie stellt die Frage: Wofür, d.h. für welche Produkteinheiten (Dienstleistungen, Aufträge, Projekte etc.) sind die Kosten angefallen? Es handelt sich hierbei um die Kalkulation.

HINWEIS   Auf die Kostenartenrechnung wird in diesem Buch nicht näher eingegangen. Oft wird diese bereits in der Buchhaltung durchgeführt. Und wenn nicht, dann ist es eher eine Frage der Kostengliederung, also für eine Excel-Anwendung weniger interessant. Kostenstellen- und Kostenträgerrechnung werden in den folgenden Abschnitten dieses Kapitels jedoch intensiver und im Zusammenhang mit Excel-Beispielen vorgestellt.

Kostenstellenrechnung – Wo fallen Kosten an?

Ein zentraler Bereich der Kosten- und Leistungsrechnung ist die Kostenstellenrechnung, in der die Kosten nach ihrer Entstehung aufgeteilt und Kalkulationsgrundlagen ermittelt werden.

Systematik der Kostenstellenrechnung

Die **Kostenstellenrechnung** übernimmt die Kostenarten aus der Kostenartenrechnung (z.B. aus der Finanzbuchhaltung) und weist alle Kosten, die nicht unmittelbar der betrieblichen Leistung zugerechnet werden können, anteilig und verursachungsgerecht den Stellen im Unternehmen zu, an denen sie bei der Leistungsherstellung und -verwertung entstanden sind.

Die **Kostenstelle** ist dabei ein genau definierter und abgegrenzter Bereich, in dem Kosten entstehen. Das kann ein einzelner Arbeitsplatz oder eine ganze Abteilung sein – je nachdem wie groß der Betrieb ist und welche Differenzierung gefragt ist.

Kostenstellengliederung

Als Kostenstellen eignen sich alle Tätigkeits- und Verantwortungsbereiche in einem Betrieb, die eine organisatorische Einheit bilden und die in den Prozess der Leistungserstellung oder Leistungsverwertung eingegliedert sind.

Nach Art der Abrechnung werden Haupt- und Hilfskostenstellen unterschieden:

- **Hauptkostenstellen**   Sind direkt an der Erstellung von Leistungen beteiligt
- **Hilfskostenstellen**   Erstellen innerbetriebliche Leistungen für andere Kostenstellen. Die Kosten gehen in die Hauptkostenstellen über.

Nach der Zugehörigkeit der Gemeinkosten zu den einzelnen Kostenbereichen unterscheidet man:

- **Materialgemeinkosten**   Entstehen im Zusammenhang mit der Annahme, Lagerung, Pflege, Ausgabe und Versicherung des Materials
- **Fertigungsgemeinkosten**   Sind alle Gemeinkosten, die in der Fertigung anfallen, wie Hilfslöhne, Gehälter für Meister und technische Angestellte, Verbrauch von Strom, Gas, Wasser in der Herstellung usw.
- **Verwaltungsgemeinkosten**   Dazu werden die Kosten für die Leitung und Verwaltung des Unternehmens gerechnet wie Gehälter für die Geschäftsleitung und die Angestellten, Büromaterial, Abschreibungen auf die Geschäftsausstattung etc.

- **Vertriebsgemeinkosten** Diese Gemeinkosten hängen mit dem Absatz der Erzeugnisse zusammen, z.B. Kosten für die Lagerung der Fertigprodukte, Verkaufsbüro, Werbung, Verpackung, Versand.

Damit die Kostenstellenrechnung ihrer Kontrollaufgabe gerecht werden kann, ist es notwendig, dass sich die nach einheitlichen Tätigkeitsmerkmalen gebildeten Kostenstellen mit den Verantwortungsbereichen decken. Praxisgerecht ist die Zusammenfassung mehrerer Kostenstellen zu einem Verantwortungsbereich.

Kostenverteilungsschlüssel

Um die Kosten verursachungsgerecht auf die Kostenstellen zu verteilen, müssen alle nicht direkt einer Kostenstelle zurechenbaren Kosten aufgeschlüsselt werden – zumindest im System der Vollkostenrechnung. Schlüssel enthalten jedoch die Gefahr der Vereinfachung und können bei ungenauer und unbedachter Anwendung auch zur Verzerrung der Kostenstruktur führen.

Schlüssel sind so genannte Kostengliederungszahlen. Sie können als Wert-, Zeit- oder Mengenschlüssel auftreten. Mengen- und Zeitschlüssel führen zu genaueren Ergebnissen als Wertschlüssel, denn sie sind preisunabhängige, technische Größen, die sich nur mit Änderung der Leistung einer Kostenstelle verändern. Wertschlüssel sind dagegen Kostensummen und dies ändern sich mit jeder Anpassung des Wertansatzes der verrechneten Kosten.

- **Mengenschlüssel** Verbrauchte Mengen, umgesetzte Mengen, ausgebrachte Mengen
- **Zeitschlüssel** Arbeits- oder Maschinenstunden, Fertigungs-, Schicht- oder Kalenderzeit
- **Wertschlüssel** Kostenarten (Lohn, Gehalt, Fertigungsmaterial etc.), Kalkulationswerte (Fertigungs-, Herstellungs- oder Selbstkostenzahlen), Umsatzzahlen

In der Praxis sollte ein einheitlicher und kontinuierlich einzusetzender Schlüssel gewählt werden.

Der Betriebsabrechnungsbogen

Die Kostenstellenrechnung wird meist mit Hilfe des Betriebsabrechnungsbogens (BAB) durchgeführt. Je nachdem, wie differenziert die Kostenstellenbildung vorgenommen wird, ist der BAB aufgebaut. Man unterscheidet drei Arten:

- Einfacher einstufiger BAB
- Erweiterter einstufiger BAB
- Mehrstufiger BAB

Darüber hinausgehende speziellere Differenzierungen können hier außer Acht gelassen werden.

Aufbau des Betriebsabrechnungsbogens

Der BAB wird spaltenweise nach Kostenarten und zeilenweise nach Kostenstellen gegliedert. Die Verteilung der Gemeinkosten auf die einzelnen Kostenstellen geschieht meist direkt aufgrund von Belegen (Lohnlisten, Gehaltslisten, Entnahmescheine für Hilfs- und Betriebsstoffe usw.), welche die zugehörige Kostenstelle aufweisen müssen.

Andere Gemeinkostenarten, die sich nicht direkt für die Kostenstellen erfassen und verrechnen lassen, können nur indirekt mit Hilfe von bestimmten Schlüsseln auf die Stellen umverteilt werden.

Wenn Sie die Gemeinkosten einer jeden Kostenstelle addieren, erhalten Sie die für die Kalkulation verschiedenartiger Erzeugnisse notwendigen Stellengemeinkosten.

Auf den folgenden Seiten wird ein Betriebsabrechnungsbogen (BAB) beispielhaft entwickelt. Eine Anpassung und Erweiterung an individuelle Erfordernisse sollte kein Problem sein, wenn Sie das Prinzip verstanden haben.

Tabellengerüst erstellen

Erstellen Sie das Tabellengerüst des Betriebsabrechnungsbogens nach der Tabelle in Abbildung 6.2. Besonderheiten sind dabei nicht zu berücksichtigen. Auf die Rahmenlinien können Sie verzichten, wenn Sie für diese Übung nicht genügend Zeit zur Verfügung haben – insgesamt erhöhen diese Linien aber die Übersicht, wenn die Tabelle später mit Zahlen gefüllt ist.

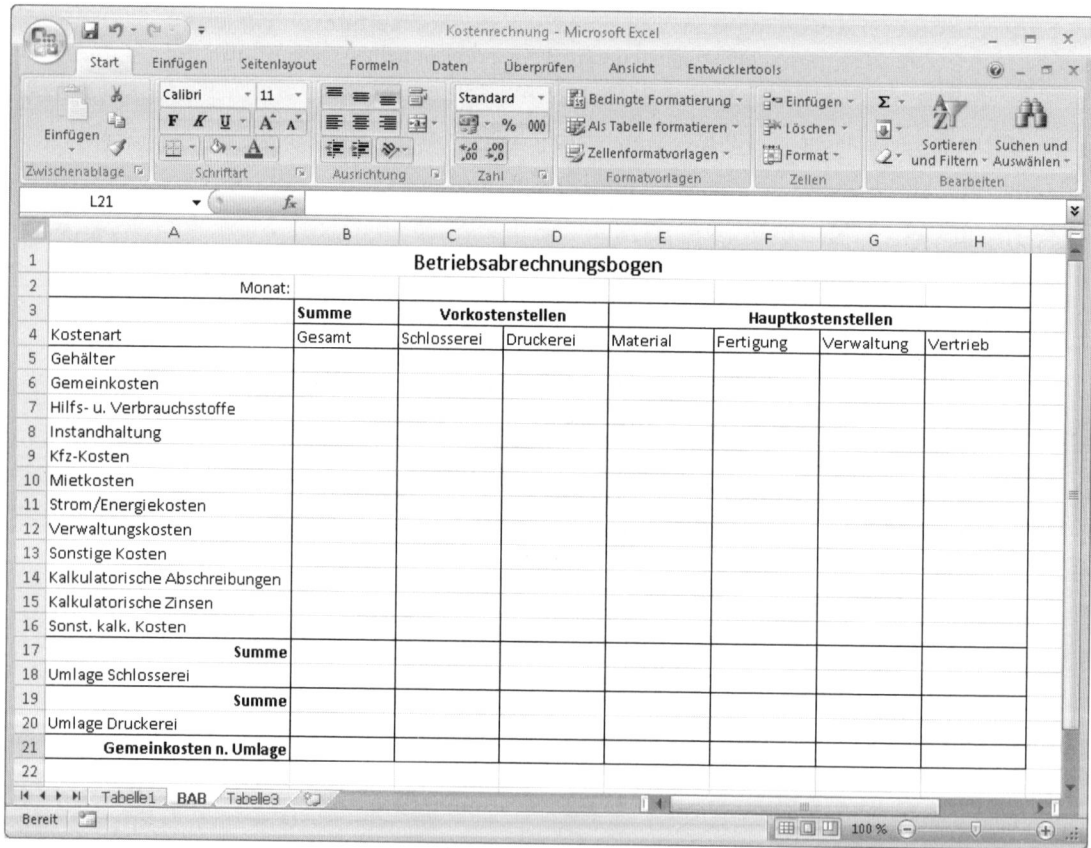

Abbildung 6.2   Das Gerüst eines Betriebsabrechnungsbogens ist schnell erstellt

Formeln in die Tabelle eingeben

Besondere Formeln sind zunächst nicht nötig. In Zeile 17 wird die Summenfunktion genutzt, um die Spalten bis dahin zu addieren. In den Zeilen 19 und 21 werden einfache Additionen vorgenommen. Jeweils zur vorhergehenden Summenzeile wird der Umlagewert hinzuaddiert. Als Ergebnis kommt der Gemeinkostenwert der Hauptkostenstellen heraus, der für die weiteren Berechnungen herangezogen werden kann.

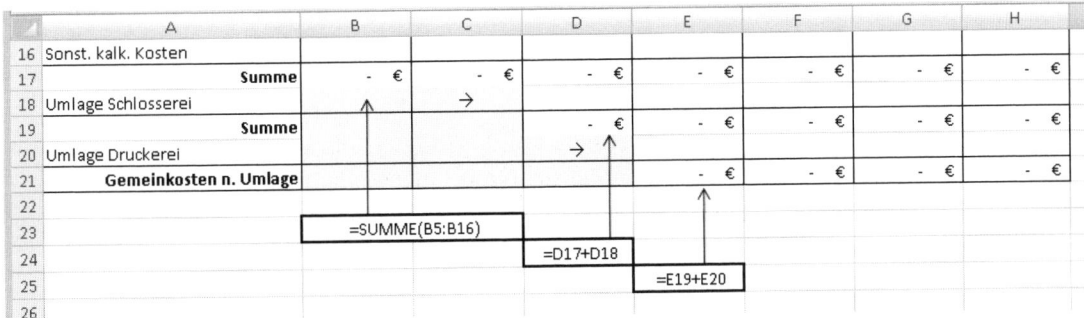

Abbildung 6.3 Summierung und Addition bilden die Grundlage der Formeln in diesem BAB

TIPP Fügen Sie in die Spalte I eine Formel hinzu, welche die Einzelbeträge der Vor- und Hauptkostenstellen summiert und dann von der Gesamtsumme (Spalte B) abzieht. So sehen Sie immer, ob auch die Beträge richtig verteilt sind. In Kombination mit der *WENN*-Funktion wird in Spalte I nur dann etwas angezeigt, wenn es keine Übereinstimmung gibt. Die Formel lautet:

```
=WENN((SUMME(C5:H5)-B5)=0;"";SUMME(C5:H5)-B5)
```

Die Formel in Prosa: Wenn die Berechnung Null ergibt, dann zeige nichts an. Wenn die Berechnung aber einen Wert ungleich Null ergibt, dann zeige die Berechnung an.

Kopieren Sie anschließend die Formel bis zur Zeile 16.

Um die Tabelle zu testen, sollten Sie diese mit Zahlen füllen. Wenn Sie sich keine ausdenken möchten, übernehmen Sie die Werte aus Abbildung 6.4.

	Summe	Vorkostenstellen		Hauptkostenstellen			
Betriebsabrechnungsbogen							
Monat:	Jan 09						
Kostenart	Gesamt	Schlosserei	Druckerei	Material	Fertigung	Verwaltung	Vertrieb
Gehälter	14.053,00 €	2.533,00 €	2.460,00 €	2.703,00 €		2.407,00 €	3.950,00 €
Gemeinkosten	5.029,00 €	907,00 €	303,00 €		3.819,00 €		
Hilfs- u. Verbrauchsstoffe	2.566,00 €	450,00 €	291,00 €	45,00 €	1.780,00 €		
Instandhaltung	732,00 €		195,00 €			172,00 €	365,00 €
Kfz-Kosten	1.582,00 €	255,00 €	165,00 €			175,00 €	987,00 €
Mietkosten	2.849,00 €	175,00 €	140,00 €	343,00 €	1.436,00 €	478,00 €	277,00 €
Strom/Energiekosten	1.709,00 €	45,00 €	80,00 €	112,00 €	1.238,00 €	133,00 €	101,00 €
Verwaltungskosten	1.621,00 €	35,00 €	93,00 €	176,00 €	164,00 €	703,00 €	450,00 €
Sonstige kosten	1.338,00 €	33,00 €	77,00 €	66,00 €	109,00 €	567,00 €	486,00 €
Kalkulatorische Abschreibungen	1.400,00 €	640,00 €	760,00 €				
Kalkulatorische Zinsen	4.678,00 €	240,00 €	266,00 €	743,00 €	1.525,00 €	34,00 €	1.870,00 €
Sonst. kalk. Kosten	12.639,00 €	181,00 €	183,00 €	29,00 €	1.221,00 €	8.375,00 €	2.650,00 €
Summe	50.196,00 €	5.494,00 €	5.013,00 €	4.217,00 €	11.292,00 €	13.044,00 €	11.136,00 €
Umlage Schlosserei		→	306,00 €	612,00 €	3.479,00 €	612,00 €	485,00 €
Summe			5.319,00 €	4.829,00 €	14.771,00 €	13.656,00 €	11.621,00 €
Umlage Druckerei			→	313,00 €		2.194,00 €	2.812,00 €
Gemeinkosten n. Umlage				5.142,00 €	14.771,00 €	15.850,00 €	14.433,00 €

Abbildung 6.4 Der ausgefüllte BAB bis zur Gemeinkostenumlage

Errechnung der Zuschlagssätze

Sind die Kosten je Kostenstelle summiert, können die Zuschlagssätze ermittelt werden. Dazu muss zunächst noch eine Zuschlagsbasis ermittelt werden. Im Materialbereich greift man dazu auf das verbrauchte Fertigungsmaterial und im Fertigungsbereich auf die Lohnsummen zurück, die in der Regel aus der Lohnbuchhaltung zu beziehen sind.

Man dividiert die Gemeinkosten aus dem BAB durch die Materialkosten und die Fertigungslöhne und erhält so den Zuschlagssatz (für die Kalkulation) in Prozent.

Zuschlagssatz Materialgemeinkosten:

$$\text{Zuschlagssatz}(\%) = \frac{\text{Materialgemeinkosten} \times 100}{\text{Materialkosten}}$$

Zuschlagssatz Fertigungsgemeinkosten:

$$\text{Zuschlagssatz}(\%) = \frac{\text{Fertigungsgemeinkosten} \times 100}{\text{Materialkosten}}$$

HINWEIS   Bei Anwendung des Excel-Prozentformats kann die Multiplikation mit Hundert natürlich entfallen.

	A	B	C	D	E	F	G	H
1				Betriebsabrechnungsbogen				
2		Monat:	Jan 09					
3			Summe	Vorkostenstellen		Hauptkostenstellen		
4	Kostenart		Gesamt	Schlosserei	Druckerei	Material	Fertigung	Verwaltung	Vertrieb
21	Gemeinkosten n. Umlage					5.142,00 €	14.771,00 €	15.850,00 €	14.433,00 €
22									
23					Materialkosten:	53.230,00 €			
24				Zuschlagssatz Materialgemeinkosten:		9,66%			
25									
26						=E21/E23			
27									
28					Fertigungslöhne:	8.754,00 €			
29				Zuschlagssatz Fertigungsgemeinkosten:		168,73%			
30									
31						=F21/F28			
32									

Abbildung 6.5 Zuschlagssätze für Material und Fertigung errechnen sich über eine einfache Division

Für die Bereiche Verwaltung und Vertrieb ermittelt man die Herstellkosten des Umsatzes. Dazu werden Material, Löhne und Gemeinkosten zusammengefasst, etwa in der folgenden Art:

Fertigungsmaterial (Materialkosten)	53.230
+ Materialgemeinkosten	5.142
+ Fertigungslöhne	8.754
+ Fertigungsgemeinkosten	14.771
= Herstellkosten des Umsatzes	81.897

Tabelle 6.1 Ermittlung der Herstellkosten des Umsatzes

Mit diesen Herstellkosten als Grundlage lassen sich Zuschlagssätze für die Bereiche Verwaltung und Vertrieb ermitteln:

ACHTUNG In die Berechnung der Herstellkosten des Umsatzes müssten noch die Mehr- und Minderbestände an fertigen Erzeugnissen mit eingerechnet werden. Dies ist hier der Übersichtlichkeit halber unterblieben.

	A	B	C	D	E	F	G	H
1	Betriebsabrechnungsbogen							
2	Monat:	Jan 09						
3		Summe	Vorkostenstellen		Hauptkostenstellen			
4	Kostenart	Gesamt	Schlosserei	Druckerei	Material	Fertigung	Verwaltung	Vertrieb
21	Gemeinkosten n. Umlage				5.142,00 €	14.771,00 €	15.850,00 €	14.433,00 €
22								
23				Materialkosten:	53.230,00 €			
24				Zuschlagssatz Materialgemeinkosten:	9,66%			
25					↑			
26					=E21/E23			
27								
28				Fertigungslöhne:		8.754,00 €		
29				Zuschlagssatz Fertigungsgemeinkosten:		168,73%		
30						↑		
31						=F21/F28		
32								
33				Herstellkosten des Umsatzes:		81.897,00 €	19,35%	17,62%
34						↗	↑	↑
35					=E23+E21+F28+F21			
36							=G21/F33	
37								=H21/F33
38								
39								

Abbildung 6.6 Zuschlagssätze für Herstellung und Vertrieb werden mit Hilfe der Herstellkosten des Umsatzes ermittelt

Die Zuschlagssätze, die sich aus dem BAB ergeben, werden in der Kostenträgerrechnung (in der Kalkulation) genutzt.

Excel eignet sich hervorragend, um einen Betriebsabrechnungsbogen zu erstellen. Komplizierte Formeln sind nicht nötig. Die Problematik liegt eher darin, die nötigen Daten zu bekommen und das muss außerhalb von Excel gelöst werden (Buchhaltung, EDV-System, Aufzeichnungen aus der Fertigung etc.).

Kostenträgerrechnung – Wofür fallen Kosten an?

Unter Kostenträgern sind die in einem Industriebetrieb in einer Abrechnungsperiode hergestellten Leistungseinheiten zu verstehen. Dabei kann es sich um reine Mengengrößen (Stück), aber auch um Serien, Sorten, Aufträge oder Chargen handeln. Die Kostenträgerrechnung fragt danach, welche Kosten in welcher Höhe auf die hergestellten Produkte entfallen.

Die Kostenträgerrechnung gliedert sich in die

- Kostenträgerstückrechnung (die eigentliche Kalkulation) und die
- Kostenträgerzeitrechnung (die Ergebnisrechnung).

Die Kostenträgerstückrechnung (Kalkulation)

Die Aufgabe der Kalkulation ist es, die Kosten je Leistungseinheit (meist je Stück) zu ermitteln. Diese Stückkosten dienen gleich mehreren Zwecken:

- Es können die Herstellkosten für die Bestandsbewertung ermittelt werden (Kostenrechnung und Finanzbuchhaltung).

- Es können die Selbstkosten für die Preisgestaltung ermittelt werden (Verkauf).

- Die Selbstkosten stehen auch für die Erfolgsrechnung zur Verfügung (Kostenrechnung, Controlling).

Kalkulationsarten

Man unterscheidet zwischen Vor-, Nach-, Zwischen- und Plankalkulation:

- **Vorkalkulation**   Dient vor allem der Angebotsrechnung und der Preisbildung. Sie soll die vermutlich in der Zukunft entstehenden Kosten ermitteln.

- **Nachkalkulation**   Dient der Ermittlung der bereits realisierten Kosten und damit zur Kontrolle der Vorkalkulation und der Erfolgsermittlung

- **Zwischenkalkulation**   Findet man vor allem dort, wo Produkte mit langer Fertigungsdauer hergestellt werden (Maschinenbau, Schiffsbau, Hochbau u.a.)

- **Plankalkulation**   Ist mit der Vorkalkulation verwandt. Für eine vorherbestimmte, genau abgegrenzte Planperiode werden die Stückkosten genau festgelegt. Dies setzt ein vorhandenes Plankostenrechnungssystem voraus.

Kalkulationsformen

Die rechentechnische Umsetzung der Kalkulation nennt man Kalkulationsverfahren oder Kalkulationsform. Bei allen vier genannten Kalkulationsarten können Sie die gleichen Formen verwenden. Hauptsächlich benutzt man:

- die Divisionskalkulation,

- die Zuschlagskalkulation und

- die Kuppelkalkulation.

Die Divisionskalkulation

Die einfache Divisionskalkulation ist vor allem dann angebracht, wenn Ihr Unternehmen ein einziges Produkt in großen Stückzahlen herstellt oder nicht lagerfähige Leistungen erstellt (Energieerzeuger, Transportunternehmen) und Produktions- und Absatzmenge in einer Abrechnungsperiode übereinstimmen.

$$\frac{\text{Gesamtkosten der Periode}}{\text{Produzierte Menge}} = \text{Kosten/Leistungseinheit}$$

Dazu ein einfaches Beispiel:

$$\frac{150.000 \text{ Euro}}{1.000 \text{ Einheiten}} = 150 \text{ Euro/Einheit}$$

Stimmen die produzierte und abgesetzte Menge einer Abrechnungsperiode nicht überein, kann die Divisionskalkulation dadurch verfeinert werden, dass die Herstellkosten durch die produzierte Menge und die Verwaltungs- und Vertriebskosten durch die abgesetzte Menge dividiert werden. So wird vermieden, dass die auf das Lager gelegten Erzeugnisse mit den Vertriebskosten belastet werden.

Die Zuschlagskalkulation

Die Zuschlagskalkulation wird vor allem in Unternehmen benutzt, die eine differenzierte Produktion (Einzel- oder Serienfertigung) haben und auch in Handelsunternehmen. Bei der Zuschlagskalkulation werden den Kostenträgern die Einzelkosten direkt und die Gemeinkosten über (die im BAB ermittelten) Zuschläge hinzugerechnet.

Mit den verschiedenen Formen der Zuschlagskalkulation und der Umsetzung mit Excel beschäftigt sich der folgende Kapitelabschnitt ausführlich, deshalb kann an dieser Stelle ein Beispiel entfallen.

Die Kuppelkalkulation

Kuppelprodukte entstehen zwangsläufig bei der Herstellung eines anderen Produktes.

Beispiel:

Bei einer Ölmühle, die das Saatgut nur bis zu einem bestimmten Grad auspresst (etwa, um die so genannten kaltgepressten Öle herzustellen), entsteht als Rest der so genannte Ölkuchen, das angepresste Saatgut. Es gibt also das Hauptprodukt – das Öl – und das Kuppelprodukt – den Ölkuchen. Dieser kann als zusätzliches Produkt verkauft werden, z.B. an die Margarineindustrie, die daraus weiter Öl extrahiert oder an Landwirte, die diesen Ölkuchen an ihre Tiere verfüttern.

Die Methode zur Ermittlung der Kosten für die Kuppelprodukte nennt man Restwertrechnung oder Subtraktionsmethode.

Wird für den Verkauf des Ölkuchens ein Erlös von 1.200 Euro erzielt und betragen die Gesamtkosten für die Pressung dieser Charge 8.800 Euro, wird die Restwertrechnung folgendermaßen durchgeführt:

	A	B	C	D	E	F
1						
2		Gesamtkosten	8.800,00 €			
3		Erlös Nebenprodukt	1.200,00 €			
4		Restkosten der Produktion	7.600,00 €	←		=C2-C3
5						
6		Pressausbeute	2400 Liter			
7		Herstellkosten	3,17 € Liter	←		=C4/C6
8						
9						

Abbildung 6.7 Die Kuppelkalkulation ist eine Restwertrechnung

HINWEIS   Neben der Restwertrechnung gibt es noch die Marktwertrechnung, die immer dann angewendet wird, wenn das Kuppelprodukt nicht als Nebenprodukt entsteht, sondern eine genauso wichtige Bedeutung wie das andere Produkt aufweist.

Zuschlagskalkulation mit Excel

Kalkuliert wird überall dort, wo ein Verkaufspreis ermittelt werden muss. Wer den Preis nur über den Daumen festlegt, wird im Geschäftsleben kaum lange bestehen können. Die Voraussetzungen sind jedoch sehr unterschiedlich. Wer nur eine Ware einkauft und mit angemessenem Aufschlag wieder verkauft, hat es leichter als jemand, der eine Ware herstellt und dabei alle entstehenden Kosten berücksichtigen muss. Excel ist für solche Aufgaben ein ideales Hilfsmittel.

Einkaufskalkulation

Als erste Form der Zuschlagskalkulation lernen Sie hier die Einkaufskalkulation kennen. Trotz der einfachen Form sind aber bereits alle wesentlichen Merkmale enthalten. Sie können diese also individuell ausbauen und erweitern.

Arbeitsmappe und Tabellenblatt vorbereiten

Zur Vorbereitung legen Sie eine neue Arbeitsmappe oder eine neue Tabelle an. Haben Sie eine neue Arbeitsmappe erstellt, speichern diese unter einem aussagekräftigen Namen ab (zum Beispiel *Kalkulationen*). Benennen Sie das Register des Tabellenblatts, mit dem Sie jetzt arbeiten möchten, mit *Einkauf*. Rufen Sie dazu über das Kontextmenü (mit der rechten Maustaste auf das Register klicken) den Befehl *Umbenennen* auf oder doppelklicken Sie auf die Registerlasche.

Kalkulation in der Tabelle aufbauen

Zunächst wird im Kopf ein Bereich aufgebaut, in den die variablen Daten eingetragen werden. Es ist nicht verkehrt, diesen Bereich auch optisch abzugrenzen und die Eingabefelder sichtbar zu machen.

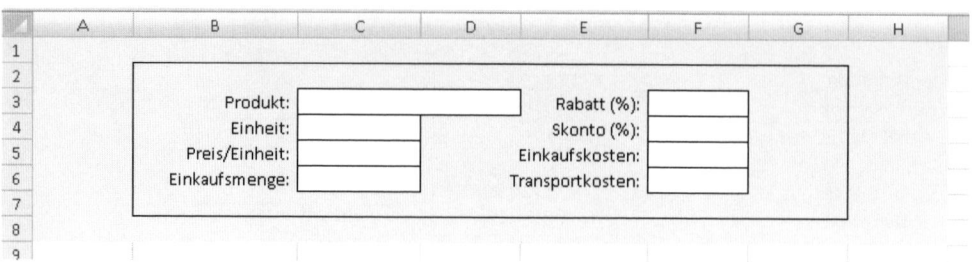

Abbildung 6.8 Im Kopfbereich der Kalkulation werden alle relevanten Daten erfasst

Die Felder

- Preis/Einheit (C5)

- Einkaufskosten (F5)

- Transportkosten (F6)

sind mit einem Währungsformat zu versehen.

Die Felder

- Rabatt (F3)

- Skonto (F4)

sind mit einem Prozentformat versehen.

Die Felder

- Einheit (C4)

- Einkaufsmenge (C6)

sollten ein Zahlenformat ohne Nachkommastellen bekommen.

Unterhalb der Datenerfassung kann dann die eigentliche Kalkulation angelegt werden. In diese werden keine Werte mehr eingegeben, da alle zur Berechnung nötigen Werte aus dem zunächst angelegten Eingabebereich bezogen werden können.

HINWEIS   Sollte bei Texteingaben in einer Zelle ein Minus- oder Pluszeichen nötig sein, so müssen Sie mit einem Leerzeichen beginnen. Sonst versucht Excel eine Formel zu berechnen und meldet einen Fehler, weil es mit dem Text, der hinter dem Operator folgt, nichts anfangen kann.

	A	B	C	D	E	F
9						
10		Einkaufspreis:	- € ←		=C5*C6	
11		- Rabatt:	- € ←		=C10*F3	
12		**Zieleinkaufspreis:**	- € ←		=C10-C11	
13						
14		- Skonto:	- € ←		=C12*F4	
15		+ Einkaufskosten:	- € ←		=F5	
16		**Bareinkaufspreis:**	- € ←		=C12-C14+C15	
17						
18		+ Transportkosten:	- € ←		=F6	
19		**Einstandspreis:**	- € ←		=C16+C18	
20						
21		**Einstandspreis/Einheit:**		←	=WENN(C19=0;"";C19/C6)	
22						

Abbildung 6.9 Kalkuliert wird ohne erneute Eingabe

Die Formeln sind einfach und nutzen lediglich die vier Grundrechenarten sowie Bezüge zu den Eingabefeldern mit Ausnahme des Feldes, dass den Einstandspreis je Einheit berechnet. Hier muss die *WENN*-Funktion genutzt werden, damit keine Fehlermeldung ausgegeben wird. Solange nämlich die Tabelle leer ist, wird hier #DIV/0! angezeigt, was nichts anderes besagt, als dass eine Division durch Null nicht erlaubt ist. Zwar verschwindet die Fehlermeldung, sobald Zahlen eingegeben werden, aber es ist trotzdem unschön. Um dies zu verhindern, fragt die Formel

```
=WENN(C19=0;"";C19/C6)
```

die Zelle C19 (Einstandspreis) ab. Enthält diese keinen anderen Wert als Null, wird nichts ausgegeben. Andernfalls wird der Wert der Zelle C19 durch den Wert der Zelle C6 (Einkaufsmenge) geteilt.

Arbeitsblatt schützen

Hilfreich ist es, wenn in diesem Arbeitsblatt nur die Eingabefelder genutzt werden können. So lässt es sich vermeiden, dass Formeln überschrieben werden oder überhaupt die Kalkulation geändert wird. Um dies zu erreichen, gehen Sie folgendermaßen vor:

1. Markieren Sie die Zellen C3 bis C6 und F3 bis F6 (beim Markieren die Strg -Taste gedrückt halten).

2. Öffnen Sie das Dialogfeld *Zellen formatieren* (z.B. indem Sie rechts auf den Pfeil neben *Zahl*, *Ausrichtung* oder *Schriftart* klicken.)

3. Wechseln Sie zur Registerkarte *Schutz*.

4. Deaktivieren Sie das Kontrollkästchen *Gesperrt*.

5. Beenden Sie den Vorgang durch einen Klick auf die Schaltfläche *OK*.

    Dadurch erreichen Sie, dass diese Zellen – in die später die Eingaben gemacht werden – bei Festlegung eines Blattschutzes **nicht** gesperrt werden - also für die Eingabe geöffnet bleiben.

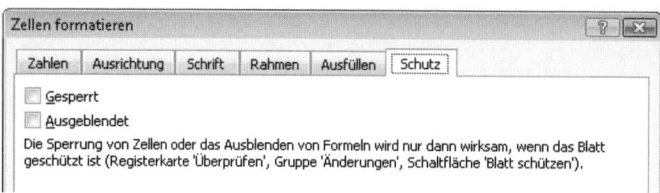

Abbildung 6.10 Die markierten Zellen werden vom Schutz ausgenommen

Noch ist der Schutz nicht aktiv. Um dies zu veranlassen, fahren Sie folgendermaßen fort:

6. Wechseln Sie in der Multifunktionsleiste zur Registerkarte *Überprüfen*.

7. In der Gruppe *Änderungen* klicken Sie auf *Blatt schützen*.

8. Geben Sie ein Kennwort ein. Nur wer dieses kennt, kann künftig den Blattschutz wieder aufheben.

9. Stellen Sie sicher, dass nur die ersten beiden Kontrollkästchen (mindestens aber das zweite) durch ein Häkchen gekennzeichnet sind (ggf. ändern Sie die Einstellungen entsprechend der Abbildung 6.11).

10. Bestätigen Sie mit *OK*.

11. Wiederholen Sie das Kennwort und schließen Sie mit *OK* ab.

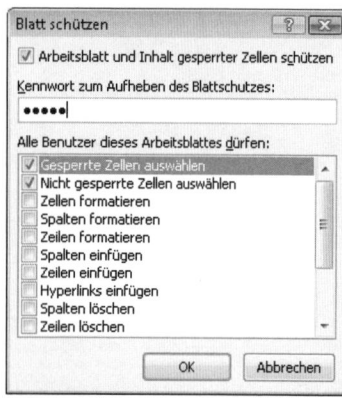

Abbildung 6.11 Viel ist es nicht, was Benutzer künftig dürfen

TIPP   Benutzen Sie in geschützten Arbeitsblättern die ⇥-Taste, werden nur die Felder angesprungen, in die Eingaben möglich sind. Alle anderen Felder werden vermieden.

Testen Sie die Kalkulation durch Eingabe von Daten.

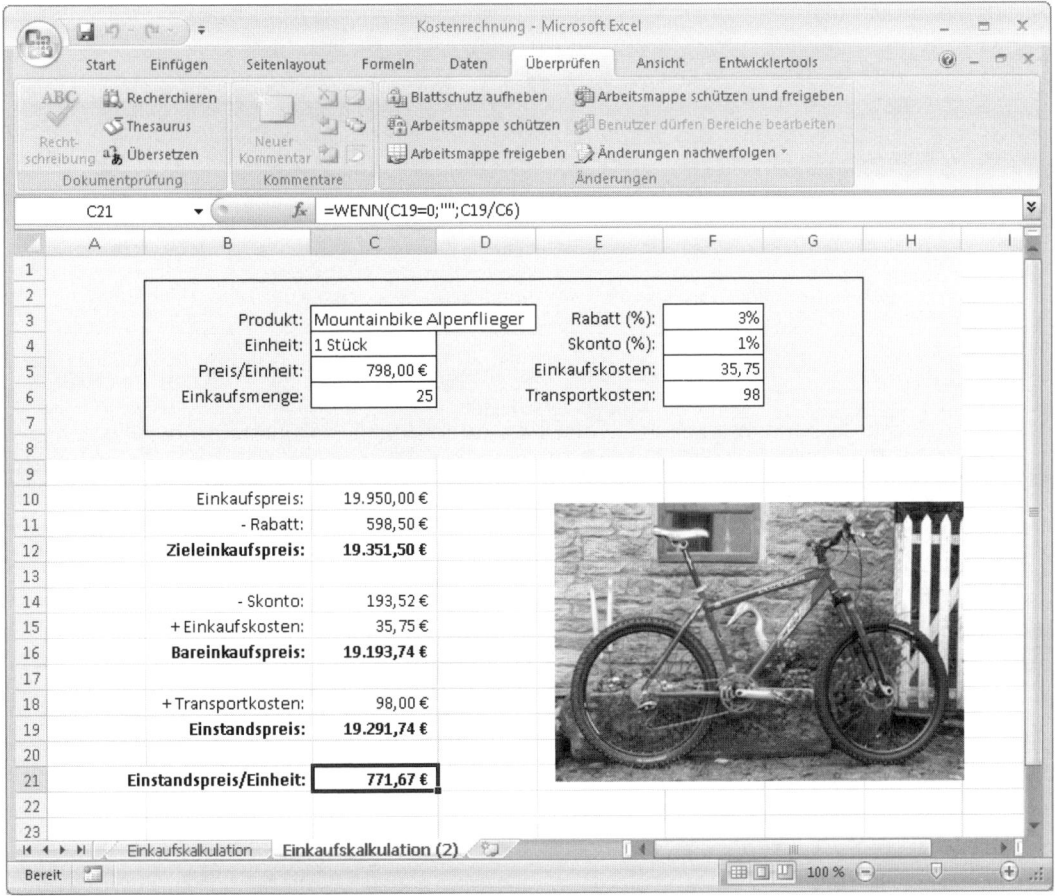

Abbildung 6.12 Werden Daten eingegeben, kalkuliert Excel von ganz alleine

---

TIPP   Behalten Sie immer ein leeres Blatt am Anfang der Arbeitsmappe. Für jedes neue Kalkulations-
objekt kopieren Sie dieses leere Blatt.

Arbeitsblätter verschieben

Sammeln sich mit der Zeit viele Kalkulationsblätter in der Mappe, sollen aber ältere, nicht mehr
aktuelle Produktkalkulationen nicht einfach gelöscht werden, bietet sich das Verschieben in eine
andere Arbeitsmappe an:

1. Legen Sie eine leere Archivarbeitsmappe an.
2. Klicken Sie mit der rechten Maustaste auf das Register des Arbeitsblattes, das verschoben
   werden soll.
3. Wählen Sie im Kontextmenü den Eintrag *Verschieben/kopieren* aus.
4. Legen Sie im Listenfeld *Zur Mappe* die gewünschte Arbeitsmappe fest.
5. Unter *Einfügen vor* bestimmen Sie, wohin das Tabellenblatt gesetzt werden soll.
6. Stellen Sie sicher, dass das Kontrollkästchen *Kopie erstellen* deaktiviert ist.

7. Bestätigen Sie mit *OK*.

Abbildung 6.13 Arbeitsblätter lassen sich leicht auch in andere Mappen verschieben

Handelskalkulation

Die Handelskalkulation bringt keine neuen Funktionen mit sich, sondern lediglich ein paar Besonderheiten, die im Anschluss erklärt werden. Zunächst bauen Sie die Tabelle einmal auf.

Arbeitsmappe und Tabellenblatt vorbereiten

Zur Vorbereitung legen Sie eine neue Arbeitsmappe oder in der zuvor schon benutzten eine neue Tabelle an. Haben Sie eine neue Arbeitsmappe erstellt, speichern Sie diese unter einem aussagekräftigen Namen ab (zum Beispiel *Kalkulationen*). Benennen Sie das Register des Tabellenblatts, mit dem Sie jetzt arbeiten möchten, mit *Handel*. Öffnen Sie dazu über das Kontextmenü (mit der rechten Maustaste auf das Register klicken) *Umbenennen* oder doppelklicken Sie auf die Registerlasche.

Kalkulation in der Tabelle aufbauen

Zunächst wird im Kopf wieder ein Bereich aufgebaut, in den die variablen Daten eingetragen werden. Orientieren Sie sich dabei an der Abbildung 6.14.

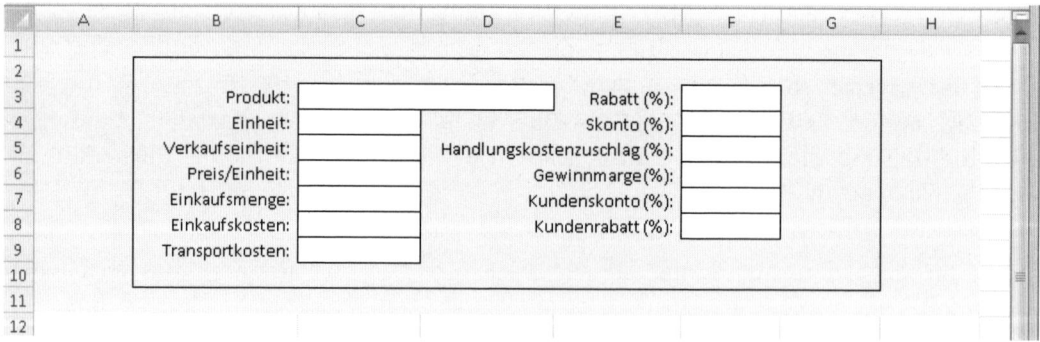

Abbildung 6.14 Bei der Handelskalkulation werden zusätzliche Informationen benötigt

Aufbau und Formatierung dieses Teils dürften kaum Probleme machen. Lediglich bei Zelle C5 (neben »Verkaufseinheit«) gibt es eine Besonderheit. Hier muss ein Bruchformat festgelegt werden:

1. Markieren Sie die Zelle C5.
2. Öffnen Sie das Dialogfeld *Zellen formatieren* und aktivieren Sie die Registerkarte *Zahlen*.
3. Markieren Sie die Kategorie *Bruch* und stellen Sie bei Typ: *Einstellig (1/4)* ein.
4. Bestätigen Sie mit *OK*.

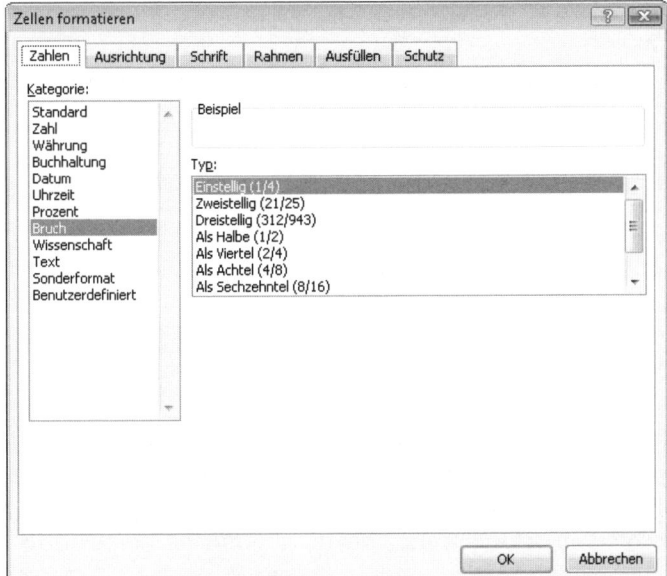

Abbildung 6.15 Excel kommt auch mit Bruchformaten klar

Da Verkaufseinheiten immer ein Teil einer Einheit sind, bietet es sich an, hier Brüche einzusetzen. Dass dies auch in Formeln funktioniert, werden Sie sehen, wenn die im zweiten Teil der Handelskalkulation angelegt wird.

Die eigentliche Kalkulation entspricht in der ersten Hälfte der Einkaufskalkulation. Um den Verkaufspreis zu erhalten, muss aber ab dem Einstandspreis weitergerechnet werden. Die etwas komplizierter aussehenden Formeln in den Zellen C28 und C30 berücksichtigen, dass Kundenskonto und Kundenrabatt »im Hundert« gerechnet werden müssen. Der Kunde zieht sie ja schließlich später vom Verkaufspreis ab. Da bei unterschiedlichen Produkten (oder Kunden) auch mit unterschiedlichen Prozentsätzen gerechnet werden muss, ist die Formel so flexibel genug, auf neue Eingaben richtig zu reagieren, ohne dass sie selbst gerändert werden muss. Wichtig ist in diesem Zusammenhang, dass das Prozentformat eine vereinfachte Dreisatzrechnung ermöglicht.

	A	B	C		D	E	F	G
12								
13		Einkaufspreis:	- €	←		=C6*C7		
14		- Rabatt:	- €	←		=C13*F3		
15		**Zieleinkaufspreis:**	- €	←		=C13-C14		
16		- Skonto:	- €	←		=C15*F4		
17		+ Einkaufskosten:	- €	←		=C8		
18		**Bareinkaufspreis:**	- €	←		=C15-C16+C17		
19		+ Transportkosten:	- €	←		=C9		
20		**Einstandspreis:**	- €	←		=C18+C19		
21								
22		**Einstandspreis/Einheit:**		←		=WENN(C20=0;"";C20/C7)		
23		Einstandspreis/Stück:	- €	←		=WENN(C5=0;0;C22*C5)		
24		+ Handlungskostenzuschlag:	- €	←		=C23*F5		
25		**Selbstkosten:**	- €	←		=SUMME(C23:C24)		
26		+ Gewinnzuschlag:	- €	←		=C25*F6		
27		**Barverkaufspreis:**	- €	←		=C25+C26		
28		+ Kundenskonto:	- €	←		=(C27*(100%-F7))*F7		
29		**Zielverkaufspreis:**	- €	←		=C27+C28		
30		+ Kundenrabatt:	- €	←		=(C29*(100%-F8))*F8		
31		**Verkaufspreis:**	- €	←		=C29+C30		
32								

Abbildung 6.16 Um eine Handelskalkulation zu erhalten, muss die Einkaufskalkulation erweitert werden

Handelskalkulation austesten

Haben Sie die Kalkulation fertig gestellt, testen Sie diese durch Eingabe von Daten aus. Übernehmen Sie als Erstes die Daten aus Abbildung 6.17. So können Sie auch gleich prüfen, ob alles so funktioniert, wie es sollte. Anschließend können Sie die Daten löschen, das Arbeitsblatt wie weiter vorne in diesem Kapitel beschrieben schützen und für die eigentliche Kalkulation von einem Ur-Blatt kopieren.

Je komplizierter Formeln werden und je mehr Klammern in diesen Formeln auftauchen, umso leichter schleichen sich Fehler ein. Man vergisst, Klammern zu schließen oder bringt gar eine schließende Klammer zu viel an. Excel analysiert die Formeln vor dem Abspeichern und weist auf Fehler hin. Manchmal macht Excel auch einen Korrekturvorschlag. Diesen dürfen Sie auf keinen Fall unbesehen akzeptieren. Nur wenn der Fehler sehr eindeutig war – zum Beispiel, weil die letzte schließende Klammer gefehlt hat oder zu viel war –, ist der Vorschlag von Excel korrekt und kann übernommen werden. Andernfalls haben Sie eine scheinbar richtige Formel, die falsch rechnet. Das ist fataler, als eine offensichtlich falsche Formel, die noch untersucht werden muss. Allerdings ist das Überprüfen der Klammern – wie schon erwähnt – kein Problem: Sie müssen nur die Farben kontrollieren. Auch die Bezüge werden angezeigt, und wenn Sie es sich angewöhnen, diese schon beim Erstellen der Formel zu kontrollieren, werden Sie weniger häufig mit Fehlermeldungen (oder gar fehlerhaft arbeitenden Tabellen) konfrontiert.

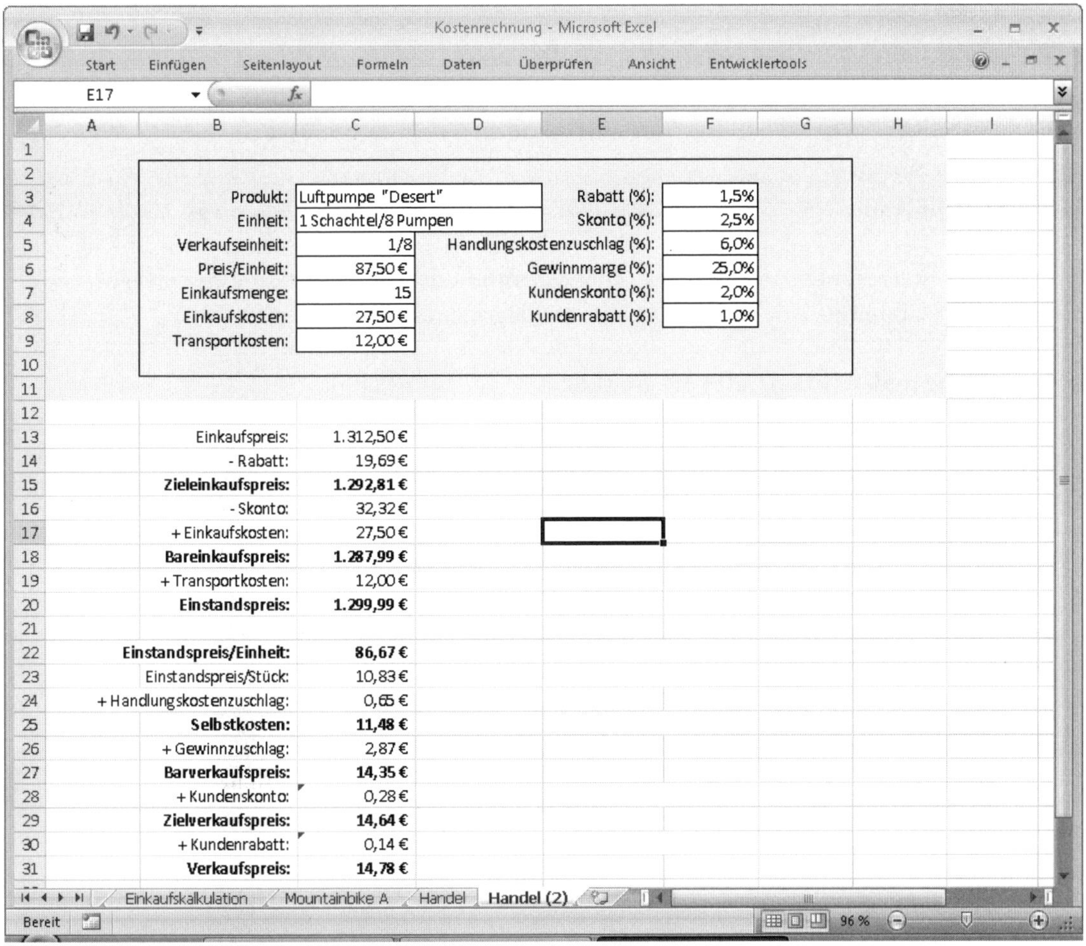

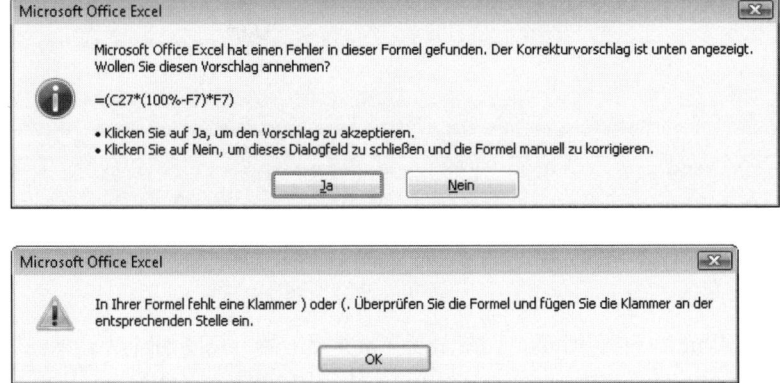

Kostenrechnung - Microsoft Excel
Start Einfügen Seitenlayout Formeln Daten Überprüfen Ansicht Entwicklertools
E17
Produkt: Luftpumpe "Desert"
Einheit: 1 Schachtel/8 Pumpen
Verkaufseinheit: 1/8
Preis/Einheit: 87,50 €
Einkaufsmenge: 15
Einkaufskosten: 27,50 €
Transportkosten: 12,00 €
Rabatt (%): 1,5%
Skonto (%): 2,5%
Handlungskostenzuschlag (%): 6,0%
Gewinnmarge (%): 25,0%
Kundenskonto (%): 2,0%
Kundenrabatt (%): 1,0%
Einkaufspreis: 1.312,50 €
- Rabatt: 19,69 €
Zieleinkaufspreis: 1.292,81 €
- Skonto: 32,32 €
+ Einkaufskosten: 27,50 €
Bareinkaufspreis: 1.287,99 €
+ Transportkosten: 12,00 €
Einstandspreis: 1.299,99 €
Einstandspreis/Einheit: 86,67 €
Einstandspreis/Stück: 10,83 €
+ Handlungskostenzuschlag: 0,65 €
Selbstkosten: 11,48 €
+ Gewinnzuschlag: 2,87 €
Barverkaufspreis: 14,35 €
+ Kundenskonto: 0,28 €
Zielverkaufspreis: 14,64 €
+ Kundenrabatt: 0,14 €
Verkaufspreis: 14,78 €
Einkaufskalkulation Mountainbike A Handel Handel (2)
Bereit 96 %

Abbildung 6.17 Die fertige Handelskalkulation kommt auch mit der Bruchrechnung klar

Microsoft Office Excel
Microsoft Office Excel hat einen Fehler in dieser Formel gefunden. Der Korrekturvorschlag ist unten angezeigt. Wollen Sie diesen Vorschlag annehmen?
=(C27*(100%-F7)*F7)
• Klicken Sie auf Ja, um den Vorschlag zu akzeptieren.
• Klicken Sie auf Nein, um dieses Dialogfeld zu schließen und die Formel manuell zu korrigieren.
Ja
Nein
Microsoft Office Excel
In Ihrer Formel fehlt eine Klammer) oder (. Überprüfen Sie die Formel und fügen Sie die Klammer an der entsprechenden Stelle ein.
OK

Abbildung 6.18 Excel analysiert Formeln und zeigt mögliche Fehler und deren Lösung an

Industriekalkulation

Eine industrielle Kalkulation unterscheidet sich von der Einkaufs- und Handelskalkulation grundsätzlich. Die in den vorangegangenen Abschnitten dieses Kapitels im Betriebsabrechnungsbogen (BAB) ermittelten Zuschlagssätze kommen hier zum Einsatz.

Eine einheitliche Form der industriellen Kalkulation gibt es nicht. Die gängigste Form ist die Zuschlagskalkulation, die in der Praxis in Form der differenzierten Zuschlagskalkulation weit verbreitet ist. Divisionskalkulation (für Einproduktunternehmen) und Äquivalenzziffernkalkulation (für Unternehmen mit wenigen, aber verwandten Produkten) sind andere Formen. In diesem Kapitelabschnitt wird eine einfache Zuschlagskalkulation erarbeitet.

Arbeitsmappe und Tabellenblatt vorbereiten

Zur Vorbereitung legen Sie eine neue Arbeitsmappe oder in der zuvor schon benutzten eine neue Tabelle an. Haben Sie eine neue Arbeitsmappe erstellt, speichern Sie diese unter einem aussagekräftigen Namen ab (zum Beispiel *Kalkulationen*). Benennen Sie das Register des Tabellenblatts, mit dem Sie jetzt arbeiten möchten, mit *Industrie*. Öffnen Sie dazu das Kontextmenü (mit der rechten Maustaste auf das Register klicken) *Umbenennen* oder doppelklicken Sie auf die Registerlasche.

Kalkulation in der Tabelle aufbauen

Zunächst wird im Kopf wieder ein Bereich aufgebaut, in den die variablen Daten eingetragen werden. Orientieren Sie sich dabei an der Abbildung 6.19.

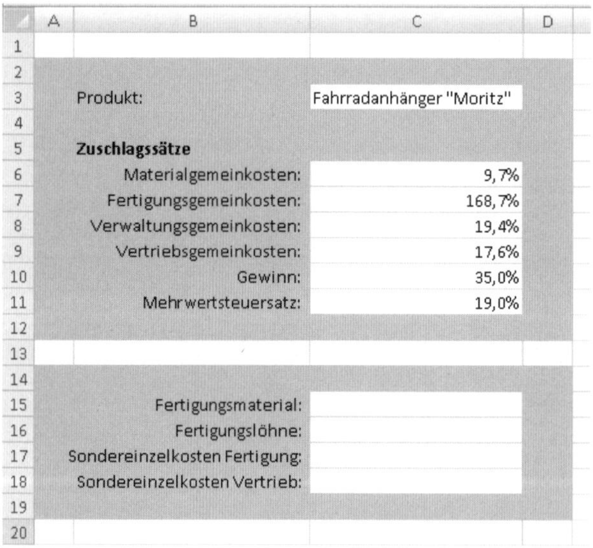

Abbildung 6.19 Die Datenerfassung zur Industriekalkulation

Wiederum können die zur Kalkulation nötigen Informationen direkt eingegeben werden. Besteht aber bereits ein Betriebsabrechnungsbogen, lassen sich Informationen auch übernehmen, etwa die Zuschlagssätze für die Gemeinkosten. Fertigungsmaterial und Fertigungslöhne lassen sich jedoch nicht aus dem BAB übernehmen, da dort die gesamten Kosten eingesetzt sind, in der Kalkulation aber nur die produktbezogenen Kosten benötigt werden. Diese müssen über Materialentnahmescheine und Lohnzettel/-aufzeichnungen exakt zugeordnet werden.

	A	B	C	D	E	F	G
1							
2						Fertigungsmaterial:	87,00 €
3		Produkt:	Fahrradanhänger "Moritz"			+ Materialgemeinkosten:	8,40 €
4						**Materialkosten:**	95,40 €
5		**Zuschlagssätze**					
6		Materialgemeinkkosten:	9,66%			+ Fertigungslöhne:	112,00 €
7		Fertigungsgemeinkosten:	168,73%			+ Fertigungsgemeinkosten:	188,98 €
8		Verwaltungsgemeinkosten:	19,35%			+ Sondereinzelkosten der Fertigung:	25,00 €
9		Vertriebsgemeinkosten:	17,62%			**Herstellkosten:**	421,39 €
10		Gewinn:	35,00%				
11		Mehrwertsteuersatz:	19,00%			+ Vewaltungsgemeinkosten:	81,55 €
12						+ Vertriebsgemeinkosten:	74,26 €
13						+ Sondereinzelkosten Vertrieb:	9,80 €
14						**Selbstkosten:**	587,00 €
15		Fertigungsmaterial:	87,00 €				
16		Fertigungslöhne:	112,00 €			+ Gewinn:	205,45 €
17		Sondereinzelkosten Fertigung:	25,00 €			**Bar/Netto-Verkaufspreis:**	792,45 €
18		Sondereinzelkosten Vertrieb:	9,80 €				
19						+ Mehrwertsteuer:	150,57 €
20						**Bruttoverkaufspreis:**	943,02 €
21							

Abbildung 6.20 Die Industriekalkulation baut sich über Zuschläge auf vorher ermittelten Zuschlagssätzen (BAB) auf

Kalkulation mit Beispieldaten testen

Beim Ausprobieren der Kalkulation mit Beispieldaten sollten Sie darauf achten, mögliche Verknüpfungen (z.B. zum BAB) nicht zu überschreiben. Es genügt wieder, den Eingabebereich auszufüllen, um die Kalkulation fertigzustellen. Der Vorteil dieser Methode ist, dass Anpassungen sehr leicht durchgeführt werden können, wenn Dateneingabe und Berechnung (Kalkulation) getrennt sind. Es lässt sich auch nichts so leicht übersehen, was durchaus passieren kann, wenn man erst das komplette Kalkulationsschema, das in der Praxis durchaus umfangreicher ausfallen kann als in diesen Beispielen, durchsuchen muss.

Benutzen Sie für das Austesten die Werte aus Abbildung 6.21, um die Funktionsfähigkeit Ihrer Anwendung auf Korrektheit zu kontrollieren.

Die hier vorgestellten Kalkulationsmodelle sind nur Beispiele, die verdeutlichen sollen, wie solche Kalkulationen mit Excel realisiert werden können. Die Erweiterung auf die jeweiligen betrieblichen Anforderungen ist aber sicherlich mit dem bereits vorhandenen Wissen schnell realisiert.

	A	B	C	D	E	F	G
1							
2						Fertigungsmaterial:	87,00 €
3		Produkt:	Fahrradanhänger "Moritz"			+ Materialgemeinkosten:	8,40 €
4						**Materialkosten:**	95,40 €
5		**Zuschlagssätze**					
6		Materialgemeinkosten:	9,7%			+ Fertigungslöhne:	115,00 €
7		Fertigungsgemeinkosten:	168,7%			+ Fertigungsgemeinkosten:	194,04 €
8		Verwaltungsgemeinkosten:	19,4%			+ Sondereinzelkosten der Fertigung:	25,00 €
9		Vertriebsgemeinkosten:	17,6%			**Herstellkosten:**	429,45 €
10		Gewinn:	35,0%				
11		Mehrwertsteuersatz:	19,0%			+ Vewaltungsgemeinkosten:	83,11 €
12						+ Vertriebsgemeinkosten:	75,68 €
13						+ Sondereinzelkosten Vertrieb:	9,80 €
14						**Selbstkosten:**	598,05 €
15		Fertigungsmaterial:	87,00 €				
16		Fertigungslöhne:	115,00 €			+ Gewinn:	209,32 €
17		Sondereinzelkosten Fertigung:	25,00 €			**Bar/Netto-Verkaufspreis:**	807,36 €
18		Sondereinzelkosten Vertrieb:	9,80 €				
19						+ Mehrwertsteuer:	153,40 €
20						**Bruttoverkaufspreis:**	960,76 €
21							

Abbildung 6.21   Die Industriekalkulation mit Testdaten

Die Kostenträgerzeitrechnung

Die Aufgabe der Kostenträgerzeit- oder Betriebsergebnisrechnung ist die Ermittlung des Betriebs-erfolgs.

Um den Angebotspreis festzulegen, können bei der Vollkostenrechnung die Einzelkosten ziem-lich genau vorausberechnet werden, während die Gemeinkosten mit Hilfe der Normalgemein-kosten-Zuschlagssätze vorausgeplant werden.

Vergleichen Sie dann nach Beendigung der Produktion die vorausgeplanten Kosten, Normalkos-ten genannt, mit den tatsächlich angefallen Kosten, den Istkosten, ergeben sich in aller Regel Abweichungen, nämlich Kostenüberdeckungen oder Kostenunterdeckungen. Diese Informa-tionen bilden die Grundlage für die kurzfristige Erfolgs- und Ergebnisrechnung.

Das kurzfristige Betriebsergebnis errechnet sich unter Berücksichtigung der Kostenabweichun-gen wie folgt:

	A	B
1		
2		
3		Verkaufserlöse der Abrechnungsperiode
4		- Verrechnete Normalkosten
5		**= Umsatzergebnis der Abrechnungsperiode**
6		+ Kostenüberdeckung der Abrechnungsperiode
7		- Kostenunterdeckung der Abrechnungsperiode
8		**= Betriebsergebnis der Abrechnungsperiode**
9		
10		

Abbildung 6.22   Ermittlung des Betriebsergebnisses

Kostenüberdeckungen verbessern, Kostenunterdeckungen verschlechtern das Betriebsergebnis. Die Ermittlung der Selbstkosten und des Betriebsergebnisses wird mit Hilfe des Kostenträgerzeitblattes durchgeführt. Die Realisierung in Excel stellt keine unüberwindlichen Anforderungen.

	A	B	C	D	E
1					
2					
3		Verkaufserlöse der Abrechnungsperiode	197.530,25 €		
4		- Verrechnete Normalkosten	118.900,30 €		
5		**= Umsatzergebnis der Abrechnungsperiode**	78.629,95 €	←	=C3-C4
6		+ Kostenüberdeckung der Abrechnungsperiode	1.907,20 €		
7		- Kostenunterdeckung der Abrechnungsperiode			
8		**= Betriebsergebnis der Abrechnungsperiode**	80.537,15 €	←	=C5+C6-C7
9					
10					

Abbildung 6.23 Kostenüberdeckungen verbessern das Betriebsergebnis

	A	B	C	D	E
1					
2					
3		Verkaufserlöse der Abrechnungsperiode	197.530,25 €		
4		- Verrechnete Normalkosten	118.900,30 €		
5		**= Umsatzergebnis der Abrechnungsperiode**	78.629,95 €	←	=C3-C4
6		+ Kostenüberdeckung der Abrechnungsperiode			
7		- Kostenunterdeckung der Abrechnungsperiode	12.003,17 €		
8		**= Betriebsergebnis der Abrechnungsperiode**	66.626,78 €	←	=C5+C6-C7
9					
10					

Abbildung 6.24 Kostenunterdeckungen verschlechtern das Betriebsergebnis

Es werden zwei grundsätzliche Verfahren für die kurzfristige Erfolgsrechnung unterschieden:

- Gesamtkostenverfahren
- Umsatzkostenverfahren

Das Gesamtkostenverfahren

Beim Gesamtkostenverfahren ziehen Sie von den gesamten Umsätzen der Abrechnungsperiode die kompletten Kosten dieser Periode ab. Das ist zwar relativ einfach durchzuführen, der Nachteil liegt aber darin, dass zwar die Leistungen, nicht aber die Kosten nach Kostenträgern differenziert sind. Das Betriebsergebnis wird beim Gesamtkostenverfahren folgendermaßen ermittelt:

	A	B	C	D	E	F
10						
11		Gesamtkostenverfahren				
12						
13		Umsatzerlöse	197.530,25 €			
14		+/- Bestandsveränderungen	5.090,00 €			
15		+ aktivierte Eigenleistungen	1.207,13 €			
16		= Gesamtleistung (der Kostenträger)	203.827,38 €	←	=SUMME(C13:C15)	
17		- Gesamtkosten (der Kostenstellen)	131.009,05 €			
18		= Betriebsergebnis	72.818,33 €	←	=C16-C17	
19						

Abbildung 6.25   Das Betriebsergebnis, ermittelt nach dem Gesamtkostenverfahren

Dieses Verfahren eignet sich nur für Unternehmen mit einem oder sehr wenigen Produkten.

Das Umsatzkostenverfahren

Beim Umsatzkostenverfahren wird der Betriebserfolg ermittelt, indem den Umsatzerlösen die Kosten der abgesetzten Mengen gegenübergestellt werden. Kosten und Erlöse sind dabei nach Produktarten (oder mindestens nach Produktgruppen) gegliedert. So kann der Erfolg jeder Produktart oder Produktgruppe ermittelt werden.

Das Betriebsergebnis wird beim Umsatzkostenverfahren folgendermaßen ermittelt:

	A	B	C	D	E	F	G	H	I	J
1										
2		Umsatzkostenverfahren								
3										
4		Umsatzerlöse Kostenträger	Mountainbike 1	Mountainbike2	Fahrradanhänger	Fahrradzubehör	Gesamt			
5			58.030,10 €	77.900,20 €	45.100,15 €	22.796,93 €	203.827,38 €	←	=SUMME(C5:F5)	
6										
7		Kosten	39.500,17 €	58.931,95 €	23.750,30 €	9.722,63 €	131.905,05 €	←	=SUMME(C7:F7)	
8										
9		Betriebsergebnis Kostenträger	18.529,93 €	18.968,25 €	21.349,85 €	13.074,30 €	71.922,33 €			
10										
11										
12										
13										
14			=C5-C7							
15										
16										

Abbildung 6.26   Die Ermittlung des Betriebsergebnisses nach dem Umsatzkostenverfahren

Das Umsatzkostenverfahren kann sowohl auf Vollkostenbasis als auch auf Teilkostenbasis durchgeführt werden.

Kostenrechnungssysteme

Bisher wurde immer vom System der Vollkostenrechnung ausgegangen. Bereits in der Einleitung zu diesem Kapitel wurde aber bereits darauf hingewiesen, dass Systeme der Teilkostenrechnung (Direct Costing, Deckungsbeitragsrechnung) existieren und angewandt werden.

Vollkostenrechnungssysteme

Die bekanntesten Systeme der Vollkostenrechnung sind:

- Istkostenrechnung
- Normalkostenrechnung
- Plankostenrechnung
- Prozesskostenrechnung

Die Istkostenrechnung

Dabei handelt es sich um die älteste und ursprünglichste Form eines Kostenrechnungssystems. Alle in einer Abrechnungsperiode tatsächlich angefallenen Kosten (die Istkosten) werden kostenarten- und kostenstellenweise gesammelt und in der gleichen Periode auf die hergestellten Erzeugnisse verteilt. Eine zeitliche Abgrenzung oder eine Abgrenzung nach der Höhe gibt es nicht. Die bisher vorgestellten Beispiele entsprechen der Istkostenrechnung.

Die Istkostenrechnung ist weder für Kalkulationszwecke noch für die Erfolgsrechnung wirklich brauchbar und deshalb auch in dieser einfachen Form nur noch in kleinere Betrieben zu finden. Allenfalls für die Nachkalkulation ist sie in bestimmten Fällen einsetzbar.

Die Normalkostenrechnung

Wie bei der Istkostenrechnung werden zunächst innerhalb einer Zeitperiode die tatsächlich angefallenen Kosten (Istkosten) getrennt nach Kostenarten und Kostenstellen gesammelt und verteilt. In der Kostenträgerrechnung werden allerdings die Kostenträger von Monat zu Monat mit gleich bleibenden Sätzen – den Normalkosten-Verrechnungssätzen – belastet. Dadurch werden folgende Nachteile ausgeschaltet:

- Schwankungen im Istkostenanfall der einzelnen Monate und
- Beschäftigungsschwankungen.

In größeren Perioden (jährlich, halbjährlich, quartalsweise) werden die verrechneten Kosten dem tatsächlichen Kostenanfall angepasst.

Die Normalkostenrechnung kann insbesondere bei der Angebotskalkulation und Preisbildung besser verwendet werden als die Istkostenrechnung. Die Nachteile bei der Ergebnisrechnung werden allerdings auch durch diese Methode nicht ganz beseitigt.

Die Plankostenrechnung

Bei der Plankostenrechnung stellen Sie den tatsächlich angefallenen Kosten einer Periode (den Istkosten) errechnete Vorgabewerte (die Sollkosten) gegenüber. Entsprechen die Istzahlen den Sollzahlen, ist damit eine wirtschaftliche Arbeitsweise des Betriebes dokumentiert. Überschreiten die Istzahlen die Sollzahlen, müssen die Abweichungen analysiert und begründet werden. Auch bei dieser Methode kann auf die Erfassung der Istkosten nicht verzichtet werden.

Kostenabweichungen von besonderer Bedeutung sind:

- Preisabweichungen
- Verbrauchsabweichungen
- Beschäftigungsabweichungen

Die Plankostenrechnung ist eine Methode, die speziell für die Ermittlung und Untersuchung von Kostenabweichungen nützlich ist. Außerdem fördert sie das Entstehen von Kostenbewusstsein im Unternehmen und ist der Ist- und Normalkostenrechnung meistens vorzuziehen.

Die Prozesskostenrechnung

Die Prozesskostenrechnung ist ein noch relativ neues Verfahren, dessen Ziel die Verbesserung der Gemeinkostenverrechnung ist. Nicht Kosten, sondern Leistungen werden als Bezugsgrößen berücksichtigt. Dadurch werden die Kosten verursachungsgerechter auf die kostentreibenden Prozesse (Cost Driver) verteilt.

Die Vollkostenrechnungssysteme werden hier nicht weiter behandelt. In den folgenden Abschnitten dieses Kapitels wird dagegen näher auf die Teilkostenrechnung eingegangen.

Teilkostenrechnungssysteme

Die wichtigsten Teilkostenrechnungssysteme sind

- die Deckungsbeitragsrechnung und
- die Zielkostenrechnung.

Die Zielkostenrechnung ist eher ein Kostenmanagementkonzept als ein Kostenrechnungssystem, gehört aber in diese Auflistung als eine moderne Ausprägung traditioneller Systeme hinein. Allerdings wird im Folgenden nur das System der Deckungsbeitragsrechnung ausführlich erläutert und auf die Zielkostenrechnung nur kurz eingegangen.

Deckungsbeitragsrechnung

Bei dem Begriff **Teilkostenrechnung** könnte leicht die Vermutung aufkommen, dass nicht alle Kosten berücksichtigt werden. Das ist aber falsch. Die Deckungsbeitragsrechung in all ihren Ausprägungen berücksichtigt immer alle im Unternehmen entstandenen Kosten. Die Art der Zurechnung auf die Kostenträger ist aber eine entscheidend andere.

HINWEIS   Unter einem **Deckungsbeitrag** versteht man die Differenz zwischen den erzielten Erlösen (Umsatz) und den variablen Kosten. Es handelt sich also um den Betrag, der zur Deckung der Fixkosten zur Verfügung steht.

Direct Costing

Die einfachste Form dieser Methode kam gegen Ende der 60er-Jahre aus den USA nach Europa. Damit wurde aber kein Neuland betreten, denn die Proportionalkostenrechnung, die ähnlich konzipiert war, wurde bereits diskutiert. Das Prinzip ist einfach:

- Die variablen Kosten werden direkt von den Umsatzerlösen der einzelnen Produkte abgezogen.

- Die Summe aller verbleibenden Deckungsbeiträge wird um die gesamten Fixkosten gemindert.

Auf diese Weise kann man feststellen, ob die einzelnen Produkte überhaupt einen Deckungsbeitrag erbringen. Ist dieser negativ, kann gesagt werden, dass dieses Produkt noch nicht einmal die variablen Kosten decken kann. Jeder positive Deckungsbeitrag eines Produkts hingegen trägt zur Deckung der fixen Kosten bei.

		Produkt 1	Produkt 2	Produkt 3	Produkt 4
Umsatz		54.540	76.830	21.790	103.510
Variable Kosten		37.920	54.910	5.900	96.900
Deckungsbeitrag		16.620	21.920	15.890	6.610	← =F4-F5
Summe der Deckungsbeiträge					61.040	← =SUMME(C6:F6)
Fixe Kosten					41.112
Betriebsergebnis					19.928	↑ =F7-F8

Abbildung 6.27   Direct Costing als einfachste Form der Deckungsbeitragsrechnung

Ein Mangel des Direct Costing ist sicherlich, dass zwar jetzt die variablen Anteile der einzelnen Kostenträger deutlicher werden, eine Aussage zur Wirtschaftlichkeit jedes einzelnen Produkts jedoch nicht getroffen werden kann.

Die Methode des Direct Costing ist in drei Schritten umsetzbar:

1. Die Kosten jeder Stelle müssen in direkte und fixe Kosten zerlegt werden.
2. Die Produkte werden nur mit den direkten Kosten bewertet.
3. Die gesamten Fixkosten werden von der Summe aller Differenzen abgezogen.

Stufenweise Fixkostendeckung

Die stufenweise Fixkostendeckung geht ein ganzes Stück weiter als das Direct Costing. Sie untersucht die fixen Kosten näher, um herauszufinden, ob eine Zuordnung zu den Kostenträgern oder Kostenträgergruppen möglich ist. In der Regel lassen sich fixe Kosten separieren, die speziellen Produkten und/oder Produktgruppen zugeordnet werden können. Erst für den Rest der fixen Kosten, für den eine Zuordnung nicht ohne Willkür erreicht werden kann, unterbleibt die Aufteilung, und der letzte verbleibende Deckungsbeitrag sollte ausreichen, diesen abzudecken.

		Produkt 1	Produkt 2	Produkt 3	Produkt 4		
Umsatz		54.540	76.830	21.790	103.510		
Variable Kosten		37.920	54.910	5.900	96.900		
Deckungsbeitrag I		16.620	21.920	15.890	6.610		=F4-F5
Produkt-Fixkosten		4.205	5.497	1.720	6.933		
Deckungsbeitrag II		12.415	16.423	14.170	-323		=F6-F7
Produktgruppen-Fixkosten		9.701		6.197			
Deckungsbeitrag III		19.137		7.650			=SUMME(E8:F8)-E9
Zusammenfassung DB III			26.787				=C10+E10
Unternehmens-Fixkosten			6.859				
Betriebsergebnis			19.928				=C11-C12

Abbildung 6.28 Die stufenweise Fixkostendeckung zeigt ein differenzierteres Bild der Kosten- und Ertragssituation

TIPP   Dass Beträge scheinbar zwischen den Zellen stehen, wurde dadurch erreicht, dass die nebeneinander liegenden Zellen markiert wurden und dann mit der Schaltfläche *Verbinden und zentrieren* beide Zellen gekoppelt wurden. Der Betrag steht jeweils in der ersten Zelle.

Durch diese Kostendifferenzierung bei den fixen Kosten wird deutlich, welches Produkt wirklich Ertrag bringt und welches Produkt nicht. Nun können gezielte Maßnahmen ergriffen werden, etwa:

- Kostensenkungsprogramme für bestimmte Produkte oder Produktgruppen erarbeiten und durchsetzen (insbesondere dort, wo ein schwacher oder negativer Deckungsbeitrag von einem Produkt oder einer Produktgruppe erzielt wird)

- Die Preisgestaltung entsprechend der Deckungsbeitragssituation für die Produkte überarbeiten und anpassen (dies natürlich immer mit Blick auf den Markt. Eine unpassende Preiserhöhung sorgt möglicherweise anstatt für eine bessere Kostendeckung für einen Umsatzeinbruch)

- Gezielte Marktbearbeitung zur Umsatzausweitung (insbesondere bei solchen Produkten, die einen starken Deckungsbeitrag leisten)

Konkrete Hilfestellung bietet Ihnen Deckungsbeitragsrechnung darüber hinaus insbesondere bei

- der Ermittlung von Preisuntergrenzen,

- der Entscheidung zur Annahme eines Zusatzauftrags und

- der Entscheidung, ob Fremdbezug der Eigenfertigung vorgezogen werden soll.

Zielkostenrechnung

Das System der Zielkostenrechnung kommt aus der japanischen Industrie und wird dort als Target Costing bezeichnet. Diese Kostenrechnung versucht die Frage zu beantworten: Was darf ein Produkt kosten? Dazu wird ein System der Kostenrückrechnung (retrograde Kalkulation) benutzt. In der deutschen Betriebswirtschaftslehre tauchte dieses System erst in den 90er Jahren des letzten Jahrhunderts auf. Der Vorteil liegt in der frühen Beeinflussung der Kosten im Produktlebenszyklus. Daraus folgt oft ein effektives Kostenmanagement.

Vollkostenrechnung oder Teilkostenrechnung

Ein Beispiel soll Ihnen die unterschiedliche Art und Weise der Erfolgsermittlung bei Voll- und Teilkostenrechnung darstellen.

Eine kleine Ölmühle vermarktet drei Ölsorten auf dem Markt für biologische Lebensmittel:

- Sonnenblumenöl
- Distelöl
- Rapsöl

Erfolgsermittlung mit Vollkostenrechnung

	A	B	C	D	E	F	G	H
1								
2								
3			Sonnenblumen öl	Distelöl	Rapsöl			
4		Umsatzerlöse	730.000	375.000	620.000			
5		- Kosten	749.000	307.430	607.000			
6		= Erlöse des Kostenträgers	-19.000	67.570	13.000	←	=E4-E5	
7		Rang	3	1	2	←	=RANG(E6;$C$6:$E$6)	
8		= Betriebsergebnis		61.570		←	=SUMME(C6:E6)	
9								
10								
11								
12								

Abbildung 6.29 Betriebsergebnis über die Vollkostenrechnung ermittelt. Für das Sonnenblumenöl sieht diese Rechnung nicht gut aus.

Aufgrund dieser Auswertung nach der Vollkostenrechnung ist das eindeutig beste Produkt das Distelöl. Die Verkaufsbemühungen sollten sich auf dieses Produkt konzentrieren, da es den höchsten Ertrag abwirft. Außerdem wäre zu überlegen, ob das Sonnenblumenöl reduziert oder aus dem Programm genommen wird, da mit erhöhtem Umsatz auch weitere negative Erträge zu erwarten sind.

> **TIPP**   Die Rangordnung der Produkte wurde über die Funktion *RANG* ermittelt. Als Parameter werden die Zelle, deren Rang ermittelt werden soll, und der Bereich, für den ein Rang ermittelt werden soll, festgelegt. Wird der Bereich absolut gesetzt (Dollarzeichen), lässt sich diese Formel gut kopieren.

Erfolgsermittlung mit Teilkostenrechnung

Die Betrachtung nach der Teilkostenrechnung bietet ein anderes Bild. Die Gemeinkosten wurden in fixe und proportionale Bestandteile aufgespalten. Die fixen Kosten werden ohne Verrechnung dem Betriebsergebnis gegenübergestellt, die variablen Kosten dem Kostenträger zugeordnet.

	A	B	C	D	E	F
13						
14						
15			Sonnenblumen öl	Distelöl	Rapsöl	
16		Umsatzerlöse	730.000	375.000	620.000	
17		- Variable Kosten	679.000	305.000	602.500	
18		= Deckungsbeitrag	51.000	70.000	17.500	
19		Rang	2	1	3	
20		= Brutto-Betriebsergebnis		138.500		
21		- Fixe Kosten		76.930		
22		= **Nettobetriebsergebnis**		**61.570**		
23						

Abbildung 6.30 Nach der Teilkostenrechnung sieht es für das Sonnenblumenöl plötzlich ganz anders aus

Nach dieser Rechnung wird deutlich: Alle Produkte haben einen Deckungsbeitrag erwirtschaftet. Es ist sogar zu einer Verschiebung der Rangfolge gekommen. Das Distelöl liegt zwar in der Rangfolge immer noch auf dem ersten Platz, aber das Sonnenblumenöl hat das Rapsöl vom zweiten Platz verdrängt. Durch Fortlassen des Sonnenblumenöls wäre eine nicht unerhebliche Deckungsbeitragsminderung die Folge gewesen.

Das Beispiel könnte auch die Frage über die Annahme eines Zusatzauftrages beantworten. Die Ablehnung eines Zusatzauftrages Sonnenblumenöl zugunsten des Rapsöls hätte ebenfalls die Deckungsbeitragsminderung zur Folge.

Kapitel 7

Controlling

In diesem Kapitel:

Mit Controlling, abgeleitet vom englischen *to control,* womit im Allgemeinen Steuern und Regeln gemeint ist, bezeichnet man ein Steuerungskonzept zur Unterstützung der Geschäftsleitung in einem Unternehmen. Keinesfalls ist es allein Kontrollsystem (das wäre die Revision) und ebenso ist das Controlling nicht allein für den Erfolg oder Misserfolg eines Unternehmens verantwortlich. Es liefert aber Informationen, die die Geschäftsleitung bei ihren Entscheidungen unterstützen.

Controlling ist nicht Kontrolle

Controlling und Kostenrechnung werden oft gleichgesetzt und unter dem Stichwort »Kontrolle« eingeordnet. Dies ist nicht korrekt.

Kostenrechnung und Controlling

Die Kostenrechnung soll Daten und Informationen für die Unternehmensführung zur Verfügung stellen. Dabei sind die Preisermittlung und Preisfindung nur ein Detail des Informationsspektrums, welches die Kostenrechnung bedienen soll. Die Kostenrechnung bezieht sich im Wesentlichen auf die Daten, die in der Buchhaltung erfasst sind und gliedert sie neu (Kostenarten-, Kostenstellenrechnung). Selbst einfach Buchhaltungsprogramme lassen heute eine zusätzliche (automatische) Buchung auf Kostenstellen zu.

Controlling bedeutet nicht Kontrolle, sondern Steuern, oder genauer, Regeln. Im Idealfall ist Controlling ein fast sich selbst steuerndes kybernetisches Regelsystem. Dazu gehören:

- die Umsetzung von Unternehmenszielen in Budgets und konkreten Plänen,

- die Feststellung von Abweichungen (Soll-Ist-Vergleich),

- die Analyse von Abweichungen,

- das Erkennen von Krisen (insbesondere von Krisenanzeichen) und

- Vorschläge für die Regelung von Störungen (Plananpassungen, Planänderungen, Maßnahmenkataloge etc.).

Controlling benötigt ein ausreichend breites Instrumentarium:

- ein gut funktionierendes Finanz- und Rechnungswesen,

- eine Kosten- und Leistungsrechnung,

- Statistiken und Zahlen aus allen Betriebsbereichen,

- Investitions- und Kapitalflussrechnungen und

- ein dem Betrieb angepasstes, individuelles Kennzahlensystem.

Das Controlling hat also

- Planungsaufgaben,

- Informationsaufgaben,

- Steuerungsaufgaben und

- Koordinationsaufgaben

zu erfüllen. Kontrollaufgaben gehören, wie schon erwähnt, nicht zum eigentlichen Aufgabengebiet des Controllings, kommen aber manchmal schon aus Kapazitätsgründen mit hinzu.

Operatives und strategisches Controlling

Man unterscheidet zwischen dem operativen und dem strategischen Controlling. Beim **operativen Controlling** sind die wesentlichsten Werkzeuge:

- das Kostenmanagement,
- das Ertrags- und Deckungsbeitragsmanagement,
- das Investitionsmanagement,
- das Qualitätsmanagement und
- das Zeitmanagement.

Es ist deutlich, dass insbesondere bei den ersten beiden Punkten eine ausreichend differenzierte Kostenrechnung nötig ist. Beim **strategischen Controlling** unterscheidet man zwischen

- der Unternehmensanalyse und
- der Umfeldanalyse.

Das strategische Controlling markiert den vorläufigen Höhepunkt der Entwicklung betriebswirtschaftlicher Führungs- und Steuerungsinstrumente. Hierbei fließen zwei Entwicklungen zusammen:

1. Regelmäßig praktizierte Strategieplanung in einem Unternehmen. Dabei werden nicht die Quantitäten quantitativer Ziele bestimmt, sondern die langfristigen Erfolgsursachen formuliert (Entwicklung von Stärken – Analyse der Marktbedingungen – Bündelung von Konzepten und Maßnahmen).

2. Verstärkte Mitverantwortung aller Ergebnisverantwortlichen eines Unternehmens bei der Zielsetzung, Maßnahmenplanung und insbesondere bei der Analyse der Plan-Ist-Abweichung.

Aufgaben des Controllers

Der Controller hat die Führungskräfte insbesondere bei folgenden Aufgaben zu beraten:

- Aufstellung der operativen und strategischen Planung,
- Vornahme von ergebnisorientierten Kontrollen und
- Einleitung von gezielten Steuerungsmaßnahmen.

Bei betriebswirtschaftlichen Sonderuntersuchungen ist der Controller einzuschalten. Folgende Sonderuntersuchen hat der Controller häufig durchzuführen:

- Aufnahme neuer Produkte,
- Eliminierung von Produkten (Eigenfertigung oder Fremdbezug),

- Überprüfung von anstehenden Investitionen,
- Bilanzanalyse und Bilanzkritik,
- Erstellen eines Stärken- und Schwächenprofils des Unternehmens (Konkurrenzanalyse),
- Potenzialanalyse,
- Portfolioanalyse,
- ABC-Analyse und
- Engpassorientierte Steuerung.

Während die reine Lehre den Controller als vorausschauend agierende und das Management beratende Führungskraft sieht, präsentiert er sich – gerade in mittelständischen Unternehmen – leider noch zu häufig als bloßer Aufbereiter von Zahlen. Auch kann jeder Controller nur so gut sein, wie ihn seine Geschäftsführung sein lässt. Die Tage des reinen Kostenrechners, der in der Art eines Oberbuchhalters Gewinne gegen Verluste stellt, sind längst gezählt. Um das Unternehmen wirklich von den Zahlen her führen zu können, muss man Controlling als eine Art Frühwarnsystem für wirtschaftliche Entwicklungen und wichtige Trends begreifen.

Da Excel ein hervorragendes Werkzeug ist, um schnell Informationen zu verarbeiten und aufzubereiten, ist dieses Programm zu einem unersetzlichen Werkzeug vieler Controller geworden. In diesem Kapitel werden einige Beispiele gezeigt, wie Excel vom Controller in speziellen Fällen und Situationen eingesetzt werden kann (weitere Anwendungen finden Sie in Kapitel 9). Diese Beispiele werden ausschließlich dem Bereich des operativen Controllings entnommen. Sie sind alphabetisch geordnet und ergeben so ein praktisches Controlling-ABC. Und mit einem ABC geht es auch gleich los.

ABC-Analyse

Keinesfalls handelt es sich bei der ABC-Analyse um ein System zur Ermittlung der Schreibfähigkeit von Grundschülern. Es handelt sich um ein betriebswirtschaftliches Verfahren, bei dem die Objekte (Kunden, Lieferanten, Artikel) nach Bedeutung gegliedert werden. Ziel ist es, Wichtiges vom Unwichtigen zu trennen. Welche Kunden machen den Hauptumsatz aus? Welche Lieferanten liefern den wichtigsten Teil des Materials? Welche Artikel sorgen für den besten Lagerumschlag usw. Kriterien zur Beantwortung dieser Fragen sind der Umsatz, das Einkaufsvolumen (in Menge oder Betrag), die Lagerverweildauer o.ä.

Damit solche Fragestellungen beantwortet werden können, müssen Wertgrenzen festgelegt werden. Es gibt inzwischen branchenbezogene Untersuchungen, die Verteilungen aufzeigen, letztendlich muss aber jedes Unternehmen selbst bestimmen, wo die Wertgrenzen im Untersuchungsfall liegen.

Eine Fragestellung entwickeln

Im vorangegangenen Kapitel wurde als Beispiel schon eine Ölmühle benutzt, die verschiedene Speiseöle vertreibt. Möchte der Inhaber dieses Betriebes wissen, welche Produkte den Hauptanteil des Deckungsbeitrags erwirtschaften, ist eine ABC-Analyse ein gutes Instrument, dies darzustellen.

Die Wertgrenzen für die Deckungsbeiträge wurden folgendermaßen festgelegt:

Für A-Artikel	10% oder mehr
Für B-Artikel	1% – 10%
Für C-Artikel	Weniger als 1%

Tabelle für die ABC-Analyse aufbauen

Eine ABC-Analyse mit Excel durchzuführen, stellt keine großen Anforderungen. Wird sie auf die richtige Art und Weise aufgebaut, bieten sich zudem noch einige zusätzliche Strukturierungshilfen und Informationen.

	A	B	C	D	E	F	G	H	I
1			ABC-Analyse Artikel						
2									
3		Artikelbezeichnung	Deckungsbeitrag	% vom Gesamtdeckungsbeitrag	Rang	ABC-Artikel			
4		Distelöl	37.000,00 €	20,27%	3	←		=RANG(C4;$C$4:$C$15)	
5		Hanföl	7.000,00 €	3,83%	5				
6		Kürbiskernöl	750,00 €	0,41%	9				
7		Leinöl	1.995,00 €	1,09%	7				
8		Maisöl	450,00 €	0,25%	12				
9		Olivenöl	42.500,00 €	23,28%	2				
10		Rapsöl	32.000,00 €	17,53%	4				
11		Sesamöl	4.500,00 €	2,46%	6				
12		Sonnenblumenöl	54.000,00 €	29,58%	1				
13		Traubenkernöl	1.050,00 €	0,58%	8				
14		Walnussöl	620,00 €	0,34%	11				
15		Weizenkeimöl	710,00 €	0,39%	10				
16			182.575,00 €	100,00%					
17									
18						=C15/$C$16			
19				=SUMME(D4:D15)					
20			=SUMME(C4:C15)						
21									

Abbildung 7.1 Die Grundform der ABC-Analyse, noch ohne ABC-Auswertung

Vier Formeln sind nötig. Die Deckungsbeiträge müssen summiert werden, weil die Gesamtsumme benötigt wird, um den prozentualen Anteil des einzelnen Deckungsbeitrags zu berechnen. Wird der Bezug auf die Gesamtsumme der Deckungsbeiträge (C16) absolut gesetzt ($C$16), lässt sich die Formel in die anderen Zellen kopieren. Die Summe der Prozentwerte dient nur zur Kontrolle. Um die Rangstelle innerhalb der verschiedenen Produkte zu bestimmen, wird die Funktion *RANG* eingesetzt. In dieser Formel sollte der Bereich (C4:C15) absolut gesetzt werden ($C$4:$C$15), damit das Kopieren der Formel möglich ist.

Um automatisch ermitteln zu lassen, ob die Kategorie A, B oder C in Frage kommt, kann die *WENN*-Funktion eingesetzt werden:

```
=WENN(D4>10%;"A";WENN(D4>1%;"B";"C"))
```

Ist der Wert in Zelle D4 größer als 10%, dann kann A in die aktuelle Zelle geschrieben werden. Ist das nicht der Fall, aber der Wert in Zelle D4 größer als 1%, dann kann B in die aktuelle Zelle geschrieben werden. Ist das auch nicht der Fall, wird C in die Zelle geschrieben.

	A	B	C	D	E	F	G	H
1			ABC-Analyse Artikel					
2								
3		Artikelbezeichnung	Deckungsbeitrag	% vom Gesamtdeck ungsbeitrag	Rang	ABC-Artikel		
4		Distelöl	37.000,00 €	20,27%	3	A		
5		Hanföl	7.000,00 €	3,83%	5	B		
6		Kürbiskernöl	750,00 €	0,41%	9	C		
7		Leinöl	1.995,00 €	1,09%	7	B		
8		Maisöl	450,00 €	0,25%	12	C		
9		Olivenöl	42.500,00 €	23,28%	2	A		
10		Rapsöl	32.000,00 €	17,53%	4	A		
11		Sesamöl	4.500,00 €	2,46%	6	B		
12		Sonnenblumenöl	54.000,00 €	29,58%	1	A		
13		Traubenkernöl	1.050,00 €	0,58%	8	C		
14		Walnussöl	620,00 €	0,34%	11	C		
15		Weizenkeimöl	710,00 €	0,39%	10	C		
16			182.575,00 €	100,00%				
17								
18								
19				=WENN(D15>10%;"A";WENN(D15>1%;"B";"C"))				
20								

Abbildung 7.2   Die ABC-Analyse wird mittels der *WENN*-Funktion durchgeführt

ABC-Analyse verfeinern

Damit ist die ABC-Analyse im Prinzip schon durchgeführt. Allerdings lohnt es sich, diese noch etwas zu verfeinern, um mehr Aussagen herauszuholen. Hilfreich wäre es, wenn die einzelnen Zeilen so sortiert wären, dass alle A, B und C Artikel beieinander stünden. Werden außerdem dann die Deckungsbeiträge und Prozentwerte kumuliert, sieht man auf einen Blick, welche Gruppen zur Kostendeckung beitragen.

Zeilen sortieren

Um die Zeilen zu sortieren, gehen Sie folgendermaßen vor:

1. Markieren Sie den kompletten Zellbereich von B3 bis F15.
2. Wählen Sie aus der Multifunktionsleiste auf der Registerkarte *Start* in der Gruppe *Bearbeiten* das Menü der Schaltfläche *Sortieren und Filtern* (Excel 2007) aus bzw. klicken Sie auf die Schaltfläche *AZ* in der Symbolleiste *Standard* (Excel 2003).

3. Klicken Sie auf *Von A bis Z sortieren* (nur bei Excel 2007).

In diesem Fall sortiert Excel die Zeilen alphabetisch nach der ersten Spalte. Das war in diesem Fall nicht ganz hilfreich, wenn Sie das Beispiel übernommen haben, denn da liegt schon eine alphabetische Sortierung nach der ersten Spalte vor. Um auch nach anderen Spalten sortieren zu können, gehen Sie etwas anders vor:

1. Falls die Zellen nicht mehr markiert sind, markieren Sie diese erneut.

2. Wählen Sie aus dem Menü bei *Sortieren und Filtern* den Eintrag *Benutzerdefiniertes Sortieren* (Excel 2007) bzw. aus dem Menü *Daten* den Befehl *Sortieren* (Excel 2003).

3. Bei *Spalte* stellen Sie *Deckungsbeitrag* ein.

4. Bei *Sortieren nach* sollten Sie die Voreinstellung *Werte* belassen.

5. Bei *Reihenfolge* stellen Sie *Nach Größe (absteigend)* ein.

6. Bestätigen Sie mit *OK*.

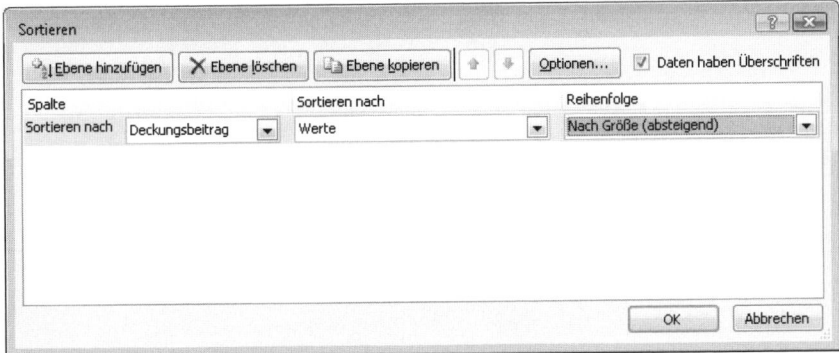

Abbildung 7.3 Wonach sortiert werden soll, kann genau eingestellt werden

---

TIPP Soll nach mehreren Kriterien sortiert werden, genügt ein Klick auf die Schaltfläche *Ebene hinzufügen* im Dialogfeld *Sortieren*, um ein weiteres Kriterium zu bestimmen. Die Kriterien werden der Reihe nach abgearbeitet. Zuerst wird nach dem ersten sortiert, dann nach dem zweiten und so weiter. Über die Pfeilschaltflächen kann die Kriterienreihenfolge verändert werden. Verschoben wird immer nur das markierte Kriterium. Die Schaltfläche *Optionen* öffnet ein Dialogfeld, in dem die Grundeinstellung *Zeilen sortieren* auf *Spalten sortieren* geändert werden kann. Außerdem lässt sich hier festlegen, dass die Groß-/Kleinschreibung beim Sortieren beachtet werden soll.

ABC-Analyse erweitern

Wird die ABC-Analyse um zwei Spalten erweitert:

- **Deckungsbeitrag kumuliert** Zum jeweils vorangegangenen Deckungsbeitrag wird derjenige der aktuellen Zeile hinzuaddiert.

- **% Anteil kumuliert** Zum jeweils vorangegangenen Prozentwert wird derjenige der aktuellen Zeile hinzuaddiert.

lässt sich schnell erkennen, dass die A-Artikel bereits 90% des Deckungsbeitrags liefern, die B-Artikel weitere 8% und die C-Artikel, die anzahlmäßig sogar in der Überzahl sind, kaum 2% des Deckungsbeitrages aufbringen.

	A	B	C	D	E	F	G	H
1			**ABC-Analyse Artikel**					
2								
3		Artikelbezeichnung	Deckungsbeitrag	% vom Gesamtdeckungsbeitrag	Rang	ABC-Artikel	Deckungsbeitrag kumuliert	% Anteil kumuliert
4		Sonnenblumenöl	54.000,00 €	29,58%	1	A	54.000,00 €	29,58%
5		Olivenöl	42.500,00 €	23,28%	2	A	96.500,00 €	52,85%
6		Distelöl	37.000,00 €	20,27%	3	A	133.500,00 €	73,12%
7		Rapsöl	32.000,00 €	17,53%	4	A	165.500,00 €	90,65%
8		Hanföl	7.000,00 €	3,83%	5	B	172.500,00 €	94,48%
9		Sesamöl	4.500,00 €	2,46%	6	B	177.000,00 €	96,95%
10		Leinöl	1.995,00 €	1,09%	7	B	178.995,00 €	98,04%
11		Traubenkernöl	1.050,00 €	0,58%	8	C	180.045,00 €	98,61%
12		Kürbiskernöl	750,00 €	0,41%	9	C	180.795,00 €	99,03%
13		Weizenkeimöl	710,00 €	0,39%	10	C	181.505,00 €	99,41%
14		Walnussöl	620,00 €	0,34%	11	C	182.125,00 €	99,75%
15		Maisöl	450,00 €	0,25%	12	C	182.575,00 €	100,00%
16			182.575,00 €	100,00%				
17								
18								=H14+D15
19							=G14+C15	
20								
21								

Abbildung 7.4 Die Artikel nach der ABC-Analyse in Gruppen zusammengefasst

Es wäre aber eine Kurzschlusshandlung, ohne weitere Überlegungen die C-Artikel aus dem Sortiment zu nehmen. Möglicherweise ist für manche Kunden, die gelegentlich diese Artikel benötigen, das Gesamtsortiment dann nicht mehr interessant und er wandert zu einem anderen Lieferanten ab, der das Fehlende auch anbietet. Trotzdem ist diese Art der Analyse aber hilfreich, denn

- so lässt sich leicht erkennen, für welche Produkte es sich lohnt, Werbung zu machen,
- für welche Produkte es sich lohnt, ausreichend Lagerbestand zu halten,
- für welche Produkte sich neue Investitionen lohnen usw.

Grafische ABC-Analyse

Die ABC-Analyse lässt sich auch hervorragend grafisch auswerten. Gehen Sie folgendermaßen vor:

1. Markieren Sie die Artikelbezeichnung (den Bereich von B4 bis B15).
2. Halten Sie die [Strg]-Taste gedrückt und markieren Sie zusätzlich die kumulierten Prozentzahlen (den Bereich von H4 bis H15).

3. Wählen Sie auf der Registerkarte *Einfügen* in der Gruppe *Diagramme* die Schaltfläche *Linie* (Excel 2007) bzw. klicken Sie in der Symbolleiste *Standard* auf den *Diagramm-Assistent* (Excel 2003).

Excel zeigt bereits in dieser rudimentären Schnellfassung eines Diagramms sehr übersichtlich die Verteilung an: Die A-Produkte erbringen 90% des Deckungsbeitrags, die B-Produkte weitere 8%.

HINWEIS Wie Diagramme verbessert und verfeinert werden, können Sie im letzten Kapitel dieses Buches nachlesen.

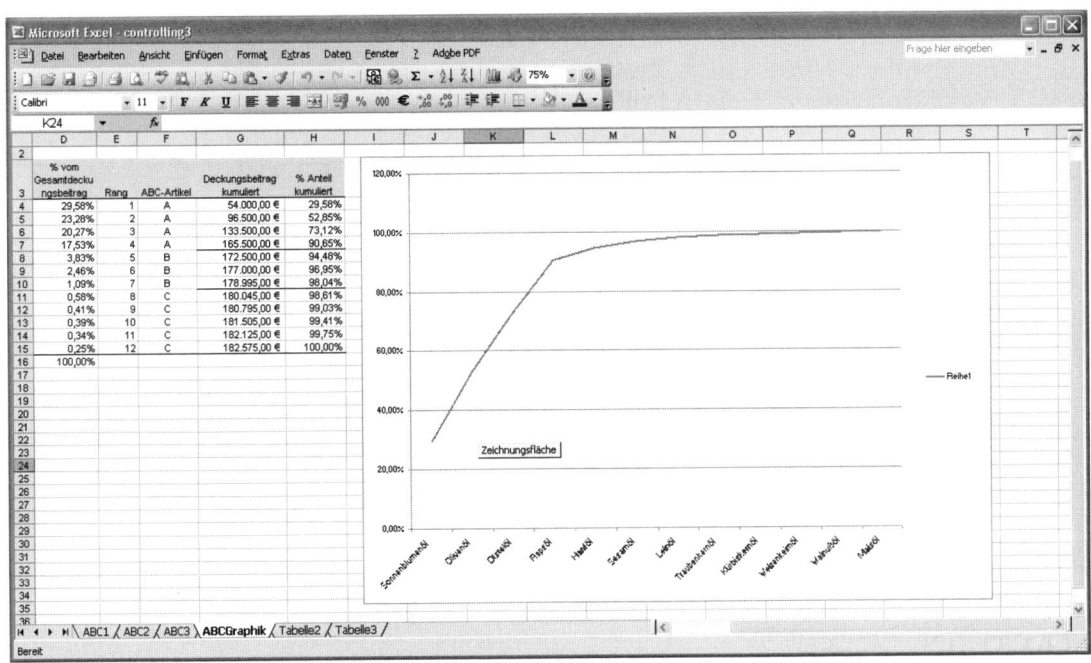

Abbildung 7.5 Die Grafik zur ABC-Analyse zeigt die Verteilung optisch sehr eindrucksvoll an

Break-Even-Point ermitteln

Der Break-Even-Point (zu deutsch: die Gewinnschwelle) gibt an, ab wann die Fixkosten gedeckt sind. Die Kenntnis dieser »Schwelle« ist wichtig, damit ein Betrieb auf Dauer erfolgreich überleben kann. Natürlich müssen nicht nur die Fixkosten, sondern auch die variablen Kosten gedeckt werden. Kurzzeitig kann man aber auch mal eine Verlustphase aushalten, wenn der Deckungsbeitrag positiv bleibt und die Gewinnschwelle nicht unterschritten wird.

Tabelle zur Ermittlung der Gewinnschwelle erstellen

Um eine Break-Even-Point-Analyse durchzuführen, müssen Fixkosten und Deckungsbeiträge bekannt sein. Dann kann diese »Gewinnschwelle« leicht ermittelt werden. Wichtig ist, dass der Deckungsbeitrag stückbezogen ermittelt wird. Die Multiplikation von Deckungsbeitrag/Stück mit der Produktionsmenge ergibt den gesamten Deckungsbeitrag. Bei der Formel ist wieder darauf zu achten, dass der Bezug zum Deckungsbeitrag/Stück absolut gesetzt wird, damit die Formel kopiert werden kann.

	A	B	C	D	E
1					
2			Deckungsbeitrag/Stück:	0,44	
3					
4		Menge	Deckungsbeitrag	Fixkosten	Gewinn/Verlust
5		0	- €	12.000,00 €	- 12.000,00 €
6		1	0,44 €	12.000,00 €	- 11.999,56 €
7		10	4,40 €	12.000,00 €	- 11.995,60 €
8		100	44,00 €	12.000,00 €	- 11.956,00 €
9		1000	440,00 €	12.000,00 €	- 11.560,00 €
10		2000	880,00 €	12.000,00 €	- 11.120,00 €
11		2500	1.100,00 €	12.000,00 €	- 10.900,00 €
12		3000	1.320,00 €	12.000,00 €	- 10.680,00 €
13		4000	1.760,00 €	12.000,00 €	- 10.240,00 €
14		5000	2.200,00 €	12.000,00 €	- 9.800,00 €
15		10000	4.400,00 €	12.000,00 €	- 7.600,00 €
16		20000	8.800,00 €	12.000,00 €	- 3.200,00 €
17		30000	13.200,00 €	12.000,00 €	1.200,00 €
18		40000	17.600,00 €	12.000,00 €	5.600,00 €
19		50000	22.000,00 €	12.000,00 €	10.000,00 €
20					
21					
22			=B19*$D$2		=C19-D19
23					

Abbildung 7.6 Break-Even-Point-Analyse in der Tabelle

Genauen Break-Even-Point ermitteln

Bereits aus der Tabelle ist ungefähr abzulesen, wo der Break-Even-Point liegt: zwischen 20.000 und 30.000 Stück. Soll die genaue Stückzahl herausgefunden werden, ist eine kleine Zusatzrechnung nötig:

1. Fügen Sie unterhalb der Zeile 2 eine weitere Zeile in die Tabelle ein: Registerkarte *Start*, Gruppe *Zellen, Einfügen/Blattzeilen einfügen* (Excel 2007) bzw. *Einfügen/Zeilen* (Excel 2003).
2. Tragen Sie in die Zelle C3 »Break-Even-Point:« ein.
3. Schreiben Sie in die Zelle C1 »Fixkosten:«.
4. In die Zelle D1 tragen Sie nun die Fixkosten ein (im Beispiel 12.000,00 €).
5. In die Zelle D3 tragen Sie die Formel =D1/D2 ein.
6. Formatieren Sie mit einem Zahlenformat ohne Nachkommastellen und mit Tausenderpunkt.
7. Geben Sie in Zelle D6 als Bezug =$D$1 ein.
8. Kopieren Sie diesen Bezug bis in die Zelle D20.

Sie kennen nun den exakten Break-Even-Point, ab dem die Fixkosten gedeckt sind und der Deckungsbeitrag beginnt, um die variablen Kosten zu decken.

	A	B	C	D	E	F
1			Fixkosten:	12.000,00 €		
2			Deckungsbeitrag/Stück:	0,44 €		
3			Break-Even-Point:	27.273	←	=D1/D2
4						
5		Menge	Deckungsbeitrag	Fixkosten	Gewinn/Verlust	
6		0	- €	12.000,00 €	- 12.000,00 €	
7		1	0,44 €	12.000,00 €	- 11.999,56 €	
8		10	4,40 €	12.000,00 €	- 11.995,60 €	
9		100	44,00 €	12.000,00 €	- 11.956,00 €	
10		1000	440,00 €	12.000,00 €	- 11.560,00 €	
11		2000	880,00 €	12.000,00 €	- 11.120,00 €	
12		2500	1.100,00 €	12.000,00 €	- 10.900,00 €	
13		3000	1.320,00 €	12.000,00 €	- 10.680,00 €	
14		4000	1.760,00 €	12.000,00 €	- 10.240,00 €	
15		5000	2.200,00 €	12.000,00 €	- 9.800,00 €	
16		10000	4.400,00 €	12.000,00 €	- 7.600,00 €	
17		20000	8.800,00 €	12.000,00 €	- 3.200,00 €	
18		30000	13.200,00 €	12.000,00 €	1.200,00 €	
19		40000	17.600,00 €	12.000,00 €	5.600,00 €	
20		50000	22.000,00 €	12.000,00 €	10.000,00 €	

Abbildung 7.7 Die exakte »Schwelle« ist nun ermittelt worden

Break-Even-Point grafisch ermitteln

Selbstverständlich kann der Break-Even-Point auch grafisch ermittelt werden. Wie ein Linien-diagramm erstellt werden kann, wurde im vorangegangenen Abschnitt über die ABC-Analyse bereits gezeigt. Um Verzerrungen zu vermeiden und die Gewinnschnelle deutlich hervorzu-heben, sollte in diesem Fall der Bereich, der in der Grafik umgesetzt werden soll, eingeschränkt werden. Markieren Sie nur den Bereich von C16 bis D19, bevor Sie den Diagramm-Assistenten aufrufen.

Da das automatisch erstellte Diagramm nicht sehr aussagekräftig ist, sollte es nachbearbeitet werden. Dazu klicken Sie in das Diagramm und wählen aus dem Kontextmenü *Diagramm-optionen* (Excel 2003/2007) oder aus dem Menü *Daten* den gleichen Befehl (Excel 2003).

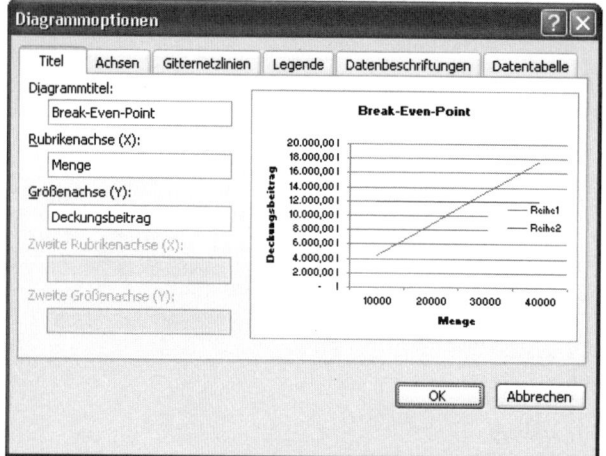

Abbildung 7.8 Diagramme lassen sich leicht korrigieren und anpassen

An der Stelle, an der die Deckungsbeitragslinie die Fixkostenlinie schneidet, liegt der Break-Even-Point. In der Rubrikenachse kann die Gewinnschwelle abgelesen werden.

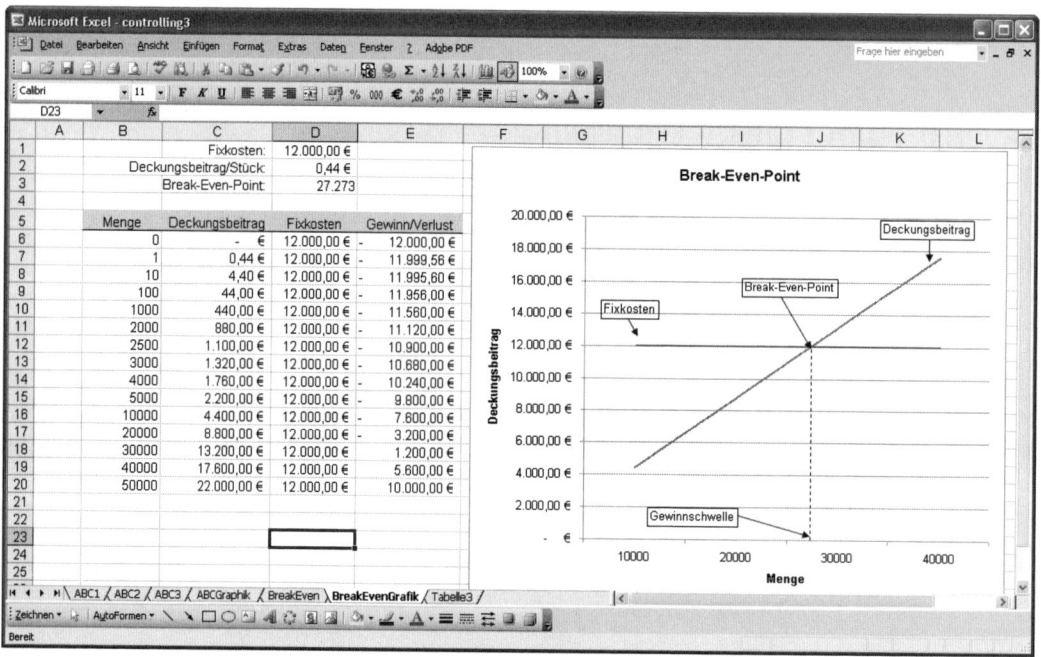

Abbildung 7.9 Der Break-Even-Point in grafischer Darstellung

Veränderung des Break-Even-Point

Verändern sich die Bedingungen, erhöhen oder erniedrigen sich die Fixkosten oder die Deckungsbeiträge je Stück, genügt es, diese in den Zellen D2 und D3 anzupassen. Berechnung und grafische Anzeige werden sofort aktualisiert.

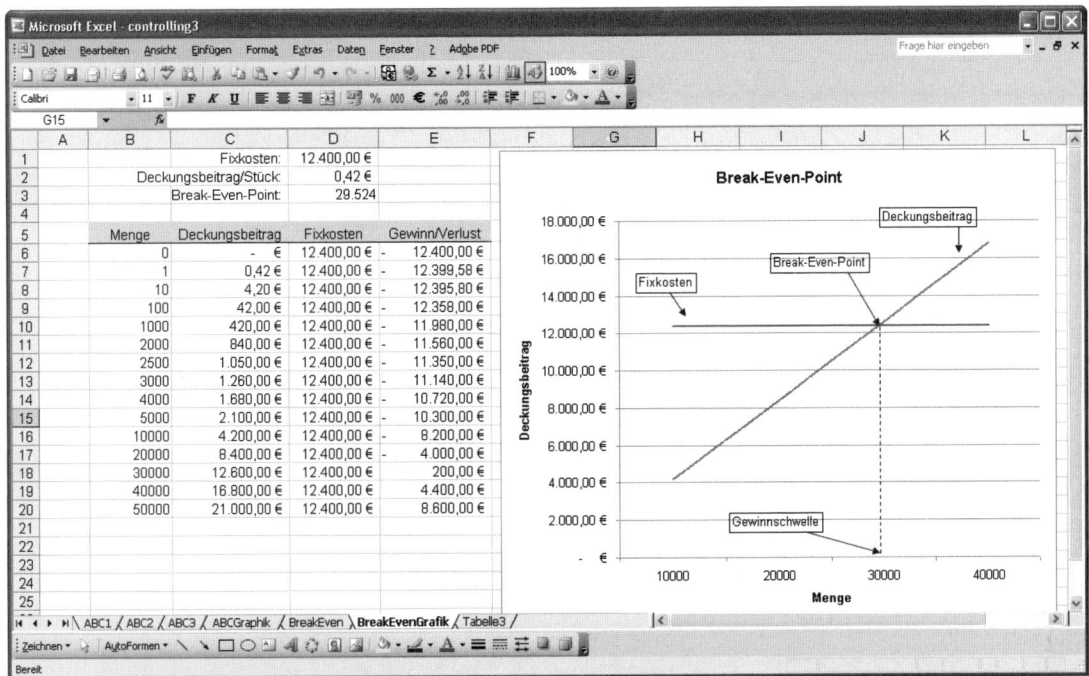

Abbildung 7.10 Veränderte Daten führen sofort zu einer Neuberechnung in Tabelle und Diagramm

Selten sind die Bedingungen derart übersichtlich, dass eine Break-Even-Point-Analyse so einfach durchzuführen ist. Aber selbst bei mehreren Produkten ist das verhältnismäßig einfach anzupassen. Es muss lediglich die Tabelle mehrfach kopiert – für jedes Produkt einmal – und die individuellen Produktdaten müssen eingetragen werden.

Cashflow ermitteln

Der Begriff »Cashflow«, zu deutsch etwa »Kassenfluss« oder »Geldfluss«, bezeichnet eine Kennzahl, die den Zugang an liquiden Mitteln während einer Periode aufzeigt. Vereinfacht gesagt versucht man mit dieser Kennzahl den periodisierten Zahlungsmittelüberschuss aus der wirtschaftlichen Tätigkeit zu erfassen. Dazu reicht es nicht, den Jahresüberschuss zu nehmen. Dieser muss noch um Rückstellungszuführungen und Abschreibungen korrigiert werden.

> **HINWEIS** Der Cashflow, der sich auf diese Weise ergibt, wird auch Brutto-Cashflow genannt.

Cashflow-Berechnung

Sämtliche Daten, die für diese Berechnung benötigt werden, sind aus der Buchhaltung bzw. aus dem Jahresabschluss zu beziehen.

Brutto-Cashflow

Abschreibungen und Zuführung von Rückstellungen sind ja keine realen Geldflüsse. Deshalb müssen sie dem Betriebsergebnis wieder zugeschlagen werden. Ebenso Verluste aus Anlagenabgang. Geht eine Maschine kaputt, wird sie vollständig abgeschrieben. Dadurch verändert sich der Wert des Betriebsergebnisses. Ein Geldfluss hat dafür nicht stattgefunden. Wurde stattdessen eine neue Maschine gekauft, ist der dafür nötige Geldfluss bereits im Betriebsergebnis berücksichtigt. Wurde dagegen ein Anlagegut verkauft und damit mehr erlöst als noch abzuschreiben war, ist das Betriebsergebnis um diesen Differenzbetrag zu korrigieren.

	A	B	C	D	E	F	G
1							
2		**Cashflow-Berechnung**					
3							
4		Betriebsergebnis (aus der Gewinn- und Verlustrechnung):	197.350 €				
5		+ Abschreibungen (lt. GuV-Rechnung):	17.050 €				
6		+ Erhöhungen der Rückstellungen:	25.000 €				
7		- Verminderungen der Rückstellungen:					
8		+ Verluste aus Anlagenabgang:					
9		- Erträge aus Anlagenabgang:	7.390 €				
10		= **Cashflow**	**232.010 €** ←			=SUMME(C4:C6)-C7+C8-C9	
11							
12							

Abbildung 7.11 Berechnung des Brutto-Cashflow

Operativer Cashflow

Bezieht man die Veränderungen des Umlaufvermögens (Forderungen, Vorräte etc.) und der Lieferantenverbindlichkeiten mit ein, erhält man den Cashflow aus Geschäftstätigkeit, auch operativer Cashflow genannt.

	A	B	C	D	E	F	G
1							
2		**Cashflow-Berechnung**					
3							
4		Betriebsergebnis (aus der Gewinn- und Verlustrechnung):	197.350 €				
5		+ Abschreibungen (lt. GuV-Rechnung):	17.050 €				
6		+ Erhöhungen der Rückstellungen:	25.000 €				
7		- Verminderungen der Rückstellungen:					
8		+ Verluste aus Anlagenabgang:					
9		- Erträge aus Anlagenabgang:	7.390 €				
10		= **Cashflow**	**232.010 €** ←			=SUMME(C4:C6)-C7+C8-C9	
11							
12		+ Erhöhung des Umlaufvermögens (Forderungen, Vorräte etc.):	17.200 €				
13		- Verminderung des Umlaufvermögens:					
14		+ Erhöhung der Lieferantenverbindlichkeiten:					
15		- Verminderung der Lieferantenverbindlichkeiten:	7.300 €				
16		= **Cashflow aus Geschäftstätigkeit**	**241.910 €** ←			=C10+C12-C13+C14-C15	
17							
18							
19							

Abbildung 7.12 Die erweiterte Cashflow-Rechnung

Kennzahlen aus dem Cashflow berechnen

Für die erweiterte Bilanzanalyse und zur Bewertung unterschiedlicher Faktoren werden Kennzahlen berechnet. Auch der Cashflow kann zur Kennzahlenberechnung herangezogen werden. Setzt man den (Brutto) Cashflow ins Verhältnis zum Eigenkapital, erhält man die Eigenkapitalrentabilität in % zum Cashflow. Setzt man den Umsatz ins Verhältnis zum operativen Cashflow, erhält man den Umsatz-Cashflow, eine Kennzahl, die angibt, wieweit der Umsatz zum »Geldfluss« beigetragen hat.

	A	B	C	D	E	F	G
2		**Cashflow-Berechnung**					
3							
4		Betriebsergebnis (aus der Gewinn- und Verlustrechnung):	197.350 €				
5		+ Abschreibungen (lt. GuV-Rechnung):	17.050 €				
6		+ Erhöhungen der Rückstellungen:	25.000 €				
7		- Verminderungen der Rückstellungen:					
8		+ Verluste aus Anlagenabgang:					
9		- Erträge aus Anlagenabgang:	7.390 €				
10		= **Cashflow**	**232.010 €** ←		=SUMME(C4:C6)-C7+C8-C9		
11							
12		+ Erhöhung des Umlaufvermögens (Forderungen, Vorräte etc.):	17.200 €				
13		- Verminderung des Umlaufvermögens:					
14		+ Erhöhung der Lieferantenverbindlichkeiten:					
15		- Verminderung der Lieferantenverbindlichkeiten:	7.300 €				
16		= **Cashflow aus Geschäftstätigkeit**	**241.910 €** ←		=C10+C12-C13+C14-C15		
17							
18							
19		Eigenkapital	450.000 €				
20		Umsatz	8.370.500 €				
21							
22		Eigenkapitalrentabilität in % zum Cashflow	51,6% ←		=C10/C19		
23							
24		Umsatz-Cashflow	2,9% ←		=C16/C20		
25							

Abbildung 7.13 Der Cashflow kann auch zur Berechnung von Kennzahlen herangezogen werden

HINWEIS   Weiteres zum Thema Kennzahlen erfahren Sie im folgenden Kapitel 8 »Betriebsstatistik«.

Der Cashflow gibt die Selbstfinanzierungskraft eines Unternehmens an. Diese Größe zeigt, wie viel Mittel dem Unternehmen zur Finanzierung von Investitionen, zur Schuldentilgung, zur Gewinnausschüttung und zur Reservenbildung zur Verfügung stehen.

Datenbank

Auf den ersten Blick scheint eine Datenbank nichts mit Controlling zu tun zu haben. Tatsächlich entnehmen Controller aber viele Informationen diversen Datenbanken. Excel kann als so genanntes Frontend dienen, um Datenbanken auszuwerten. Besteht aber nicht ständiger Zugriff, dann kann es hilfreich sein, die Daten extern abzuspeichern und auszuwerten. Excel kann bis zu einem gewissen Grad Datenbankfunktionalität übernehmen. Sind die Daten nur in einer Tabelle gespeichert, ist also keine relationale Datenbank nötig, in der mehrere Tabellen miteinander verknüpft sind, dann ist die Weiterverarbeitung mit Excel ideal. Es stehen sogar zur Auswertung spezielle Datenbankfunktionen zur Verfügung.

Eine Datenbank anlegen

Das Anlegen einer Datenbank in Excel ist keine große Sache. Es genügt, für die einzelnen Spalten Überschriften zu definieren und die Zahlenformate für die Spalten festzulegen. Dann können bereits Daten in die Zellen eingetragen werden.

	A	B	C	D	E
1	Kunden-Nr.	Firma	Monat	Umsatz	
2	90001	Moritz oHG	Oktober	3.780,37 €	
3	90003	Weber KG	Oktober	6.701,22 €	
4	90010	Gerüstbau GmbH	Oktober	12.197,00 €	
5	90005	Basis AG	November	17.209,33 €	
6	90006	Nagel GmbH	November	7.103,22 €	
7	90003	Weber KG	November	3.110,10 €	
8	90001	Moritz oHG	November	1.020,00 €	
9	90009	Corall & Co	November	9.322,15 €	
10	90005	Basis AG	November	5.050,55 €	
11	90006	Nagel GmbH	November	530,00 €	
12	90001	Moritz oHG	Dezember	4.353,35 €	
13	90010	Gerüstbau GmbH	Dezember	9.300,50 €	
14	90003	Weber KG	Dezember	4.900,00 €	
15	90015	Filz & Fromm	Dezember	10.900,50 €	
16	90005	Basis AG	Dezember	970,00 €	
17	90009	Corall & Co	Dezember	1.720,33 €	
18					
19					

Abbildung 7.14   Für Excel ist jede geschlossene Liste auch eine Datenbank

ACHTUNG   Eine Datenbank in Excel muss aus einer lückenlosen Liste bestehen. Excel erkennt sonst die Datenbank nur bis zur ersten leeren Zeile (z.B. beim Sortieren). Alle Daten danach werden unterschlagen. Wird die Datenbankmaske eingesetzt, erlaubt Excel keine weiteren Eingaben, wenn die leere Zeile innerhalb der Liste gefüllt wurde. Sollen Daten mitten aus einer Liste gelöscht werden, dürfen nicht nur die Inhalte entfernt werden. Die ganze Zeile ist zu löschen.

Datenbank sortieren

Die Registerkarte *Daten* in der Multifunktionsleiste von Excel 2007 bzw. die Registerkarte *Daten* in Excel 2003 stellt zahlreiche Optionen zur Arbeit mit einer Excel-Datenbankliste zur Verfügung. Die Option *Sortieren* erlaubt das Sortieren einer Liste nach bis zu drei Feldern (Excel 2003). Jedes Feld kann wahlweise *Aufsteigend* oder *Absteigend* sortiert werden. Über die Schaltfläche *Optionen* können noch weitere Vorgaben für die Sortierung voreingestellt werden, etwa ob die Groß-/Kleinschreibung beachtet werden soll. Mit Excel 2007 fällt die Beschränkung auf 3 Sortierfelder weg.

HINWEIS   Damit die Sortierung klappt, sollte eine Zelle innerhalb der Liste aktiviert sein. Dies gilt auch für die Anwendung aller anderen Datenbankoptionen und -funktionen.

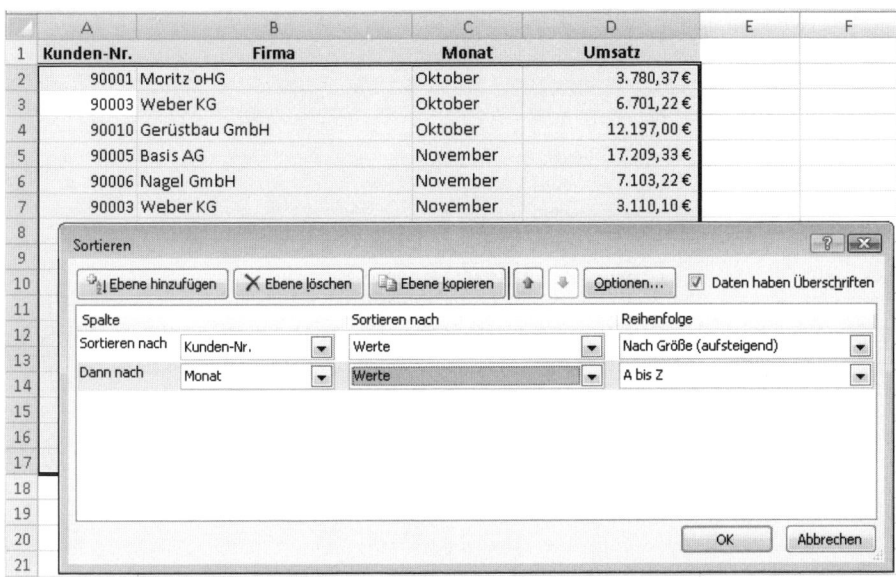

Abbildung 7.15   Sortiert werden kann nach mehr als nur einem Kriterium

Wenn Sie versuchen, die Datenbankliste aus dem Beispiel (oder eine ähnliche) wieder nach Monat zu sortieren, dann werden Sie feststellen, dass das nicht funktioniert. Sortiert Excel von *A bis Z*, steht der Dezember vor dem November. Sie müssen also *Z bis A* wählen. Sind in der Liste alle Monate vertreten, funktioniert dies aber auch nicht. Da steht dann der April am Anfang gefolgt vom August. Um eine Monatsliste also korrekt zu sortieren, stellen Sie bei *Reihenfolge* »Benutzerdefinierte Liste« ein und wählen dann die Liste mit den Monatsnamen aus. Dann stimmt's.

Dateneingabe über ein Formular

Mit einem Formular bzw. einer Maske lassen sich Datensätze in Excel ganz besonders komfortabel eingeben:

1. Rufen Sie den Menübefehl *Daten/Maske* auf.

ACHTUNG   Dies gilt nur für Excel 2003 (oder frühere Versionen). Wie man in Excel 2007 an die Datenbankmaske kommt, wird im Anschluss erklärt. Das weitere Vorgehen ist identisch.

2. Klicken Sie auf die Schaltfläche *Neu*.
3. Geben Sie einen neuen Datensatz in die Felder ein.
4. Springen Sie zum nächsten Feld mit der ⇥ -Taste.
5. Schließen Sie die Eingabe des Datensatzes mit der ↵ -Taste ab.

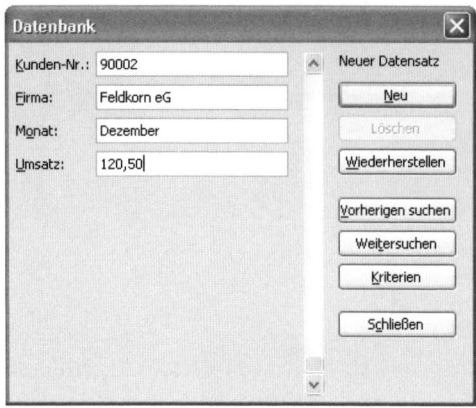

Abbildung 7.16 Mit der Datenbankmaske ist die Erfassung von Datensätzen viel einfacher

In Excel 2007 werden Sie diese Datenbankmaske vergeblich suchen. Sie ist in der Multifunktionsleiste nicht zu finden, weder auf der Registerkarte *Daten* noch sonst wo. Trotzdem ist sie da, sie muss nur aktiviert werden:

1. Klicken Sie auf die Schaltfläche *Symbolleiste für den Schnellzugriff anpassen* (direkt neben der kleinen Symbolleiste oben links neben dem Office-Symbol).

2. Rufen Sie im Menü den Eintrag *Weitere Befehle* auf.

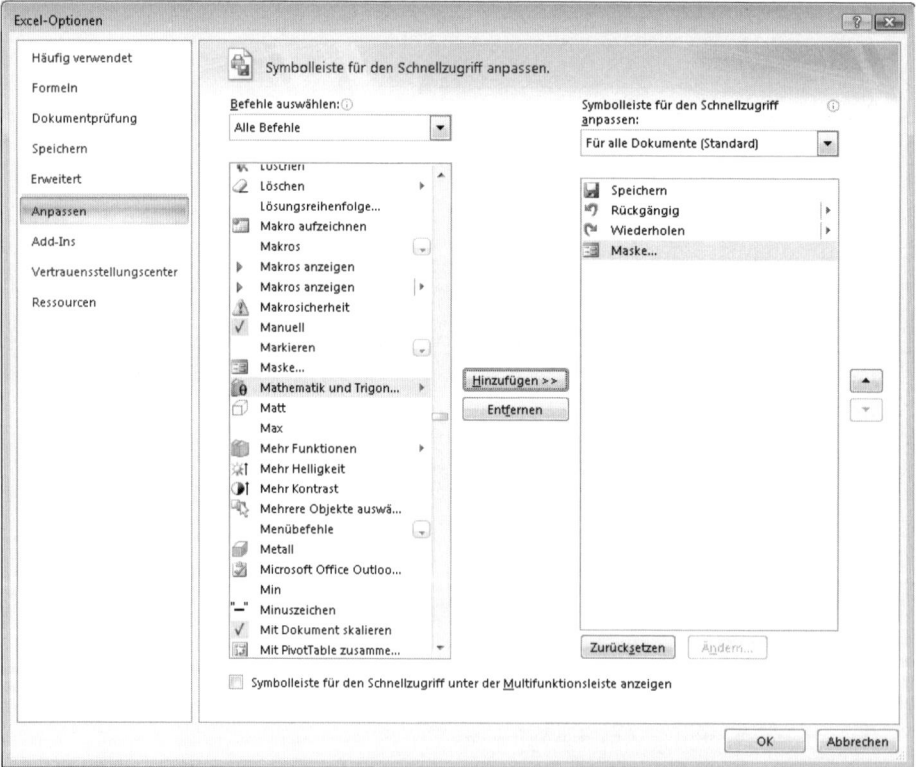

Abbildung 7.17 In Excel 2007 lässt sich die Datenbankmaske schnell nachrüsten

3. Wählen Sie im Listenfeld *Befehle auswählen* den Eintrag *Alle Befehle* aus.

4. Suchen Sie den Befehl *Maske* und markieren Sie ihn durch Anklicken.

5. Mit einem Klick auf *Hinzufügen* wird der Befehl in die *Symbolleiste für den Schnellzugriff* übertragen.

6. Mit *OK* schließen Sie diesen Vorgang ab.

In umfangreichen Listen kann mit der Datenbankmaske auch gesucht werden:

1. Öffnen Sie die Datenbankmaske aus dem Menü *Daten* (Excel 2003) oder über die *Symbolleiste für den Schnellzugriff* (Excel 2007).

2. Klicken Sie auf die Schaltfläche *Kriterien*.

3. Geben Sie in das Feld, das den Suchbegriff aufnehmen soll, den kompletten Begriff oder einen Teil von diesem ein, z.B. »Filz« in das Feld *Firma*, um den Kunden »Filz und Fromm« zu suchen.

4. Klicken Sie auf *Weitersuchen*.

Datenbanklisten filtern

Es kann aus einer Liste eine Teilmenge angezeigt werden, wenn Sie über Filter einen AutoFilter oder Spezialfilter definieren. Der AutoFilter ist die schnellste Variante, um Daten zu selektieren und dabei noch nicht einmal unflexibel. Den Spezialfilter sollten Sie dann einsetzen, wenn gefilterte Daten an anderer Stelle weiterverarbeitet werden sollen.

1. Klicken Sie auf der Registerkarte *Daten* (Excel 2007) auf die Schaltfläche *Filtern* bzw. wählen Sie *Daten/Filter/Autofilter* (Excel 2003). Neben den Spaltentiteln erscheinen kleine Schaltflächen.

2. Wählen Sie die Schaltfläche bei *Kunden-Nr.* aus. Es öffnet sich ein Menü (in Excel 2003) bzw. ein Dialogfeld (in Excel 2007).

3. Wählen Sie *Aufsteigend sortieren* (Excel 2003) bzw. *Nach Größe sortieren (aufsteigend)* (Excel 2007).

Per Mausklick lassen sich auch aus dem AutoFilter-Menü bzw. -Dialogfeld schnell die *Top 10* unter den Datensätzen oder einzelne Kunden herausfiltern. Über *Benutzerdefiniert* können die Filter sehr individuell eingestellt werden. So lassen sich auch umfangreiche Datenbanklisten schnell und ohne großen Aufwand auswerten.

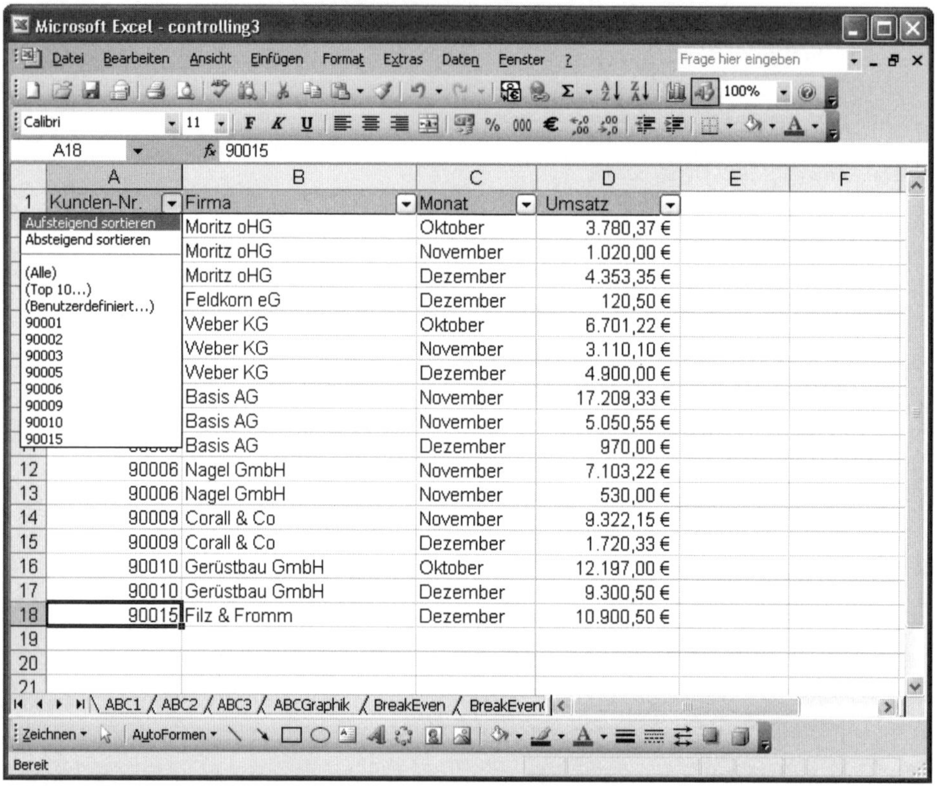

Abbildung 7.18   Über AutoFilter lassen sich Datenbanklisten schnell und flexibel sortieren

Datenbankfunktionen

Zur Auswertung von Datenbanken stellt Excel einige Datenbankfunktionen zur Verfügung. Diese sind leicht zu erkennen, denn sie beginnen alle mit der Buchstabenfolge DB. Diese Funktionen haben als Entsprechung eine statistische Funktion. So entspricht z.B. die Funktion *DBSTDABW* der Funktion *STDABW* (Standardabweichung).

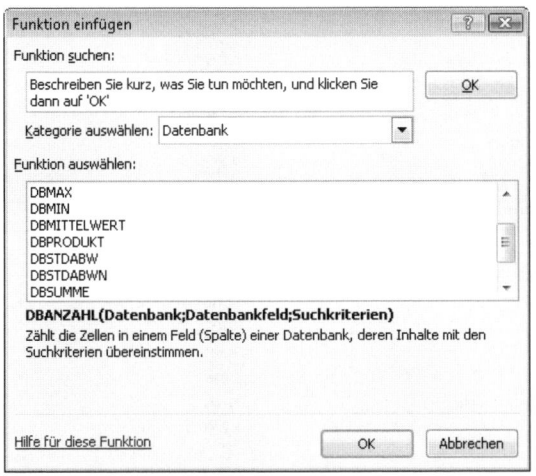

Abbildung 7.19 Excel stellt eine Reihe von Datenbankauswertungsfunktionen bereit

Datenbankfunktionen einsetzen

Die Datenbankfunktionen benötigen ein Suchkriterium. Für dieses wird ein Bereich angegeben, der aus mindestens zwei Zellen besteht und in dem die erste Zelle die Spalte, **in der** gesucht werden soll, und die zweite Zelle den Wert, **nach dem** gesucht werden soll angibt.

Die Syntax aller DB-Funktionen lautet wie folgt:

=DBFunktion(Datenbank;Spalte;Suchkriterium)

Um die Umsatzliste so auszuwerten, dass alle Umsätze eines bestimmten Kunden aufsummiert werden, gehen Sie folgendermaßen vor:

1. Schreiben Sie in die Zelle F1 »Kunden-Nr.«.
2. Geben Sie in eine beliebige andere Zelle (im Beispiel verwende ich F5) »Auswertung:« ein und bestätigen Sie.
3. Öffnen Sie das Dialogfeld *Funktion einfügen*.
4. Markieren Sie die Funktion *DBSUMME* und bestätigen Sie mit *OK*.
5. Für *Datenbank* legen Sie den kompletten Bereich fest (A1:D18).
6. Bei *Datenbankfeld* tragen Sie »"Umsatz"« ein.
7. Um *Suchkriterien* auszufüllen, markieren Sie den Bereich F1:F2 in der Tabelle.
8. Schließen Sie die Bearbeitung mit *OK* ab.

In der Zelle sollte jetzt die Formel

```
=DBSUMME(A1:D18;"Umsatz";F1:F2)
```

stehen (zu sehen in der Bearbeitungsleiste) und ein Wert von 98.289,12 € ausgegeben werden. Solange noch kein Suchkriterium angegeben ist, summiert die Funktion nämlich alles in der angegebenen Spalte.

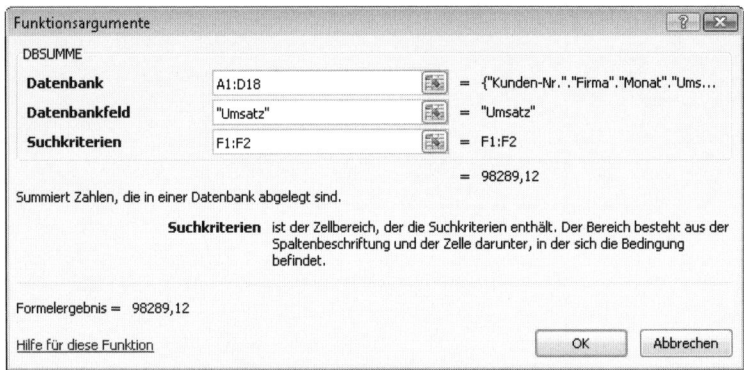

Abbildung 7.20   Das Dialogfeld *Funktionsargumente* hilft, alle nötigen Details für eine Funktion zusammenzusuchen

Tragen Sie nun in die Zelle F2 eine Kundennummer ein, wertet die Funktion DBSUMME sofort die Liste aus und zeigt nur noch den Umsatz an, den dieser Kunde gemacht hat.

TIPP   Auch mit den Verweis-Funktionen können Datenbanklisten ausgewertet werden. Setzen Sie etwa in die Zelle G2 die Formel

```
=SVERWEIS(F2;A2:D18;2)
```

durchsucht die Funktion die Liste in der ersten Spalte nach der in Zelle F2 stehenden Kundennummer und zeigt beim ersten Auftauchen derselben den Namen daneben (aus der Spalte B) in der Zelle G2 an.

Sie müssen also künftig nur noch die Kundennummer in die Zelle F2 eintragen, um sofort den Umsatz zu sehen und zur Sicherheit, dass auch der richtige Kunde gemeint ist, den Namen daneben angezeigt zu bekommen.

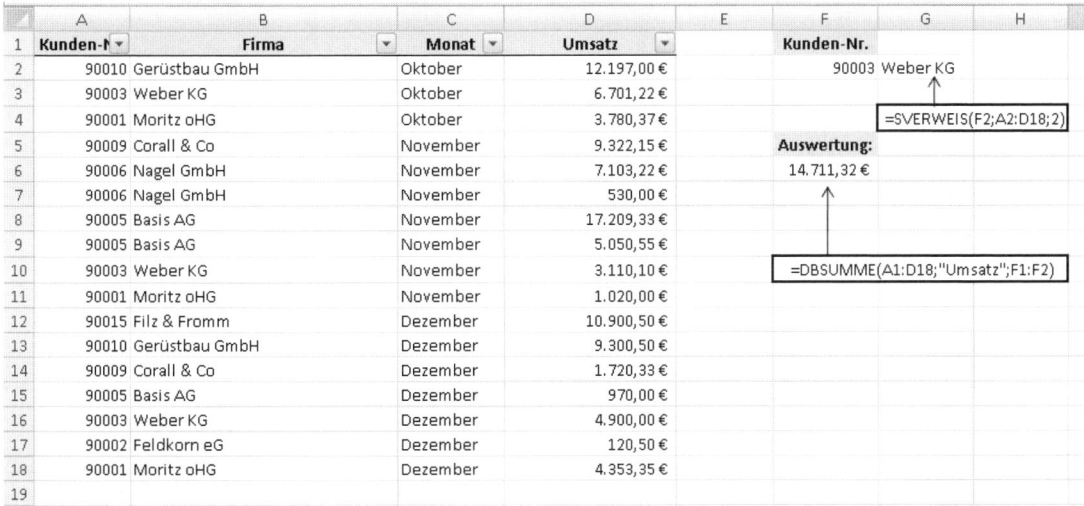

Abbildung 7.21 *DB*-Funktionen werten Datenbanklisten in Excel hervorragend aus

Übersicht der *DB*-Funktionen

In der folgenden Tabelle finden Sie eine Übersicht der vorhandenen *DB*-Funktionen:

Funktion	Bedeutung
DBANZAHL	Zählt die Datensätze, die der angegebenen Bedingung entsprechen (Letzteres trifft auf alle DB-Funktionen zu)
DBANZAHL2	Gibt die nicht leeren Zellen der ausgewählten Datensätze zurück
DBMAX	Gibt den höchsten Wert der ausgewählten Datensätze zurück
DBMIN	Gibt den niedrigsten Wert der ausgewählten Datensätze zurück
DBSUMME	Gibt die Summe aller Werte der ausgewählten Datensätze zurück
DBPRODUKT	Gibt das Produkt aller Werte der ausgewählten Datensätze zurück
DBMITTELWERT	Gibt den Mittelwert der ausgewählten Datensätze zurück
DBAUSZUG	Gibt einen Datensatz zurück
DBSTDABW	Gibt die geschätzte Standardabweichung der ausgewählten Datensätze zurück
DBSTADABWIN	Gibt die geschätzte Standardabweichung der ausgewählten Datensätze zurück, wenn es sich um eine Grundgesamtheit handelt
DBVARIANZ	Gibt die geschätzte Varianz der ausgewählten Datensätze zurück, wenn es sich um eine Stichprobe handelt
DBVARIANZEN	Gibt die geschätzte Varianz der ausgewählten Datensätze zurück, wenn es sich um eine Grundgesamtheit handelt

Tabelle 7.1 *DB*-Funktionen zur Auswertung von Datenbanklisten

Kann ein Ergebnis nicht berechnet werden, wird die Fehlermeldung #WERT! zurückgegeben. Bei *DBAUSZUG* wird diese Meldung ausgegeben, wenn keine Zelle den angegebenen Kriterien entspricht. Entsprechen mehrere Zellen den Kriterien, gibt *DBAUSZUG* die Fehlermeldung #ZAHL! zurück.

Investitionsrechnung

Wenn in einem Unternehmen neue Grundstücke, Gebäude, Maschinen, Einrichtungen, EDV-Anlagen etc. angeschafft werden müssen, dann spricht man von Investitionen. Das bedeutet immer, dass viel Geld ausgegeben wird, für das zwar ein Gegenwert da ist, der aber in der Regel kaum oder schwer wieder liquide gemacht werden kann. Der Unternehmer überlegt es sich also dreimal, bevor er eine Investitionsentscheidung trifft, und wenn er gut ist, rechnet er außerdem noch nach.

Die Investitionsrechnung umfasst Verfahren, die eine rationale Beurteilung der rechenbaren Aspekte einer Investition ermöglichen. Dazu werden die finanziellen Konsequenzen einer Investition so weit wie möglich erfasst und zusammengestellt, um damit eine Entscheidungshilfe zu schaffen.

Verfahren der Investitionsrechnung

Man unterscheidet die Investitionsrechenverfahren in

- Statische Verfahren und
- Dynamische Verfahren.

Statische Investitionsrechenverfahren

Bei den statischen Verfahren wird auf die Kosten- und Erlösrechnung zurückgegriffen. Zahlungsströme bleiben unberücksichtigt. Der Vorteil liegt darin, dass die Daten leicht beschafft werden können und der Rechenaufwand überschaubar ist. Gerechnet wird in der Regel mit Durchschnittswerten. Es wird ein wirtschaftlicher Aspekt wie

- Kosten,
- Gewinn,
- Rentabilität o.ä.

herausgegriffen und durch Vergleich verschiedener Alternativen die Vorteilhaftigkeit einer bestimmten Investition gesucht.

Kostenvergleichsrechnung

Bei diesem Verfahren wird durch Kostenvergleich verschiedener Investitionsvarianten die vorteilhafteste zu ermitteln versucht. Nur die Kosten werden als einzige Einflussgröße der Investition berücksichtigt und zwar

- Betriebskosten (Material, Löhne, Instandhaltungs- und Energiekosten etc.) und
- Kapitalkosten (Zinsen, Abschreibungen etc.).

Die Kapitalkosten ermittelt man folgendermaßen:

$$\text{Kapitalkosten} = \frac{\text{Anschaffungsauszahlung}}{2} \times \text{Verzinsung} + \frac{\text{Anschaffungsauszahlung}}{\text{Lebensdauer}}$$

Der erste Term dieser Formel ermittelt das durchschnittlich gebundene Kapital plus Verzinsung, der zweite Term ermittelt den Abschreibungsgegenwert.

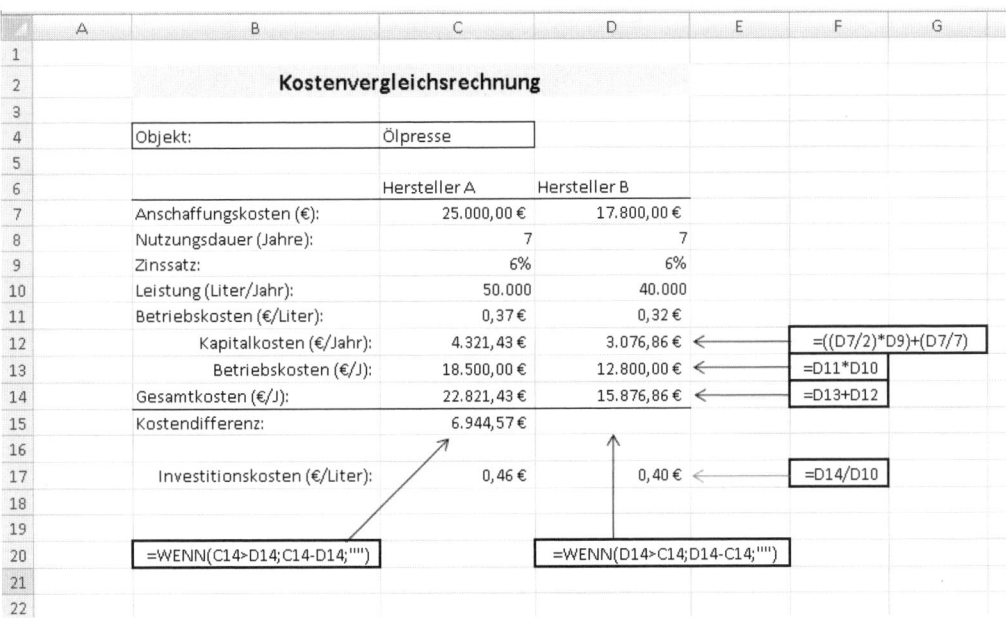

Abbildung 7.22 Die Kostenvergleichsrechnung vergleicht zwei Alternativinvestitionen aufgrund ihrer Kostenstruktur

Wieder ist die Kostenvergleichsrechnung in einer Excel-Tabelle schnell realisiert. Zunächst werden die bekannten Daten erfasst (Anschaffungskosten, Nutzungsdauer, Zinssatz, Leistung). Dann werden daraus die nötigen Details für den Vergleich errechnet (Betriebskosten, Gesamtkosten, Kostendifferenz und Kosten je Liter). Die Umsetzung der Formel zur Ermittlung der Kapitalkosten wirft keine größeren Probleme auf. Auch die anderen Formeln nutzen nur einfache Grundrechenarten.

Interessant sind die Formeln in den Zellen C15 und D15. Beide Formeln ermitteln automatisch die Kostendifferenz zur kleineren Kostensumme. Die *WENN*-Funktion in Zelle C15 prüft zunächst, ob der Wert der Zelle darüber größer ist als der Wert der in der Spalte daneben liegenden Zelle. Ist das der Fall, wird der Betrag aus der benachbarten Spalte abgezogen und ausgegeben. Sonst nicht. In der Spalte daneben passiert das Gleiche mit umgekehrt.

Die Investitionskosten je Liter zeigen, wie das Produkt mit den Investitionskosten belastet werden müsste.

HINWEIS   In dieser Tabelle wurden die Betriebskosten in einer Summe eingesetzt. In der Praxis wird man hier etwas differenzierter aufschlüsseln oder die Betriebskosten an anderer Stelle errechnen und über einen Bezug eintragen.

Problematisch wird es, wenn sich Faktoren im Laufe der Zeit ändern, etwa Löhne steigen, Energiekosten sich erhöhen oder die Auslastung nicht mehr passt.

Gewinnvergleichsrechnung

Wird die Kostenvergleichsrechnung um die Erträge erweitert, spricht man von einer Gewinnvergleichsrechnung. Insbesondere bei Erweiterungsinvestitionen sollten die Ertragsveränderungen den einzelnen Investitionsalternativen hinzugerechnet werden.

	A	B	C	D	E	F
1						
2		Gewinnvergleichsrechnung				
3						
4		Objekt:	Ölpresse			
5						
6			Hersteller A	Hersteller B		
7		Anschaffungskosten (€):	25.000,00 €	17.800,00 €		
8		Nutzungsdauer (Jahre):	7	7		
9		Zinssatz:	6%	6%		
10		Leistung (Liter/Jahr):	50.000	40.000		
11		Erlöse:	34.000	27.200		
12		Betriebskosten (€/Liter):	0,37 €	0,32 €		
13		Kapitalkosten (€/Jahr):	4.321,43 €	3.076,86 €		
14		Betriebskosten (€/J):	18.500,00 €	12.800,00 €		
15		Gesamtkosten (€/J):	22.821,43 €	15.876,86 €		
16		Gewinn/Verlust:	11.178,57 €	11.323,14 € ←		=D11-D15
17		Ertragsdifferenz:		144,57 €		
18						
19						

Abbildung 7.23 Die Gewinnvergleichsrechnung ist eine erweiterte Kostenvergleichsrechnung

Die Gewinnvergleichsrechnung ist zwar eine verbesserte Kostenvergleichsrechnung, doch bleiben einige Probleme bestehen: Der Ansatz von Durchschnittswerten lässt Veränderungen im Laufe der Nutzungsdauer unberücksichtigt und eine Aussage über die Rentabilität fehlt ebenfalls noch.

Rentabilitätsrechnung

Bei der Rentabilitätsrechnung ist die durchschnittliche Verzinsung des eingesetzten Kapitals Beurteilungsmaßstab. Ist die Rentabilität einer Investition größer als die geforderte Mindestrentabilität, gilt sie als vorteilhaft. Beim Vergleich mehrerer Investitionen gilt diejenige als Vorteilhaft, die die höhere Rentabilität aufweist.

Die Rentabilität (%) errechnet man folgendermaßen:

$$\text{Rentabilität} = \frac{\text{Gewinn}}{\text{Kapitaleinsatz}}$$

Bei Erweiterungsinvestitionen nimmt man den durchschnittlichen Jahresgewinn der Investition, bei Rationalisierungsinvestitionen die jährliche Kostenersparnis, die in diesem Fall den Gewinn, der durch die Investition erzeugt wird, darstellt.

	A	B	C	D	E	F	G
1							
2		**Rentabilitätsvergleichsrechnung**					
3							
4		Objekt:	Ölpresse				
5							
6			Hersteller A	Hersteller B			
7		Anschaffungskosten (€):	25.000,00 €	17.800,00 €			
8		Nutzungsdauer (Jahre):	7	7			
9		Zinssatz:	6%	6%			
10		Betriebskosten (€/Liter)	0,37 €	0,32 €			
11		Auslastung (Liter/Jahr):	45.000	35.000			
12		**Erlöse:**	**57.600,00 €**	**44.800,00 €**			
13		Fixe Kosten					
14		Abschreibungen (€/Jahr):	3.571,43 €	2.542,86 €			
15		Sonstige Fixkosten (€/Jahr):	13.500,00 €	12.250,00 €			
16		Summe Fixkosten:	17.071,43 €	14.792,86 €	←	=D14+D15	
17		Summe variable Kosten:	16.650,00 €	11.200,00 €	←	=D10*D11	
18		**Gesamtkosten:**	**50.792,86 €**	**40.785,71 €**	←	=SUMME(D14:D17)	
19		**Gewinn:**	**6.807,14**	**4.014,29**	←	=D12-D18	
20		**Rentabilität:**	**54,46%**	**45,10%**			
21				↑			
22							
23			=(D12-D18)/(D7/2)				
24							

Abbildung 7.24 Die Rentabilitätsvergleichsrechnung untersucht, wie wirtschaftlich eine Investition ist

Die Schwächen der bereits beschriebenen Investitionsrechenverfahren (Durchschnittswerte, die Schwankungen nicht darstellen können) bestehen jedoch auch hier.

Amortisationsrechnung

Ein verbreitetes Verfahren ist die so genannte Amortisationsrechnung. Entscheidungskriterium ist der Zeitraum, der erforderlich ist, um den Kapitaleinsatz für die Investition über die jährlichen Einnahmen wieder hereinzuholen. Je kürzer die Amortisationszeit (Rückholzeit des Kapitals), desto vorteilhafter ist die Investition. Im allgemeinen Sprachgebrauch spricht man davon, herauszufinden, wann sich die Investition bezahlt gemacht hat.

Es gibt zwei unterschiedliche Ansätze für die Amortisationsrechnung:

- **Durchschnittsrechnung** Es wird für die gesamte Laufzeit ein gleich bleibender Rückfluss errechnet.

■ **Kumulationsrechnung**   Es wird für jedes Jahr ein einzelner Rückfluss errechnet und Jahr für Jahr kumuliert.

	A	B	C	D	E	F	G
1							
2		**Amortisationsrechnung**					
3							
4		Objekt:	Ölfilter				
5							
6			Hersteller A	Hersteller B			
7		Anschaffungskosten (€):	18.000,00 €	16.500,00 €			
8		Nutzungsdauer (Jahre):	3	3			
9		Abschreibungen (Durchschnitt)	6.000,00 €	5.500,00 €	←	=D7/D8	
10		Gewinn					
11		1. Jahr:	7.500,00 €	6.000,00 €			
12		2. Jahr:	5.000,00 €	5.500,00 €			
13		3. Jahr:	4.000,00 €	4.600,00 €			
14		**Gewinn Durchschnitt (€/Jahr):**	**5.500,00 €**	**5.366,67 €**	←	=SUMME(D11:D13)/3	
15		**Rückfluss Durchschnitt (€/Jahr):**	**11.500,00 €**	**10.866,67 €**	←	=D9+D14	
16		**Amortisationszeit (Jahre):**	**1,57**	**1,52**			
17				↑			
18							
19				=D7/D15			
20							

Abbildung 7.25   Eine Amortisationsrechnung versucht zu ermitteln, wann das ausgegebene Kapital wieder zurückgekommen ist

Die Amortisationsrechnung ist bekannt und beliebt, bringt aber trotzdem eine ganze Reihe von Problemen mit:

■ Den Investitionsobjekten den Gewinn zuzurechnen, ist nicht leicht.

■ Rückflüsse nach der Amortisationsdauer bleiben unberücksichtigt.

■ Die Rentabilität der einzelnen Investitionen bleibt völlig unberücksichtigt.

■ Die Forderung nach schnellem Rückfluss des Investitionskapitals steht langfristigen Zielsetzungen entgegen.

Dynamische Investitionsrechenverfahren

Im Gegensatz zu den statischen Verfahren berücksichtigen die dynamischen Verfahren den zeitlichen Verlauf der Auszahlungs- und Einzahlungsströme einer Investition. So werden z.B. die anfallenden Zahlungsströme durch Aufzinsung oder Abzinsung nach den Gesetzen der Zinseszinsrechnung vergleichbar gemacht, wenn sie verschiedenen Zeitpunkten zugeordnet sind.

Die Kapitalwertmethode

Diese Methode zinst sämtliche durch eine Investition bedingten Einzahlungs- und Auszahlungsströme auf den Beginn der Nutzungsdauer bei vorgegebenem Zinsfuß (Kalkulationszinsfuß) ab.

Die Differenz zwischen Ein- und Auszahlungen ergibt den Kapitalwert (Barwert) der Investition.

ACHTUNG   Excel liefert eine Funktion *KAPZ*, mit der die Kapitalrückzahlung einer Investition für eine angegeben Periode zurückgegeben wird. Vorausgesetzt werden konstante periodische Zahlungen und ein konstanter Zinssatz. Diese Funktion ist nicht mit der Kapitalwertmethode identisch.

Methode des internen Zinsfußes

Mit dem internen Zinsfuß wird die interne Rendite einer Investition ermittelt. Die tatsächliche Verzinsung des investierten Kapitals wird damit errechnet. Im Unterschied zur Kapitalwertmethode wird der Abzinsungssatz für den Kapitalwert gleich Null ermittelt. Ermittelt wird somit der Zinssatz, bei dem der auf einen Zeitpunkt bezogene Gegenwartswert sämtlicher Einzahlungen gleich Null ist.

Excel liefert mit der Funktion *IKV* eine Methode, um den internen Zinsfuß einer Investition ohne Finanzierungskosten oder Reinvestitionsgewinne zurückzugeben.

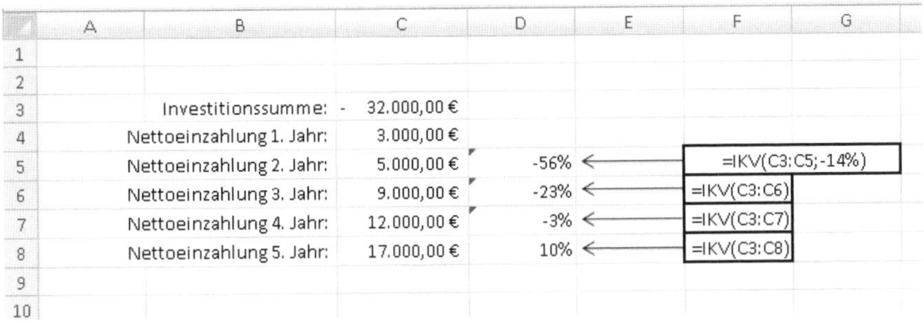

Abbildung 7.26 Die Funktion *IKV* ermittelt den internen Zinsfuß einer Investition

Damit die Funktion bereits ein Ergebnis für das zweite Jahr ermittelt und nicht die Fehlermeldung #ZAHL! anzeigt, muss ein Schätzwert eingegeben werden, der meist nur über Probieren ermittelt werden kann. Diese Methode ist eine Näherungsrechnung, die bei bestimmten Voraussetzungen ohne weitere Hilfe nicht mehr klarkommt. Die Hilfe in diesem Fall ist der Schätzwert.

Die Annuitätenmethode

Die Annuitätenmethode ist eine mathematische Umformung der Kapitalwertmethode. Anders als dort wird nicht der Erfolg der ganzen Investition aufgezeigt, sondern nur ein Periodenerfolg. Excel liefert für diese Art der Investitionsrechnung keine Funktion mit.

Kapitel 8

Betriebsstatistik

In diesem Kapitel:

Für fast jeden möglichen Zweck gibt es ein Computerprogramm. Für statistische Auswertungen gibt es sogar eine ganze Reihe Anwendungen, von preiswert bis viel zu teuer für Privatanwender. Vor Einsatz einer solchen hochspezialisierten Anwendung sollte geprüft werden, ob nicht Excel die statistischen Aufgaben lösen kann, denn es enthält eine ganze Reihe von Funktionen, mit denen statistische Auswertungen vorgenommen werden können.

Dieses Kapitel ist keine vollständige Einführung in das Themengebiet der Statistik. Es soll lediglich gezeigt werden, wie man mit Excel statistische Aufgaben lösen kann. Einige Grundlagen werden erläutert, damit es keine Verständnisschwierigkeiten gibt. Wie Statistik bei betrieblichen Auswertungen – insbesondere beim Controlling – helfen kann, wird in einem eigenen Abschnitt gezeigt.

Wer stärker in diese Thematik einsteigen möchte, findet ein breites Angebot an Fachliteratur aller Schwierigkeitsstufen im Buchhandel. Ein empfehlenswerter Titel für den Einstieg ist A. Lindenberg; I. Wagner: Statistik macchiato. Cartoon-Stochastikkurs für Schüler und Studenten. München 2007, ISBN-13: 978-3-8273-7241-3.

Vorbereitungen

Um die folgenden Übungen und Beispiele nachvollziehen zu können, müssen die Analyse-Funktionen (ein Add-In) installiert sein. Sie können schnell prüfen, ob dies schon der Fall ist. Bei Excel 2003 muss im Menü *Extras* der letzte Menüpunkt *Analyse-Funktion* heißen. Bei Excel 2007 muss auf der Registerkarte *Daten* in der Gruppe *Analyse* der Befehl *Datenanalyse* angezeigt werden. Ist das bei Ihnen nicht der Fall, installieren Sie die Analyse-Funktionen nachträglich.

Analyse-Funktionen für Excel 2003 (und früher) installieren

Das Installieren und Einrichten der Analyse-Funktionen ist keine große Sache.

1. Wählen Sie *Extras/Add-Ins*.
2. Aktivieren Sie durch Anklicken des Kontrollkästchens die *Analyse-Funktionen*.
3. Schließen Sie mit einem Klick auf die *OK*-Schaltfläche ab.

Nun stehen Ihnen diese Funktionen zur Verfügung.

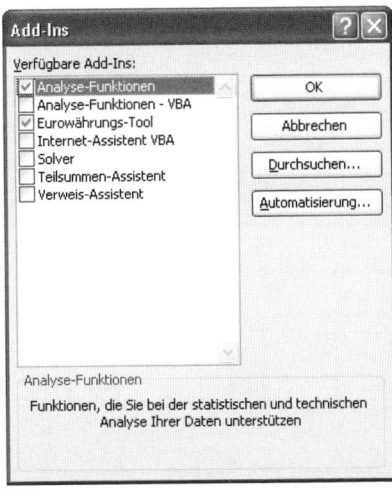

Abbildung 8.1 Die Analyse-Funktionen werden als Add-In installiert

Analyse-Funktionen für Excel 2007 installieren

Eigentlich sind in Excel 2007 die Analyse-Funktionen schon vorhanden. Sie müssen Sie nur aktivieren.

1. Öffnen Sie die *Excel-Optionen* im Microsoft Office-Menü.

2. Klicken Sie links auf *Add-Ins*. Sie sehen rechts in der Liste unter *Inaktive Anwendungs-Add-Ins*, dass die Analyse-Funktionen nicht aktiv sind.

3. Klicken Sie unten bei *Verwalten (Excel-Add-Ins* sollte eingestellt sein) auf *Gehe zu*.

4. Aktivieren Sie durch Anklicken des Kontrollkästchens die *Analyse-Funktionen*.

5. Bestätigen Sie mit *OK*.

Es dauert einige Zeit, bis die Funktionen nachgerüstet sind. Haben Sie etwas Geduld.

TIPP   Sollte die Meldung erscheinen, dass die Analyse-Funktionen derzeit nicht auf dem Computer installiert sind, klicken Sie auf *Ja* und das Add-In wird trotzdem installiert.

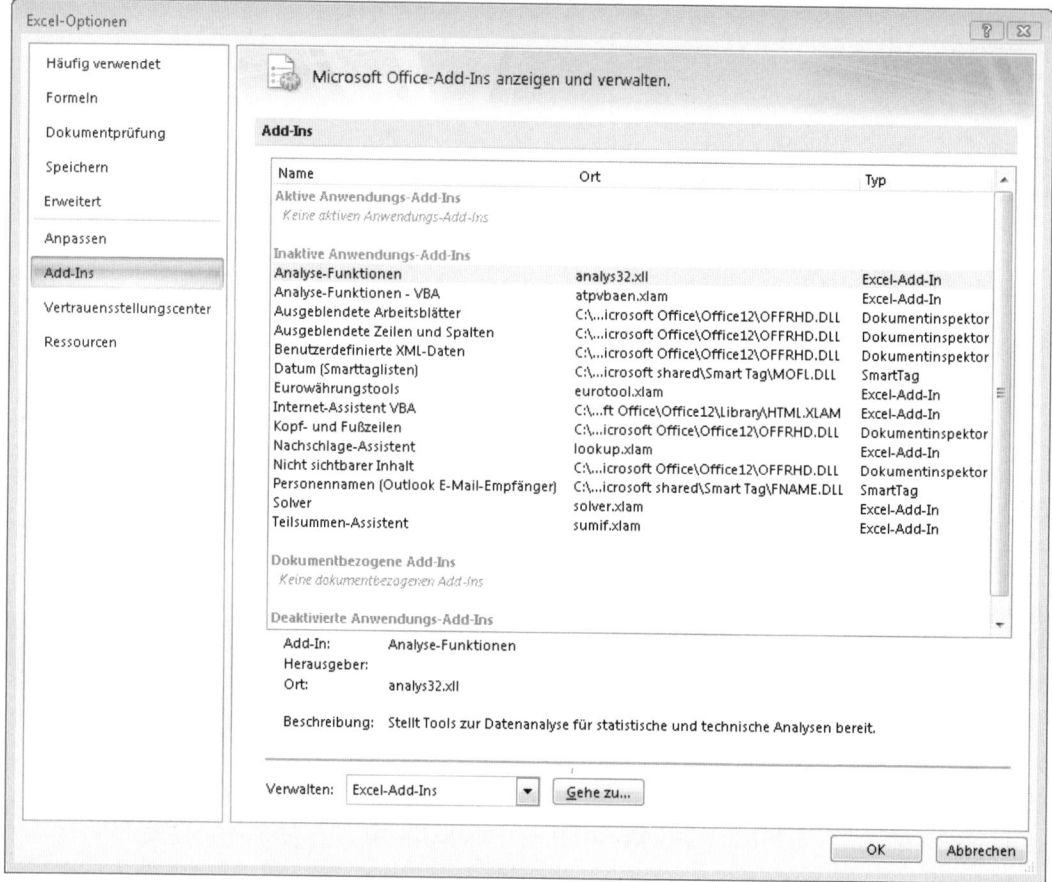

Abbildung 8.2 Die Analyse-Funktionen sind noch inaktiv

Bedeutung der Analyse-Funktionen

Mit diesen Funktionen werden Excel nicht nur neue Funktionen hinzugefügt, sondern auch Tools zur Datenanalyse für statistische und technische Analysen installiert.

HINWEIS   Verwechseln Sie die Analyse-Funktionen nicht mit den Analyse-Funktionen – VBA. Damit wird der Programmierumgebung VBA (Visual Basic für Applikationen) ein ähnlicher Funktionsumfang von Analysewerkzeugen zur Verfügung gestellt. Wenn Sie diese bei der Programmierung mit VBA nutzen möchten, setzen Sie zusätzlich ein Häkchen in dieses Kontrollkästchen.

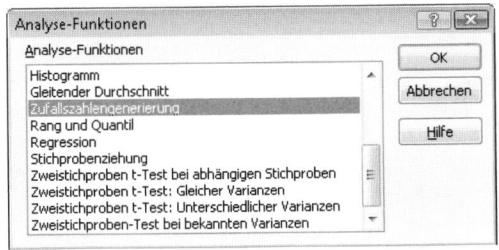

Abbildung 8.3 Die Analyse-Funktionen können über ein eigenes Dialogfeld aufgerufen werden

Statistische Grundlagen

Statistik ist zweckbestimmt. Sie soll helfen, Informationen so aufzubereiten, dass Aussagen über diese Informationen oder damit verbundene Sachverhalte getroffen werden können. Statistik stellt Methoden bereit, mit deren Hilfe Informationen erfasst und verarbeitet soweit in komprimierter Form dargestellt werden können. Die Statistik selbst gibt keine Aussage über die jeweiligen Informationen wieder. Obwohl die entsprechenden Programme die statistischen Auswertungen erheblich erleichtern, übernehmen sie doch nicht die eigentliche statistische Arbeit. Der Mensch, der mit diesen Werkzeugen umgeht, muss für die jeweils richtige Anwendung sorgen.

Statistische Methoden lassen sich also überall dort einsetzen, wo Informationen (meist in größeren Mengen) zu verarbeiten sind. Das trifft nicht nur für die Wissenschaft, sondern auch für Wirtschaft, Bildung, Politik, Gesundheitswesen etc. zu. Problematisch ist jedoch oft bereits die Datenerhebung.

In den seltensten Fällen kann in der Statistik mit einer Grundgesamtheit (man spricht in diesem Fall von einer Population) gearbeitet werden. So etwas hat z.B. vor rund 2000 Jahren der römische Kaiser Augustus einmal versucht und auch die Volkszählung in unserem Land ist sicher noch einigen in Erinnerung (1987 – die nächste ist für 2011 EU-weit geplant). Der Statistiker spricht in solchen Fällen von der deskriptiven oder der beschreibenden Statistik. Damit befassen sich die nächsten Abschnitte dieses Kapitels. Meist steht nur ein Teilbestand der Grundgesamtheit zur Verfügung, die so genannte Stichprobe. Diese ist zu untersuchen und aufgrund der Ergebnisse auf die Gesamtheit zu schließen. Man spricht von der Inferenzstatistik oder der schließenden Statistik. Auch dazu wird es einige Erklärungen und Abschnitte geben.

HINWEIS   Vielleicht ist manchen der Begriff Stochastik noch aus der Schule bekannt. Dabei handelt es sich nicht um einen alternativen Begriff zur Statistik. Unter Stochastik werden die Gebiete Statistik und Wahrscheinlichkeitsrechnung zusammengefasst.

Beschreibende Statistik

In der beschreibenden (oder deskriptiven) Statistik wird versucht, die beobachteten Daten summarisch darzustellen.

Datenerfassung und erste Auswertung

Um statistische Untersuchungen vorzunehmen, müssen Daten vorhanden sein. Da für diese Übungen eine eigene Erhebung etwas aufwändig wäre, gebe ich hier einige Daten vor.

Datentabelle anlegen

Für die weitere Auswertung der Daten werden diese zunächst in einer Tabelle erfasst. Übernehmen Sie Daten und Aufbau aus der folgenden Abbildung.

	A	B	C	D	E	F	G	H
1	Nr.	Geschlecht	Alter	Schulab-schluss	Familien-stand	Entfernung Wohnung Arbeitsplatz	Kranken-tage	**Geschlecht**: m=männlich, w= weiblich **Alter:** in Jahren **Schulabschluss**: 0 = ohne, 1 = Hauptschule, 2 = mittl. Schulabschl., 3 = Abitur, 4 = Studium **Familienstand**. 1 = verheiratet, 2 = ledig **Entfernung**: in km **Krankentage**: in Tage bezogen auf das aktuelle Jahr
2	1	m	33	3	2	4	0	
3	2	w	21	2	1	10	1	
4	3	m	45	2	2	9	1	
5	4	m	19	1	1	23	0	
6	5	w	51	0	2	17	5	
7	6	w	27	4	1	5	0	
8	7	w	28	3	2	1	1	
9	8	m	21	2	1	20	2	
10	9	w	36	2	1	17	0	
11	10	m	48	1	2	8	7	
12	11	m	32	3	2	7	3	
13	12	m	20	1	1	12	0	
14	13	w	54	2	2	35	12	
15	14	m	41	4	2	3	3	
16	15	w	35	3	2	4	23	
17	16	w	26	2	2	9	0	
18	17	m	19	2	1	11	1	
19	18	m	53	0	2	7	0	
20	19	m	31	3	1	1	1	

Abbildung 8.4 Das Ausgangsmaterial für statistische Analysen

Erfasst werden neben Alter und Geschlecht auch Angaben zum Familienstand und Schulabschluss sowie zur Entfernung zwischen Wohnung und Betrieb und die Krankentage des letzten Jahres.

Obwohl relativ wenige Informationen in dieser Matrix mit 21 Datensätzen stehen, lässt sie sich schwer überblicken und relevante Schlüsse können nicht daraus gezogen werden. Die erste Auswertung kann in der Darstellung einzelner Werte (univariat) erfolgen. Solch eine grafische Darstellung kann schon einen interessanten Überblick geben, lässt aber in der Regel keine weiteren Schlüsse zu.

Auswertung als Diagramm

Um die Altersverteilung grafisch darzustellen, gehen Sie in Excel 2007 folgendermaßen vor:

1. Markieren Sie die Reihe C2 bis C22.

2. Klicken Sie auf der Registerkarte *Einfügen* auf *Balken* (Excel 2007) bzw. klicken Sie in der Symbolleiste *Standard* auf den *Diagramm-Assistent* (Excel 2003).

3. Wählen Sie als Diagrammtyp *Gruppierte Balken* aus.

4. Entfernen Sie die Legende, da diese bei einer Datenreihe kaum nötig ist (anklicken und ⌐Entf⌐-Taste drücken).

5. Schieben Sie das Diagramm an eine passende Position.

Die Altersverteilung ist etwas anschaulicher geworden, tatsächlich aussagekräftig ist das Diagramm aber nicht.

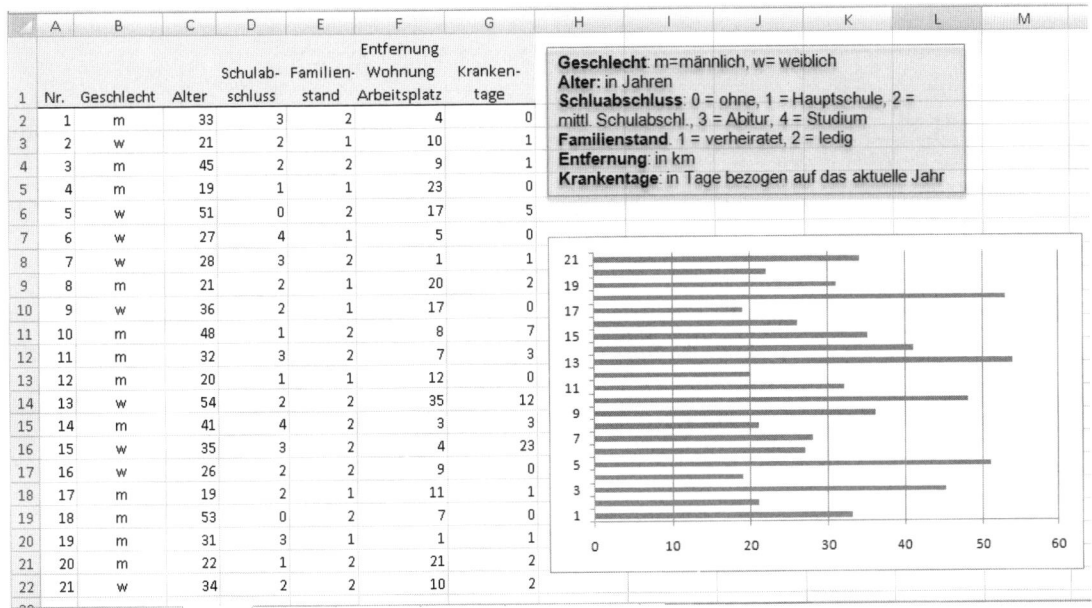

Abbildung 8.5 Balkendiagramm der Altersverteilung (univariat)

Histogramm

Interessanter werden die Informationen, wenn man die Häufigkeiten zusammenfasst und in einem Koordinatensystem darstellt. Man spricht dann von einem Histogramm. Dazu werden sinnvollerweise zunächst Klassen gebildet, also in diesem Beispiel die Klasse für das Alter von 10 bis 19 Jahren, die Klasse für das Alter von 20 bis 29 Jahren usw. Dann zählt man die einzelnen Datensätze aus und ermittelt, wie viele jeweils zu den einzelnen Klassen gehören. Diese Werte können dann in das Koordinatensystem eingezeichnet werden. Die Klassen werden auf der x-Achse, die Häufigkeiten auf der y-Achse eingetragen.

Mit Excel ist das schneller und einfacher zu realisieren. Die Klassenbildung muss selbstverständlich noch vorgenommen werden, alles andere macht dann das Programm fast automatisch.

Gehen Sie folgendermaßen vor:

1. Schreiben Sie in die Zelle O1 *Klassen*.

2. Setzen Sie darunter die Werte von 10 bis 60 ein.

O	P
Klassen	
10	
20	
30	
40	
50	
60	

Abbildung 8.6 Die Klassenbildung ist schnell gemacht

3. Wählen Sie aus dem Registerkarte *Daten* die Schaltfläche *Datenanalyse* (Excel 2007) bzw. aus dem Menü *Extras* die *Analyse-Funktionen* (Excel 2003).

4. Suchen Sie im Dialogfeld *Analyse-Funktionen* den Eintrag *Histogramm*, markieren Sie diesen und klicken Sie auf *OK*.

5. Setzen Sie die Einfügemarke in das Eingabefeld bei *Eingabebereich* und markieren Sie die Zellen von C2 bis C22.

6. Setzen Sie die Einfügemarke in das Eingabefeld bei *Klassenbereich* und markieren Sie die Zellen O2 bis O7.

7. Bei *Ausgabe* aktivieren Sie die Option *Neues Tabellenblatt*.

8. Setzen Sie das Häkchen bei *Diagrammdarstellung* in das Kontrollkästchen.

9. Klicken Sie auf *OK*.

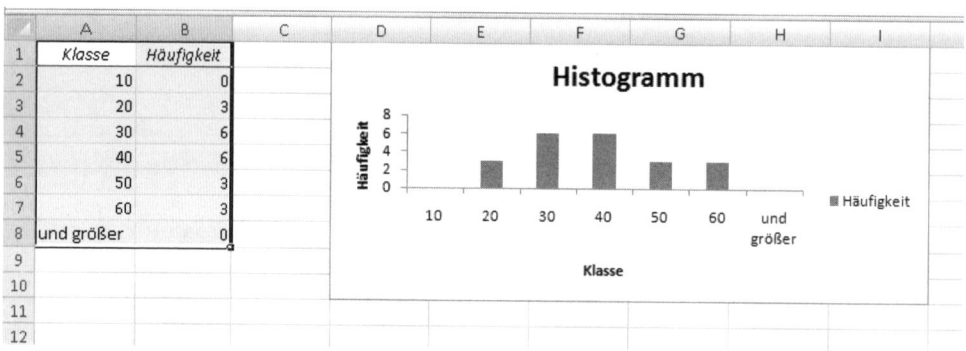

Abbildung 8.7 Häufigkeitsverteilung und Diagramm

Jetzt ist schnell zu erkennen, dass in diesem Betrieb die Gruppe der 30 bis 49-jährigen am stärksten vertreten ist, die beiden folgenden Gruppen der 20- bis 29-jährigen, der 50- bis 59-jährigen sowie der 60- bis 69-jährigen sind etwas geringer vorhanden. Schlüsse daraus zu ziehen, ist nun nicht mehr Aufgabe der Statistik. Diese stellt nur die Informationen bereit. Wer diese allerdings für eine Entscheidung nutzen möchte, sollte über das Zustandekommen auch Bescheid wissen.

Bivariate Datendarstellung

Daten lassen sich auch kombiniert darstellen. Werden zwei Merkmale benutzt, spricht man von einer bivariaten Darstellung der Daten. Dies geschieht meist in einer so genannten Kreuztabelle. Werden Schulabschluss und Geschlecht gemeinsam dargestellt, ergibt sich eine Kreuztabelle wie folgt:

	Q	R ohne Schulab-schluss	S Hauptschule	T mittlerer Schulab-schluss	U Abitur	V Studium	W Summe
2	weiblich:	1	0	5	2	1	9
3	männlich:	1	4	3	3	1	12
4	Summe:	2	4	8	5	2	21

Abbildung 8.8 Kreuztabelle (bivariate Datendarstellung).

Das Zusammenstellen dieser Daten ist nicht so ohne weiteres über eine Funktion zu bewerkstelligen. Auch eine Pivot-Tabelle hilft hier nicht sinnvoll weiter. Wirklich in dieser Form durchführbar ist diese Tabelle auch erst mit Excel 2007, denn die *ZÄHLENWENNS*-Funktion, mit der mehrere Kriterien abgefragt werden können, gibt es erst ab dieser Version. Wer eine ältere Excel-Version einsetzt, muss solche Informationen noch »mit der Hand« auslesen.

Die Funktion

```
=ZÄHLENWENN($D$2:$D$22;R5)
```

durchsucht die Spalte mit den Schulabschlüssen und addiert alle mit einer Null (0) zusammen. Damit kann die Summenzeile gefüllt werden.

Die Funktion

```
=ZÄHLENWENNS($B$2:$B$22;$P$2;$D$2:$D$22;R5)
```

zählt alle weiblichen Arbeitnehmerinnen ohne Schulabschluss. Die Funktion arbeitet folgendermaßen:

```
=ZÄHLENWENNS(Kriterienbereich1;Kriterium1;Kriterienbereich2;Kriterium2;…)
```

HINWEIS   Es sind bis zu 127 Kriterien in einer *ZÄHLENWENNS*-Funktion auswertbar. Wichtig ist, dass immer ein Paar (Bereich/Kriterium) angegeben ist.

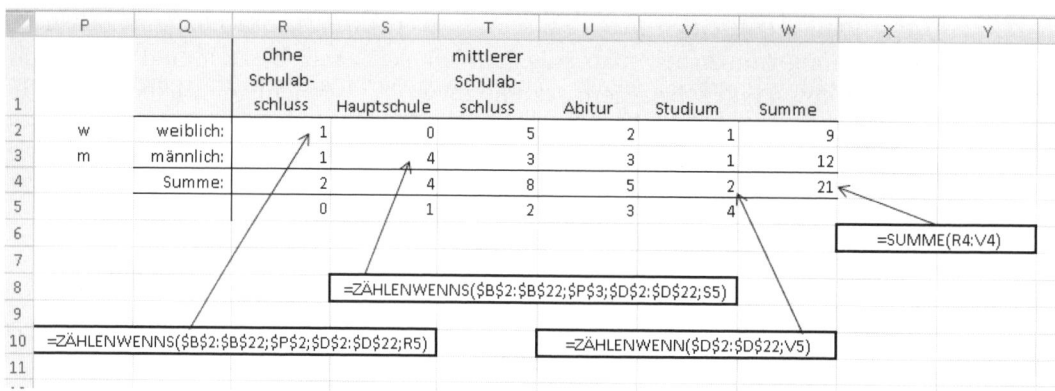

	P	Q	R ohne Schulabschluss	S Hauptschule	T mittlerer Schulabschluss	U Abitur	V Studium	W Summe	X	Y
1										
2	w	weiblich:	1	0	5	2	1	9		
3	m	männlich:	1	4	3	3	1	12		
4		Summe:	2	4	8	5	2	21		
5			0	1	2	3	4			
6								=SUMME(R4:V4)		
7										
8				=ZÄHLENWENNS($B$2:$B$22;$P$3;$D$2:$D$22;S5)						
9										
10	=ZÄHLENWENNS($B$2:$B$22;$P$2;$D$2:$D$22;R5)					=ZÄHLENWENN($D$2:$D$22;V5)				
11										

Abbildung 8.9 Diese Tabelle sucht sich alle Informationen über Funktionen zusammen

Die Kriterien wurden links neben die Zeilen (Geschlecht) und unter die Spalten (Schulabschluss) geschrieben. Die Summenspalte (W) zählt die Einträge der jeweiligen Spalte mit der Funktion *SUMME* zusammen.

Kreuztabellen dieser Art eignen sich nicht für eine grafische Darstellung. Aber eine Kreuztabelle mit den Daten »Entfernung vom Arbeitsort« sowie »Krankentage« könnte in einem Punktdiagramm gut dargestellt werden. Das Punktdiagramm wird erstellt, indem der Bereich F2 bis G22 markiert und anschließend der Diagramm-Assistent (Excel 2003) aufgerufen oder auf der Registerkarte *Einfügen* die Schaltfläche *Punkt* (Excel 2007) angeklickt wird.

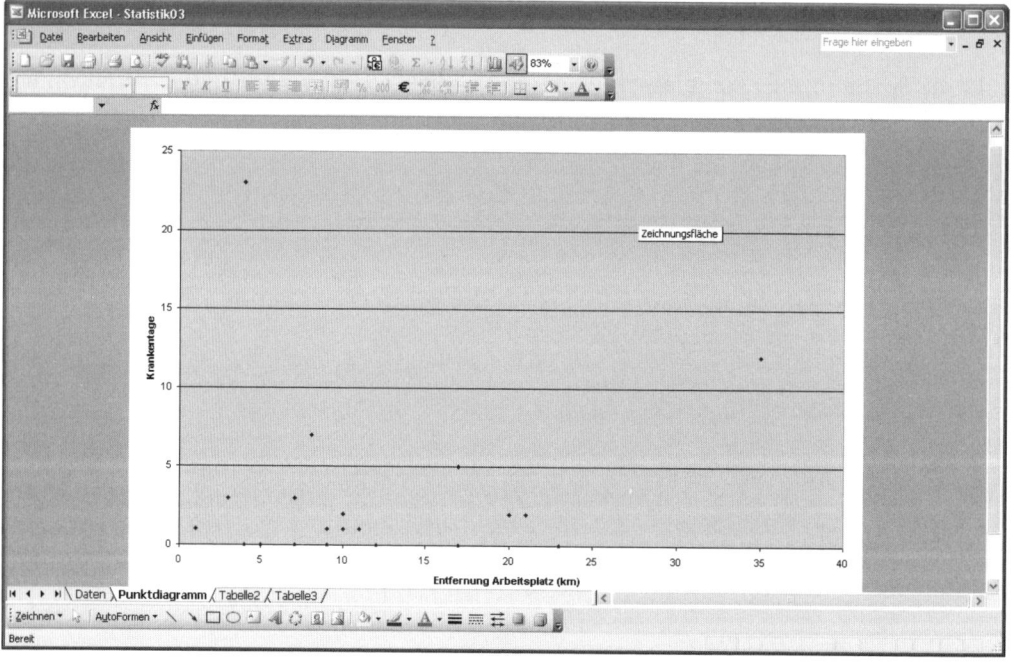

Abbildung 8.10 Punktdiagramm zur Untersuchung von Krankentagen und der Entfernung vom Arbeitsplatz

Hier gibt das Diagramm bereits einen ersten Aufschluss über den Zusammenhang zwischen der Entfernung der Wohnung zum Arbeitsplatz mit dem Krankenstand. Da sich die Punkte nicht entlang einer Regressionsgeraden bewegen, scheint dieser Zusammenhang nicht sehr wahrscheinlich. Die Vermutung, je weiter ein Mitarbeiter oder eine Mitarbeiterin vom Betrieb entfernt wohnt, desto häufiger ist der Ausfall durch Krankheit, wird durch diese Darstellung nicht bestätigt. Tatsächlich häufen sich aber die Krankentage bei einer relativ geringen Entfernung bis zu 10 km. Der höchste Ausfall (Anzahl Tage) findet sich im Bereich bis zu 5 km.

HINWEIS Bei der grafischen Darstellung statistischer Daten ist eher Zurückhaltung angesagt. Dreidimensionale Darstellungen täuschen oft eine Dimension vor, die überhaupt nicht vorhanden ist. Optisch aufbereitete Diagramme sind eher für Präsentationen, manchmal auch für die populäre Darstellung ausgewerteter Daten geeignet. Einfache Punkt-, Linien- oder Balkendiagramme sind sicherlich die beste Wahl für die Darstellung statistischer Daten.

Mittelwerte

Häufigkeitsverteilungen liefern bereits eine vollständige Beschreibung der untersuchten Merkmale, sind aber meist nicht aussagefähig bezogen auf verschiedene Fragestellungen. Deshalb benutzt man unterschiedliche Maßzahlen zur weiteren Charakterisierung der Häufigkeitsverteilungen: die so genannten Mittelwerte.

Der Modus

Ein sehr einfach zu bestimmender Mittelwert ist der »Häufigste Wert«, anders genannt: der »Modus«. Der häufigste Wert innerhalb einer Datenmenge verändert sich nicht, auch wenn die Reihenfolge der Daten verändert wird.

Excel hat eine Funktion, mit welcher der Modus berechnet werden kann. Diese Funktion heißt *MODALWERT*. Um zum Beispiel den Modus aus der Beispieldatenmatrix für das Alter zu berechnen, ist folgende Formel nötig:

```
=MODALWERT(C2:C22)
```

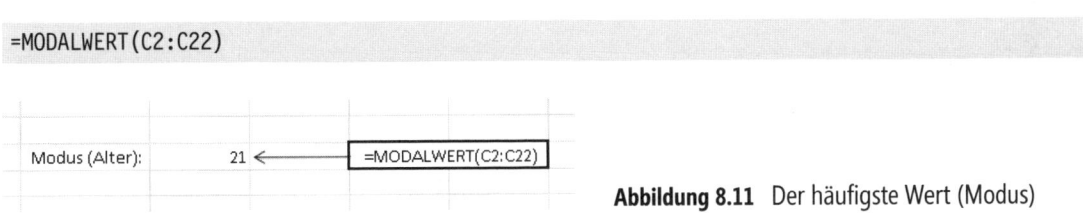

Modus (Alter):   21 ← =MODALWERT(C2:C22)

Abbildung 8.11 Der häufigste Wert (Modus)

Der Median

Ein weiterer merkmalspezifischer Mittelwert ist der Zentralwert oder »Median«. Dieser trennt eine Häufigkeitsverteilung in zwei gleich große Teile.

$$\tilde{x} = \left(\frac{n+1}{2} \right)$$

Man nennt den Median auch das 50. Quantil (Hundertstel) und meint damit, dass links vom Median 50% der Fälle aus der Häufigkeitsverteilung liegen.

Für den Median gibt es eine gleichnamige Excel-Funktion. Um diesen aus der Altersreihe zu ermitteln, setzen Sie die Funktion folgendermaßen ein:

```
=MEDIAN(C2:C22)
```

In diesem Fall gibt die Funktion den Wert 32 zurück. Um diesen Wert zu verstehen, müsste man die Reihe abzählen. Etwas besser helfen folgende Beispiele zum Verständnis dieses Wertes:

=MEDIAN(1;2;3;4;5)   gibt zurück:3

=MEDIAN(1;2;3;4;5;6)   gibt zurück:3,5

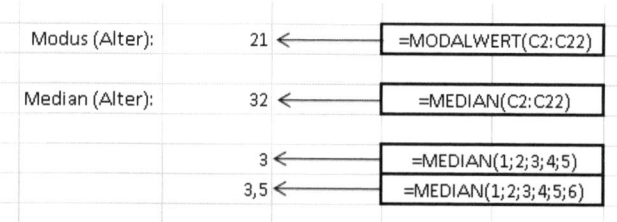

Abbildung 8.12 Der Median (Zentralwert)

Der Median legt die Mitte eigentlich an recht äußerlichen Merkmalen fest. Das ist in manchen Fällen durchaus sinnvoll, z.B. dann, wenn sich die Häufigkeiten nicht in der Mitte des Wertebereichs verteilen. Man hat es dann mit den so genannten Ausreißern zu tun.

Die Mittelwerte

Der Median geht aber nicht auf den Inhalt der Werte ein. Das arithmetische wie auch das geometrische Mittel sind hier geeigneter, denn sie beziehen die Werte selbst in die Berechnung ein.

Das arithmetische Mittel

Der Mittelwert, der umgangssprachlich mit diesem Namen bezeichnet wird, ist der arithmetische Mittelwert. Es wird ermittelt, indem man die Summe aller Werte durch die Anzahl dieser Werte dividiert.

$$\overline{X} = \frac{\sum x_i}{n}$$

Man muss also nur die Summe eines Wertebereichs durch die Anzahl der Werte in diesem Bereich dividieren. Im Beispiel sähe eine Berechnung des arithmetischen Mittels folgendermaßen aus:

```
=SUMME(C2:C22)/ANZAHL(C2:C22)
```

Es geht aber noch einfacher. Die Berechnung des arithmetischen Mittels übernimmt die Funktion *MITTELWERT*, der als Parameter nur den Bereich, der ausgewertet werden soll, benötigt:

```
=MITTELWERT(C2:C22)
```

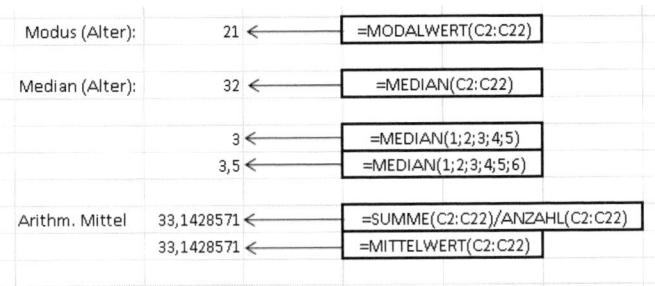

Abbildung 8.13 Das arithmetische Mittel

Das geometrische Mittel

Liegen Wachstumsraten vor, etwa die Steigerung der Lebenshaltungskosten oder die Kapitalverzinsung, führt das arithmetische Mittel zu falschen Ergebnissen. »Durchschnittliche« Renditesteigerungen in großer Höhe sind immer skeptisch zu betrachten. Das geometrische Mittel ist in solchen Fällen die bessere Wahl. Dabei werden die Werte nicht addiert, sondern multipliziert und aus dem Ergebnis die n-te Wurzel gezogen (n = Zahl der Werte):

$$\overline{X}_g = \sqrt[n]{X_q \ {}^* \ ... \ {}^* \ X_n}$$

HINWEIS Im Gegensatz zum arithmetischen Mittel ist das geometrische Mittel nur für nichtnegative Zahlen definiert.

Excel stellt die Funktion *GEOMITTEL* zur Verfügung, sodass die Berechnung des geometrischen Mittels die Sache eines Augenblicks ist:

```
=GEOMITTEL(C2:C22)
```

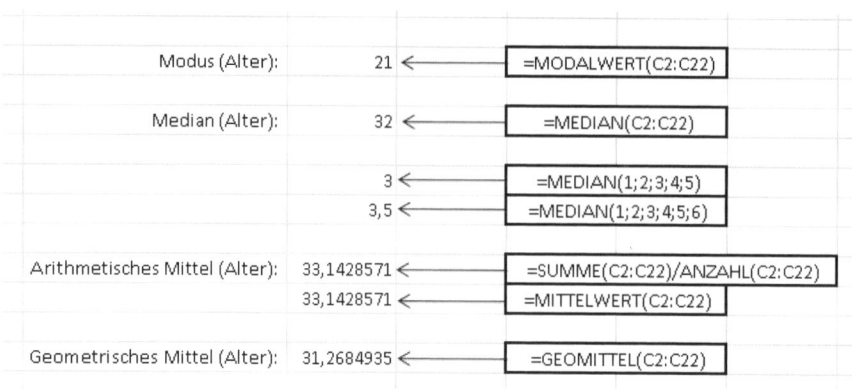

Abbildung 8.14 Das geometrische Mittel

Weitere Mittelwerte
Excel kennt noch weitere Funktionen für Mittelwerte:

- **GESTUTZTMITTEL**   Errechnet den gestutzten Mittelwert aus einer Zahlenreihe, die an den Endpunkten um Extremwerte bereinigt ist

- **HARMITTEL**   Liefert das harmonische Mittel. Dieses Lagemaß benutzt man bei Größen, die durch den Bezug auf eine Einheit definiert sind, also z.B. bei Geschwindigkeiten (Strecke pro Zeiteinheit) oder bei Größen, die sich auf Flächen beziehen (z.B. Volumen pro Flächeneinheiten bei Ernteerträgen).

- **MITTELWERTA**   Berechnet einen arithmetischen Mittelwert, kommt aber auch mit Feldern klar, die andere Inhalte als Zahlen haben. Das ist oft vorteilhaft, hat aber auch seine Tücken, so dass Sie vorsichtig mit dieser Funktion umgehen sollten.

Die Wahl des Mittelwerts
Mittelwerte sind relativ leicht zu ermitteln. Schwieriger ist es schon, den »richtigen« Mittelwert zu bestimmen. Die Betrachtung des vorliegenden Datenmaterials unter statistischen Gesichtspunkten, so, wie es in den vorangegangenen Abschnitten erläutert wurde, ist deshalb immer nötig.

Achten Sie immer auf die Basis des Datenmaterials. Wenn es z.B. viele niedrige Werte gibt und nur wenige, aber besonders hohe, die den Durchschnitt nach oben drücken, ist die Frage, ob das arithmetische Mittel das geeignete Maß ist, um einen »Durchschnitt« zu bestimmen.

Streuungsmaße

Ein Mittelwert sagt nichts darüber aus, wie weit die Merkmalswerte vom Mittelwert abweichen. Zur Beurteilung von Häufigkeitsverteilungen ist die Verteilung dieser Häufigkeiten, die Streuung, mit hinzuzuziehen. Sind die Merkmale stark um den Mittelwert konzentriert, liegt eine kleine Streuung vor und der Mittelwert kann als repräsentativ angesehen werden. Auch für den

Vergleich von Häufigkeitsverteilungen ist die Angabe der Streuung wichtig. Zwei gleiche Mittelwerte sagen noch nichts über die Verteilungsbreite der Merkmale aus.

Spannweite

Das einfachste Maß der Streuung ist die Spannweite. Sie entspricht der Differenz zwischen dem größten und dem kleinsten Merkmalswert. Eine direkte Excel-Funktion gibt es dafür nicht.

$$S_M = X_n - X_1$$

Allerdings läßt sich die Spannweite leicht mit der Funktion *MIN* und *MAX*, die den kleinsten und größten Wert aus der Merkmalsreihe ermitteln, wiedergeben:

```
=MAX(C2:C22)-MIN(C2:C22)
```

Der Altersunterschied vom jüngsten bis zum ältesten Mitarbeiter beträgt im Beispiel 35 Jahre.

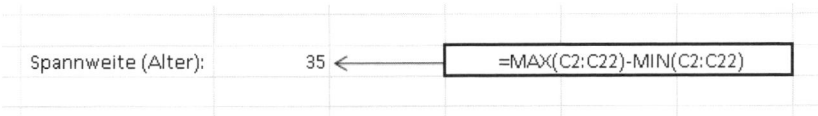

Abbildung 8.15 Spannweite im Alter der Mitarbeiter

Quartilsabstand

Ein weiteres Streuungsmaß ist der Quartilsabstand. Damit ist der Abstand zwischen dem 25. und dem 75. Quantil (Quartil = Viertel; Quantil = Hundertstel) gemeint. Excel kennt die Funktion *QUARTILE*, mit der nicht nur die beiden angegebenen Quantile ermittelt werden können. Quartile können z.B. bei Verkaufs- oder Umfragedaten verwendet werden, um die Grundgesamtheiten in Gruppen einzuteilen. Beispielsweise kann mit *QUARTILE* für eine Stichprobe erhobener Einkommen der Wert ermittelt werden, ab dessen Höhe ein Einkommen zu den oberen 25 Prozent der Einkommen gehört.

Die Funktion wird mit folgender Syntax verwendet:

```
QUARTILE(Matrix;Quartil)
```

- Matrix ist ein Zellbereich numerischer Werte, deren Quartile bestimmt werden sollen.
- Quartil gibt an, welcher Wert ausgegeben werden soll. Dabei bedeutet
  - 0 = kleinster Wert,
  - 1 = das untere Quartil (0,25-Quantil, 25tes Quantil),
  - 2 = der Median (0,5-Quantil, 50tes Quantil),
  - 3 = das obere Quartil (0,75-Quantil, 75tes Quantil) und
  - 4 = der größte Wert.

Die Formel für den Quartilsabstand lautet:

$$S_Q = X_{0,75} - X_{0,25}$$

Im Beispiel:

```
=QUARTILE(C2:C22;3)-QUARTILE(C2:C22;1)
```

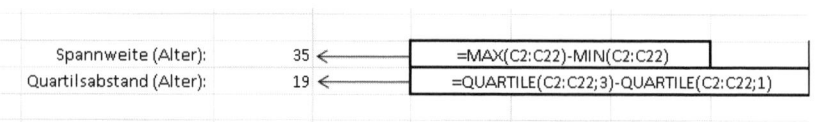

Abbildung 8.16 Quartilsabstand, ermittelt über die Funktion *QUARTILE*

Abweichung

Weitere Streuungsmaße sind die durchschnittliche Abweichung und Standardabweichung – und in diesem Zusammenhang auch die Varianz.

Durchschnittliche Abweichung

Die durchschnittliche Abweichung ist nichts anderes als der arithmetische Mittelwert aus den einzelnen unterschiedlichen Abweichungen. Die Formel lautet:

$$d = \frac{1}{n} \sum_{v=1}^{n} |x_v - x|$$

Die Excel-Funktion für die durchschnittliche Abweichung heißt *MITTELABW*.

Eingesetzt im Beispiel:

```
=MITTELABW(C2:C22)
```

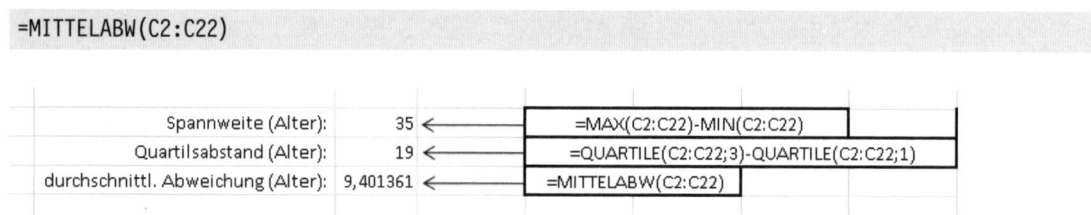

Abbildung 8.17 Die durchschnittliche Abweichung

Varianz

Die Summe der Abweichungsquadrate dividiert durch die Zahl der Messwerte ergibt die so genannte Varianz. Die Varianz als Streuungsmaßzahl ist in der Statistik nicht direkt brauchbar. Als Brücke zur Standardabweichung – oder auch mittlere quadratische Abweichung genannt – besitzt sie trotzdem keine geringe Bedeutung

$$s^2 = \frac{1}{n} \sum_{v=1}^{n} \left(x_v - \tilde{x} \right)^2$$

Excel kennt vier Funktionen zur Berechnung der Varianz:

- VAR und

- VARA werden benutzt, um die Varianz aus einer Stichprobe zu berechnen.

- VARIANZEN und

- VARIANZENA werden immer dann eingesetzt, wenn auf Texte und leere Zellen Rücksicht genommen werden muss.

Im Beispiel lautet die Formel:

```
=VARIANZEN(C2:C22)
```

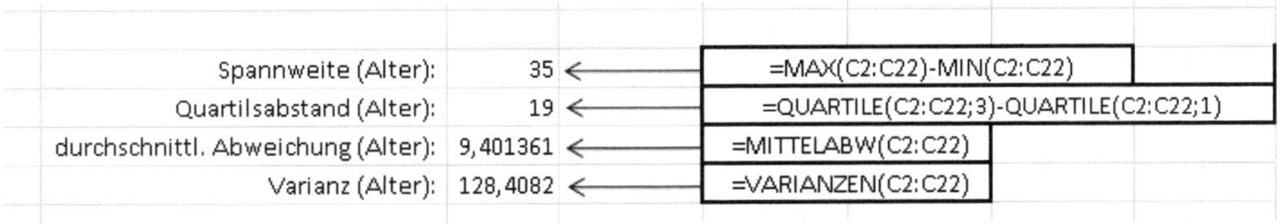

Spannweite (Alter):	35 ←	=MAX(C2:C22)-MIN(C2:C22)
Quartilsabstand (Alter):	19 ←	=QUARTILE(C2:C22;3)-QUARTILE(C2:C22;1)
durchschnittl. Abweichung (Alter):	9,401361 ←	=MITTELABW(C2:C22)
Varianz (Alter):	128,4082 ←	=VARIANZEN(C2:C22)

Abbildung 8.18 Varianz

Standardabweichung

Wie schon gesagt, bildet die Varianz die Ausgangssituation zur Berechnung der Standardabweichung. Sie lässt sich zwar auch ohne vorherige Berechnung der Varianz ermitteln, doch zeigt bereits die Formel, dass die Varianz eigentlich ein Zwischenschritt ist.

$$s = \sqrt{\frac{1}{n} \sum_{v=1}^{n} \left(x_v - \tilde{x} \right)^2}$$

In Excel muss allerdings kein Umweg gemacht werden. Für die Standardabweichung gibt es, ähnlich wie bei der Varianz, vier Funktionen:

- STABW und

- STABWA für die Standardabweichung aus einer Stichprobe und

- STABWN und

- STABWNA für die Standardabweichung aus einer Grundgesamtheit.

Für das Beispiel lautet die Formel:

```
=STABWN(C2:C22)
```

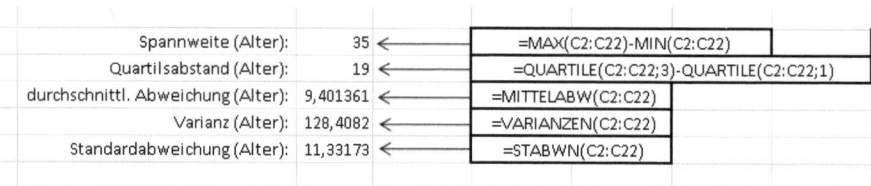

Abbildung 8.19 Standardabweichung

Kovarianz und Korrelation

Das Punktdiagramm wurde bereits im Zusammenhang mit der bivariaten Darstellung von Häufigkeitsverteilungen angesprochen. Es wurde auch ein noch nicht näher erklärter Versuch gemacht, einen Zusammenhang festzustellen bzw. auszuschließen. Die Darstellung von Daten in einem Koordinatensystem, wie z.B. in Form von Punkten, lässt bereits an der Form der Muster erkennen, ob es zwischen den betrachteten Daten Zusammenhänge gibt oder nicht.

- Streuen die Punkte ohne irgendeine Konzentration über das ganze Diagramm, kann man davon ausgehen, dass kein Zusammenhang besteht (r=0).

- Liegen die Punkte weitgehend in einem engen Bereich, der von links unten nach rechts oben geht, spricht man von einem positiven Zusammenhang (r=+1).

- Geht der Bereich, in dem sich die Punkte konzentrieren, von links oben nach rechts unten, spricht man von einem negativen Zusammenhang zwischen X und Y (r=−1).

Kovarianz

Mit der Kovarianz lässt sich dies auch mathematisch ermitteln.

$$S_{XY} = \frac{\sum \left(X_i - \overline{X}\right) \times \left(Y_i - \overline{Y}\right)}{n}$$

Natürlich kennt Excel auch eine Funktion für die Kovarianz: *KOVAR*. Mit dem Funktions-Assistenten sind schnell die Daten aus Matrix 1 (für X) und Matrix 2 (für Y) erfasst und ausgewertet. Soll im Beispiel untersucht werden, ob ein Zusammenhang zwischen Alter und Familienstand besteht, lautet die Formel:

```
=KOVAR(C2:C22;E2:E22)
```

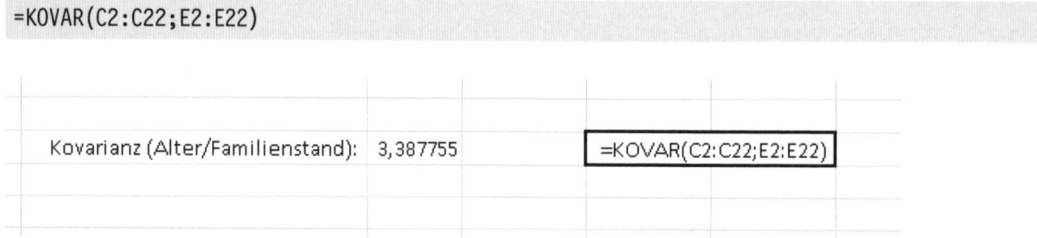

Abbildung 8.20 Kovarianz von Alter und Familienstand

> **TIPP**   Bei solchen statistischen Funktionen ist der Einsatz des Funktions-Assistenten anzuraten. Man kann nicht nur das Ergebnis schon beobachten, während noch die Daten zusammen getragen werden, man erreicht auch die Hilfe speziell für diese Funktion ohne langes Suchen über einen Mausklick.

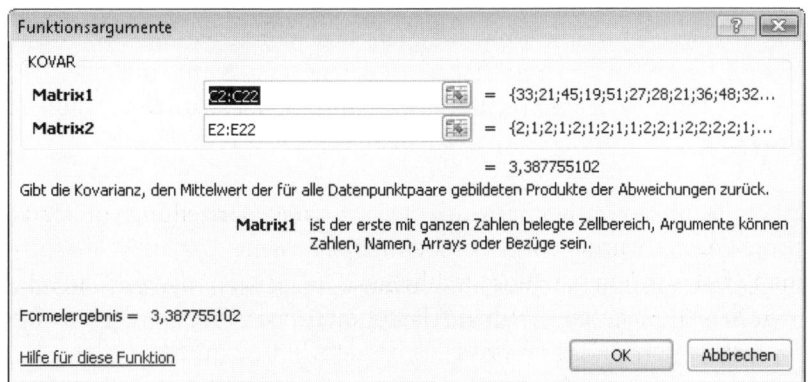

Abbildung 8.21   Die Funktion kann dialogorientiert zusammengestellt werden.

Als Ergebnis liefert diese Formel: 3,387755, es liegt also ein positiver Zusammenhang vor.

Korrelation

Der Nachteil der Kovarianz ist die Abhängigkeit von den Einheiten der Variablen. Durch Veränderung der Einheiten ändert sich auch das Ergebnis der Kovarianz. Eine Lösung bietet die Standardisierung der Kovarianz. Man spricht dann allerdings von einer Korrelation (= r):

$$r_{XY} = \frac{S_{XY}}{S_X Y_Y} = \frac{\frac{1}{n}\sum \left(X_V - \overline{X}\right)\left(Y_V - \overline{Y}\right)}{\sqrt{\frac{1}{n}\sum \left(X_V - \overline{X}\right)^2} \times \sqrt{\frac{1}{n}\sum \left(Y_V - \overline{Y}\right)^2}}$$

Mit Excel muss man sich nicht mit solch einer Formel herumplagen, da für die Berechnung des Korrelationskoeffizienten verschiedene Funktionen zur Verfügung stehen. Die o.a. Formel gilt für den empirischen Korrelationskoeffizienten nach Bravais-Pearson. Die Excel-Funktion lautet entsprechend *PEARSON*.

Im Beispiel eingesetzt ergibt dies.

```
=PEARSON(C2:C26;E2:E26)
```

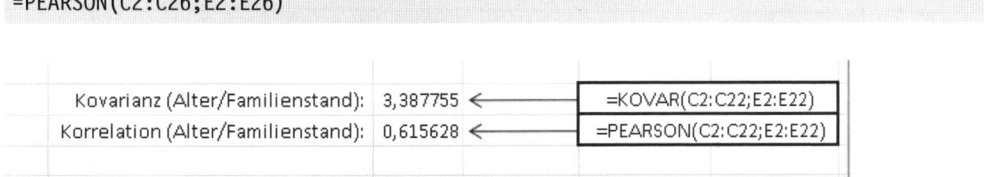

Abbildung 8.22   Korrelation nach Bravais-Pearson

Statistische Auswertungen mit Excel

Für eine statistische Auswertung steht nur in den seltensten Fällen eine komplette Grundgesamtheit – man spricht in diesem Fall von einer Population – zur Verfügung. In den meisten Fällen muss erst eine Auswahl aus einer Population beschafft werden. Das bezeichnet man dann als eine Stichprobe. Die folgenden Kapitelabschnitte beschäftigen sich damit, welche Bedeutung diese Stichproben für eine statistische Auswertung haben und wie man damit umgeht. Der Schwerpunkt liegt dabei in erster Linie in der Betrachtung, wie mit Excel statistische Probleme gelöst werden können und weniger in der umfassenden Darstellung statistischer Theorie.

Verteilung und Zufall

Wird eine komplette Grundgesamtheit untersucht, kann davon ausgegangen werden, dass die Aussagen der Statistik einen hohen Grad an Sicherheit aufweisen. Meist ist es aber zu aufwendig, zu teuer, zu umständlich und nicht selten sogar unmöglich, die Grundgesamtheit zu erfassen. Deshalb begnügen sich Statistiker auch mit Stichproben. Eine willkürliche Stichprobe bietet aber zu wenig Sicherheit, damit sie sinnvolle Aussagen liefert. Deshalb hat sich eine Stichprobentheorie und Stichprobentechnik entwickelt, die versucht, auch mit einer Stichprobe ein hohes Maß von Aussagensicherheit zu liefern.

Die zufällige Auswahl

Wurden Werte einer zufälligen Auswahl erfasst, kann daraus eine Funktion abgeleitet werden. Diese Funktion gibt dann an, wie die Werte wahrscheinlich verteilt auftreten. Dies wirft aber in der Praxis vielfältige Probleme auf. Es ist ja nicht so einfach zu sagen, wie sich in jedem Fall die Verteilungen tatsächlich realisieren. Deshalb gibt es unterschiedliche Arten von Verteilungen, z.B.

- Binomialverteilung,
- Normalverteilung (auch Gaußsche Normalverteilung),
- Multinominalverteilung,
- Hypergeometrische Verteilung,
- Poisson-Verteilung,
- t-Verteilung,
- F-Verteilung und
- Chi-Quadrat-Verteilung.

Ohne auf diese Verteilungen zu tief einzugehen, soll doch zumindest dargestellt werden, wie Excel mit den wichtigsten Verteilungen arbeitet.

Dies alles hört sich sehr theoretisch und praxisfremd an. Tatsächlich liegt aber doch ein sehr realer Nutzen in den Fragestellungen nach den Verteilungen. So ist es sicher für ein Produktionsunternehmen nicht uninteressant, in welcher Verteilung Ausschuss in den fertigen Produkten auftritt.

Hilfe finden

Seit der Version 7.0 gibt es zu Excel kein ausführliches Handbuch mehr, in dem nachgeschlagen werden kann. Dafür bietet aber die Excel-Hilfe ausführliche Informationen zu allen Bereichen, die oft (leider nicht in jedem Fall) über eine einfache Referenz deutlich hinausgehen, wie z.B. für die statistischen Funktionen.

Mit der Hilfe in Excel 2003 arbeiten

Um Informationen über die statistischen Funktionen in Excel 2003 (oder früheren Versionen) zu finden, gehen Sie folgendermaßen vor:

1. Rufen Sie die Excel-Hilfe über *?/Microsoft Excel-Hilfe* oder die Funktionstaste $\boxed{\text{F1}}$ auf.

2. Klicken Sie auf *Inhaltsverzeichnis*.

3. Öffnen Sie *Arbeiten mit Daten/Funktionsbezug/Statistische Funktionen*.

Sie haben nun Zugriff auf die Beschreibung aller statistischen Funktionen in Excel.

Abbildung 8.23 Die Excel-Hilfe enthält eine umfangreiche Funktionsreferenz

Mit der Hilfe in Excel 2007 arbeiten

Um Informationen über die statistischen Funktionen in Excel 2007 zu finden, gehen Sie folgendermaßen vor:

1. Klicken Sie auf das Fragezeichen rechts oben im Fenster.

2. Klicken Sie auf die Schaltfläche *Inhaltsverzeichnis anzeigen* (Buch-Symbol).

3. Klicken Sie auf *Funktionsreferenz/Statistik*, um die Referenz der statistischen Funktionen zu erhalten.

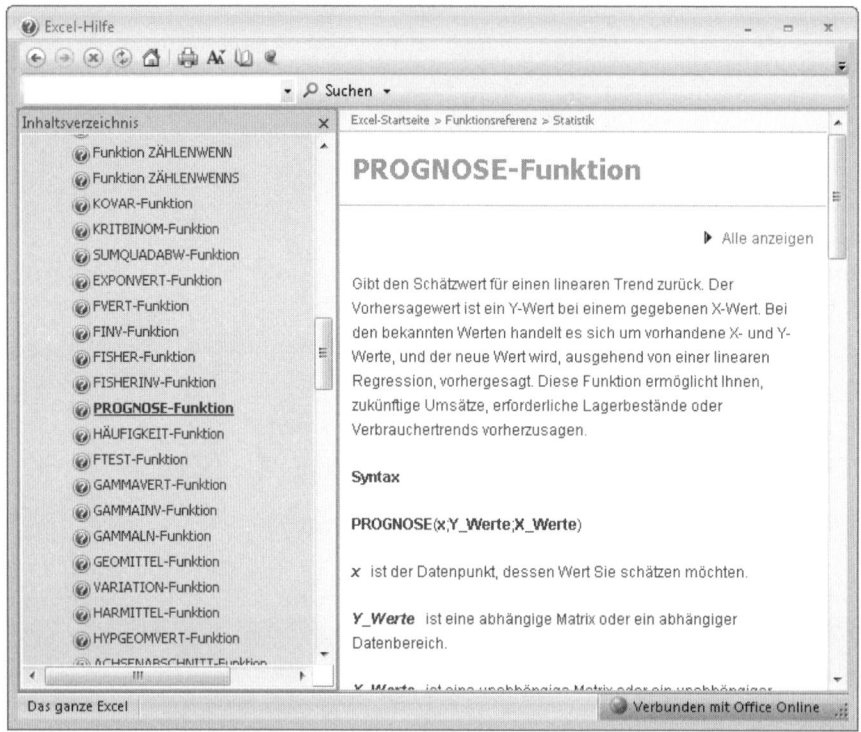

Abbildung 8.24   Die Funktionsreferenz in Excel 2007

Die Binomialverteilung

In einer Glühbirnenfabrik werden 25-Watt-Energiesparlampen gefertigt und in Packungen zu je 12 Stück für den Handel zusammengestellt. Sowohl bei der Produktion als auch bei der Verpackungsstelle kann es zu Fehlern bei den einzelnen Produkten kommen. Aus einer Produktionscharge werden 21 Stichproben gezogen und untersucht. Wie hoch ist die Wahrscheinlichkeit, dass eine fertige Packung 0,1,2,3 oder gar 4 fehlerhafte Produkte enthält? Die Binomialverteilung ist ein durchaus geeignetes Mittel, die Wahrscheinlichkeit zu ermitteln.

	A	B	C	D	E	F	G
1							
2		Fehler je Packung:	0	1	2	3	4
3		Anzahl Stichproben:	21	21	21	21	21
4		Erfolgswahrscheinlichkeit:	9,85%	9,85%	9,85%	9,85%	9,85%
5							

Abbildung 8.25   Stichprobenziehung einer Produktionscharge

1. Legen Sie eine Tabelle entsprechend der Abbildung 8.25 an. »Anzahl Stichproben« nimmt die Stichprobenmenge je Produktionscharge auf. Die Zeile »Erfolgswahrscheinlichkeit« enthält die (willkürlich) angenommene Wahrscheinlichkeit, mit der ein Treffer, also eine fehlerhafte Packung, vorausgesetzt wird.

2. Setzen Sie den Zellzeiger in die Zelle C6 und wählen Sie *Einfügen/Funktionen* (Excel 2003) bzw. öffnen Sie über das Menü neben dem Summesymbol in der Registerleiste *Start* das Dialogfeld *Weitere Funktionen* (Excel 2007).

3. Wählen Sie die Kategorie *Statistik* und dort die Funktion *BINOMVERT* aus.

4. Klicken Sie auf *OK*.

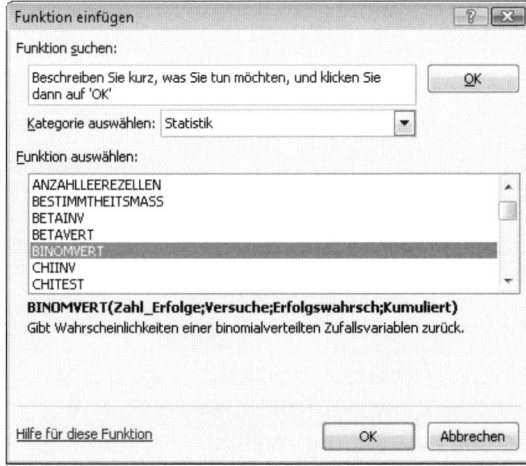

Abbildung 8.26 Die Funktion *BINOMVERT* im Funktions-Assistenten

5. Tragen Sie in das Eingabefeld *Zahl_Erfolge* die Zelle C2 ein. Es genügt, in die Tabelle zu klicken, damit dieser Bezug übernommen wird. Mit *Zahl_Erfolge* sind die »negativen Erfolge«, also das Auffinden von Fehlprodukten gemeint. In der Tabelle stehen diese unter *Fehler je Packung*.

6. Bei *Versuche* verweisen Sie auf die Zelle C3.

7. Für *Erfolgswahrsch* wird der Verweis auf die Zelle C4 eingesetzt.

8. Bei *Kumuliert* tragen Sie den Wert 0 ein.

9. Klicken Sie auf *OK*, um die Formelerstellung abzuschließen.

10. Kopieren Sie die Formel in Zelle C6 in die angrenzenden Zellen bis G6.

11. Wählen Sie *Einfügen/Diagramm* (Excel 2003) bzw. gehen Sie auf das Registerblatt *Einfügen* (Excel 2007).

12. Markieren Sie den Bereich C6 bis G6 (falls er nicht mehr markiert ist) und wählen Sie ein Säulendiagramm. Schalten Sie die Legende aus oder entfernen Sie diese, sie wird bei einer Datenreihe nicht benötigt.

13. Platzieren Sie das Diagramm so, dass die Säulen unter den zugehörigen Spalten liegen.

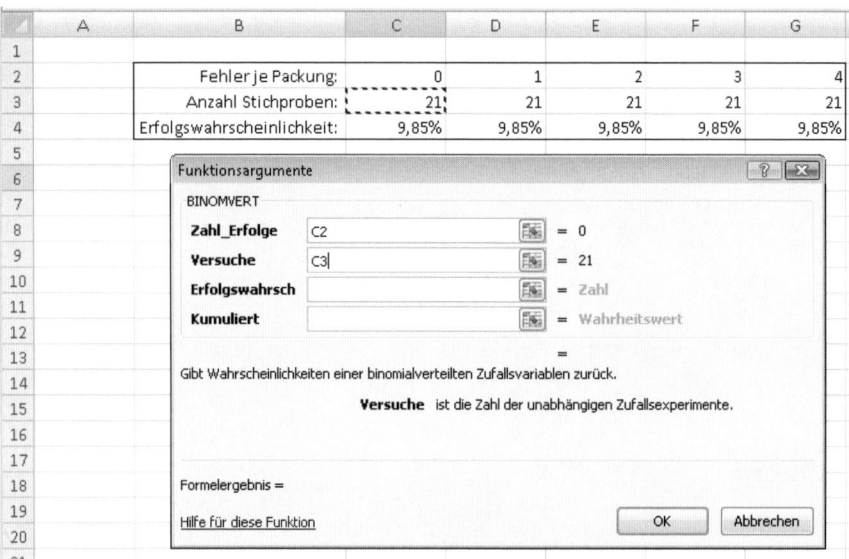

Abbildung 8.27   Die Formel wird im Dialogfeld *Funktionsargumente* zusammengesetzt

In diesem Beispiel wird deutlich, dass die Anzahl von zwei Fehlprodukten je Packung am größten ist.

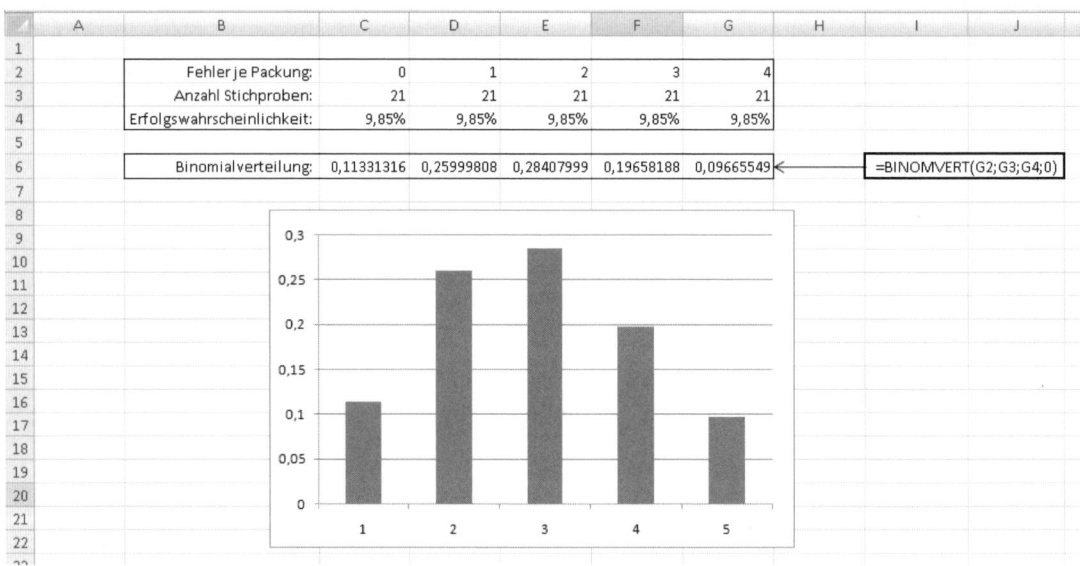

Abbildung 8.28   Die Grafik zeigt die wahrscheinliche (binomiale) Verteilung des Auftretens von Fehlprodukten in einer Verpackung für eine Produktionscharge

Die Normalverteilung

Die wichtigste Verteilung trug noch vor gut einem Jahrzehnt fast jeder mit sich herum. Auf dem 10-DM-Schein war die Normalverteilung (oder die Gaußsche Verteilung) abgebildet. Viele Variablen in der Stichprobenstatistik folgen dieser Verteilung näherungsweise. Die Form der Normalverteilung wird durch den Mittelwert und die mittlere quadratische Abweichung (Varianz) festgelegt. Die Normalverteilungskurve wird umso steiler, je kleiner die mittlere quadratische Abweichung ist. In der Statistik arbeitet man mit einer standardisierten Normalverteilung.

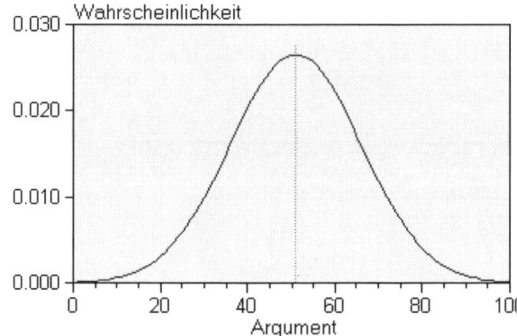

Abbildung 8.29 Die Gaußsche Normalverteilung, auch Glockenkurve genannt

Folgende Eigenschaften weist die Normalverteilung auf:

- Sie hat im Wert x = μ ihr einziges Maximum (Mittelwert).
- Sie ist symmetrisch zum Lot im Wert x = μ.
- Sie weist zwei Wendepunkte auf.
- Die beiden Kurven nähern sich der Abszisse (x-Achse), wenn x gegen minus unendlich und plus unendlich geht.

Dies kann optisch schon aus der Abbildung 8.29 ersehen werden, lässt sich aber auch durch die Mathematik beweisen. Das soll aber hier nicht Gegenstand der Betrachtung sein.

Grundlagen der Gaußschen Normalverteilung

Die Formel der Normalverteilung lautet:

$$f(x) = \frac{1}{\sigma\sqrt{2\pi}} e^{-\frac{1}{2}\left(\frac{x-\mu}{\sigma}\right)^2}$$

Bei der standardisierten Normalverteilung weist der Mittelwert den Wert »0« (Null) und die Standardabweichung den Wert »1« aus. Um eine Standardnormalverteilung zu erhalten, muss eine Normalverteilung in diese transformiert werden. Die Formel für die Standardnormalverteilung lautet:

$$f(k) = \frac{1}{\sqrt{2\pi}} e^{-\frac{1}{2}k^2}$$

Die Standardisierung ist deshalb wichtig, da sonst Werte aus unterschiedlichen Erhebungen nicht miteinander verglichen werden können. Excel liefert sowohl für die Normalverteilung als auch für die standardisierte Normalverteilung fertige Funktionen: *NORMVERT* für die Normalverteilung und *STANDARDNOMVERT* für die Standardnormalverteilung.

Normalverteilung mit Excel berechnen

Unter den statistischen Funktionen finden sich auch solche für die Normalverteilung: *NORM-VERT* für die Normalverteilung und *STANDNORMVERT* für die Standardnormalverteilung.

Als Parameter werden benötigt:

- Für *X* den Wert der Verteilung, dessen Wahrscheinlichkeit berechnet werden soll;
- Für *Mittelwert* das arithmetische Mittel der Verteilung;
- Für *Standabwn* die Standardabweichung der Verteilung;
- Für *Kumuliert* FALSCH oder WAHR. Dieser Parameter bestimmt den Wert der Funktion. Ist *Kumuliert* mit FALSCH belegt, gibt NORMVERT den Wert der Dichtefunktion zurück. Ist *Kumuliert* mit WAHR belegt, gibt NORMVERT den Wert der Verteilungsfunktion (die kumulierte Dichtefunktion) zurück.

TIPP   Wenn Ihnen der Parameter *Kumuliert* nicht verständlich ist, dann halten Sie sich daran, WAHR einzugeben. Bei WAHR ermittelt Excel mit dieser Funktion die kumulierte Verteilungsfunktion für die angegebenen Bedingungen.

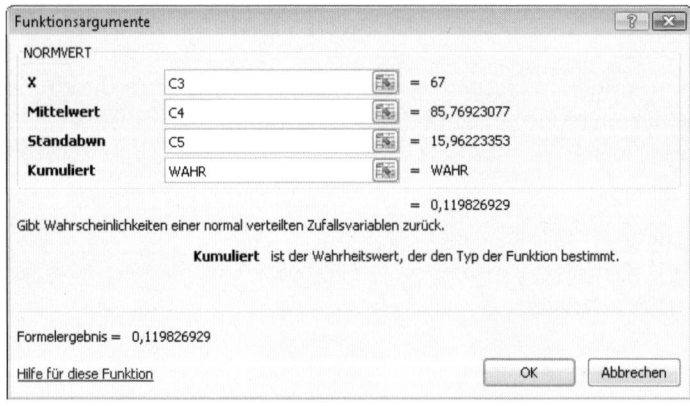

Abbildung 8.30 *NORMVERT* errechnet die Gaußsche Normalverteilung

Sie werden schnell erkennen, dass Sie für den Einsatz der Funktion *NORMVERT* noch zusätzliche Informationen benötigen. Sie müssen den Mittelwert und die Standardabweichung errechnen, bevor Sie die Funktion *NORMVERT* zur Berechnung einsetzen können. Wie das zu machen ist, wurde bereits weiter vorne in diesem Kapitel beschrieben.

HINWEIS   Ist Standabwn = 0, wird der Fehlerwert #ZAHL! zurückgegeben.

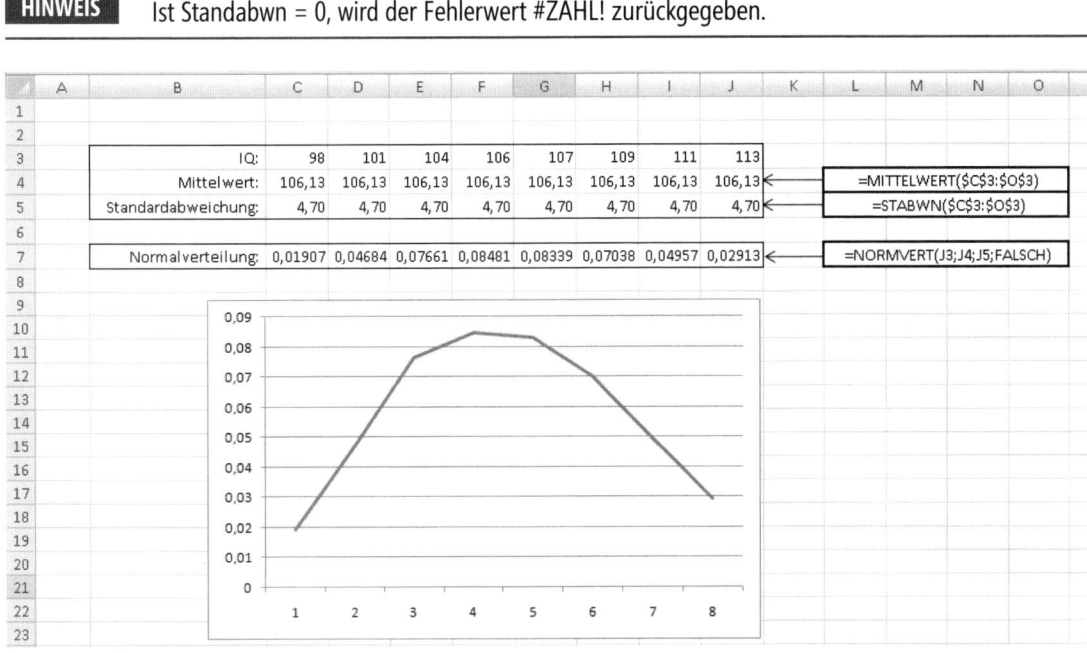

Abbildung 8.31 Die Normalverteilung aus einer (unvollständigen) Reihe von IQ-Werten

Stichproben

Eine Stichprobe ist eine Auswahl von Elementen einer Grundgesamtheit. Für den Statistiker ist die Art und Weise, wie die Stichprobe genommen wird, nicht unwichtig:

- **Zufallsstichprobe**   Ist sicherlich die bekannteste Art der Stichprobenziehung. Dabei werden willkürlich Stichproben aus einer Grundgesamtheit genommen.

- **Systematische Stichprobe**   Zieht die Stichproben nach vorgegebenen, meist mathematischen Regeln aus der Grundgesamtheit

- **Klumpenstichprobe**   (auch Flächenstichprobe) Nimmt die Stichproben aus einem eng zusammenliegenden Bereich der Grundgesamtheit

- **Schichtenstichprobe** Hier wird die Grundgesamtheit in Schichten eingeteilt, aus der die Stichproben dann gleichmäßig gezogen werden.

Stichprobenziehung

Excel bietet über die Analyse-Funktionen eine Hilfe bei der Stichprobenziehung an. In der Excel 2003-Hilfe ist diese Funktion auch beschrieben, leider aber nicht, wo diese Funktion zu finden ist. Der Anwender muss selbst herausfinden, dass die Funktion *Stichprobenziehung* zu den Analyse-Funktionen gehört. Der Funktions-Assistent jedenfalls bietet diese Funktion nicht an. Excel 2007-Anwender finden dagegen die nötige Information in der Hilfe.

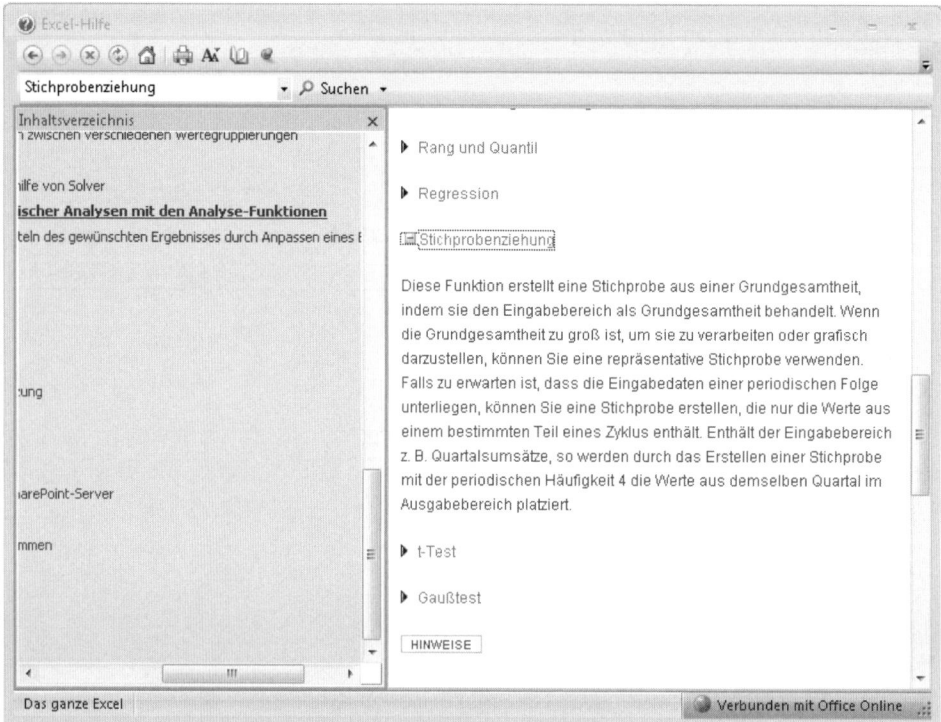

Abbildung 8.32 Excel 2007 weist die Stichprobenziehung korrekt den Analyse-Funktionen zu

1. Erstellen Sie in einem leeren Arbeitsblatt zunächst mit dem Funktions-Assistenten in einer Zelle (A1) eine Zufallszahl. Oder geben Sie dazu die Funktion =*ZUFALLSBEREICH(1;999)* direkt in die Zelle ein.

2. Markieren Sie die Zelle A1 und ziehen Sie bei gedrückter linker Maustaste die Markierung so weit nach unten, bis Sie glauben, eine ausreichende Zahl von Zufallswerten zu haben (im Beispiel bis zur Zelle A99999 – für Excel 2003-Anwender ist allerdings bei A65536 schon Schluss).

A1	▼		fx	=ZUFALLSBEREICH(1;999)	
	A	B	C	D	E
99989	226				
99990	286				
99991	45				
99992	86				
99993	826				
99994	574				
99995	467				
99996	516				
99997	187				
99998	358				
99999	503				
100000					
100001					

Abbildung 8.33 Eine ausreichend Zahl an Zufallswerten wurde erzeugt

3. Wählen Sie über *Extras/Analyse-Funktionen* (Excel 2003) bzw. *Daten/Datenanalyse* (Excel 2007) die *Stichprobenziehung* aus dem Dialogfeld *Analyse-Funktionen* aus und klicken Sie auf *OK*.

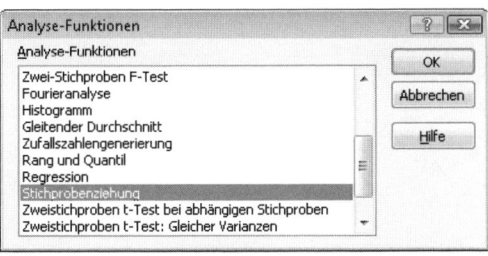

Abbildung 8.34 Die Funktion *Stichprobenziehung* ist eine der Analyse-Funktionen

4. Geben Sie im Dialogfeld *Stichprobenziehung* bei *Eingabebereich* den Zellbereich an, in dem die Grundgesamtheit, aus der die Stichprobe gezogen werden soll, enthalten ist, im Beispiel von $A$1 bis $A$99999.

> **HINWEIS**   Excel kennt zwei Stichprobenverfahren: *Periodisch* und *Zufällig*. Bei der periodischen Ziehung werden die Stichproben nach einer vorgegebenen Periode entnommen, bei der zufälligen nach einem Zufallsverfahren in der unter Stichprobenanzahl genannten Menge.

5. Aktivieren Sie die Option *Zufällig* und geben Sie als *Stichprobenanzahl* den Wert 123 ein.

6. Für den *Ausgabebereich* legen Sie als Zellbereich B1:B123 fest.

7. Bestätigen Sie die Vorgaben für die Stichprobenziehung mit *OK*. Excel wird die Stichprobe entnehmen.

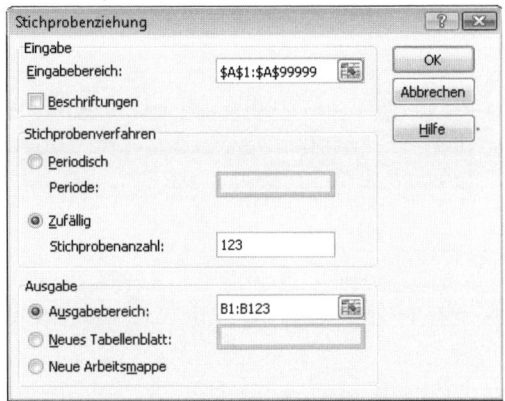

Abbildung 8.35 Die Stichprobenziehung kann über Dialogfeldoptionen beeinflusst werden

Liegen die Werte der Grundgesamtheit in einer für Excel lesbaren Form vor (z.B. über eine Datenbank, die importiert werden kann, oder in Form einer Excel-Liste), kann die Funktion *Stichprobenziehung* eine wertvolle Hilfe sein.

⁄	A	B	C	D
118	387	811		
119	49	183		
120	98	280		
121	187	675		
122	904	572		
123	468	440		
124	775			
125	805			
126	899			
127	881			

Abbildung 8.36 Mit der von Excel gezogenen Stichprobe kann nun weiter gearbeitet werden

Statistische Hypothesenprüfung

Es ist nicht so ohne weiteres ersichtlich, ob mit der Stichprobe eine gute Schätzung des Populationsmittelwertes vorliegt.

Einmal angenommen, dass die Stichproben alle den gleichen Mittelwert haben, ist die Streuung gleich 0. In der Praxis ist dies in der Regel nicht so. Die Abweichung nennt man Streuung oder Standardfehler. Bei vielen Stichproben – und wenn die Grundgesamtheit eine geringe Streuung hat – ist dieser Standardfehler relativ klein. Da aber die Streuung der Population nicht bekannt ist, kann nur geschätzt werden. Dabei muss eine gewisse Irrtumswahrscheinlichkeit berücksichtigt werden, da der Stichprobenmittelwert nicht zur Population gehört. Diese Irrtumswahrscheinlichkeit wird z.B. festgelegt mit $\alpha = 5\%$. Nun kann geprüft werden, ob sich der Mittelwert nicht vom Mittelwert der Grundgesamtheit unterscheidet. Man nennt dies in der Statistik eine Nullhypothese. Wird diese verworfen, gilt die Alternativhypothese. Kann die Nullhypothese nicht verworfen werden, ist die Stichprobe nicht statistisch signifikant.

HINWEIS   Die Aufgabe der statistischen Hypothesenprüfung liegt im Wesentlichen darin, dass Entscheidungen über bestimmte Eigenschaften von Grundgesamtheiten, von denen nur Stichprobenergebnisse vorliegen, herbeigeführt werden.

Als Nullhypothese wird also bezeichnet, dass die zwischen dem hypothetisch festgelegten Wert der Grundgesamtheit und dem empirisch festgestellten Stichprobenwert bestehende Differenz lediglich auf die Zufallseinflüsse des Stichprobenverfahrens zurückzuführen ist:

$$H_O : \mu = k$$

Mit H_O wird die Nullhypothese bezeichnet. Es wird unterstellt, dass der Mittelwert der zu überprüfenden Grundgesamtheit den Wert k aufweist.

Als Alternativhypothese wird die Aussage bezeichnet, dass die Abweichung des Stichprobenmittelwertes x vom hypothetischen Wert k nicht mehr Zufallseinflüssen zuzurechnen ist:

$$H_1 : \mu \neq k$$

Mit H_1 wird die Alternativhypothese bezeichnet. Sie besagt, dass der Mittelwert der Grundgesamtheit nicht den Wert k besitzt.

Überprüfung eines Stichprobenmittelwertes

Ein einfaches Beispiel kann die statistische Hypothesenprüfung besser verdeutlichen als lange Erklärungen. Die Prüfformel für diesen Test lautet:

$$t = \frac{p-P}{\sqrt{\dfrac{PQ}{n}}}$$

P steht für einen vorgegebenen (hypothetischen) Wert und PQ für die Varianz der Grundgesamtheit. Die aufgestellte Nullhypothese ist zu verwerfen, wenn der empirisch ermittelte t-Wert im Ablehnungsbereich liegt, dieser also größer als der entsprechende Wert der vorgegebenen Irrtumswahrscheinlichkeit ist.

Ein Kunde vereinbart mit einem Hersteller, dass die Abnahme der Lieferung abgelehnt wird, wenn die Stichprobe, die jeweils 4% einer Produktionscharge umfasst, mehr als 3% Ausschuss enthält. Der Hersteller gibt als Ausschussgröße 2% an. Wie hoch ist die Wahrscheinlichkeit, dass eine Produktionscharge von 2.500 Stück nicht abgenommen wird?

	A	B	C	D	E	F	G
1							
2		Produktionsmenge:	2500				
3		Stichproben (%):	4%				
4		Ausschuss (Vorgabe %):	2%				
5		Ausschuss (Grenzwert %):	3%				
6							
7		t-Wert:	0,71428571	←		=(C5-C4)/WURZEL((C4*(1-C4)/100))	
8							
9		Tabellenwert:	0,5651	56,51%			
10		Ablehnungswahrscheinlichkeit:		21,75%	←	=(100%-D9)/2	
11							

Abbildung 8.37 Wahrscheinlichkeitsermittlung für einen statistischen Test

Der t-Wert ist aufgrund der angegebenen Formel schnell in eine Excel-Formel umgesetzt und errechnet. Aus einer Tabelle (in Statistik-Lehrbüchern in der Regel im Anhang abgedruckt) ist der korrespondierende Wert schnell gefunden. Dieser Wert gibt die Annahmewahrscheinlichkeit der Ausgangsfrage wieder. In diesem Fall bedeutet dies, dass mit einer Wahrscheinlichkeit von 56,51% die Lieferung angenommen wird. Da es sich aber um eine einseitige Fragestellung handelt (die Lieferung wird nur abgelehnt, wenn der Ausschuss mehr als 3% beträgt und nicht etwa, wenn weniger als 1% Ausschuss vorhanden ist), muss der Differenzwert noch halbiert werden (Zelle D10). Die Wahrscheinlichkeit, dass die Lieferung abgelehnt wird, beträgt also 21,75%.

t-Test für zwei unabhängige Stichproben

Das Nachschlagen in Tabellen ist jedoch umständlich und nicht nötig, denn Excel liefert verschiedene Testverfahren, die ohne Tabellen auskommen. Eines der bekanntesten Verfahren ist der t-Test (auch Studentscher t-Test). Damit wird ein Test für zwei Stichproben durchgeführt. Dabei geht der Test von der Annahme aus, dass die Mittelwerte zweier Datensätze unterschiedlich sind. Mit t-Tests können Sie prüfen, ob die Mittelwerte zweier Stichproben gleich sind. Allerdings sollten die Testgruppen eindeutig sein.

Die Formel lautet:

$$t = \frac{\overline{x} - \overline{y} - \Delta_0}{\sqrt{\dfrac{s_1^2}{m} + \dfrac{s_2^2}{n}}}$$

Eine Besonderheit beim statistischen Schluss sind die so genannten Freiheitsgrade (df = degrees of freedom). Bei der Schätzung von Parametern werden immer so viele Restriktionen eingegangen, bzw. gehen so viele Freiheitsgrade verloren, wie bereits vorweg Parameter geschätzt wurden. Die Anzahl der Freiheitsgrade ist als jene Anzahl von Variablen definiert, die in einem System von Variablen frei gewählt werden können.

Beispiel: Ein Auto hat vier Reifen und damit drei Freiheitsgrade, denn das letzte Rad kann nicht mehr variiert werden. Bei der Berechnung eines Mittelwertes variieren bis zuletzt alle Werte. Deshalb entspricht hier der Freiheitsgrad der Anzahl der Werte.

Zur Berechnung der Freiheitsgrade benutzt Excel folgende Formel:

$$df = \frac{\left(\dfrac{s_1^2}{m} + \dfrac{s_2^2}{n}\right)^2}{\dfrac{\left(\dfrac{s_1^2}{m}\right)^2}{m-1} + \dfrac{\left(\dfrac{s_2^2}{n}\right)^2}{n-1}}$$

In zwei Abteilungen liegen bei Stichproben unter den Mitarbeitern unterschiedliche Fehlzeiten aufgrund von Krankheit vor. Abteilungsleiter A behauptet, dass die Unterschiede in beiden Abteilungen nur zufällig sind und keine Aussage über eine höhere Krankheitsanfälligkeit seiner Mitarbeiter zulasse.

Getestet werden soll mit einem zweiseitigen Signifikanzniveau von $\alpha=10\%$ die Hypothese, dass die beiden Stichprobenmittelwerte nur zufällig voneinander abweichen.

	A	B	C	D	E	F
1						
2		Krankheitstage				
3		Abteilung A	Abteilung B			
4	Mitarbeiter 1	4	3			
5	Mitarbeiter 2	6	10			
6	Mitarbeiter 3	3	1			
7	Mitarbeiter 4	9	2			
8	Mitarbeiter 5	14	21			
9	Mitarbeiter 6	12	2			
10	Mitarbeiter 7		4			
11						
12						
13	Mittelwert:	8,00	6,14	←	=MITTELWERT(C4:C10)	
14	Standardabweichung:	4,43	7,20	←	=STABW(C4:C10)	
15						

Abbildung 8.38 Ausgangstabelle für den t-Test.

1. Erstellen Sie eine Tabelle entsprechend der Abbildung 8.38.
2. Gehen Sie in die Zelle B16.
3. Wählen Sie *Einfügen/Funktion* (Excel 2003) bzw. *Weitere Funktionen* (Excel 2007).
4. Aus der Kategorie *Statistik* wählen Sie *TTEST* durch Doppelklick aus.
5. Geben Sie bei *Matrix1* und *Matrix2* die Bezüge zu den beiden Stichproben ein.
6. Da es sich um ein zweiseitiges Signifikanzniveau handelt, geben Sie bei *Seiten* eine 2 ein.
7. Bei *Typ* tragen Sie ebenfalls 2 ein. Damit wird unterstellt, dass die Grundgesamtheitsvarianzen als gleich unterstellt werden. Andernfalls ist eine 3 einzutragen.
8. Beenden Sie mit *OK*.

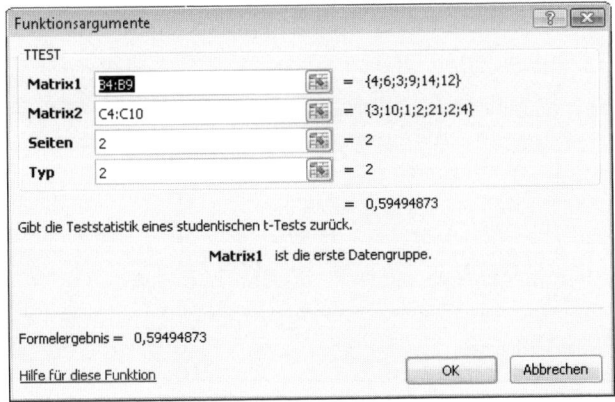

Abbildung 8.39 Das Dialogfeld *Funktionsargumente* sammelt die Daten für den t-Test zusammen

Excel gibt als Ergebnis 0,59494873 aus. Das entspricht einer Überschreitungswahrscheinlichkeit von ca. 54,7%. Dieser Wert ist größer als das vorgegebene Signifikanzniveau (10%) und damit wird die Nullhypothese bestätigt: Die Fehlzeiten beider Abteilungen weichen nur zufällig voneinander ab.

Trends ermitteln

Am meisten wünschen sich Unternehmer, dass sie Entwicklungen vorhersagen könnten, wenn Planen nicht mehr eine Sache der Vermutungen wäre, sondern objektiv auf Marktentwicklungen beruhen könnte, die so verlaufen, wie man sich das vorgestellt hat. Da dies nicht einmal im Ansatz möglich ist, versucht man, Trends zu erkennen und in die Zukunft zu interpolieren.

Gleitender Durchschnitt

Eine der einfachsten Methoden der Trendermittlung ist der gleitende Durchschnitt. Dabei werden Durchschnittswerte über einen bestimmten Zeitraum gebildet. Diese Durchschnittswerte werden für folgende Zeiträume immer so verschoben, dass der letzte Wert, der in die Berechnung einbezogen war, wegfällt und der neueste Wert hinzukommt.

Im folgenden Beispiel sind Umsätze über mehrere Jahre aufgelistet. Es werden gleitende Durchschnitte gebildet mit 3, 4 und 5 Werten. Zur Berechnung wird die Funktion für das arithmetische Mittel (*MITTELWERT*) eingesetzt.

	A	B	C	D	E	F	G	H	I
1									
2				**Gleitender Durchschnitt**					
3	Jahr	Umsatz	aus 3 Werten	aus 4 Werten	aus 5 Werten				
4	1990	175.300 €							
5	1991	212.900 €							
6	1992	215.700 €	201.300 € ←				=MITTELWERT(B4:B6)		
7	1993	253.800 €	227.467 €	214.425 € ←			=MITTELWERT(B4:B7)		
8	1994	249.300 €	239.600 €	232.925 €	221.400 € ←		=MITTELWERT(B4:B8)		
9	1995	252.700 €	251.933 €	242.875 €	236.880 €				
10	1996	241.000 €	247.667 €	249.200 €	242.500 €				
11	1997	239.000 €	244.233 €	245.500 €	247.160 €				
12	1998	250.020 €	243.340 €	245.680 €	246.404 €				
13	1999	265.017 €	251.346 €	248.759 €	249.547 €				
14	2000	253.300 €	256.112 €	251.834 €	249.667 €				
15	2001	271.900 €	263.406 €	260.059 €	255.847 €				
16	2002	275.800 €	267.000 €	266.504 €	263.207 €				
17	2003	283.900 €	277.200 €	271.225 €	269.983 €				
18	2004	302.050 €	287.250 €	283.413 €	277.390 €				
19	2005	275.900 €	287.283 €	284.413 €	281.910 €				
20	2006	301.900 €	293.283 €	290.938 €	287.910 €				
21	2007	315.700 €	297.833 €	298.888 €	295.890 €				
22	2008	318.200 €	311.933 €	302.925 €	302.750 €				
23									

Abbildung 8.40 Gleitende Durchschnitte über mehrere Jahre

Schon bei drei Werten ist grob ein Trend auszumachen. Bei vier und fünf Werten wird es immer deutlicher.

Noch klarer erkennt man dies, wenn man ein Diagramm anfertigt. Die dritte Reihe (mit fünf Werten) ist die flachste von allen. Umsatzschwankungen spielen kaum noch eine Rolle.

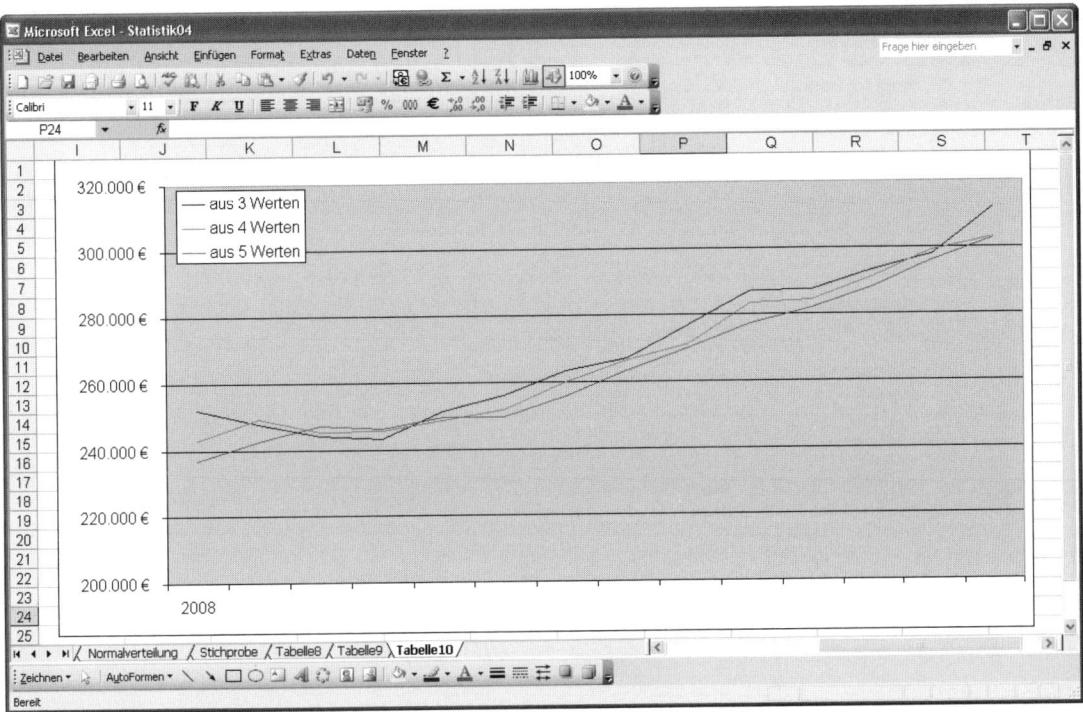

Abbildung 8.41 Dreimal gleitender Durchschnitt über jeweils unterschiedliche Werte

Trends

Ein gleitender Durchschnitt ist aber noch kein richtiger Trend. Die Durchschnittswertberechnung ist eine ziemlich einfache Methode, um Höhen und Tiefen einer Entwicklung abzuflachen.

Trendlinie hinzufügen

Im Diagramm lässt sich eine richtige Trendlinie aber gut und einfach hinzufügen. Zudem stellt Excel verschiedene Trendberechnungsmethoden zur Verfügung (unter anderem übrigens auch den gleitenden Durchschnitt).

1. Erstellen Sie ein Liniendiagramm aus der Umsatzreihe (von 1990 bis 2008).

2. Klicken Sie die Linie mit der rechten Maustaste an und wählen Sie aus dem Kontextmenü den Befehl *Trendlinie hinzufügen*.

3. Wählen Sie *Linear* und klicken Sie auf *Schließen* (Excel 2007) bzw. *OK* (Excel 2003).

HINWEIS   Die Dialogfelder in Excel 2007 und Excel 2003 (oder früher) sehen etwas unterschiedlich aus. Sie sind aber hinsichtlich der Funktionalität identisch.

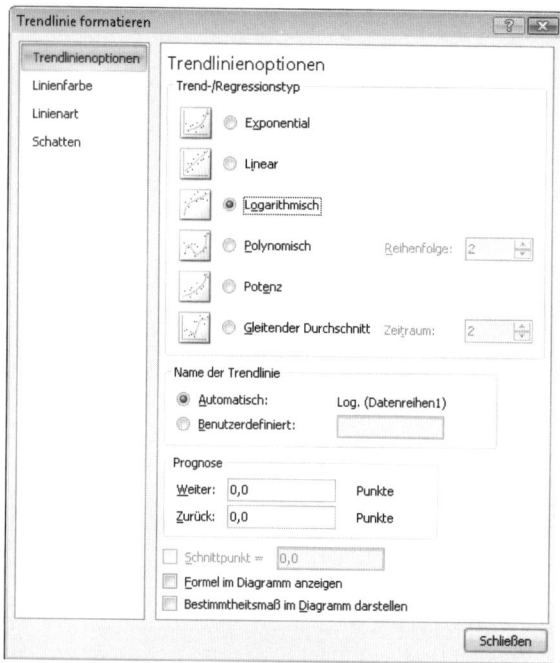

Abbildung 8.42 Trendlinien hinzufügen in Excel 2007

In der unteren Hälfte (Excel 2007) bzw. auf der Registerkarte *Optionen* (Excel 2003) können die Trendlinien noch angepasst werden. Über ein Häkchen im Kontrollkästchen vor *Formel im Diagramm anzeigen* (Excel 2007) bzw. *Gleichung im Diagramm erstellen* (Excel 2003) können Sie dafür sorgen, dass Excel seine Berechnungsgrundlage offenlegt.

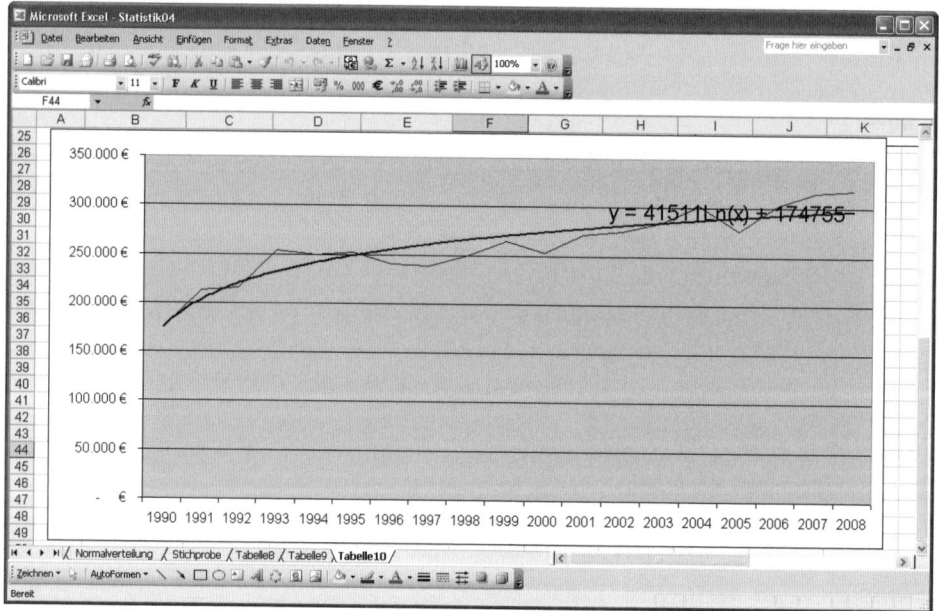

Abbildung 8.43 Trendlinie mit Gleichung (in Excel 2003)

Excel legt die Trendlinie im vorhandenen Diagramm zusätzlich zur schon erstellten Linie ab. Zacken und Kanten der Umsatzkurve sind geglättet.

Trendreihen bilden

Bisher wurden nur Werte der Vergangenheit vereinfacht, um einen Trend zu verdeutlichen. Sind aber Zukunftstrends gefragt, helfen diese Vergangenheitstrends nur bedingt weiter. Einfach das Lineal anzulegen und den Strich weiterzuziehen, ist eine sehr unsichere Methode. Excel bietet aber eine Möglichkeit, Trendreihen in die Zukunft weiterzurechnen.

Wünscht der Chef für die nächste Fünfjahresplanung einen Umsatztrend bis 2013, gehen Sie folgendermaßen vor:

1. Markieren Sie als Erstes den Bereich von A3 bis B22 und kopieren Sie ihn an eine andere Stelle, z.B. nach J3. Die Trendreihenerstellung wird die vorhandenen Werte verändern.

2. Markieren Sie die Umsatzreihe (ohne Überschrift) und verlängern Sie diese um die nächsten fünf freien Zellen.

3. Wählen Sie im Menü *Bearbeiten/Ausfüllen/Reihe* (Excel 2003) bzw. in der Multifunktionsleiste auf der Registerkarte *Start* in der Gruppe *Bearbeiten* im Menü *Füllen/Reihe* (Excel 2007) den Eintrag *Reihe*.

4. Aktivieren Sie bei Typ *Geometrisch* und das Kontrollkästchen *Trend*.

5. Bestätigen Sie mit *OK*.

Excel errechnet nun aus den vorhandenen Werten einen geometrischen Trend und führt ihn außerdem noch fünf Jahre weiter (bis 2013).

	J	K
3	Jahr	Umsatz
4	1990	208.687 €
5	1991	213.679 €
6	1992	218.789 €
7	1993	224.022 €
8	1994	229.380 €
9	1995	234.867 €
10	1996	240.484 €
11	1997	246.236 €
12	1998	252.126 €
13	1999	258.156 €
14	2000	264.331 €
15	2001	270.653 €
16	2002	277.126 €
17	2003	283.755 €
18	2004	290.541 €
19	2005	297.491 €
20	2006	304.606 €
21	2007	311.892 €
22	2008	319.351 €
23	2009	326.990 €
24	2010	334.811 €
25	2011	342.819 €
26	2012	351.018 €
27	2013	359.414 €

Abbildung 8.44 Excel hat die Trendberechnung durch- und bis ins Jahr 2013 weitergeführt

Der Trend kann, wie Sie im Dialogfeld *Reihe* sehen, in Zeilen oder Spalten errechnet werden. Als Typ stehen aber nur *Linear* und *Geometrisch* zur Verfügung.

Kapitel 9

Excel für Fortgeschrittene

In diesem Kapitel:

In diesem Kapitel werden noch einige Grundlagen ausgebaut (z.B. das Arbeiten mit Bereichen) die für die Anwendungsentwicklung, um die es im folgenden Kapitel geht, nützlich sind.

Wie Formeln, Werte und Texte in Zellen eingegeben werden, ist für jeden, der mit Excel gearbeitet hat, kein großes Geheimnis mehr. Auch das Auswerten dieser Zellen und das Berechnen ganzer Reihen gehört zum gängigen Repertoire der meisten Anwender. Excel kann aber nicht nur gut mit einzelnen Zellen arbeiten und Reihen berechnen, sondern auch mit Bereichen umgehen (sogar mit dreidimensionalen Bereichen), eine Matrix durchsuchen und mit Matrizen rechnen. Dass es sich dabei nicht nur um Anwendungen für Mathematiker handelt, zeigen die folgenden Kapitelabschnitte.

Mit Bereichen arbeiten

In Tabellenkalkulationen wie Excel ist es üblich, Zellbezüge über ihre eindeutige Zelladresse, die aus Zeilen- und Spaltenkoordinaten besteht, zu definieren. Es ist aber auch möglich, für bestimmte Bereiche Namen zu vergeben. Ein solcher Bereich besteht aus mindestens einer Zelle.

Geltungsbereich der Bereichsnamen

Ein Bereichsname gilt für eine ganze Arbeitsmappe. Ein direkter Hinweis, auf welchem Arbeitsblatt der jeweilige Name zu suchen ist, muss also nicht gegeben werden. Dies erleichtert das arbeitsblattübergreifende Arbeiten sehr, denn einer einzelnen Zelle muss sehr wohl auch der Arbeitsblattname beigegeben werden, wenn von einem anderen Blatt aus darauf zugegriffen werden soll. Ein einfaches Beispiel soll dies verdeutlichen.

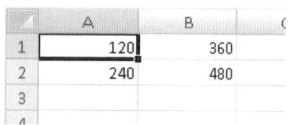

Abbildung 9.1 Die Ausgangstabelle *Tabelle1*

Wird in *Tabelle2* ein Bezug zur *Tabelle1* hergestellt, macht man das üblicherweise folgendermaßen:

1. Gleichheitszeichen eingeben.
2. In die Tabelle wechseln, zu der der Bezug hergestellt werden soll.
3. Die Zelle anklicken, die den Bezug geben soll.
4. Mit der ⏎-Taste bestätigen.

Es kann allerdings der Bezug auch direkt eingegeben werden. Aufgebaut ist der Bezug über Tabellengrenzen hinweg immer:

```
=<Tabellenname>!<Zelle>
```

Im Beispiel:

```
=Tabelle1!A1
```

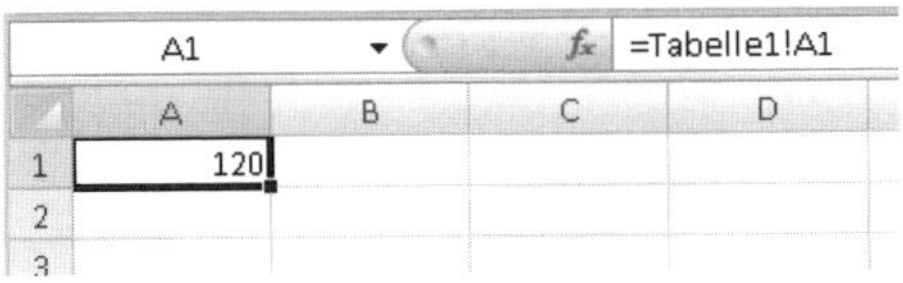

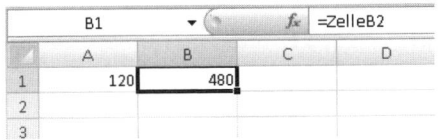

Abbildung 9.2 Die Bezugstabelle *Tabelle2*

Wurde ein Bereich (mindestens eine Zelle) benannt, genügt der Bereichsname als Bezug. Die Tabelle muss nicht angegeben werden, weil die Bereichsnamen über alle Arbeitsmappen Gültigkeit haben.

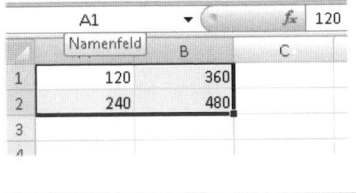

Abbildung 9.3 Ein Bezug über einen Bereichsnamen realisiert

Umgang mit Bereichsnamen

Um einem Bereich einen Namen zuzuweisen, gibt es zwei Wege. Der erste und schnellere Weg bietet sich in der Regel für die Zuweisung kleiner Bereiche an:

1. Markieren Sie den gewünschten Zellbereich (z.B. A1 bis B2).
2. Klicken Sie in der Bearbeitungsleiste auf das Namenfeld.
3. Geben Sie den Namen ein, den Sie dem Bereich zuordnen wollen.

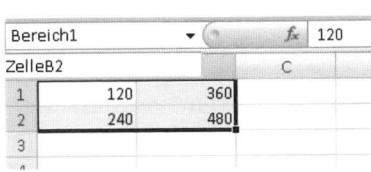

Abbildung 9.4 In das Namenfeld wird die Bezeichnung für den markierten Bereich eingetragen

Abbildung 9.5 Der Bereichsname für den markierten Bereich gilt arbeitsmappenweit

Der zweite Weg, einem markierten Bereich einen Namen zu geben, funktioniert folgendermaßen:

1. Markieren Sie den gewünschten Zellbereich.
2. Wählen Sie *Einfügen/Namen/Definieren* (Excel 2003) bzw. klicken Sie mit der rechten Maustaste in den markierten Bereich und wählen Sie aus dem Kontextmenü den Befehl *Bereich benennen* (Excel 2007).
3. Geben Sie einen Namen für den Bereich ein.

4. Bestätigen Sie mit *OK*.

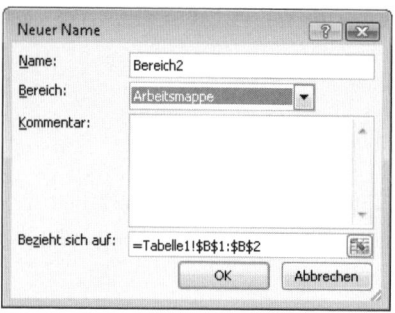

Abbildung 9.6 Der Bereichsname kann auch über ein Dialogfeld festgelegt werden

Natürlich können Sie auch erst nach dem Aufruf des Dialogfeldes den Bereich markieren. Dieser Weg ist zwar etwas umständlicher als der zuvor aufgezeigte, bei der Verwaltung vieler Bereichsdefinitionen behalten Sie aber so die bessere Übersicht.

Regionale Bereiche festlegen

Auf die mit Namen benannten Bereiche können Sie sich nun auf vielfältige Weise beziehen, z.B. in Formeln. Statt *A3:E20* – oder gar *Tabelle1!A3:E20* – können Sie jetzt einfach den Bereichsnamen angeben: Ganz gleich, in welchem Arbeitsblatt der Mappe Sie sich gerade befinden; Excel wird den Inhalt der richtigen Zelle erkennen.

Obwohl Excel die Bereichsnamen automatisch für die gesamte Mappe verwaltet, können Sie aber auch regionale, das heißt arbeitsblattspezifische Bereichsnamen festlegen. Gehen Sie folgendermaßen vor:

1. Markieren Sie den benötigten Bereich.

2. Klicken Sie in der Bearbeitungsleiste auf das Namenfeld.

3. Geben Sie vor dem Bereichsnamen die Tabelle ein, etwa: *Tabelle1!Anfang*.

4. Schließen Sie mit der ⏎-Taste ab.

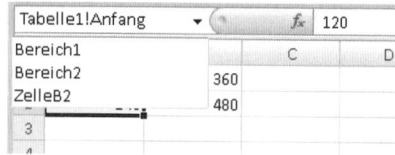

Abbildung 9.7 Lokale Gültigkeit für einen Bereichsnamen ist leicht festzulegen

Öffnen Sie anschließend das Feld *Bereichsname*, finden Sie nur den Namen (*Anfang*) ohne die Tabellenzeichen (*Tabelle1*) vor. In anderen Arbeitsblättern wird dieser Bereichsname nicht angezeigt, auch nicht über das Dialogfeld *Neuer Name*.

TIPP   Ab Excel 2007 gibt es die Möglichkeit, den Gültigkeitsbereich für einen Bereichsnamen direkt im Dialogfeld zu beschränken. Wählen Sie in der Liste *Bereich* im Dialogfeld *Neuer Name* einfach die Tabelle aus, für die der Bereich gelten soll.

Konventionen für Bereichsnamen

Sie müssen bei der Vergabe von Bereichsnamen einige Einschränkungen beachten:

- Der Name muss mit einem Buchstaben beginnen.

- Es dürfen keine Leerzeichen enthalten sein (benutzen Sie an Stelle von Leerzeichen den Unterstrich).

- Namen, die auch als Zellbezug gelten könnten, sind ebenfalls nicht erlaubt (etwa A2 oder Z1S9).

Bereichsfestlegungen ändern

Um Bereichsnamen nachträglich zu verändern, gehen Sie den Weg über den Menübefehl *Einfügen/Namen* (Excel 2003) bzw. den *Namens-Manager*, den Sie in der Multifunktionsleiste von Excel 2007 auf der Registerkarte *Formeln* finden.

> **TIPP**　Sie können dieses Dialogfeld auch über die Tastenkombination ⟨Strg⟩ + ⟨F3⟩ aufrufen.

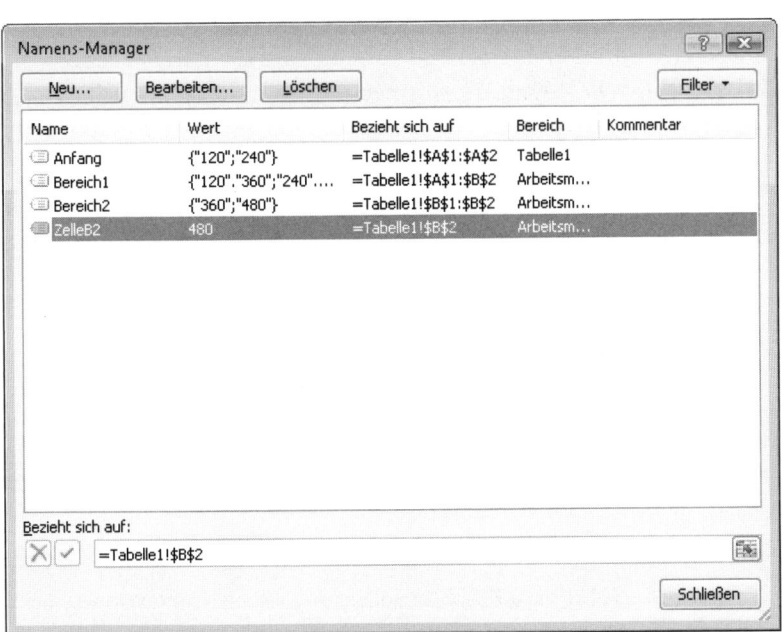

Abbildung 9.8　Der Namens-Manager ermöglicht das Bearbeiten vorhandener Bereiche

Markieren Sie den Bereichsnamen, den Sie anpassen wollen, und klicken Sie auf *Bearbeiten*. Sie können den Namen ändern, den Bereichsbezug anpassen oder den Bereichsnamen (nicht den Bereich selbst) löschen.

Wenn Sie nicht gerne etwas zweimal sagen, dann bietet Ihnen Excel eine raffinierte Möglichkeit der Namensvergabe an. Gehen Sie über den Menübefehl *Einfügen/Namen* und die Option *Erstellen* (Excel 2003). Excel bietet dann in einem kleinen Dialogfeld an, Zeilen- und Spaltenüberoder Unterschriften als Bereichsnamen zu übernehmen.

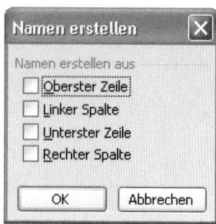

Abbildung 9.9 Bereichsnamen können aus der Tabelle übernommen werden, wenn sie dort schon enthalten sind (Excel 2003)

Bei Excel 2007 müssen Sie anders vorgehen:

1. Markieren Sie den Bereich, der einen Namen bekommen soll.
2. Aktivieren Sie in der Multifunktionsleiste die Registerkarte *Formeln*.
3. Klicken Sie in der Gruppe *Definierte Namen* auf *Aus Auswahl erstellen*.
4. Legen Sie fest, ob der Name aus einer Zeile oder Spalte übernommen werden soll.
5. Bestätigen Sie mit *OK*.

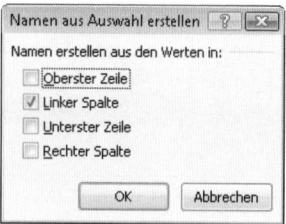

Abbildung 9.10 Excel 2007 übernimmt auch für Bereiche Namen aus Tabellen

Bereichsnamen anwenden

Haben Sie sich spät entschieden, Bereichsnamen zu vergeben und sind vorher schon diverse Formeln mit Bezügen erstellt worden, müssen Sie sich nicht die Arbeit machen, jeden einzelnen Bezug zu ändern. Dies erledigt Excel für Sie, Sie müssen es nur mitteilen.

1. Markieren Sie den gesamten Bereich, in dem Sie Namen vergeben haben und in dem Formeln mit entsprechenden Bezügen vorkommen.
2. Aktivieren Sie *Einfügen/Namen/Übernehmen* (Excel 2003) bzw. auf der Registerkarte *Formeln/Namen definieren/Namen übernehmen* (Excel 2007).
3. Wählen Sie im Dialogfeld den oder die Namen aus, die gegen direkte Zellbezüge ausgetauscht werden sollen.
4. Bestätigen Sie mit *OK*.

Über die Schaltfläche *Optionen* können Sie ein weiteres Dialogfeld öffnen (Excel 2003) bzw. das Dialogfeld erweitern (Excel 2007) und die Angaben zur Bezugsveränderung noch weiter spezifizieren. Excel wird anschließend die markierten Zellen durchsuchen und die Bezüge entsprechend Ihren Einstellungen in den vorangegangenen Dialogfeldern gegen die definierten und ausgewählten Bereichsnamen austauschen.

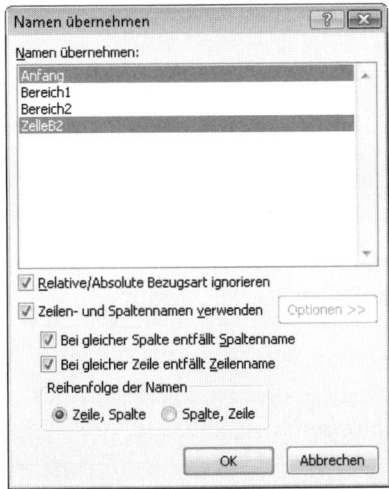

Abbildung 9.11 Zellbezüge lassen sich gegen Bereichsnamen tauschen

ACHTUNG Gefährlich wird der Umgang mit Bereichsnamen nur dann, wenn man sie beim Umstrukturieren der Tabelle vergisst. Wenn beispielsweise ein externes Arbeitsblatt auf einmal in eine interne Tabelle umgewandelt wird, müssen nicht nur die direkten Bezüge angepasst werden, sondern auch die Namen, die sich auf die bislang externe Tabelle bezogen haben. Vergisst man diese Anpassung, meldet Excel beim Laden der Tabelle regelmäßig einen Aktualisierungsfehler.

Besonderheiten im Umgang mit Bereichsnamen

Mit Bereichsnamen kann man mehr machen, als es zunächst den Anschein hat. In Excel ist diese Funktion ziemlich flexibel gestaltet worden. Leider wird das von vielen Anwendern noch zu wenig genutzt.

Konstanten als Bereich definieren

Bereichsnamen müssen sich nicht immer auf Zellbereiche beziehen. Soll eine bestimmte Konstante in einem Arbeitsblatt wiederholt benutzt werden, muss diese nicht in eine Zelle eingetragen werden. Soll ein Rabattsatz von 3% immer wieder benutzt werden, gehen Sie folgendermaßen vor:

1. Rufen Sie den Menübefehl *Einfügen/Namen/Definieren* auf (Excel 2003) bzw. klicken Sie auf der Registerkarte *Formeln* auf die Schaltfläche *Namen definieren* (Excel 2007).
2. Legen Sie als Namen *Rabatt* fest.
3. Geben Sie im Feld *Bezieht sich auf* die Konstante 3% ein. Excel wandelt diese intern in 0,03 um.
4. Beenden Sie mit *OK*.

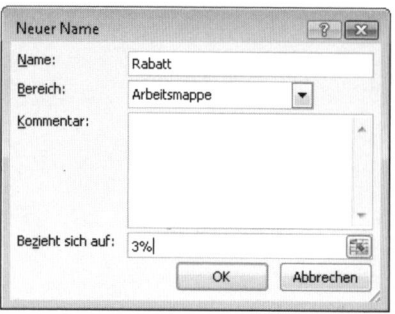

Abbildung 9.12 Auch Konstanten lassen sich definieren und müssen nicht einmal einer Zelle zugeordnet werden

Diese Konstante können Sie nun in Formeln direkt verwenden, beispielsweise *=B2*Rabatt*. Aus dem Betrag, der im Feld B2 steht, wird in diesem Fall der Rabattbetrag von 3% herausgerechnet. Müssen die Konstanten angepasst werden, funktioniert das über den gleichen Weg, der schon zuvor beschrieben wurde (Bereichsfestlegungen ändern).

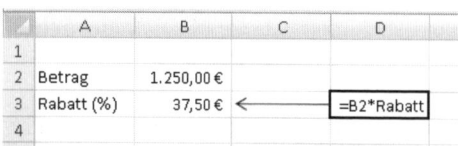

Abbildung 9.13 Excel rechnet souverän mit den Konstanten, die nirgendwo in der Tabelle stehen

Dreidimensionale Bereiche

Auch dreidimensionale Bereiche können definiert werden. Soll zum Beispiel ein bestimmtes Feld über mehrere Tabellenblätter summiert werden, wäre es doch einfach, wenn man folgendermaßen vorgehen könnte:

```
=SUMME(Bereichsname)
```

Legen Sie dazu zunächst die Gruppe der Arbeitsblätter fest, die für diesen 3D-Bezug in Frage kommen:

1. Klicken Sie auf das Register des ersten Arbeitsblattes.
2. Drücken Sie die ⇧-Taste.
3. Klicken Sie auf das letzte Arbeitsblatt.

Sollten die Arbeitsblätter nicht hintereinander stehen, müssen Sie dies vorher umgruppieren, indem Sie mit dem Mauszeiger auf das entsprechende Register des Arbeitsblattes klicken und dieses bei gedrückter linker Maustaste an die gewünschte Stelle ziehen.

Für die Namensfestlegung wählen Sie wieder den Menübefehl *Einfügen/Namen/Definieren* (Excel 2003) bzw. auf der Registerkarte *Formeln* die Schaltfläche *Namen definieren* (Excel 2007). Geben Sie den gewünschten Namen ein (z.B. »Bereich D«) und schreiben Sie in das Feld *Bezieht sich auf* den Bezug in folgender Form:

```
Tabelle_n:Tabelle_m!Bereich
```

also z.B.:

```
Tabelle1:Tabelle3!C9
```

Nun können Sie diesen Namen in der bereits genannten Form benutzen.

Such- und Bezugsfunktionen (Matrixfunktionen)

Unter den zahlreichen Funktionen von Excel finden sich auch solche, die in Bereichen nach Informationen suchen oder Informationen zu Bezügen liefern. Zusammengefasst werden diese unter dem Begriff Matrixfunktionen. Darunter versteht man einen rechteckigen und zusammenhängenden Bereich von Zellen.

Verwechslung und Verwirrung entstehen manchmal auch durch die Ähnlichkeit des Begriffs zu Matrixformeln. Diese haben nur bedingt etwas mit Matrixfunktionen zu tun, denn es handelt sich dabei um Matrizenberechnungen. Diese Art von Formeln gibt es in Excel seit der Version 3.0. Diese Funktionen lernen Sie in einem eigenen Kapitelabschnitt noch kennen.

HINWEIS In der englischsprachigen Literatur (und manchmal auch in deutschen Texten) findet man dazu auch den Begriff Array. Auch bei den Matrizenformeln hat sich teilweise aus dem englisch/amerikanischen der Begriff Arrayformel eingebürgert.

Die Matrixfunktionen

Zunächst bekommen Sie einen Überblick über die Funktionen dieser Gruppe. Anschließend wird die Arbeitsweise der einzelnen Funktionen detaillierter dargestellt. Um den Rahmen dieses Kapitelabschnitts nicht zu sprengen, beschränkt sich diese Darstellung auf die nähere Erläuterung und in Einzelfällen auf Beispiele. Ähnliche und verwandte Funktionen werden dabei jeweils zusammengefasst.

Überblick über die Funktionen

Funktion	Bedeutung
ADRESSE	Liefert einen Bezug auf eine Zelle einer Tabelle als Text
BEREICH.VERSCHIEBEN	Liefert einen Bezug, der gegenüber dem angegebenen Bezug versetzt ist
BEREICHE	Liefert die Anzahl der innerhalb eines Bezugs aufgeführten Bereiche
INDEX	Verwendet einen Index, um aus einem Bezug oder einer Matrix einen Wert zu wählen
INDIREKT	Liefert den Bezug eines Textwertes
MTRANS	Liefert die transponierte Matrix der angegebenen Matrix

Tabelle 9.1 Die Matrixfunktionen

Funktion	Bedeutung
SPALTEN	Liefert die Anzahl der Spalten eines Bezugs
SPALTE	Liefert die Spaltennummer eines Bezugs
SVERWEIS	Durchsucht die erste Spalte einer Matrix und durchläuft die Zelle nach rechts, um den Wert einer Zelle zurückzugeben
VERGLEICH	Sucht Werte innerhalb eines Bezugs oder einer Matrix
VERWEIS	Durchsucht die Werte eines Vektors oder einer Matrix
WAHL	Wählt einen Wert aus einer Liste von Werten
WVERWEIS	Durchsucht die erste Zeile einer Matrix und durchläuft die Spalte nach unten, um den Wert einer Zelle zurückzugeben
ZEILEN	Liefert die Anzahl der Zeilen eines Bezugs
ZEILE	Liefert die Zeilennummer eines Bezugs
HYPERLINK	Erstellt eine Verknüpfung oder einen Sprung, über die eine auf einem Netzwerkserver, im Intranet oder im Internet gespeicherte Datei geöffnet wird. Beim Klicken auf die Zelle mit der Funktion HYPERLINK öffnet Microsoft Excel die in *Hyperlink_Adresse* gespeicherte Datei.

Tabelle 9.1 Die Matrixfunktionen *(Fortsetzung)*

Die Funktionen *ADRESSE* und *INDIREKT*

Diese Funktion gibt eine Zeichenfolge zurück, die einen Zellbezug enthält. So lassen sich einfache Bezüge für einzelne Zellen darstellen.

ADRESSE(3;4)	ergibt $D$3
ADRESSE(3;4;2)	ergibt D$3
ADRESSE(3;4;3)	ergibt $D3
ADRESSE(3;4;2;FALSCH)	ergibt Z3S(4)
ADRESSE(3;4;2;WAHR)	ergibt D$3
ADRESSE83;4;1;FALSCH;" [Bereich]Tabelle1")	ergibt [Bereich]Tabelle1!Z3S4
ADRESSE(3;4;1;WAHR;"Tabelle1")	ergibt Tabelle1!$D$3

Mit dieser Funktion kann man den Inhalt einer Zelle durch Angabe des Bezugs ermitteln. In Kombination mit der Funktion *INDIREKT* lassen sich so entsprechend Zellen und Bereiche auswerten.

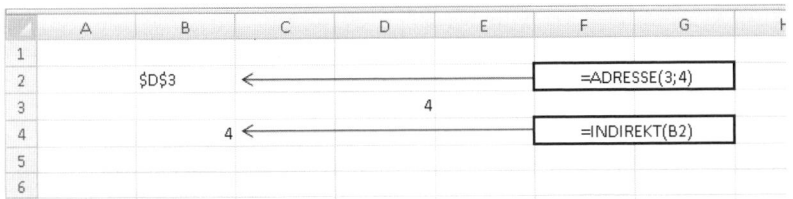

Abbildung 9.14 Indirekt können Zellen auch ausgewertet werden

Hierzu ein Beispiel:

- In der Zelle B2 steht =*ADRESSE(3;4)* und enthält damit $D$3.

- In der Zelle B4 steht =*INDIREKT(B2)* und man bekommt über diese Zellen den Wert aus der Zelle $D$3 (der Bezug, der in B2 steht) übermittelt.

Geben Sie einfach in die Zelle D3 unterschiedliche Zahlen ein und sehen Sie, was passiert – dann wird die Funktionsweise deutlich.

Die Funktionen *BEREICHE* und *BEREICH.VERSCHIEBEN*

Diese zwei Funktionen befassen sich mit Bereichen innerhalb einer Tabelle. Die erste Funktion liefert die Anzahl der innerhalb eines Bezugs enthaltenen Bereiche; die zweite Funktion liefert einen Bezug, der einen Bereich bestimmter Höhe und Breite angibt und der gegenüber einem anderen Bezug um eine bestimmte Anzahl an Zeilen und Spalten versetzt ist.

ACHTUNG   Mit der Funktion *BEREICH.VERSCHIEBEN* werden keine Zellen verschoben; es wird lediglich ein Bezug zurückgeliefert. Dieser kann innerhalb einer anderen Funktion genutzt werden.

Die Funktion *BEREICHE* kann direkte Zellbezüge oder Namen enthalten:

- **BEREICHE(B5:E7)**   Ergibt 1, das heißt, als Bezug ist ein Bereich angegeben.

- **BEREICHE((A2:C3;F7;G9:H17))**   Ergibt 3. Bei mehreren Bezügen muss ein zusätzliches Klammerpaar benutzt werden. Excel wertet sonst die Semikolons als Listentrennzeichen aus.

- **BEREICHE(Saldo)**   Ergibt 1, und zwar dann, wenn der Name *Saldo* sich tatsächlich auf einen Bereich mit diesem Namen bezieht.

Die Funktion *INDEX*

Diese Funktion liegt gleich in zwei verschiedenen Formen vor:

- **INDEX(Bezug)**   Gibt eine Adresse oder einen Bezug auf eine Zelle oder einen Zellbereich zurück.

- **INDEX(Matrix)**   Liefert den Wert einer Zelle oder eines Zellbereichs.

Der wesentliche Unterschied beider Versionen liegt darin, dass die erste Form lediglich Informationen über die Zelle liefert, die zweite Form aber direkte Werte zurückgibt. In einer anderen Funktion kann also z.B. die erste Form von *INDEX* dazu dienen, die Zelladresse zu liefern, die von der anderen Funktion dann verwendet wird. Die zweite Form arbeitet nur mit Matrixargumenten und gibt Werte an Stelle von Zellbezügen zurück.

Die Funktion *MTRANS*

Diese Funktion ändert die Vertikale und Horizontale einer Matrix in einen anderen Bereich. Man spricht auch vom Transponieren einer Matrix. Aus einer Matrix, die aus drei Spalten und sechs Zeilen besteht, wird eine Matrix mit sechs Spalten und drei Zeilen.

Die Funktionen *SPALTE, SPALTEN, ZEILE* und *ZEILEN*

Diese recht ähnlich klingenden Funktionen unterscheiden sich – ähnlich der Funktion *INDEX* – in den jeweils zwei Ausprägungen erheblich.

- Die Funktionen *SPALTE* und *ZEILE* liefern Spalten- und Zeilennummern eines Bezugs.
- Die Funktionen *SPALTEN* und *ZEILEN* liefern die Anzahl von Spalten oder Zeilen einer Matrix oder eines Bezugs.

Zu beachten ist, dass bei der ersten Form immer die Nummerierung des aktuellen Bezugs erfolgt.

SPALTE(A3)	Ergibt ^1
SPALTE(C3)	Ergibt 1
SPALTE(A3:C3)	Ergibt 1

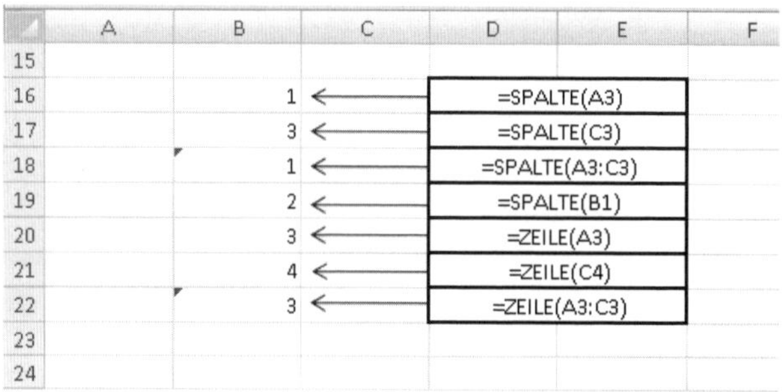

Abbildung 9.15 Variationen in Spalten und Zeilen

Die Funktionen *SVERWEIS, WVERWEIS* und *VERWEIS*

Bei diesen Funktionen handelt es sich um sehr leistungsfähige Funktionen, die zur Auswertung von Tabellen und Listen herangezogen werden können.

- SVERWEIS   Prüft, ob die erste Spalte einer Matrix (oder eines Listenbereichs) einen bestimmten Wert enthält. Sie liefert dann den Wert, der in der angegebenen Zelle steht. Bestimmt wird also (immer über die erste Spalte) die Zeile, in der dann gesucht wird. Beispiel: Die Formel *=SVERWEIS(D2;A2:B7;2;FALSCH)* liefert im Beispiel (Abbildung 9.16) den Wert 45, der richtig ist.

	A	B	C	D	E
1	**Name**	**Alter**		Suchen mit **SVERWEIS**	
2	Bücher	34		Schmandt	45
3	Mauser	43			
4	Claassen	27		Suchen mit **VERWEIS**	
5	Schmandt	45		Schmandt	16
6	Portos	16			
7	Spinner	32			
8					

Abbildung 9.16 Suchen mit *SVERWEIS* und *VERWEIS* bringt in unsortierten Listen unterschiedliche Ergebnisse. Nur eines ist richtig.

- **WVERWEIS** Prüft, ob die oberste Zeile einer Matrix einen bestimmten Wert enthält. Sie liefert dann den Wert, den die angegebene Zelle enthält. Bestimmt wird also immer über die erste Zeile) die Spalte, in der dann gesucht wird. Beispiel: *=WVERWEIS(A14;A11:F12;2;WAHR)*. In einer nach Zeilen geordneten Liste wird mit dieser Formel nach einem ähnlichen Begriff gesucht, wie er in A14 zu finden ist. Im Beispiel (Abbildung 9.17) ist das 3105 und damit korrekt.

	A	B	C	D	E	F
10						
11	Januar	Februar	März	April	Mai	Juni
12	1716	2039	3105	1877	2857	1495
13						
14	März					
15	3105	←	=WVERWEIS(A14;A11:F12;2;WAHR)			
16						
17						

Abbildung 9.17 *WVERWEIS* arbeitet wie *SVERWEIS*, sucht allerdings in Spalten

- **VERWEIS** Sucht einen Wert in einem Vektor oder in einer Matrix. Entsprechend gibt es zwei Formen dieser Funktion: eine Vektor- und eine Matrixform. Gesucht wird also immer innerhalb eines kompletten Bereichs (Vektors) auf unterschiedliche Weise (je nach Form). Beispiel: Die Formel *=VERWEIS(D5;A2:B7)* liefert im Beispiel (Abbildung 9.16) den Wert 16, der falsch ist! Ursache ist die unsortierte Liste. Sortieren Sie die Liste, stimmt auch das Ergebnis mit *VERWEIS* (Abbildung 9.18).

	A	B	C	D	E	F
1	**Name**	**Alter**		Suchen mit **SVERWEIS**		
2	Bücher	34		Schmandt	45	
3	Claassen	27				
4	Mauser	43		Suchen mit **VERWEIS**		
5	Portos	16		Schmandt	45	
6	Schmandt	45			↗	
7	Spinner	32				
8				=VERWEIS(D5;A2:B7)		
9						

Abbildung 9.18 Ist die Liste sortiert, funktioniert es auch mit *VERWEIS*

Der *VERWEIS*-Funktion sind die Funktionen *SVERWEIS* und *WVERWEIS* vorzuziehen, zumindest dann, wenn die Bereiche, in denen gesucht werden soll, feststehen und die zu suchenden Informationen eindeutig sind. In Datenbanklisten empfiehlt sich die Funktion *SVERWEIS* fast ausschließlich. Beachtet werden muss auch, dass von *VERWEIS* nur dann brauchbare Ergebnisse geliefert werden, wenn die Liste in einer sortierten Form vorliegt.

Die Funktionen *VERGLEICH* und *WAHL*

Die Funktion *VERGLEICH* liefert die relative Position, die ein Element innerhalb einer Matrix (oder Liste) einnimmt. Es wird die Position ermittelt und zurückgegeben. Beachten Sie dabei, dass nicht die absolute oder relative Zelladresse zurückgegeben wird, sondern nur die relative Position als numerischer Wert.

Die Funktion *WAHL* dagegen liefert den Wert aus der angegebenen Position einer Liste zurück. Der Einsatz dieser Funktion ist dadurch beschränkt, dass die Liste, aus der ausgewählt werden soll, lediglich 29 Werte enthalten darf. So kann eine Liste der Wochentage oder der Monate eines Jahres noch aufgestellt werden. Die Liste der einzelnen Monatstage ist aber allenfalls noch für den Februar möglich. Interessant ist aber diese Funktion dann, wenn aus einer Anzahl bestimmter Felder jeweils eine Auswahl getroffen werden soll.

Die Anwendung der Matrixfunktionen

Der Einsatz dieser Gruppe von Funktionen ist vielfältig. Immer dann, wenn

- eine bestimmte Information aus festgelegten Bereichen gesucht werden soll,
- Positionen bestimmter Felder bestimmt oder
- vom Ergebnis abhängige Werte aus Feldern ermittelt werden sollen,

können diese Funktionen eingesetzt werden.

> **TIPP**   Die intensive Auseinandersetzung mit den einzelnen Funktionen, ihrer Anwendung und deren Ergebnissen ist aber immer die Voraussetzung für einen sinnvollen Einsatz. Deshalb ist es in den meisten Fällen sinnvoll, die benötigte Funktion in einer Testtabelle auszuprobieren, bevor man sie in die eigene Anwendung einbringt. Verhalten und Eigenschaften können so besser eingeschätzt werden. Das erleichtert z.B. die Fehlersuche bei auftretenden Problemen enorm.

Ein kleines Beispiel: Der Außendienst hat in einer Sonderaktion Aufträge requiriert. Entsprechend der Ergebnisse wird eine Liste geführt, in der jeweils der beste Verkäufer angezeigt werden soll. Die *SVERWEIS*-Funktion mit der *MAX*-Funktion kombiniert zeigt immer den aktuell besten an.

	A	B	C	D	E	F	G	H	I
1	**Aufträge**	**Verkäufer**		**Bester**					
2	45	Müller		Kozlowski	←	=SVERWEIS(MAX(A2:A9);A2:B9;2;FALSCH)			
3	29	Meyer							
4	16	Willmann		**Schlechtester**					
5	47	Kozlowski		Lieser	←	=SVERWEIS(MIN(A2:A9);A2:B9;2;FALSCH)			
6	30	Liebermann							
7	24	Schmidt							
8	44	Petermann							
9	12	Lieser							
10									
11									

Abbildung 9.19 *SVERWEIS* liefert den besten und den schlechtesten Verkäufer

Geht es darum, Fehlerlisten auszuwerten, wird einfach die Funktion *MAX* gegen die Funktion *MIN* ausgetauscht und schon wird der Teilnehmer mit den geringsten Fehlerwerten angezeigt. Insbesondere bei langen Listen ist das eine nicht zu unterschätzende Hilfe.

Arbeiten mit Matrizen

Bereits seit der Version 3.0 (1990) kann Excel mit Matrizen rechnen. Arbeiten mit Matrizen – das hört sich sehr nach einem Thema für Fortgeschrittene an. Trotzdem lohnt eine Beschäftigung, denn bereits in ganz normalen und einfachen Tabellen lassen sich Matrixformeln sinnvoll und arbeitserleichternd einsetzen. Die Beschreibung in den folgenden Abschnitten wird sich deshalb auch mehr mit dem generellen Einsatz dieser Formeln, und nur so weit wie nötig mit theoretischen Kenntnissen beschäftigen.

Mathematische Grundlagen

In der Mathematik bezeichnet man ein Zahlenschema, in dem Zahlen in Zeilen und Spalten angeordnet sind, als Matrix. Die allgemeine Beschreibung einer Matrix mit drei Zeilen lautet:

$$A = \begin{pmatrix} a11 & a12 & a1m \\ ai1 & ai2 & aim \\ an1 & anj & anm \end{pmatrix}$$

- Mit Matrizen kann gerechnet werden. Alle Grundrechenarten lassen sich auch auf Matrizen anwenden:
- Zwei Matrizen gleichen Typs addiert man, indem alle Elemente an der jeweils gleichen Stelle einzeln addiert werden. Man erhält dann wieder eine Matrize gleichen Typs.

Ein Produkt zweier Matrizen (Multiplikation) kann nur dann gebildet werden, wenn die Spaltenanzahl der ersten Matrix gleich der Zeilenanzahl der zweiten Matrix ist. Man erhält jedes Element cij der Produktmatrix C=A*B, indem man die Elemente der i-ten Zeile von A mit den Elementen der j-ten Zeile von B wie folgt verknüpft:

$$cij = \begin{pmatrix} ai1 & \times ai2 \times ... \times ain \end{pmatrix} \times \begin{pmatrix} b1j \\ b2j \\ bnj \end{pmatrix} = \begin{pmatrix} ai1 \times b1j + ai2 \times b2j + ... + ain \times bnj \end{pmatrix}$$

Subtraktion und Division funktionieren analog der Addition und Multiplikation. Wenn Sie nicht gerade mathematische Berechnungen mit Matrizen anstellen wollen, müssen Sie diese Grundlagen bei der Anwendung nicht berücksichtigen. Excel weiß von allein, wie es bei Matrizenberechnungen vorzugehen hat. Das soll in der Folge benutzt werden, um die Bearbeitung von Bereichen zu vereinfachen.

Praktische Anwendung der Matrizenrechnung

Ein einfaches Beispiel zeigt Ihnen den praktischen Umgang mit Matrixformeln. Erstellen Sie die in der Abbildung 9.20 dargestellte einfache Tabelle. Formeln enthält diese Tabelle noch nicht.

	A	B	C	D	E
1		Umsatzentwicklung			
2		*in T€*			
3					
4		2004	2005	2006	2007
5	Europa	3.400	3.500	3.900	4.500
6	Asien	17.200	20.050	21.900	23.500
7	Gesamt				
8					

Abbildung 9.20 Die Formeln für die Auswertung der Umsatzentwicklung fehlen noch

Um die Formeln für *Gesamt* einzutragen, gehen Sie normalerweise folgendermaßen vor: Sie schreiben die Formeln in Zelle B7 und anschießend in die Zellen C7 bis E7. Letzteres können Sie sich auch über das AutoAusfüllen erledigen lassen. Einfacher geht es mit einer Matrixformel. Um diese zu erstellen, gehen Sie folgendermaßen vor:

1. Markieren Sie den Bereich B7:E7.
2. Geben Sie das Gleichheitszeichen ein (=).
3. Markieren Sie den Bereich B5:E5.
4. Geben Sie das Additionszeichen ein (+).
5. Markieren Sie den Bereich B6:E6.
6. Drücken Sie ⌷Strg⌷+⌷⇧⌷+⌷↵⌷.

Die Formel erscheint in der Bearbeitungsleiste in geschweiften Klammern. In allen Feldern des zuerst markierten Bereichs erfolgt die Berechnung des richtigen Ergebnisses.

B7	▼	*fx*	{=B5:E5+B6:E6}			
	A	B	C	D	E	F
1		Umsatzentwicklung				
2		*in T€*				
3						
4		2004	2005	2006	2007	
5	Europa	3.400	3.500	3.900	4.500	
6	Asien	17.200	20.050	21.900	23.500	
7	Gesamt	20600	23550	25800	28000	
8						
9						

Abbildung 9.21 Die Formeln für Gesamt können in einem Schritt als Matrixformel eingegeben werden

ACHTUNG Die geschweiften Klammern dürfen nicht direkt über die Tastatur eingeben werden. Excel erkennt dann die Matrixformel nicht. Nur der Abschluss der Formel mit der Tastenkombination ⌨Strg⌨+⌨⇧⌨+⌨↵⌨ führt zum richtigen Ergebnis. Wurde eine Matrixformel bearbeitet, muss auch der Abschluss dieser Bearbeitung wieder mit ⌨Strg⌨+⌨⇧⌨+⌨↵⌨ durchgeführt werden.

Abbildung 9.22 Matrixformeln können nicht wie üblich bearbeitet werden

Es ist sicherlich deutlich geworden, welche Vorteile die Anwendung solcher Matrixformeln bietet. Beachten müssen Sie aber, dass Zeilen mit Matrixformeln einer besonderen Behandlung bedürfen. Versuchen Sie, die Formel in nur einer Zelle zu löschen, erscheint eine Fehlermeldung, die Sie darauf hinweist, dass dies nicht möglich ist.

Soll einmal ganz schnell eine Matrixformel umgewandelt werden, gehen Sie folgenden Weg:

1. Markieren Sie die gesamte Matrix.
2. Wählen Sie *Bearbeiten/Kopieren* (Excel 2003) bzw. *Kopieren* aus der Registerkarte *Start* (Excel 2007).
3. Wählen Sie *Bearbeiten/Inhalte einfügen* (Excel 2003) bzw. *Einfügen/Inhalte einfügen* auf der Registerkarte *Start* (Excel 2007).
4. Aktivieren Sie *Werte* und klicken Sie auf *OK*.

Anschließend enthält die Matrix in den Feldern die jeweiligen Einzelwerte. Allerdings sind dann auch die Formeln verschwunden.

Um eine Matrixformel (für alle Zellen, in denen diese benutzt wird) zu ändern, ist folgendes Vorgehen angesagt:

1. Wählen Sie irgendeine Zelle, in der die Formel steht, aus.
2. Aktivieren Sie diese durch doppeltes Anklicken (die geschweiften Klammern verschwinden daraufhin).
3. Bearbeiten Sie diese Formel entsprechend Ihren Wünschen.
4. Schließen Sie die Änderungen wieder mit ⌨Strg⌨+⌨⇧⌨+⌨↵⌨.

Die Änderung wird in allen Zellen wirksam, welche die Matrixformeln enthalten.

Rechnen mit Matrizen

Einige Absätze zuvor wurden die mathematischen Grundlagen der Matrizenrechnung knapp angerissen und man könnte meinen, dass dies, wenn auch vielleicht nicht allzu schwer zu verstehen, doch zumindest recht umständlich zu realisieren sei. Doch da Excel die Grundlagen der Matrizenrechnung bereits eingebaut hat, ist die Verknüpfung von Matrizen unkompliziert.

Direkte Matrixoperationen

Die Vorgehensweise ist identisch mit der, die im vorangegangenen Beispiel benutzt wurde.

1. Sie markieren den Zielbereich (für die Ergebnismatrix) und geben das Gleichheitszeichen ein.

2. Markieren Sie die erste Matrix und geben Sie das Operationszeichen (z.B. das Pluszeichen bei einer Addition) ein.

3. Markieren Sie die zweite Matrix und schließen Sie mit ⌈Strg⌉+⌈⇧⌉+⌈↵⌉ ab.

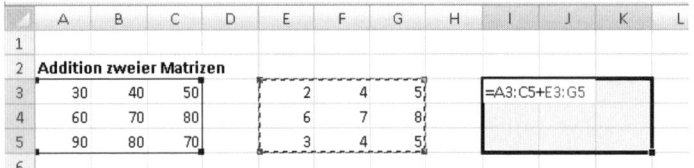

Abbildung 9.23 Zwei Matrizen werden miteinander addiert

Kopieren Sie die beiden Ausgangsbereiche nach A8. Dann können Sie (wie zuvor beschrieben) die Matrixoperation für die Multiplikation vornehmen.

	A	B	C	D	E	F	G	H	I	J	K	L
1												
2	Addition zweier Matrizen											
3	30	40	50		2	4	5		32	44	55	
4	60	70	80		6	7	8		66	77	88	
5	90	80	70		3	4	5		93	84	75	
6												
7	Multiplikation zweier Matrizen											
8	30	40	50		2	4	5		60	160	250	
9	60	70	80		6	7	8		360	490	640	
10	90	80	70		3	4	5		270	320	350	
11												
12												

Abbildung 9.24 Matrizen wurden multipliziert

> **TIPP**   Manchmal ist eine Matrixformel nicht angebracht, etwa dann, wenn Zwischenergebnisse berücksichtigt oder Einzelformeln individuell angepasst werden müssen. Einen Ausweg bietet dann die Funktion *SUMMENPRODUKT*:

	I13	▼	fx	=SUMMENPRODUKT(A13;E13)							
	A	B	C	D	E	F	G	H	I	J	K	L
7	Multiplikation zweier Matrizen											
8	30	40	50		2	4	5		60	160	250	
9	60	70	80		6	7	8		360	490	640	
10	90	80	70		3	4	5		270	320	350	
11												
12	Alternative mit Summeprodukt											
13	30	40	50		2	4	5		60	160	250	
14	60	70	80		6	7	8		360	490	640	
15	90	80	70		3	4	5		270	320	350	
16												

Abbildung 9.25 Matrixoperationen können auch mit anderen Funktionen simuliert werden

Matrizenoperationen mit dem Dialogfeld *Funktion einfügen*

Bei der Multiplikation zweier Matrizen müssen es aber nicht immer gleichartige sein. Dann wird es allerdings etwas komplizierter – aber nur für Excel – nicht für Sie! Lassen Sie sich bei der Arbeit vom Dialogfeld *Funktion einfügen* unterstützen:

1. Zunächst markieren Sie wieder den Zielbereich für die Ergebnismatrix.
2. Dann wählen Sie *Einfügen/Funktion* (Excel 2003) bzw. *Funktion einfügen* auf der Register-karte *Formeln* (Excel 2007).
3. Stellen Sie die Kategorie *Math. & Trigonom.* ein.
4. Suchen Sie in der Liste die Funktion *MMULT* und markieren Sie diese.

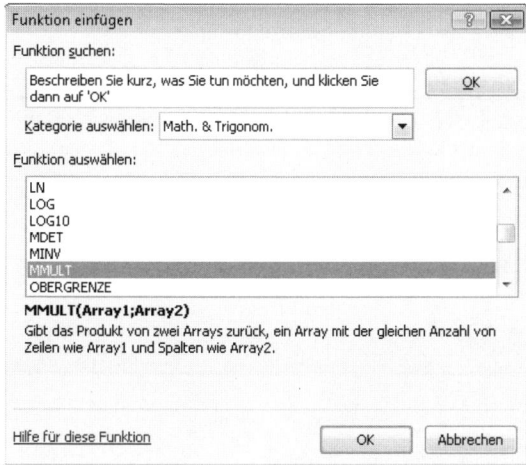

Abbildung 9.26 Die Funktion *MMULT* finden Sie in der Kategorie *Math. & Trigonom.*

5. Bestätigen Sie mit einem Klick auf *OK*.
6. Tragen Sie im Dialogfeld *Funktionsargumente* die Zellbereiche für *Array1* und *Array2* (Excel 2007) bzw. *Matrix1* und *Matrix2* (Excel 2003) ein. Diese können Sie direkt eingeben oder aber durch die Auswahl in der Tabelle mit der Maus einfügen. Sind die Zellbereiche durch das Dialogfeld verdeckt, verschieben Sie es einfach, bis die Bereiche für Sie wieder sichtbar sind.

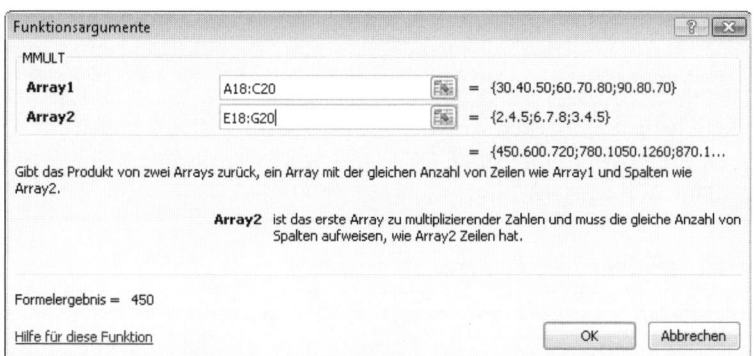

Abbildung 9.27 Die Matrizen können auch im Dialogfeld *Funktion einfügen* erfasst werden

7. Klicken Sie auf *OK*. Noch sind Sie aber nicht fertig!

8. Aktivieren Sie durch einfaches Anklicken die Bearbeitungsleiste.

9. Schließen Sie die Matrixformel mit ⌈Strg⌉+⌈⇧⌉+⌈↵⌉ ab.

	I18		▼		f_x {=MMULT(A18:C20;E18:G20)}							
	A	B	C	D	E	F	G	H	I	J	K	L
16												
17	**MMULT**											
18	30	40	50		2	4	5		450	600	720	
19	60	70	80		6	7	8		780	1050	1260	
20	90	80	70		3	4	5		870	1200	1440	
21												

Abbildung 9.28 Excel verfügt auch über leistungsfähige Funktionen für Matrizenrechnungen

---

ACHTUNG   Achten Sie darauf, dass die Markierung des Bereichs, in dem das Matrizenergebnis erscheinen soll, in Schritt 7 aufgehoben wird!

Funktionen für Matrizenoperationen

Insgesamt stellt Excel vier Funktionen für die Arbeit mit Matrizen zur Verfügung:

Funktion	Bedeutung
MMULT	Liefert das Produkt zweier Matrizen.
MDET	Liefert die Determinante einer Matrix.
MINV	Liefert die Inverse einer Matrix.
MTRANS	Liefert die transponierte Matrix der angegebenen Matrix

Tabelle 9.2 Funktionen für Matrizenoperationen

Der Umgang mit *MMULT* wurde im vorangegangenen Abschnitt bereits erläutert. Bei einer Determinante handelt es sich um ein Rechenschema als Hilfsmittel zur Arbeit mit quadratischen Matrizen. Die Inverse einer quadratischen Matrix ist diejenige Matrix, welche, mit der ursprünglichen multipliziert, die Einheitsmatrix ergibt. Die transponierte Matrix ist die Ursprungsmatrix, wobei die Zeilen und Spalten miteinander vertauscht wurden.

Interessant für die tägliche Arbeit sind sicherlich nur die Funktionen *MMULT* und *MTRANS*. Für Praktiker der Matrizenrechnung bieten aber die beiden anderen Funktionen keine Geheimnisse, sondern eher eine erhebliche Arbeitserleichterung.

Matrizenoperationen mit anderen Funktionen

Selbstverständlich können die anderen Funktionen von Excel in Matrizenoperationen genutzt werden. Ein kleines Beispiel soll dies demonstrieren. In der folgenden Abbildung finden Sie eine Auflistung von Artikelumsätzen. Zwei Matrizenformeln werten diese Liste aus. Die erste Formel ermittelt die Anzahl der Produkte, die einen Umsatz größer 500.000 € ausmachen, und lautet:

```
{=SUMME(WENN(B4:B16>500000;1;0))}
```

Die zweite Formel ermittelt die Anzahl der Produkte, die einen Umsatz kleiner 500.000 € ausmachen, und lautet:

```
{=SUMME(WENN(B4:B16<500000;1;0))}
```

Das Ergebnis sehen Sie direkt in der Abbildung 9.29.

	A	B	C	D	E	F	G	H	I
1									
2	**Artikelumsätze 2009**								
3									
4	Produkt A	2.350.777			5	Produkte über 500.000 € Umsatz			
5	Produkt B	127.777							
6	Produkt C	350.007			8	Produkte unter 500.000 € Umsatz			
7	Produkt D	17.300							
8	Produkt E	1.700.020							
9	Produkt F	570.344							
10	Produkt G	27.350							
11	Produkt H	950.700							
12	Produkt I	105.050							
13	Produkt J	21.003							
14	Produkt K	7							
15	Produkt L	153.570							
16	Produkt M	1.050.505							
17									
18									

Abbildung 9.29 Matrizenoperationen vertragen sich auch mit den meisten anderen Excel-Funktionen

HINWEIS Leider können logische Ausdrücke und Funktionen (z.B. *UND*, *ODER*) und auch 3D-Bezüge nicht in Matrizenformeln benutzt werden!

Anwendungsentwicklung mit Excel

In den vorangegangenen Kapiteln wurde kaufmännisches Rechnen (im weiteren Sinne) an verschiedenen Beispielen gezeigt. Excel ist aber weitaus leistungsfähiger als dies die recht überschaubaren Lösungen vermuten lassen. Deshalb wird in diesem letzten Kapitel gezeigt, wie Sie auch komplexe Anwendungen mit Excel entwickeln können.

In Excel integriert ist die Programmiersprache VBA (Visual Basic für Applikationen). Damit lässt sich eine Excel-Anwendung so ausbauen und programmieren, dass man fast schon von einer eigenen Anwendung sprechen kann. Nun ist aber die Programmierung nicht jedermanns Sache. Und um wirklich effektiv mit VBA Anwendungen zu entwickeln, muss man schon einiges an Kenntnissen und Erfahrung mitbringen. Oftmals ist dies aber gar nicht nötig. Die Anwendungen, die in diesem Kapitel vorgestellt werden, benötigen die VBA-Programmierung nicht. Wenn Sie keine Vorkenntnisse in VBA-Programmierung haben und diese auch nicht erwerben möchten, finden Sie hier einen Weg, wie Anwendungen innerhalb von Excel erstellt werden können. Wenn Sie VBA-Kenntnisse haben oder sich später aneignen, steht es Ihnen ja frei, die vorhandenen Anwendungen mit eigenen Programmen zu erweitern. Für einen Grundeinstieg bietet Ihnen dieses Kapitel jedoch die notwendigen Informationen, um Abläufe durch Aufzeichnung von Makros zu vereinfachen.

Tabellenaufbau und -design

Es reicht heute kaum noch aus, nackte Zahlen einfach irgendwie in einer Tabelle darzustellen. Auch ohne Diagramm sollen diese Daten repräsentativ dargestellt werden können. Excel ist eine Anwendung, die vielfältige Möglichkeiten der Tabellengestaltung bietet. Darüber hinaus ist es auch noch relativ leicht, präsentationsfähige Dokumente mit Excel zu erstellen. Die Dokumentgestaltung beginnt bei der Zellformatierung und endet mit der Druckausgabe.

HINWEIS   In diesem ersten Abschnitt dieses Kapitels beginne ich noch einmal fast von vorn, d.h. ich erkläre auch Details, die ich sonst nicht mehr ausführlich erklären werde. Damit können auch Anfänger, die nicht erst das ganze Buch bis Kapitel 9 durcharbeiten möchten, hier einsteigen. Die fortgeschrittenen Abschnitte in diesem Kapitel können aber nicht voraussetzungslos von Anfängern nachvollzogen werden. In diesem Fall ist dann eher ein Excel-Grundkurs anzuraten oder mindestens das Durcharbeiten von Kapitel 1 dieses Buches.

Ein einfaches Modell zur Einnahmen/Ausgaben-Überwachung soll als Beispiel für die Tabellengestaltung unter anderem mit Zahlenformaten dienen. Diese Tabelle kann zur privaten Finanz- und Belegkontrolle benutzt werden, lässt sich aber auch mit wenig Aufwand zu einer Einnahmenüberschussrechnung für Freiberufler ausbauen, indem beispielsweise Spalten für die Mehrwertsteuerermittlung eingefügt werden. Eine umfangreichere Version finden Sie am Ende dieses Kapitels, allerdings ohne die ausführlichen Erläuterungen zur Erstellung wie in diesem ersten Abschnitt.

Arbeitsblattgestaltung

Excel versteht nicht nur die verschiedensten Datenformate, sondern kann sie auch entsprechend darstellen. Darüber hinaus sind auch eine Menge Gestaltungsmöglichkeiten an einer Tabelle anzuwenden.

Tabellenstruktur anlegen

Öffnen Sie eine neue Arbeitsmappe und erstellen Sie die Grundstruktur der Tabelle. Orientieren Sie sich dabei an der Abbildung 10.1.

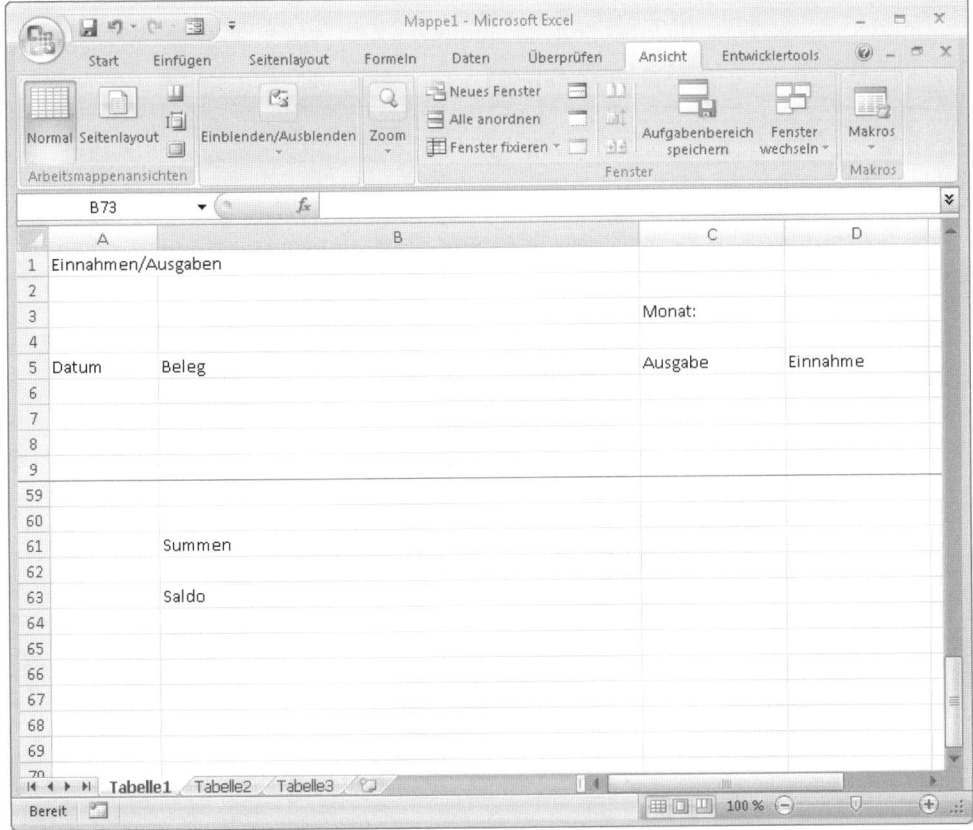

Abbildung 10.1 Die Grundstruktur der Einnahmen/Ausgaben-Tabelle

In die erste Zeile kommt der Titel »Einnahmen/Ausgaben«. Stellen Sie ihn ruhig in die erste Spalte. Sie werden ihn später zentrieren, damit er deutlicher als Überschrift hervortritt. Zum Titel gehört auch noch der Monat, da die Einnahmen/Ausgaben-Tabelle monatlich geführt werden soll.

Zunächst sollte in Excel immer die Grundstruktur einer Tabelle aufgebaut werden. Vier Spalten reichen in diesem Beispiel aus, um eine aussagefähige Tabelle zu erstellen: Datum, Beleg, Ausgabe und Einnahme. Weiter unten sollen dann noch Summen und Salden ermittelt werden.

Diese Auswertungen setzen Sie in die Zeilen 61 bis 63. Sie können das aber durchaus auch anders festlegen, z.B. wenn Sie das Blatt quer und nicht längs bedrucken wollen.

Tabelle teilen

Damit bei der Erstellung (und möglicherweise auch bei der Arbeit mit der fertigen Tabelle) immer auch der Kopfteil der Tabelle zu sehen ist, ist es sinnvoll, das Arbeitsblatt zu teilen. Dabei gehen Sie folgendermaßen vor (Excel 2003):

1. Wählen Sie *Fenster/Teilen*.
2. Ziehen Sie die vertikale Teilungslinie an den linken oder rechten Rand (sie sollte verschwinden).
3. Fassen Sie mit dem Mauszeiger die horizontale Teilungslinie an und platzieren Sie diese etwa in der Mitte des Blattes.

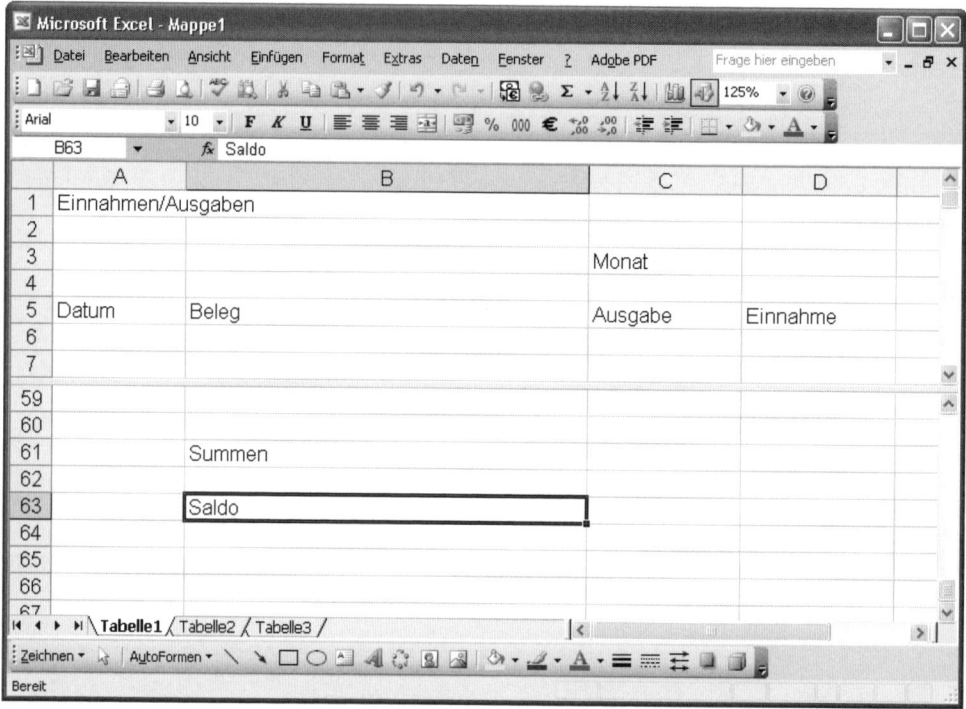

Abbildung 10.2   Das Excel-Fenster kann in zwei separat scrollbare Teile verwandelt werden

In Excel 2007 werden Sie den Teilungsbefehl vergeblich suchen. Auf der Registerkarte *Ansicht* ist alles zu finden – nur kein Befehl *Fenster/Teilen*. Es gibt ihn aber und wenn Sie ihn nutzen wollen, müssen Sie diesen Befehl aus dem Versteck holen:

1. Öffnen Sie in der Schnellstartleiste (links oben) mit der kleinen Schaltfläche rechts das Menü.
2. Wählen Sie *Weitere Befehle*.
3. Markieren Sie im Listenfeld *Befehle auswählen* den Eintrag *Alle Befehle*.
4. Klicken Sie einmal in die Liste darunter.

5. Drücken Sie die T-Taste.

6. Vielleicht müssen Sie noch ein bisschen blättern, bis Sie den Befehl *Teilen* finden.

7. Markieren Sie ihn und klicken Sie auf *Hinzufügen*.

8. Bestätigen Sie mit *OK*.

Jetzt steht Ihnen in der Symbolleiste für den Schnellzugriff auch wieder der Befehl *Teilen* zur Verfügung. Sie wenden ihn an, wie zuvor für Excel 2003 beschrieben.

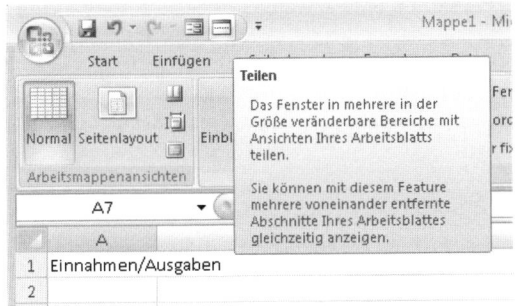

Abbildung 10.3 Der Befehl *Teilen* kann in Excel 2007 nachgerüstet werden

Um einen Fensterbereich zu bearbeiten, klicken Sie in diesen. Jeder Bereich hat seine eigenen vertikalen Bildlaufleisten und kann individuell gescrollt werden. Die horizontale Bildlaufleiste gilt aber für beide Fensterbereiche.

Titel zentrieren

Nun soll der Titel zentriert werden:

1. Markieren Sie die Zeile 1 von Spalte A bis D (mit der Maus in Zelle A1 klicken und bei gedrückter linker Maustaste bis nach D1 ziehen).

2. Klicken Sie dann auf die Schaltfläche *Verbinden und zentrieren* (die vierte Schaltfläche neben den Ausrichtungsschaltflächen).

   Der Text erscheint nun zentriert über das ganze Arbeitsblatt, obwohl Sie ihn in die erste Zelle geschrieben haben.

3. Verändern sie nun auch noch die Schriftgröße und legen Sie eine fette Schriftauszeichnung (Schaltfläche mit dem F) fest.

	A	B	C	D	E
1		**Einnahmen/Ausgaben**			
2					
3			Monat:		
4					
5	Datum	Beleg	Ausgabe	Einnahme	
6					
58					

Abbildung 10.4 Zentriert und fett sieht es schon eher wie ein Titel aus

Weitere Formatierungen

Weitere Gestaltungsmöglichkeiten bietet das Dialogfeld *Zellen formatieren*. Sie öffnen dieses, indem Sie *Format/Zellen* (Excel 2003) wählen bzw. auf der Registerkarte *Start* auf die kleine Schaltfläche neben der Gruppe *Zahl* klicken.

> **TIPP**   In beiden Programmen funktioniert auch die Tastenkombination ⌈Strg⌉+⌈1⌉.

In der Regel geht es schneller, bestimmte Formatierungen und Einstellungen über die Symbolleiste festzulegen. Sie müssen sich nicht durch diverse Menüs und Optionen bewegen und manche Schritte sind hier schon zusammengefasst. Sollen aber bestimmte Felder und/oder Bereiche kombiniert mit verschiedenen Eigenschaften bearbeitet werden, ist es besser, dies über das Dialogfeld zu erledigen. Sie können alles auf einmal festlegen und sehen gleich das fertige Endergebnis.

1. Markieren Sie den Zellbereich A5 bis D5.

2. Öffnen Sie das Dialogfeld *Zellen formatieren* (z.B. über die Tastenkombination ⌈Strg⌉+⌈1⌉).

3. Wählen Sie auf der Registerkarte *Ausrichtung* im Listenfeld *Horizontal* den Eintrag *Zentriert* aus.

4. Wählen Sie auf der Registerkarte *Schrift* im Listenfeld *Schriftschnitt* den Eintrag *Fett* aus.

5. Auf der Registerkarte *Rahmen* bestimmen Sie eine Linie am unteren Rand, indem Sie im Feld *Rahmen* einfach eine der Schaltflächen wählen oder direkt den unteren Rand anklicken. Bei *Art* können Sie auch noch die Stärke der Linie beeinflussen.

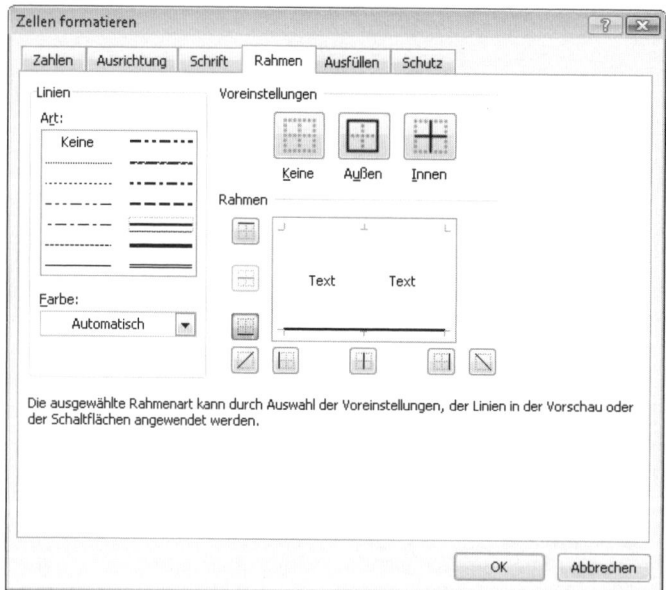

Abbildung 10.5 Rahmen können über eine eigene Registerkarte festgelegt und angepasst werden

6. Auf der Registerkarte *Ausfüllen* lässt sich eine Füllfarbe für den markierten Bereich auswählen.

7. Bestätigen Sie mit *OK*.

Formatieren Sie die Tabelle entsprechend der Abbildung 10.6 oder realisieren Sie, falls Ihr kreatives Potential sich nicht bremsen lässt, nach eigenem Gutdünken. An der Funktionalität wird dadurch nichts beeinflusst.

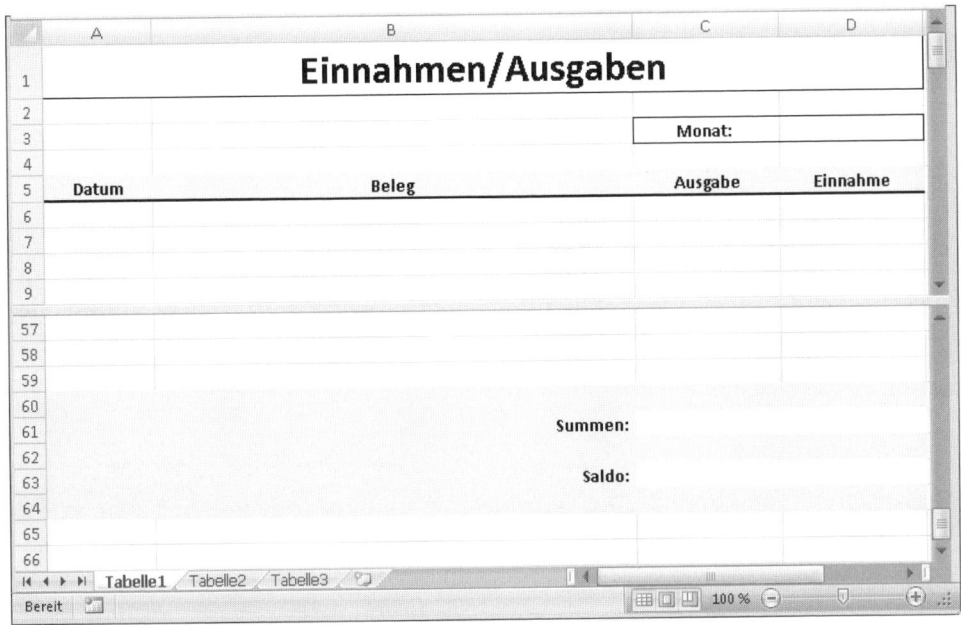

Abbildung 10.6 Eine formatierte Tabellenanwendung, noch ohne Formeln und Inhalte

---

TIPP Spätestens zu diesem Zeitpunkt sollten Sie die Tabelle speichern. Ich rate allerdings, schon mit dem Speichern zu beginnen, bevor irgendetwas an der Tabelle geändert wurde. Das Zwischenspeichern ist dann nämlich immer nur einen Mausklick weit entfernt.

Formeln für die Tabelle anlegen

Die Tabelle enthält lediglich im Fußbereich Berechnungsformeln. Bevor irgendwelche weiteren Formatierungen (und Einträge) vorgenommen werden, legen Sie diese Formeln jetzt an. Das Einfachste ist noch das Eintragen der Summenformeln.

1. Klicken Sie in die Zelle C61.
2. Klicken Sie die Summenschaltfläche in der Symbolleiste (Excel 2003) bzw. in der Multifunktionsleiste auf der Registerkarte *Start* (Excel 2007) an.
3. Legen Sie als Bereich C6:C59 fest, entweder direkt oder durch Auswahl des Zellbereichs mit der Maus.
4. Schließen Sie die Eingabe mit der ⏎-Taste ab.
5. Kopieren Sie die Formel in die Zelle D61.
6. Vergeben Sie für die Zellen C61 und D61 ein Währungsformat.

Beide Zellen enthalten nun die Summen der jeweiligen Spalten. Etwas schwieriger ist es, die Formeln für die Einträge in der Zeile »Saldo« festzulegen. Es soll ja immer nur in der Zelle der Saldo stehen, wo tatsächlich einer entstanden ist. Hier hilft die Logik-Funktion *WENN* weiter. Diese arbeitet folgendermaßen:

```
=WENN(Prüfung;Dann;Sonst)
```

Umgangssprachlich könnte man das auf die geforderte Situation folgendermaßen übertragen:

```
=WENN(Saldo >=0; Dann schreibe den Saldo; Sonst schreibe nichts)
```

»Sonst« enthält eine Alternative, die nichts bewirkt, denn eine Aktivität soll ja eben nicht erfolgen, falls der Saldo kleiner als 0 ist und damit auf die andere Seite gehört. Zur Ermittlung des Saldos ziehen Sie die beiden Summen heran.

Die Formel in Zelle C63 muss also lauten:

```
=WENN(D61-C61>=0;D61-C61;"")
```

In der Zelle D63 muss die Formel etwas umgestellt werden:

```
=WENN(C61-D61>=0;C61-D61;"")
```

Probieren Sie mit wenigen Testeingaben aus, ob die Formeln funktionieren und beseitigen Sie gegebenenfalls noch vorhandene Fehler. Löschen Sie anschließend die Testdaten wieder.

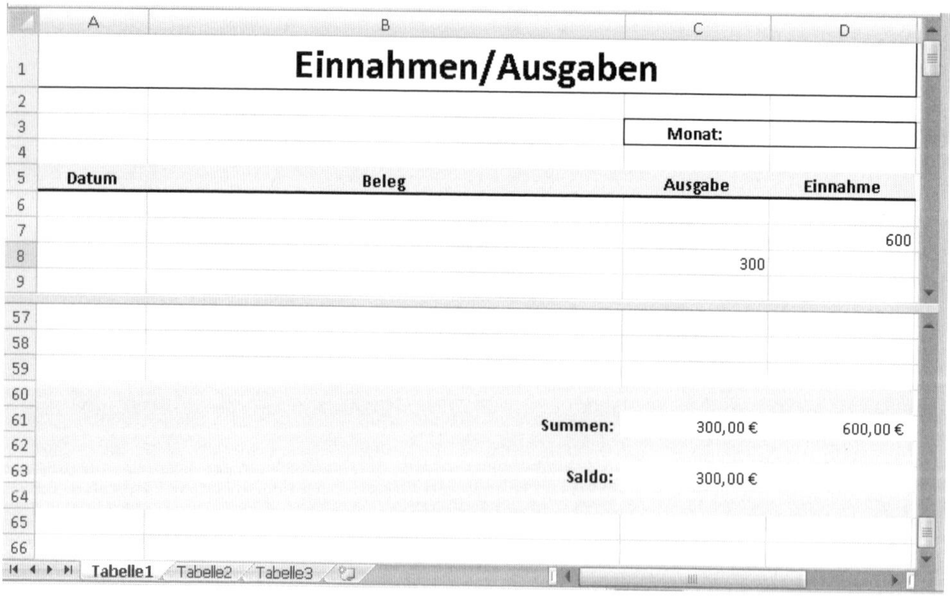

Abbildung 10.7 Zunächst sollten die Formeln ausprobiert werden

Zahlenformate

Das Formatieren großer Bereiche – insbesondere bei Zahlenformaten – erfolgt sinnvollerweise bei der Tabellenerstellung als einer der letzten Schritte.

Laufender Monat

Den letzten Schliff erhält diese Tabelle durch die Formatierung der Eingabefelder. Je nach Zweck und Inhalt können verschieden Formate festgelegt werden. Das erste Feld, das formatiert wird, ist die Zelle D3, die den laufenden Monat enthalten soll.

Um die Formate auszuwählen, aktivieren Sie das Dialogfeld *Zellen formatieren* durch Wahl von *Format/Zellen* (Excel 2003) bzw. über die Registerkarte *Start* und durch Anklicken des Pfeils rechts unten in der Gruppe *Zahl* (Excel 2007).

Holen Sie die Registerkarte *Zahlen* in den Vordergrund (wenn sie nicht standardmäßig ausgewählt ist) und aktivieren Sie die Kategorie *Datum*. Im Auswahlfenster *Typ* werden alle vorhandenen Formate, die das Datum betreffen, aufgelistet. Für die Einnahmen/Ausgaben-Tabelle ist der Tag an dieser Stelle uninteressant. Sinnvoll ist die Darstellung von Monat und Jahr.

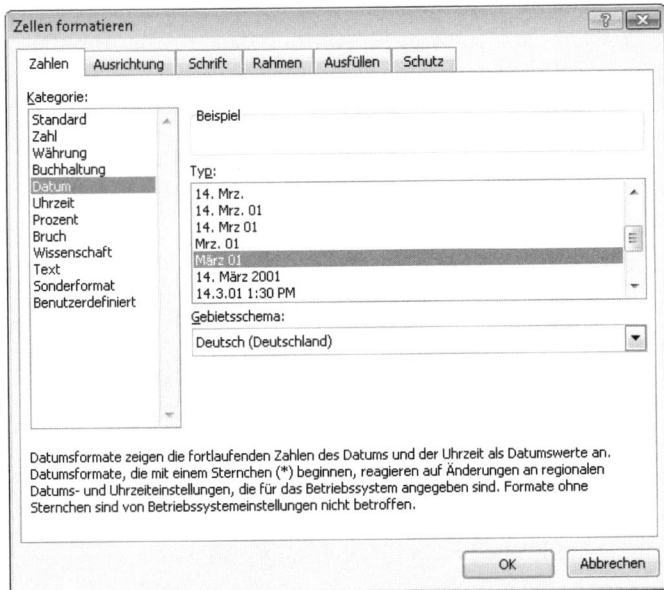

Abbildung 10.8 Das passende Datumsformat für die Einnahmen/Ausgaben-Rechnung

Wenn die Arbeitsblätter ausgedruckt werden, können so Blätter des gleichen Monats verschiedener Jahre nicht mehr durcheinander geraten. Klicken Sie also das Format *März 01* an. Damit wird keineswegs der Monat März des Jahres 01 eingetragen, sondern der aktuelle Monat des aktuellen Jahres.

Anschließend klicken Sie noch auf die Registerkarte *Ausrichtung* und wählen im Listenfeld *Horizontal* den Eintrag *Links (Einzug)* aus. Schließen Sie die Formatierung dieser Zelle mit *OK* ab.

Belegdatum

Markieren Sie nun die Zellen von A6 bis A59 und öffnen Sie erneut das Dialogfeld *Zellen formatieren*. Klicken Sie wiederum auf *Zahlen* und wählen Sie erneut die Kategorie *Datum*. Da es diesmal um das Belegdatum geht, wird auch der Tag benötigt. Allerdings können Sie sich entscheiden, auf das Jahr zu verzichten, da es ja bereits oben auf dem Arbeitsblatt steht. Wählen Sie aus der Liste also *14.3* oder *14. Mrz.* und als Ausrichtung legen Sie *Zentriert* fest.

Belegtext

Als Nächstes markieren Sie den Bereich von B6 bis B59. Hier wird nur Text eingegeben, der ohnehin linksbündig ausgerichtet wird. Sicherheitshalber legen Sie diese Ausrichtung aber definitiv fest, zumal Sie ohnehin hier eine kursive Schriftgestaltung wählen sollten, um den Belegtext etwas vom restlichen Text abzuheben (muss aber nicht sein – das gehört in den Bereich Geschmackssache).

Beträge

Den Abschluss bildet die Formatierung der Betragsspalten. Markieren Sie von C6 bis D63. Festgelegt werden sollen zwei Dezimalstellen hinter dem Komma, Tausenderpunkt und Währungszeichen. Sie können wie üblich in das Dialogfeld *Zellen formatieren* gehen. Schneller geht es aber, wenn Sie die Schaltflächen in der Gruppe *Zahl* nutzen. Sie können das Format direkt aus der Liste auswählen oder über die Symbolschaltflächen darunter zusammenklicken.

Abbildung 10.9 Über die Multifunktionsleiste (Registerkarte *Start*) lassen sich Formatierung quasi per Mausklick zuordnen

Als Mustervorlage speichern

Damit ist die Einnahmen/Ausgaben-Anwendung fertig. Speichern Sie diese einmal leer für den Fall ab, dass Sie diese Anwendung öfters benötigen. Um nicht den Überblick über zu viele Arbeitsmappen zu verlieren, speichern Sie das leere Formular als Mustervorlage ab. Gehen Sie dazu bitte folgendermaßen vor:

1. Vergewissern Sie sich, dass alle Eingaben (nicht die Formeln!) gelöscht sind.
2. Wählen Sie *Datei/Speichern unter* (Excel 2003) bzw. *Office-Menü/Speichern unter*.
3. Wählen Sie aus der Liste bei *Dateityp* die *Mustervorlage* (Excel 2003) bzw. *Andere Formate* und dann bei *Dateityp* aus der Liste den Eintrag *Excel-Vorlage* (Excel 2007).
4. Geben Sie einen Dateinamen ein und klicken Sie auf *Speichern*.

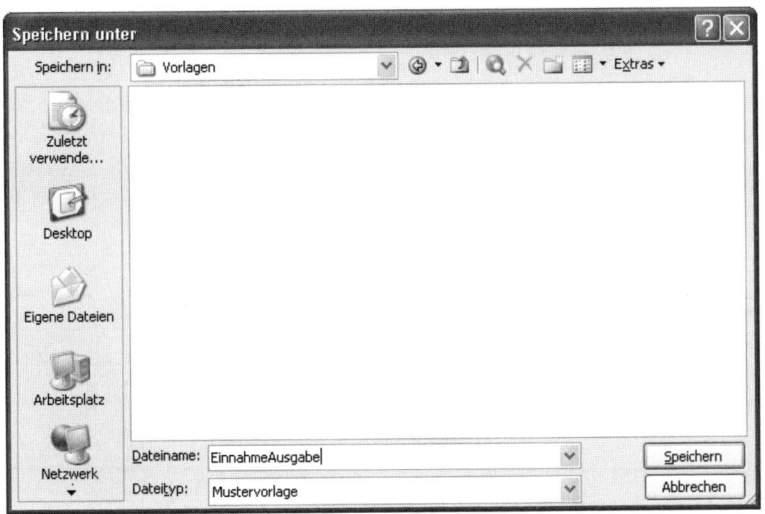

Abbildung 10.10 Speichern als Mustervorlage (mit Excel 2003)

Wenn Sie künftig mit der Mustervorlage arbeiten wollen, finden Sie diese über *Neu/Vorlagen/Auf meinem Computer* (Excel 2003) bzw. *Office-Menü/Neu/Meine Vorlagen* (Excel 2007). Markieren und auf *OK* klicken und schon steht die leere Anwendung zur weiteren Bearbeitung zur Verfügung.

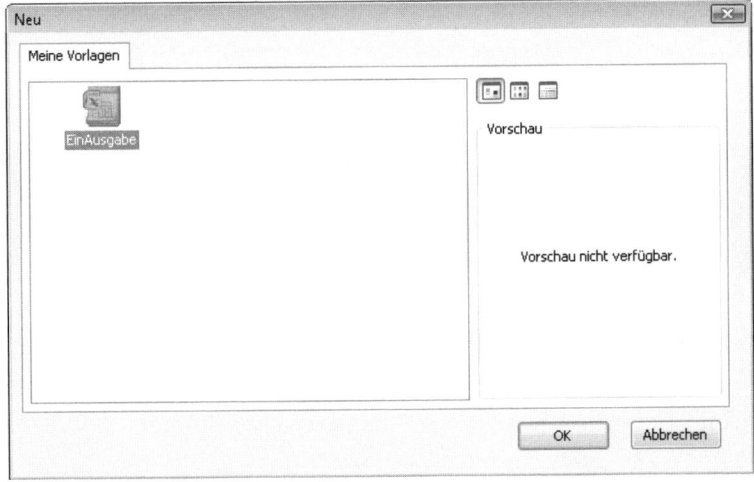

Abbildung 10.11 Vorlagen lassen sich immer wieder neu laden und einsetzen

Mit der Tabelle arbeiten

Mit der fertigen Tabelle können sie jetzt Ihre Einnahmen und Ausgaben verwalten. Bevor Sie dies tun, lohnt es sich, die Tabelle einmal mit »Spieldaten« auszuprobieren. Klicken Sie in die Zelle D3 und tragen Sie »Januar 2009« ein. Sie sehen, dass Excel Ihre Eingabe ignoriert und

»Jan. 09« in die Zelle schreibt. In der Bearbeitungsleiste sehen Sie 01.01.2009. Dies ist die Auswirkung des Formats, das Sie für diese Zelle festgelegt haben.

Geben Sie anschließend ein paar Daten ein, um zu prüfen, wie sich die Anwendung verhält. Sie werden übrigens feststellen, dass Excel direkt nach Eingabe des Betrags in Spalte C oder D in die Spalte A der darunterliegenden Zeile springt.

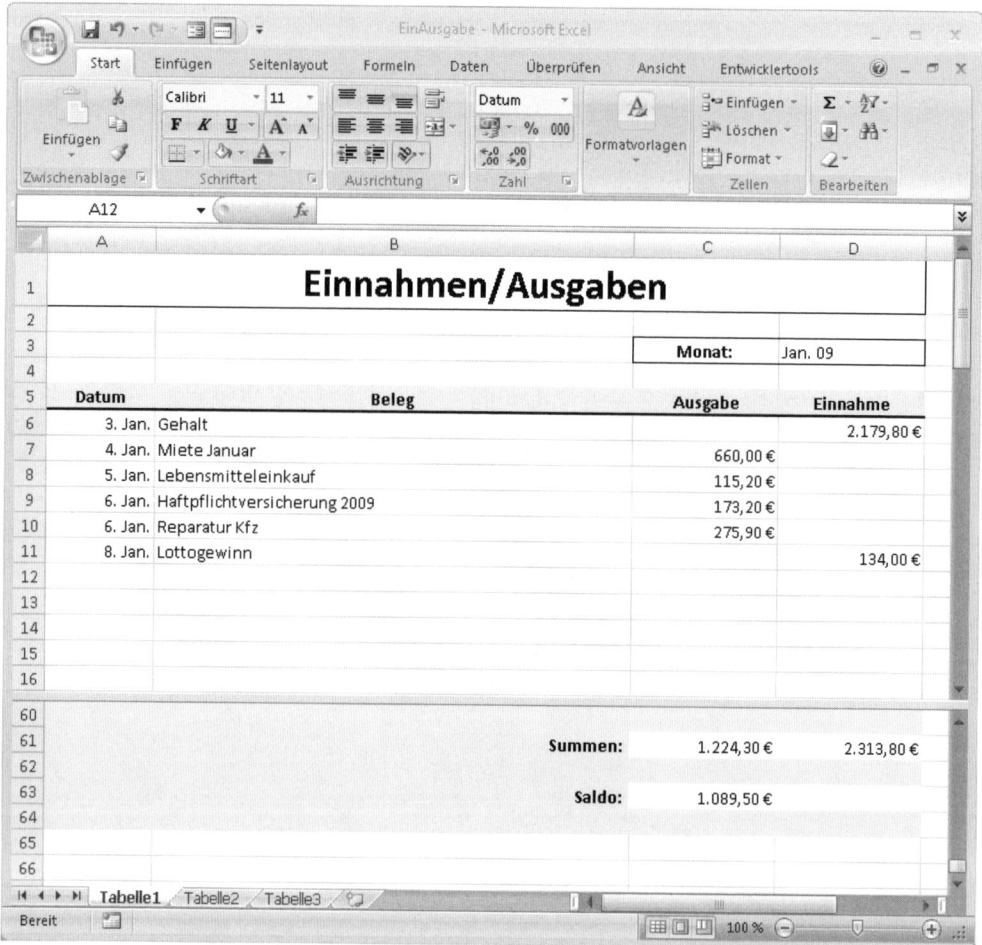

Abbildung 10.12 Die Anwendung im Test

Wenn Sie die Anordnung des Fensters (mit Teilung) so lassen, wie zu Beginn empfohlen, sehen Sie in der unteren Fensterhälfte immer gleich das Ergebnis jeder Transaktion. Probieren Sie auch einmal einen Saldenwechsel aus, geben Sie also einen Betrag ein, der die Ausgaben über die Einnahmen wachsen lässt.

HINWEIS   In der Praxis ist es zwar spannend, die Auswirkung jeder Buchung zu sehen, möglicherweise haben Sie aber lieber die Spaltenüberschriften ständig im Blick. Fahren Sie mit der Maus auf die Teilungslinie. Der Mauszeiger verwandelt sich in einen Doppelpfeil. Ziehen Sie dann einfach die Teilungslinie bis unter die Zeile 5 hoch und machen Sie Ihre Eingaben im unteren Fensterbereich.

Druckausgabe

Am Monatsende möchten Sie Ihre Tabelle schwarz auf weiß sehen und – wie es sich für einen ordentlichen Menschen gehört – abheften. Sie können dazu gleich auf die Schaltfläche für den schnellen Ausdruck klicken (Excel 2003) oder *Office-Menü/Drucken/Schnelldruck* wählen (Excel 2007). Vermutlich wird Ihnen das Ergebnis aber nicht zusagen. Excel geht von bestimmten Standardvorgaben aus, die mit Ihren Vorstellungen meist nicht übereinstimmen.

- Möglicherweise passt nicht alles auf eine Seite.

- Die Standardvorgaben für Kopf- und Fußzeile sind nicht jedermanns Sache.

- Die am Bildschirm hilfreichen Gitternetzlinien stören Sie möglicherweise beim Ausdruck.

Wenn Sie kein Papier verschwenden wollen, können Sie auch zunächst die Seitenansicht wählen, um die Ansicht des unvorbereiteten Ausdrucks zu überprüfen. Gehen Sie dann aber folgendermaßen vor, um einen individuellen Ausdruck zu erhalten.

1. Wählen Sie den Menübefehl *Datei/Seite einrichten* (Excel 2003) bzw. klicken Sie auf der Registerkarte *Seitenlayout* auf den Pfeil unten rechts neben *Seite einrichten* (Excel 2007).

2. Aktivieren Sie die Registerkarte *Papierformat*.

3. Die Tabelle ist für den Ausdruck auf Papier im *Hochformat* eingerichtet.

4. Das *Papierformat* sollte auf *A4* und *Druckqualität* auf *300 dpi* stehen. Klicken Sie auf *Optionen*, können Sie die Druckqualität und auch den Farbdruck beeinflussen.

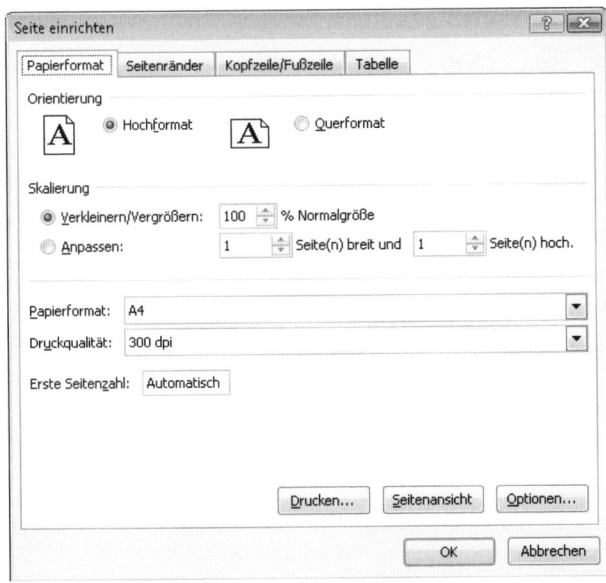

Abbildung 10.13 Für den Ausdruck werden Papierformat und Druckqualität festgelegt

5. Aktivieren Sie die Registerkarte *Seitenränder* und stellen Sie die großzügig bemessenen Ränder individuell ein. Kontrollieren können Sie über die Schaltfläche *Seitenansicht*, ob alles auf eine Seite passt.

> **TIPP**   Ist die Tabelle eher kleiner als eine DIN A4-Seite, sieht es unschön aus, wenn diese links oben auf die Seite gequetscht wird. Sie können über die Aktivierung der Kontrollkästchen vor *Horizontal* und *Vertikal* (unter *Auf der Seite zentrieren*) dafür sorgen, dass die Tabelle schön in der Mitte des Blattes ausgedruckt wird.

6. Aktivieren Sie die Registerkarte *Kopfzeile/Fußzeile*, um die Standardanpassungen nach eigenen Vorstellungen anzupassen. Wenn die Vorgaben in den Listen nichts Passendes enthalten, können über die Schaltflächen *Benutzerdefinierte Kopfzeile* und/oder *Benutzerdefinierte Fußzeile* individuelle Varianten zusammengestellt werden.

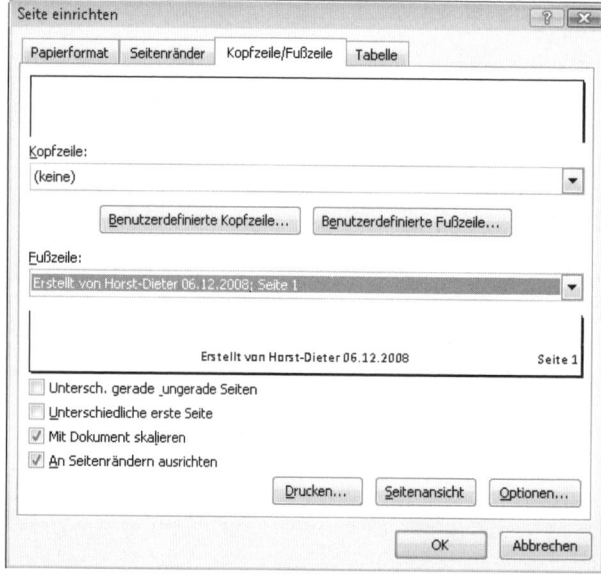

Abbildung 10.14 Kopf- und Fußzeilen können individuell eingerichtet werden

7. Aktivieren Sie die Registerkarte *Tabelle*.

8. Entfernen Sie im Bereich *Drucken* das Häkchen bei *Gitternetzlinien*.

9. Schließen Sie das Dialogfeld *Seite einrichten* durch Anklicken der Schaltfläche *OK*.

Nun können Sie die Tabelle »Einnahmen/Ausgaben« drucken. Prüfen Sie aber zuvor über *Seitenansicht* am Bildschirm, ob alles wirklich so ist, wie Sie sich das vorgestellt haben. Notfalls korrigieren Sie Ihre Einstellungen – Sie wissen ja jetzt, wie das geht.

> **TIPP**   Lässt sich auch durch Anpassung der Ränder die Tabelle nicht auf einer Seite drucken und kommt für Sie der Druck auf zwei Seiten nicht in Frage, können Sie auf der Registerkarte *Papierformat* unter *Skalierung* bei *Verkleinern/Vergrößern* den Prozentsatz anpassen. Voreingestellt sind *100%*. Verringern Sie den Wert schrittweise, bis alles auf eine Seite passt.

Finanzplanung

1494 schrieb der Franziskanermönch Luca Pacioli in seiner »Abhandlung über die Buchhaltung« Folgendes:

»Denn wie man weiß, sind hauptsächlich drei Dinge für den notwendig, der mit gebührendem Fleiß Handel treiben will. Das Wichtigste davon ist das bare Geld und jede andere Vermögenssubstanz nach dem Spruch des Philosophen: Irgendetwas Vermögen ist notwendig (Unum aliquid necessariorum est substantia).«

Luca Pacioli: Abhandlung über die Buchhaltung 1494. Übersetzt von Balduin Penndorf, Stuttgart 1933, S.88

Daran hat sich bis heute nichts geändert. Wer keine baren Mittel und kein ausreichend unbares Vermögen hat, wird sich im Geschäftsleben schwertun. Und wer es hat, muss zusehen, dass er es auch behält. Eine vernünftige Finanzplanung und darin insbesondere eine zeitnahe Liquiditätsplanung sind nötig, um die Zahlungsfähigkeit zu erhalten und die Insolvenz zu vermeiden. Wie man eine vernünftige Liquiditätsplanung mit Excel aufbaut und einrichtet, können Sie auf den folgenden Seiten lesen und nachvollziehen.

Grundlagen der Liquiditätsplanung

Sämtliche Finanzbewegungen werden in der Buchhaltung erfasst. So gesehen ist dies eine erste Quelle zur Beurteilung der finanziellen Lage, indem man die dort erfassten Werte einfach auswertet.

Zahlungsfähigkeit

Eine einfache Möglichkeit, die Zahlungsfähigkeit festzustellen, ist folgende: Anfangsbestand an Finanzmitteln und den Finanzzufluss im untersuchten Zeitraum addieren und davon die Finanzabflüsse abziehen. Ist das Ergebnis gleich Null oder größer Null, kann von einer Zahlungsfähigkeit gesprochen werden. Das lässt sich auch einfach in einer Excel-Tabelle umsetzen.

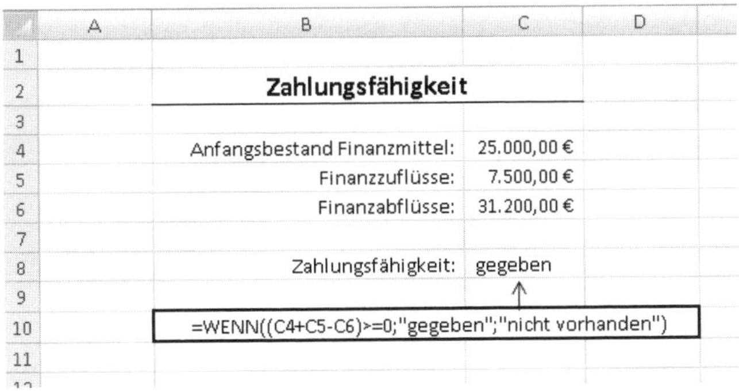

Abbildung 10.15 Zahlungsfähigkeit wird ermittelt, indem alle vorhandenen Mittel und Zuflüsse um die Finanzabflüsse reduziert werden

Ist der Zufluss größer als der Abfluss, spricht man von einer Überliquidität (die vorhandenen Finanzmittel werden erhöht), ist er kleiner als der Abfluss, nennt man dies Unterliquidität (vorhandene Finanzmittel werden verbraucht). Auch das lässt sich noch in einer solchen Tabelle auswerten.

	A	B	C	D	E	F	G	H
1								
2		**Zahlungsfähigkeit**						
3								
4		Anfangsbestand Finanzmittel:	25.000,00 €					
5		Finanzzuflüsse:	7.500,00 €		←	=WENN(C5>C6;"Überliquidität";"")		
6		Finanzabflüsse:	31.200,00 €	Unterliqudität	←	=WENN(C6>C5;"Unterliqudität";"")		
7								
8		Zahlungsfähigkeit:	gegeben					
9			↑					
10		=WENN((C4+C5-C6)>=0;"gegeben";"nicht vorhanden")						
11								

Abbildung 10.16   Unter- und Überliquidität können in der Tabelle ebenfalls angezeigt werden

Allerdings hinkt solch eine Rechnung in mehrfacher Hinsicht. Es wird immer nur die Situation zum aktuellen Zeitpunkt ermittelt. Die zu kennen ist zwar nicht falsch und sogar wichtig (so ist bei Eintreten der Zahlungsunfähigkeit in vielen Fällen die Anmeldung der Insolvenz vorgeschrieben), sie reicht aber nicht aus, um mittel- und langfristig den Erhalt der Zahlungsfähigkeit zu planen. Wer am Tag der Zahlungsunfähigkeit zur Bank geht und Mittel zur Aufrechterhaltung derselben fordert, hat ganz schlechte Karten. Wer langfristig Liquiditätsengpässe voraussieht, kann angemessen darauf reagieren, Vorsorge treffen und hat meist auch mehrere Alternativen zur Auswahl.

Hinzu kommt, dass es nicht ganz einfach ist, die Buchhaltung entsprechend auszuwerten. Die Kontenpläne sind heute im Allgemeinen so differenziert, dass man gut aufpassen muss, wirklich alles – und dann auch noch richtig – zu erfassen. Die meisten Buchhaltungsprogramme bieten eine entsprechende Auswertung automatisch an. Das sollte man nutzen – und Excel für einen richtigen Liquiditätsplan vorziehen.

Stellung der Liquiditätsplanung

Die Liquiditätsplanung ist Teil der Gesamtplanung eines Unternehmens. Da sie in der Regel immer für ein laufendes Jahr geplant wird, spricht man auch von einer kurzfristigen Planung. Es ist aber nicht falsch, diese Rechnung auf die folgenden Jahre weiterzurechnen. Sie wird dadurch zwar immer ungenauer, aber für einen generellen Blick in die Zukunft ist es gar nicht so verkehrt. Wenn man dadurch erkennt, dass bei Beibehaltung der aktuellen Unternehmensentwicklung in zwei bis drei Jahren Probleme auftauchen, kann man gezielt über Änderungen der Unternehmenspolitik nachdenken. So etwas wirkt sich nicht kurzfristig aus und muss deshalb langfristig angegangen werden.

Idealerweise setzt sich eine Liquiditätsplanung aus einer Tagesplanung (Dispositionsplanung), Wochenplanung, Monatsplanung, Quartalsplanung und Jahresplanung zusammen. Quartalspläne werden rollierend erstellt, d.h., ist ein Quartal zu Ende gegangen, wird ein weiteres künftiges Quartal geplant. So bezieht man die laufende Entwicklung immer angemessen ein. In kleineren und mittleren Unternehmen wird oft eine solche Planung als zu aufwändig angesehen und an fehlender personeller Kapazität scheitern. Trotzdem sollte man die Liquiditätsplanung deshalb nicht über den Haufen werfen. Im Folgenden wird ein Beispiel einer Jahresplanung vorgestellt, die als Ausgangsbasis für eine differenziertere Planung dienen kann. Hat man einmal angefangen, mit einer solchen Grundlage zu arbeiten, ist es keine große Sache mehr, monats- oder quartalsweise rollierend zu ergänzen.

Struktur der Liquiditätsplanung

Im Prinzip werden die (zukünftigen) Einnahmen/Einzahlungen und Ausgaben/Auszahlungen erfasst und voneinander subtrahiert. Barmittel, Kontoguthaben und Kreditlinien werden gegenüber gestellt und auf diese Weise die freie Liquidität – oder die Unterdeckung – festgestellt. Da es sich um eine Zukunftsrechnung handelt, wird auf Planrechnungen zurückzugreifen sein.

Liquiditätsplanung als Jahresplanung

Wie schon geschrieben, wird im Folgenden eine Jahres-Liquiditätsplanung erstellt. Legen Sie dazu eine neue Arbeitsmappe an, da mehr als eine Tabelle benötigt werden. Der Übersichtlichkeit halber ist diese Planung vereinfacht, kann aber ohne großen Aufwand (Zeilen einfügen) erweitert werden, ohne dass Formeln angepasst werden müssen.

HINWEIS Fügt man in eine bestehende Tabelle Zeilen oder Spalten ein, passt Excel automatisch alle Bezüge in Formeln an.

Tabelle aufbauen

Den Rahmen der Planungstabelle ergänzen Sie bitte entsprechend der Abbildung 10.17. Nutzen Sie bei den Monatsspalten die AutoAusfüllen-Funktion von Excel.

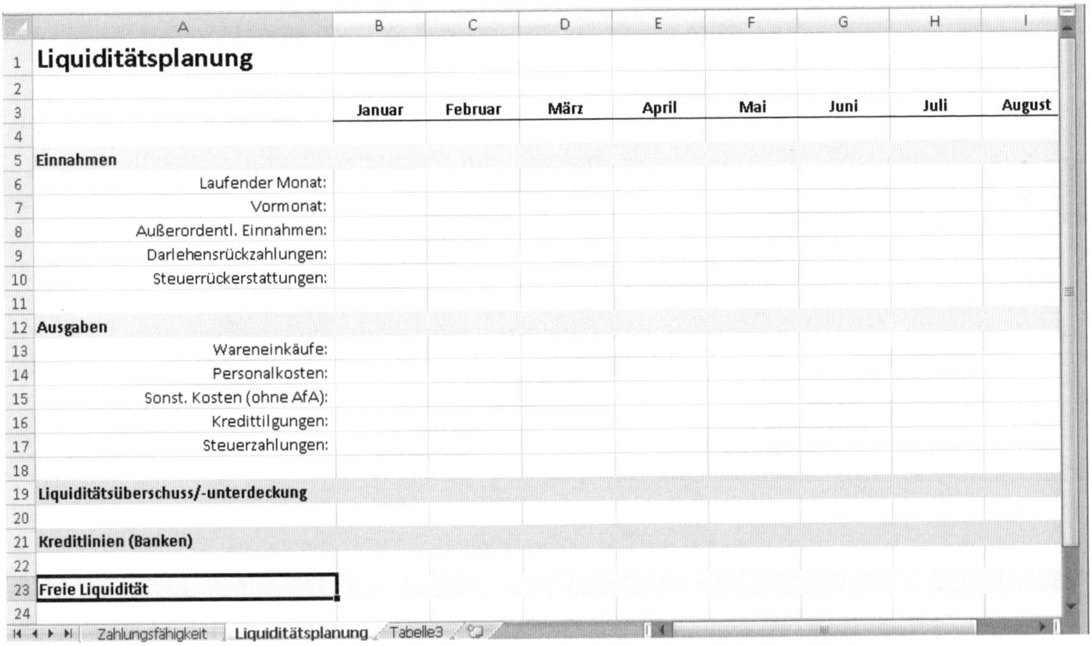

Abbildung 10.17 Der Rahmen der Liquiditätsplanung ist schnell erstellt

Berücksichtigen Sie bei den einzelnen Positionen Folgendes:

- **Einnahmen/Einzahlungen:** Laufender Monat und folgender Monat. Abhängig vom Geschäftszweig und der Betriebsart sind die Einzahlungen nicht immer mit den Einnahmen (Umsatz) identisch. Ein Einzelhandelsbetrieb, der weitgehend Bargeschäfte tätigt, wird den allergrößten Teil des Umsatzes auch direkt als Einnahme verbuchen können. Ein Großhandelsbetrieb, der auf Rechnungsbasis arbeitet und ein Zahlungsziel gewährt, wird einen Teil der Umsätze erst später als Einnahme verbuchen können. In diesem Beispiel wird von der Annahme ausgegangen, dass eine prozentuale Verteilung des Umsatzes auf die Einzahlungen vorgenommen werden kann. Die Quelle für die prozentuale Verteilung wird an anderer Stelle der Arbeitsmappe aufgebaut.

- **Sonstige Einnahmen** können alles Mögliche sein: außergewöhnliche Einnahmen, z.B. aus dem Verkauf eines Anlagegutes (das schon längst abgeschrieben war), oder die Einlage eines Gesellschafters.

- **Darlehensrückzahlungen** (Rückzahlungen gewährter Darlehen) und **Steuerrückerstattungen** gehören ebenfalls zu den Einnahmen, die berücksichtigt werden müssen, auch wenn sie in der Buchhaltung nicht für die laufende Periode als ergebnisrelevant berücksichtigt werden.

- **Ausgaben:** Wareneinkäufe werden erfasst, nicht der Wareneinsatz, der in der Gewinn- und Verlustrechnung zur Ergebnisermittlung benötigt wird.

- Alle **sonstigen Kosten**, die zu Ausgaben (Auszahlungen) führen, werden benötigt. Abschreibungen (AfA) und andere kalkulatorische Kosten gehören nicht dazu.

- Der **Finanzüberschuss** ergibt sich aus der Subtraktion der Ausgaben von den Einnahmen.

- Die Zeile mit den **Kreditlinien** ist nur eine Information für jeden Monat. In die Berechnung wird sie – zusammen mit den Kontoständen vom Jahresanfang – nur im ersten Monat direkt miteinbezogen.

- Die **freie Liquidität** gibt an, wie viel Spielraum (für kurzfristige Liquidität) noch zur Verfügung steht (oder nicht).

Formeln eingeben

Die ersten drei Formeln übertragen Sie dann wieder mit der AutoAusfüllen-Funktion in die angrenzenden Zellen nach rechts.

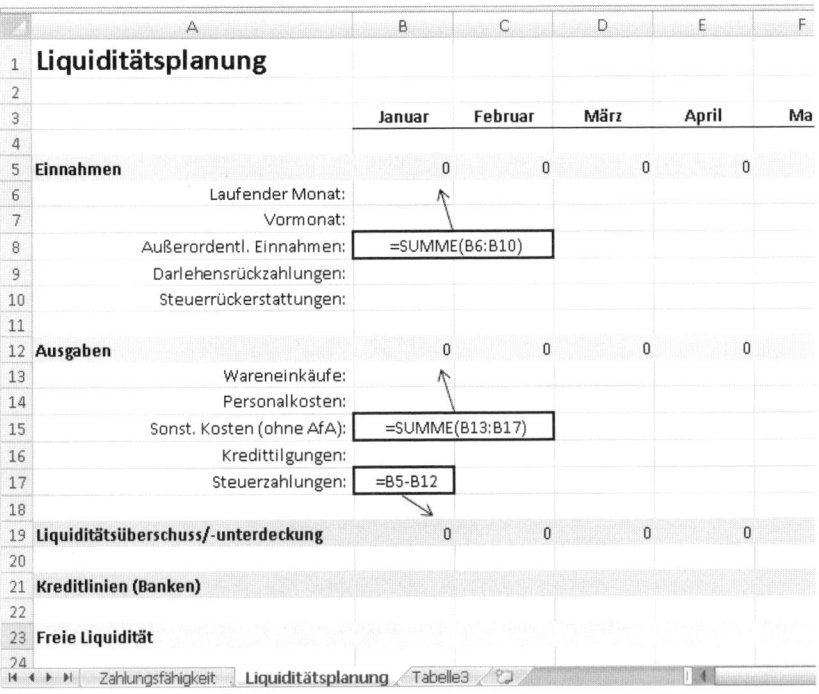

Abbildung 10.18 Die Formeln für die freie Liquidität sind schnell erfasst

Schriftfarbe festlegen

Legen Sie in der Zelle B19 die Schriftfarbe Rot fest, dann springt es sofort ins Auge, wenn in einem Monat die Liquiditätsgrenze unterschritten wird.

1. Sie erreichen die Einstellung für ein bedingtes Format (Excel 2003) über *Format/Bedingte Formatierung*.

2. Geben Sie als *Bedingung 1* ein: *Zellwert ist kleiner als 0*.

3. Anschließend klicken Sie auf *Format* und wählen eine rote Schriftfarbe.

4. Bestätigen Sie mit *OK*.

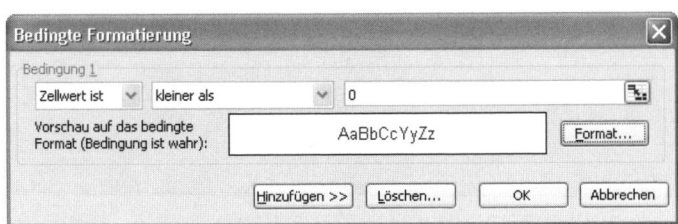

Abbildung 10.19 Alle Zahlen kleiner als 0 werden in roter Schriftfarbe dargestellt (Excel 2003)

In Excel 2007 gehen Sie folgendermaßen vor:

1. Wählen Sie auf der Registerkarte *Start* aus der Liste *Bedingte Formatierung* die *Regeln zum Hervorheben von Zellen/Kleiner als*.

2. Wählen Sie im Dialogfeld *Kleiner als* die Regel *0 mit rotem Text*.

3. Bestätigen Sie mit *OK*.

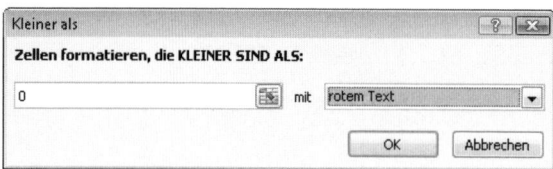

Abbildung 10.20 Alle Zahlen kleiner als 0 werden in roter Schriftfarbe dargestellt (Excel 2007)

Aktuell gilt die bedingte Formatierung nur für die Zelle B19. Soll diese Formatierung für alle Monate gelten, muss sie noch für die anderen Monate kopiert werden. Dazu wählen Sie *Einfügen/Inhalte* einfügen und aktivieren *Einfügen/Formate*.

Weitere Tabellen anlegen

Zur Vervollständigung der Anwendung müssen noch weitere Informationen zur Verfügung gestellt werden.

Um die Einnahmen zu ermitteln, wird der Planumsatz benötigt. In der Praxis wird dieser einer speziellen Umsatzplanung entnommen. Excel kann in dieser Tabelle den direkten Bezug dahin herstellen. Für dieses Beispiel gibt es die Umsatzplanung nicht und so werden wir einen Umsatzbezug künstlich auf einer anderen Tabelle in dieser Arbeitsmappe herstellen müssen. Wenden Sie dieses Beispiel später auf eine reale Situation an, verändern Sie den Bezug einfach auf die Umsatzplanung in der gleichen oder einer anderen Arbeitsmappe.

Legen Sie also eine neue Tabelle *Umsatzplanung* entsprechend der Abbildung 10.21 an. Formeln enthält diese Tabelle nicht. In der zweiten Zeile wird nur die Zelle B7 mit einem Wert gefüllt (manuell oder über einen Bezug, wenn eine passende Bezugsquelle zur Verfügung steht).

	A	B	C	D	E	F	G	H	I	J
1	**Umsatzplanung**									
2										
3										
4			Januar	Februar	März	April	Mai	Juni	Juli	August	September
5										
6	Umsatz:									
7	Umsatz Dez. Vorjahr:									
8										
9										
10										

Abbildung 10.21 Die Umsatzplanung wird für die Liquiditätsplanung benötigt

Die Tabelle *Kreditlinien* enthält die Informationen über die jeweiligen Kreditrahmen der einzelnen Banken. Außerdem werden die Kontostände zu Beginn des Jahres erfasst. Dann muss zusätzlich das Einnahmeverhältnis (wie viel kommt direkt im laufenden Monat und wie viel erst im nächsten Monat als Einzahlung) geschätzt werden. Das lässt sich am besten mit Blick auf die Vergangenheit schätzen, wobei aber der Blick auf aktuelle Entwicklungen (gibt es gerade eine Rezession oder andere wirtschaftliche Entwicklungen, die Einfluss auf das Zahlungsverhalten der Kunden haben könnten?) ebenfalls eingehen sollte. Diese Aufteilung könnte man auch direkt in der Planungstabelle vornehmen, aber es ist geschickter, es hier separat zu machen, weil dann Anpassungen einfacher und schneller umgesetzt werden können.

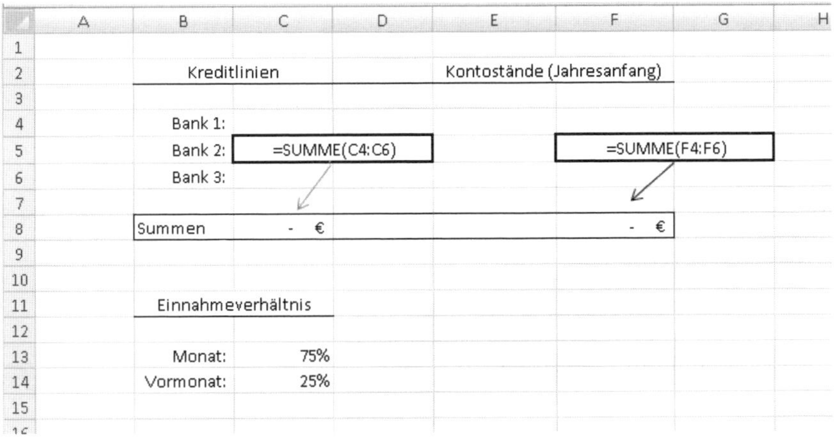

	A	B	C	D	E	F	G	H
1								
2		Kreditlinien			Kontostände (Jahresanfang)			
3								
4		Bank 1:						
5		Bank 2:	=SUMME(C4:C6)			=SUMME(F4:F6)		
6		Bank 3:						
7								
8		Summen	- €			- €		
9								
10								
11		Einnahmeverhältnis						
12								
13		Monat:	75%					
14		Vormonat:	25%					
15								

Abbildung 10.22 Die Tabelle mit den Zusatzinformationen für die Planung

Planungstabelle fertigstellen

Nun können die Formeln zur Berechnung der Liquidität in die Haupttabelle eingetragen werden.

Formeln für die Liquiditätsberechnung

Über die Zeile »Liquiditätsüberschuss/-unterdeckung« wird mittels einer *WENN*-Funktion noch dafür gesorgt, dass im Falle einer Unterdeckung das Wort »Achtung!« ausgegeben wird. Die Kreditlinie wird aus der Tabelle *Kreditlinien* übernommen (Zelle $C$8).

Für die freie Liquidität benötigen Sie zwei Formeln. Die erste in Zelle B23 addiert B19, B21 und von der Tabelle *Kreditlinien* die Zelle F8 (den Saldo der Konten vom Jahresanfang). Die zweite in Zelle C23 addiert die freie Liquidität des Vormonats (B23) mit dem Liquiditätsüberschuss bzw. der Liquiditätsunterdeckung des aktuellen Monats (C19). Diese Formel wird dann in angrenzenden Zellen (bis Dezember) kopiert.

	A	B	C	D	E	F
7	Vormonat:					
8	Außerordentl. Einnahmen:					
9	Darlehensrückzahlungen:					
10	Steuerrückerstattungen:					
11						
12	**Ausgaben**	- €	- €	- €	- €	-
13	Wareneinkäufe:					
14	Personalkosten:					
15	Sonst. Kosten (ohne AfA):					
16	Kredittilgungen:	=WENN(B19<0;"Achtung!";"")				
17	Steuerzahlungen:					
18						
19	**Liquiditätsüberschuss/-unterdeckung**	- €	- €	- €	- €	-
20						
21	**Kreditlinien (Banken)**	- €	- €	- €	- €	-
22						
23	**Freie Liquidität**	- €	- €	- €	- €	-
24						
25				=Kreditlinien!$C$8		
26			=B23+C19			
27						
28		=B19+B21+Kreditlinien!$F$8				
29						
30						

Abbildung 10.23   Die Formeln für die Liquiditätsberechnung sind fertig

Formeln für die Umsatzverteilung

Es fehlen noch die Formeln für die Umsatzverteilung. Wie schon gesagt heißt Umsatz/Einnahme in einem Monat nicht, dass auch die Einzahlung im gleichen Monat stattfindet. Das Verhältnis von sofortiger und späterer Zahlung wird aus der Vergangenheit bekannt sein und auf der Tabelle *Kreditlinien* bei *Einnahmeverhältnis* eingetragen. Darauf nimmt die Tabelle *Planung* Bezug, um die Umsatzwerte aus der Tabelle *Umsatzplanung* zu verteilen.

Um die Einnahmen des laufenden Monats (Zelle B6) zu ermitteln, wird der geplante Umsatz des Monats Januar auf der Tabelle *Umsatzplanung* (B6) mit der Zelle $C$13 der Tabelle *Kreditlinien* multipliziert. Anschließend kann in die angrenzenden Zellen kopiert werden.

Um den Anteil des Umsatzes des Vormonats zu errechnen, verweist die Zelle B7 (Januar) auf die Zelle C14 (Tabelle *Kreditlinien*), da hier der vorangegangene Dezemberumsatz eingetragen ist. In der Zelle C7 (Februar) wird dagegen auf die Zelle $C$14 der Tabelle *Kreditlinien* verwiesen. Nun kann auch diese Zelle nach rechts (bis Dezember) kopiert werden.

Nun enthält die Tabelle alle Formeln, die nötig sind, um eine Liquiditätsplanung zu betreiben.

TIPP   Speichern Sie auch diese Tabelle als Mustervorlage ab, bevor Sie damit arbeiten. Dann steht Ihnen die leere, aber funktionsfähige Excel-Anwendung auch in kommenden Jahren zur Verfügung und braucht nur noch mit den richtigen Informationen gefüllt werden.

Abbildung 10.24 Nun ist die Liquiditätsplanung fertig – aber leer

Planungstabelle ausprobieren

Füllen Sie als Erstes die Tabelle *Kreditlinien* mit Zahlen, um die Anwendung »Liquiditätsplanung« auszutesten. Sie können beliebige Werte eintragen oder die Zahlen aus der Abbildung 10.25 übernehmen. Für das erste Austesten ist es nicht verkehrt, die Beispieldaten zu verwenden, da Sie dann auch einen direkten Vergleich haben und kontrollieren können, ob alles bei Ihnen richtig funktioniert.

Abbildung 10.25 Testdaten für Kreditlinien, Kontostände und Verteilung der Einnahmen

Ein wichtiges Element der Planung ist die Umsatzplanung. Bei einer guten Unternehmensplanung liegt diese sorgfältig erstellt vor und auf die Daten kann in der Liquiditätsplanung Bezug genommen werden. Für dieses Beispiel reicht aber die erstellte Bezugstabelle *Umsatzplanung*. Übernehmen Sie die Werte aus der Abbildung 10.26 oder geben Sie selbst sinnvolle Umsatzdaten ein.

	Januar	Februar	März	April	Mai	Juni	Juli	August	September	Oktober	November	Dezember
Umsatzplanung												
Umsatz:	29.800 €	23.705 €	28.802 €	35.056 €	37.350 €	32.500 €	29.500 €	21.710 €	26.555 €	32.600 €	36.750 €	39.903 €
Umsatz Dez. Vorjahr:	34.700 €											

Abbildung 10.26 Die Umsatzplanung ist ein wichtiger Bestandteil der Liquiditätsplanung

Die noch fehlenden Daten der Liquiditätsplanung werden der Buchhaltung entnommen (im Einnahmebereich) bzw. der Kostenplanung für das Planjahr und manuell eingetragen. Liegen die Planungen und Daten in anderen Tabellen/Arbeitsmappen vor, kann allerdings auch mit Bezügen gearbeitet werden, was immer die bessere Lösung ist, da Änderungen in den Ausgangsplanungen auch sofort in die Liquiditätsplanung übernommen werden.

Zum Testen übernehmen Sie die Daten aus der Abbildung 10.27 manuell.

Liquiditätsplanung	Januar	Februar	März	April	Mai	Juni	Juli	August	September	Oktober	November	Dezember
Einnahmen	36.025,00 €	25.228,75 €	27.527,75 €	35.992,50 €	40.776,50 €	33.712,50 €	37.750,00 €	23.657,50 €	25.343,75 €	33.588,75 €	35.712,50 €	39.114,75 €
Laufender Monat:	22.350,00 €	17.778,75 €	21.601,50 €	26.292,00 €	28.012,50 €	24.375,00 €	22.125,00 €	16.282,50 €	19.916,25 €	24.450,00 €	27.562,50 €	29.927,25 €
Vormonat:	8.675,00 €	7.450,00 €	5.926,25 €	7.200,50 €	8.764,00 €	9.337,50 €	8.125,00 €	7.375,00 €	5.427,50 €	6.638,75 €	8.150,00 €	9.187,50 €
Außerordentl. Einnahmen:	2.500,00 €						5.000,00 €					
Darlehnsrückzahlungen:	2.500,00 €			2.500,00 €			2.500,00 €			2.500,00 €		
Steuerrückerstattungen:					4.000,00 €							
Ausgaben	30.080,00 €	33.723,00 €	34.341,20 €	33.734,20 €	35.840,60 €	37.720,00 €	31.000,00 €	33.226,00 €	33.733,00 €	33.080,00 €	34.850,00 €	44.901,80 €
Wareneinkäufe:	17.580,00 €	13.623,00 €	16.741,20 €	19.834,20 €	22.140,60 €	19.020,00 €	17.100,00 €	11.826,00 €	14.733,00 €	19.080,00 €	20.850,00 €	23.401,80 €
Personalkosten:	6.400,00 €	6.400,00 €	6.400,00 €	7.800,00 €	7.800,00 €	7.800,00 €	7.800,00 €	7.800,00 €	7.800,00 €	7.800,00 €	7.800,00 €	9.600,00 €
Sonst. Kosten (ohne AfA):	6.100,00 €	6.200,00 €	6.200,00 €	6.100,00 €	5.900,00 €	5.900,00 €	6.100,00 €	6.100,00 €	6.200,00 €	6.200,00 €	6.200,00 €	6.900,00 €
Kredittilgungen:			5.000,00 €				5.000,00 €			5.000,00 €		5.000,00 €
Steuerzahlungen:		7.500,00 €						7.500,00 €				
		Achtung!	Achtung!			Achtung!		Achtung!	Achtung!			Achtung!
Liquiditätsüberschuss/-unter	5.945,00 €	- 8.494,25 €	- 6.813,45 €	2.258,30 €	4.935,90 €	- 4.007,50 €	6.750,00 €	- 9.568,50 €	- 8.389,25 €	508,75 €	862,50 €	- 5.787,05 €
Kreditlinien (Banken)	30.000,00 €	30.000,00 €	30.000,00 €	30.000,00 €	30.000,00 €	30.000,00 €	30.000,00 €	30.000,00 €	30.000,00 €	30.000,00 €	30.000,00 €	30.000,00 €
Freie Liquidität	32.545,00 €	24.050,75 €	17.237,30 €	19.495,60 €	24.431,50 €	20.424,00 €	27.174,00 €	17.605,50 €	9.216,25 €	9.725,00 €	10.587,50 €	4.800,45 €

Abbildung 10.27 Nun ist die Liquiditätsplanung auch mit Daten gefüllt und kann ausgewertet werden

Im Beispiel zeigt die Liquiditätsplanung, dass nicht jeder Monat einen Liquiditätsüberschuss aufweist. Das ist nicht dramatisch, weil die freie Liquidität immer positiv bleibt. Allerdings nimmt sie zum Jahresende hin deutlich ab und liegt mit 4.800 Euro im Dezember nicht mehr sehr hoch. Für das folgende Jahr muss damit gerechnet werden, dass die Liquidität nicht mehr ausreichen wird. Deshalb sollte im Vordergrund der Unternehmensentwicklung stehen, die Situation zu verändern und die Einnahmenseite zu erhöhen. Am besten durch Erhöhung der Umsätze, begleitend aber auch durch die Erhöhung der Kreditlinien. Höhere Umsätze erfordern auch höheren Kapitaleinsatz und der kann der Liquidität durchaus zu schaffen machen.

Rechnungen schreiben

Fakturierung ist eigentlich eine Sache von Datenbankanwendungen – wenn man einmal davon absieht, dass manch einer seine Rechnungen noch mit der Textverarbeitung schreibt. Oft genug ist das Rechnungsaufkommen nicht so hoch, dass sich eine Datenbankanwendung lohnt. Es lohnt sich aber immer, auf die Textverarbeitung zu verzichten, weil deren Daten nur manuell weiterverarbeitet werden können. Excel kann da eine brauchbare Zwischenlösung sein. Im folgenden Beispiel können Sie auch erfahren, dass über Makros eine Teilautomatisierung der Anwendung ohne Programmierung erreicht werden kann.

Öffnen Sie eine neue Arbeitsmappe und speichern Sie diese unter dem Namen *Rechnung* ab.

Rechnungsformular anlegen

Als Erstes wird in einer Tabelle ein Rechnungsformular angelegt. Im Prinzip können Sie es frei gestalten. Um die folgenden Beschreibungen nachvollziehen zu können – insbesondere die Steuerung durch Makros, sollten Sie an ein paar Punkten nicht von den Vorgaben abweichen:

- Die Rechnungsnummer steht in Zelle F19,
- das Rechnungsdatum in Zelle F20.
- Die erste Rechnungsposition beginnt in Zelle A25.
- Die Rechnungspositionen enden in Zeile 40.
- Die Nettosumme wird in Zeile F41 abgelegt,
- die Mehrwertsteuer in Zelle F42 und
- der Gesamtbetrag in Zelle F44.

In den folgenden Abschnitten erfahren Sie noch genauer, wie das Rechnungsformular aufgebaut ist. Wenn Sie dieses frei nach Ihren Vorstellungen abwandeln möchten – nur zu. Lediglich die oben aufgeführten Punkte dürfen Sie nicht verändern.

Rechnungskopf erstellen

Erstellen Sie den Rechnungskopf entsprechend der Abbildung 10.28. Bei jeder individuellen Anpassung achten Sie bitte darauf, dass die zuvor aufgelisteten Zellen immer passend belegt sind, sonst gibt es später Probleme bei der Makroerstellung.

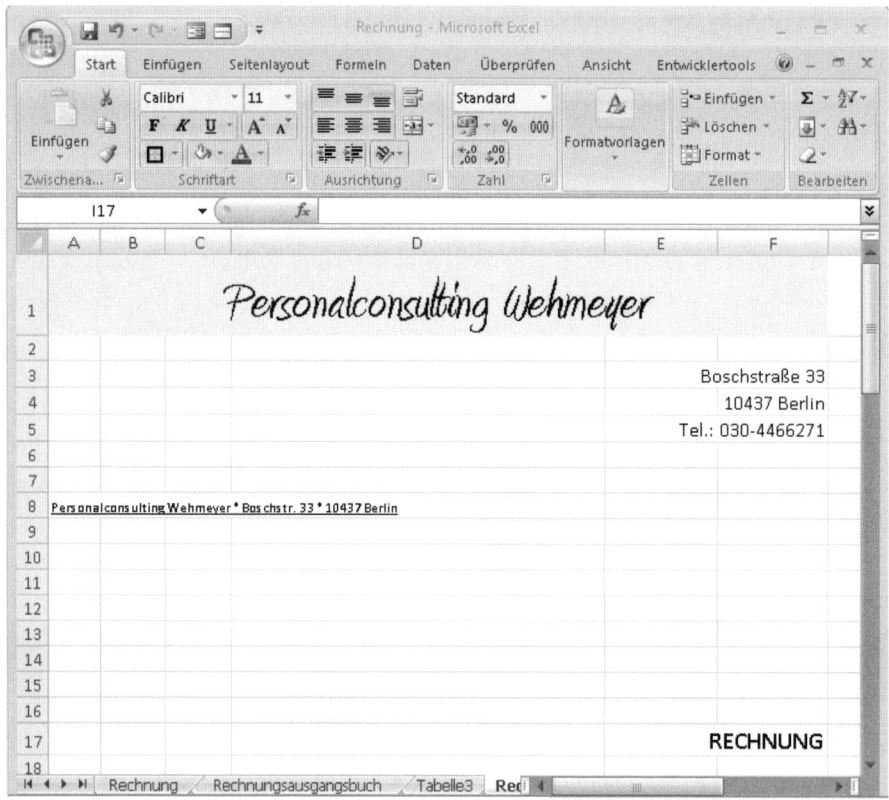

Abbildung 10.28 Der Kopf des Rechnungsformulars

Benutzen Sie für alle Texteingaben immer nur eine Zelle. So ist die Überschrift im Beispielformular (Personalconsulting Wehmeyer) in die Zelle A1 eingetragen worden. Die Zeilenhöhe passt sich automatisch der Textformatierung an, muss also nicht manuell verändert werden. Anschließend markieren Sie den Bereich A1 bis F1 und sorgen mit der Schaltfläche *Verbinden und zentrieren* für eine gleichmäßige Ausrichtung über den gesamten markierten Bereich.

Die Adresse und der Begriff »RECHNUNG« werden in die Spalte F eingetragen und rechtsbündig ausgerichtet. Der Kopf für das Anschriftenfeld steht in Zelle A8, wurde in der Schriftart etwas kleiner formatiert (9 Punkt) und anschließend unterstrichen. So dient diese Adresse in einem Fensterbriefumschlag als Absenderangabe.

Rechnungsmittelteil erstellen

Unterhalb der Bezeichnung »RECHNUNG« tragen Sie die Rechnungsnummer und das Rechnungsdatum ein. Die Nummer (F19) lassen Sie frei. Ein Makro wird später für eine fortlaufende Nummerierung sorgen. Für das Datum (F20) tragen Sie die Funktion *HEUTE()* ein. Sie setzt das aktuelle Tagesdatum in dieses Feld.

TIPP Eine bessere Methode, das Datum einzutragen, ist jedoch die Verwendung der Tastenkombination
⟨Strg⟩+⟨.⟩. Damit ist auch das Datum dann noch korrekt, wenn die Arbeitsmappe einen oder mehrere Tage
später wieder geöffnet wird.

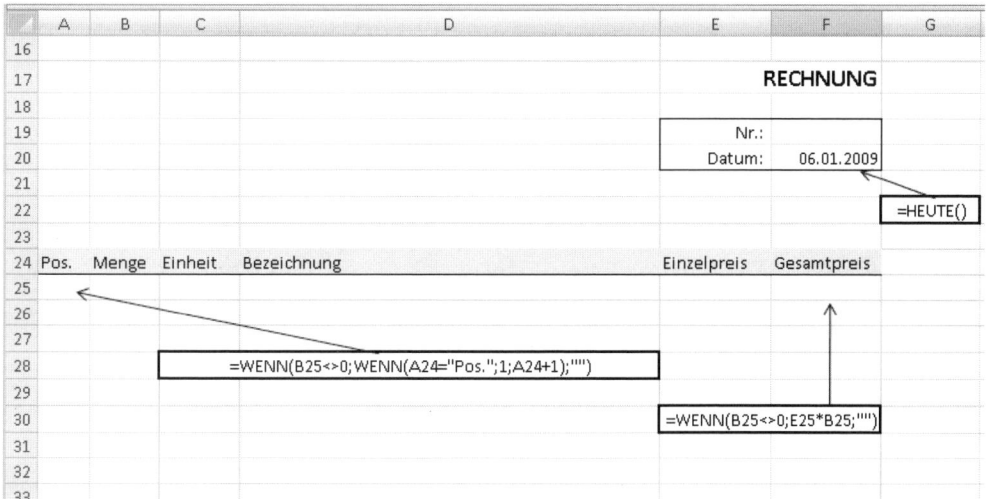

Abbildung 10.29 Der Mittelteil mit den benötigten Formeln

Die Positionsnummer der einzelnen Rechnungspositionen wird automatisch ermittelt. Die Formel

```
=WENN(B25<>0;WENN(A24="Pos.";1;A24+1),"")
```

prüft zunächst, ob die Zelle B25 leer ist. Ist das der Fall, wird nichts weiter gemacht, als eine leere
Zelle ("") angezeigt. Ist die Zelle B25 nicht leer, wird geprüft, ob die Zelle zuvor den Text "Pos."
enthält. Ist dies der Fall, wird eine 1 in der Zelle ausgegeben. Ist das nicht der Fall, wird eine 1
zum Wert der vorherigen Zelle summiert.

Vereinfacht gesagt bewirkt die Formel Folgendes: Steht keine Mengenangabe in der Spalte B,
bleibt auch die Positionsangabe leer. Ist eine Mengenangabe enthalten, wird eine Positionsnummer eingetragen, beginnend mit 1 in der Zelle A25 und fortlaufend weiter nummeriert in den
folgenden Zellen der Spalte A.

Ähnlich funktioniert die Formel

```
=WENN(B25<>0;E25*B25;"")
```

in der Spalte F »Gesamtpreis«. Ist die Zelle B25 leer, wird auch nichts ausgegeben. Ist die Zelle
B25 nicht leer, wird der Gesamtpreis durch Multiplikation der Zellen B25 mit E25 (Einzelpreis)
gebildet.

Beide Formeln können bis in die Zeile 40 kopiert werden.

Rechnungsfuß erstellen

Ab Zeile 41 beginnt der Rechnungsfuß, in dem Nettogesamtbetrag, Mehrwertsteuer und Brutto-
gesamtbetrag errechnet werden. Aufbau und Formeln (die keine besonderen Anforderungen
stellen) können Sie der Abbildung 10.30 entnehmen.

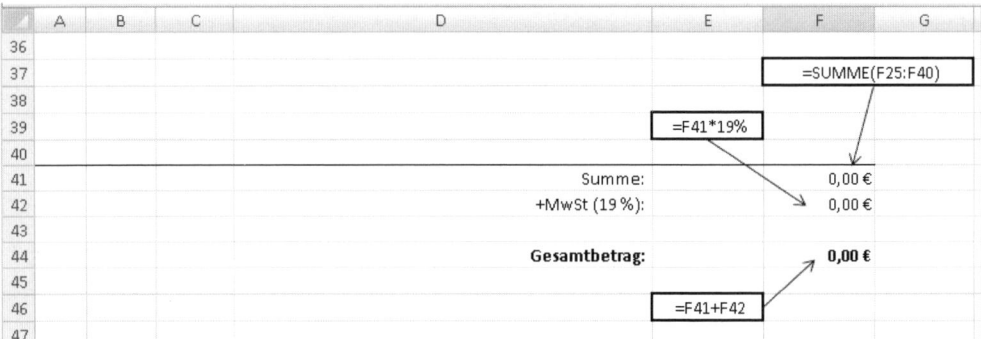

Abbildung 10.30   Im Rechnungsfuß werden die Gesamtbeträge ermittelt

Bankverbindung als Fußzeile

Die beste Rechnung nützt nichts, wenn der Kunde nicht weiß, wohin er zu zahlen hat. Im Normalfall wird der Rechnungsbetrag auf ein Konto überwiesen, etwa unterhalb der Anschrift oder
als letzte Zeile unter den Rechnungsbetrag.

Ähnlich wie in einer Textverarbeitung verfügt Excel über die Möglichkeit, Kopf- und Fußzeilen
beim Ausdruck in ein Dokument einzufügen. Diese Option soll in dem Beispiel für die Bankverbindung genutzt werden.

1. Wählen Sie *Datei/Seite einrichten* (Excel 2003) bzw. *Einfügen/Kopf- und Fußzeile* (Excel
   2007).

2. Aktivieren Sie die Registerkarte *Kopfzeile/Fußzeile* (Excel 2003) bzw. klicken Sie in den Fuß-
   zeilenbereich (Excel 2007).

3. Wählen Sie die Schaltfläche *Benutzerdefinierte Fußzeile* (Excel 2003 – bei Excel 2007 ist dieser
   Schritt nicht nötig).

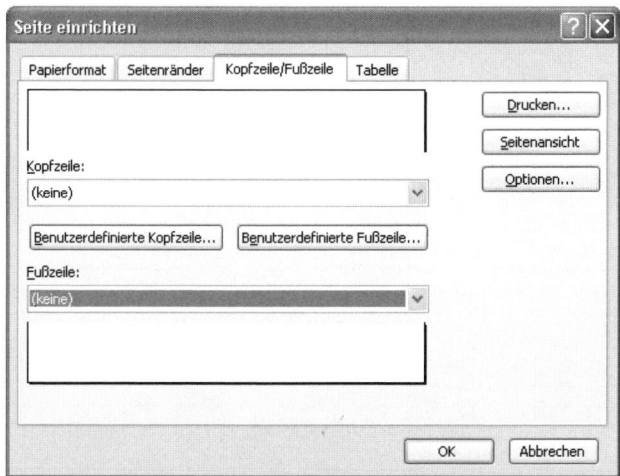

Abbildung 10.31 Im Dialogfeld *Seite einrichten* (Excel 2003) können Kopf- und Fußzeilen definiert werden

4. Schreiben Sie in das Eingabefeld *Mittlerer Abschnitt* die Bankverbindung (Excel 2003). In Excel 2007 steht eine eigene Registerkarte zur Verfügung. Die Fußzeile wird direkt in einer Art Seitenlayout bearbeitet.

5. Über die Schaltfläche *Schriftart* (Schaltfläche mit dem großen A) können Sie die Schriftart an das Formular anpassen (Excel 2003). In Excel 2007 können zur Bearbeitung der Fußzeile die üblichen Registerkarten und Optionen benutzt werden.

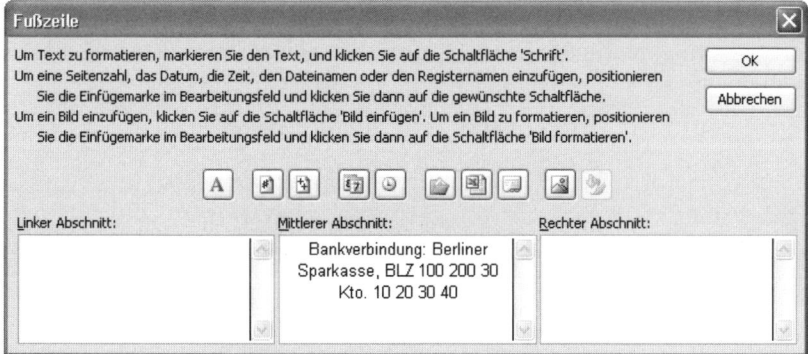

Abbildung 10.32 Fußzeilen sind in drei separat bearbeitbare Bereiche eingeteilt

6. Bestätigen Sie mit der Schaltfläche *OK*.

7. Im nächsten Dialogfeld können Sie die Fußzeile in einer Vorschau kontrollieren. Falls Sie nicht zufrieden sind, wiederholen Sie noch einmal ab Schritt 3 und korrigieren, bis Sie alles so haben, wie Sie es sich vorstellen.

8. Klicken Sie auf *OK*, um die Fußzeile zu übernehmen.

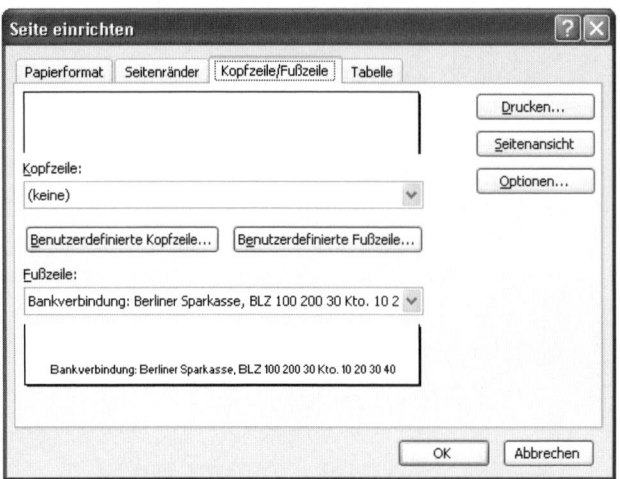

Abbildung 10.33 Eine Vorschau zeigt
das Aussehen der Fußzeile an

In der Tabelle ist die Fußzeile nicht sichtbar. Über die *Seitenvorschau* (Excel 2003: *Datei/Seitenansicht* – Excel 2007: *Office-Menü/Drucken/Seitenansicht*) kann sie aber vor dem Ausdruck angesehen werden.

HINWEIS   In die Kopf- und Fußzeile können aber noch mehr Informationen untergebracht werden, z.B.
Datum, Uhrzeit, Seitennummer, Dateiname. Vieles wird direkt über Schaltfläche eingetragen.

Abbildung 10.34 Die Fußzeilenbearbeitung in Excel 2007

Nach Recht und Gesetz

Das soeben erstellte Rechnungsformular ist einfach gehalten und dient Übungszwecken. Möchten Sie es tatsächlich in der Praxis einsetzen, gilt es noch einiges zu beachten. Der Gesetzgeber
macht nämlich einige Vorgaben, die eingehalten werden müssen, wenn beispielsweise die Finanzämter die Rechnungen anerkennen sollen.

Das deutsche Steuerrecht legt genau fest, was eine Rechnung ist (§ 14 Abs. 1 UStG).

WICHTIG Eine Rechnung ist im Sinne des Steuerrechts eine Urkunde, mit der ein Unternehmer oder in seinem Auftrag ein Dritter über die Lieferung oder sonstige Leistung gegenüber dem Leistungsempfänger abrechnet, gleichgültig, wie diese Urkunde im Geschäftsverkehr bezeichnet wird. Jede Rechnung, Quittung, Abrechnung, Gegenrechnung, Frachtbrief kann also eine Rechnung sein.

Unterschieden wird noch zwischen Rechnungen an Unternehmer und an Nichtunternehmer. Für Letztere – also Privatpersonen – gibt es keine Formvorschrift. Jeder Kassenbon, jede handgeschriebene Zahlungsaufstellung kann als Rechnung dienen. Soll die Rechnung allerdings bei einer Steuererklärung genutzt werden, sind die Formvorschriften sehr wohl zu beachten.

Für Rechnungen an Unternehmer schreibt das Umsatzsteuergesetz folgende Angaben vor:

- Name und Anschrift des leistenden Unternehmens bzw. Unternehmers
- Name und Anschrift des leistenden Empfängers
- Menge und handelsübliche Bezeichnung der gelieferten Gegenstände oder Art und Umfang der sonstigen Leistung
- Zeitpunkt der Lieferung oder sonstigen Leistung
- Entgelt für die Lieferung oder sonstige Leistung
- Den auf das Entgelt entfallenden Umsatzsteuerbetrag
- Den Zeitpunkt der Lieferung

Es ist nicht nötig, für jeden einzelnen Posten die Umsatzsteuer auszuweisen. Es genügt, diese insgesamt am Ende der Rechnung aufzuführen. Liegen unterschiedliche Steuersätze vor, muss auch der Steuerbetrag differenziert ausgewiesen werden – aber ebenfalls nicht pro Position, sondern am Ende der Rechnung. Andersherum kann aber dann auf die getrennte Aufführung der verschiedenen Steuerbeträge am Ende der Rechnung verzichtet werden, wenn pro Position der jeweils richtige Steuersatz ersichtlich ist (§ 2 UStDV).

TIPP Bei Kleinbetragsrechnungen, das heißt bei Rechnungen bis zu einem Gesamtbetrag von 100 Euro einschließlich Umsatzsteuer, ist eine vereinfachte Rechnungserteilung (§ 33 UStG) möglich. Hier müssen zur Vornahme des Vorsteuerabzugs nur Angaben über den leistenden Unternehmer, über die Menge und handelsübliche Bezeichnung des Liefergegenstands beziehungsweise über Art und Umfang der sonstigen Leistung sowie über den maßgeblichen Steuersatz (etwa MwSt 19 %) gemacht werden. Das Entgelt und der Steuerbetrag können dann in einer Summe ausgewiesen werden.

Vergessen Sie auf dem Rechnungsformular nicht Ihre Steuernummer bzw. Ihre Umsatzsteuer-Identifikationsnummer (USt-IdNr.), falls Sie eine haben. Gibt es kein abweichendes Lieferdatum, können Sie einen Satz einfügen, der darauf hinweist, dass das Lieferdatum mit dem Rechnungsdatum identisch ist.

Sie können die meisten dieser Informationen gut in der Fußzeile unterbringen.

ACHTUNG Excel liefert Rechnungsvorlagen mit. Außerdem bietet Microsoft online Rechnungsvorlagen zum Download an. Bis jetzt habe ich noch keine Vorlage gefunden, die tatsächlich den steuerlichen Vorgaben gerecht wurde. Die in Excel enthaltenen Vorlagen sind für amerikanische Verhältnisse gemacht, wurden zwar übersetzt, sind aber nicht ansatzweise an deutsche Vorgaben angepasst worden. Die im Internet verfügbaren Rechnungsformulare sind brauchbarer, in keinem Fall aber ohne Nachbearbeitung einsetzbar. Sollten Sie auf solch eine Vorlage zurückgreifen wollen, prüfen Sie alle hier genannten Punkte ab und ergänzen Sie die Vorlage entsprechend.

Ein Rechnungsausgangsbuch

Das Rechnungsformular ist fertig und könnte genutzt werden. Eine wirklich runde Sache wird aber erst daraus, wenn auch ein Rechnungsausgangsbuch vorhanden ist und das Eintragen in dieses nicht manuell erfolgen muss.

Grundlagen

Das Rechnungsausgangsbuch liefert die Grundlage für eine Übersicht aller geschriebenen Rechnungen. Sie können daraus Statistiken erstellen oder es zu einer Offene-Posten-Buchhaltung erweitern, um die Zahlungseingänge zu überwachen. Dieses Rechnungsausgangsbuch erweitert das Rechnungsformular erst zu einer richtigen Anwendung.

Tabelle anlegen

Legen Sie die Tabelle für das Rechnungsausgangsbuch entsprechend der Abbildung 10.35 an.

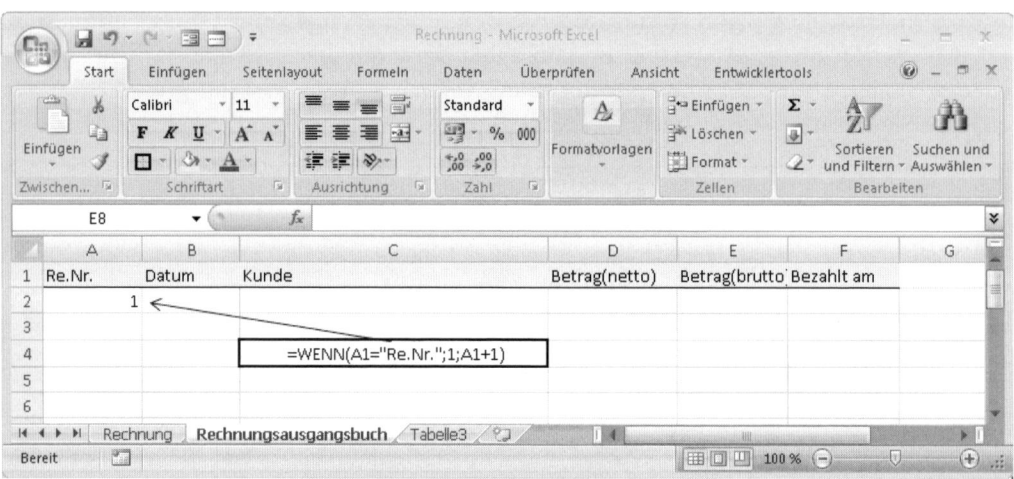

Abbildung 10.35 Das Rechnungsausgangsbuch nimmt fortlaufend die Rechnungen auf, die geschrieben werden

Diese Anwendung enthält nur eine Formel:

```
=WENN(A1="Re.Nr.";1;A1+1)
```

Sie funktioniert ähnlich wie die Formel, die die Positionsnummern im Rechnungsformular generiert.

Abschließend sollten die Spalten B und F mit einem Datumsformat und die Spalten D und E mit einem Währungsformat belegt werden. Damit Sie nicht jede Spalte einzeln formatieren müssen, klicken Sie zunächst auf den ersten Spaltenkopf (zum Beispiel D), halten die `Strg`-Taste gedrückt und klicken anschließend auf den zweiten Spaltenkopf. Dann wählen Sie *Format/Zellen/Zahlen* (Excel 2003) bzw. öffnen das Dialogfeld *Zellen formatieren* über die Pfeilschaltfläche auf der Registerkarte *Start* neben *Zahl* und wählen das passende Zahlenformat aus.

Anwendungsautomatisierung mit Makro

Damit Sie nicht jedes Mal nach dem Ausfüllen des Formulars die Angaben manuell in das Rechnungsausgangsbuch übertragen müssen, zeichnen wir ein Makro auf, das diesen Vorgang in Zukunft immer automatisch übernimmt. Dies hat zahlreiche Vorteile, die die Nachteile, Zeit und Überlegung dafür zu investieren, bei weitem aufwiegen:

- Es geht mit einem Makro immer schneller als »per Hand«.
- Übertragungsfehler werden ausgeschlossen.
- Doppelte Rechnungsnummern können nicht vorkommen.
- Das Makro – und damit die komplette Anwendung – lässt sich später beliebig erweitern und ausbauen.

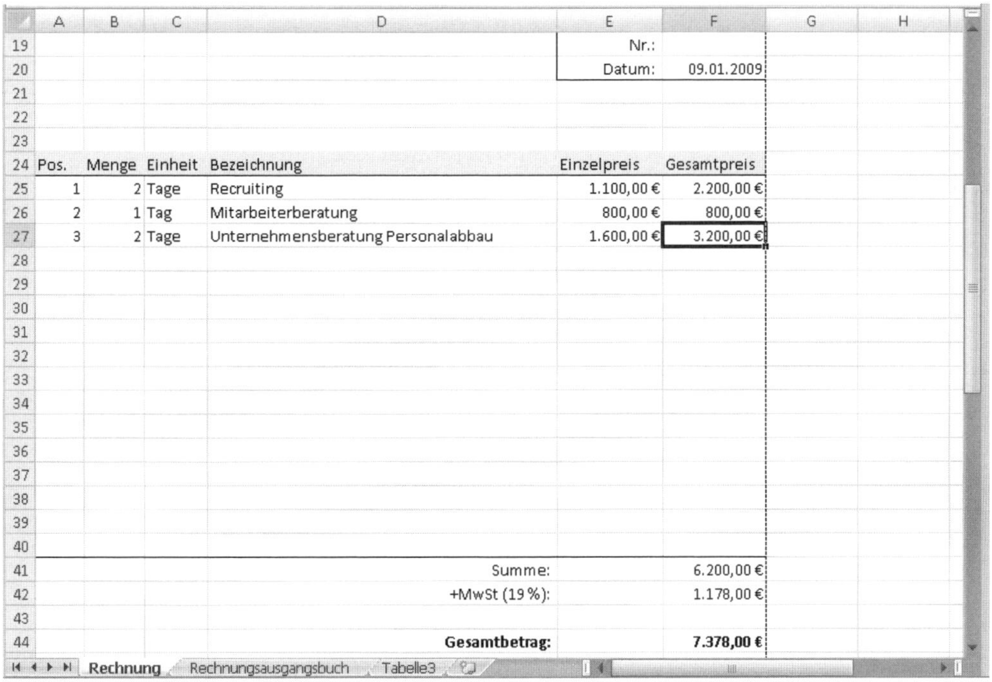

Abbildung 10.36 Eine Musterrechnung ist schnell erstellt

Musterrechnung erstellen

Bevor das Makro aufgezeichnet wird, sollten Sie eine Musterrechnung erstellen. Lassen Sie dabei auf jeden Fall die Rechnungsnummer frei. Abgesehen davon sollte die Rechnung vollständig ausgefüllt sein: Anschrift und möglichst mehrere Rechnungspositionen.

Bevor das Makro aufgezeichnet wird, sollten Sie sich über die Voraussetzungen klar werden: In der Tabelle *Rechnung* sollte die noch leere Zelle F19 markiert sein und in der Tabelle *Rechnungsausgangsbuch* die Zelle A2. Sie können die folgenden Aktionen in Ruhe ausführen. Der Makrorekorder zeichnet nur die einzelnen Schritte auf, nicht die Dauer.

Makro aufzeichnen

Um den Makrorekorder zu starten, wählen Sie *Extras/Makro/Aufzeichnen* (Excel 2003).

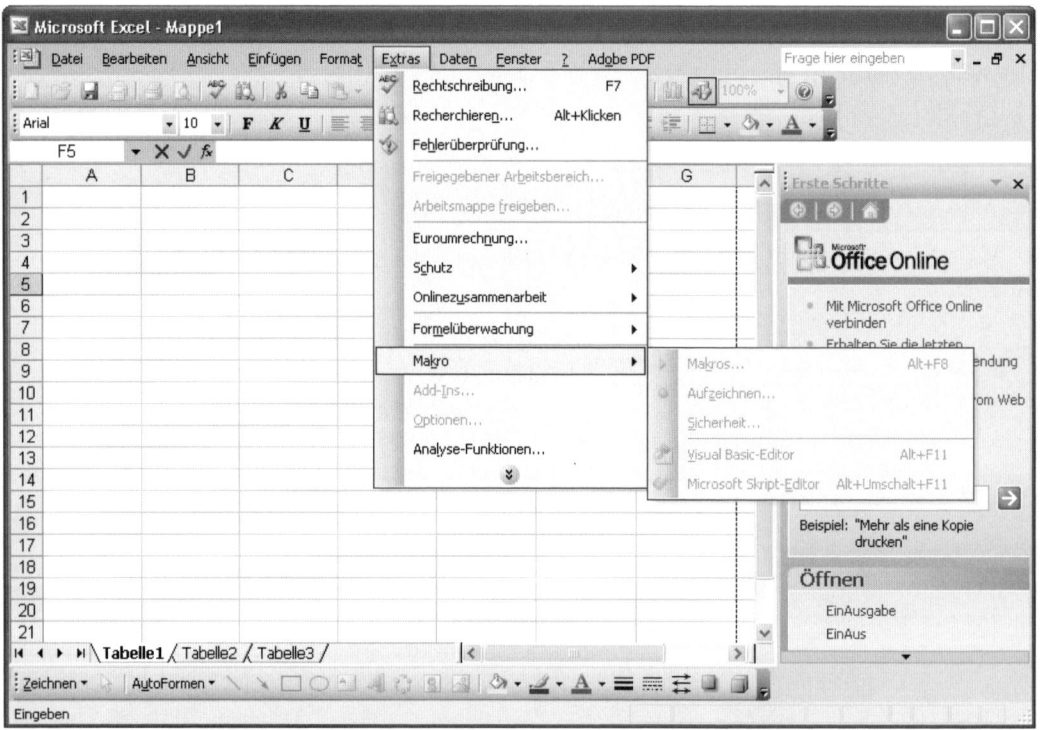

Abbildung 10.37   Makro aufzeichnen in Excel 2003

Um das Makro in Excel 2007 aufzuzeichnen, wählen Sie auf der Registerkarte *Entwicklertools* in der Gruppe *Code* die Schaltfläche *Makro aufzeichnen*. Sind die Entwicklertools bei Ihnen nicht vorhanden, so schalten Sie die über *Excel-Optionen* hinzu. Wählen Sie dort *Häufig verwendet* und aktivieren Sie bei *Die am häufigsten verwendeten Optionen bei der Arbeit mit Excel* das Kontrollkästchen vor *Entwicklerregisterkarte in der Multifunktionsleiste anzeigen*.

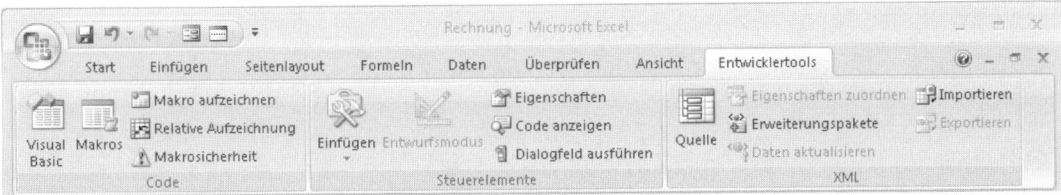

Abbildung 10.38 Makro aufzeichnen in Excel 2007

1. Vergeben Sie einen Makroname, z.B. *Rechnungsbuch*.
2. Legen Sie als Tastenkombination ⌈Strg⌉+⌈R⌉ fest.
3. Unter *Makro speichern in* wählen Sie *Diese Arbeitsmappe* aus.
4. Geben Sie eine *Beschreibung* ein, aus der ersichtlich ist, welche Aufgabe das Makro erfüllt.

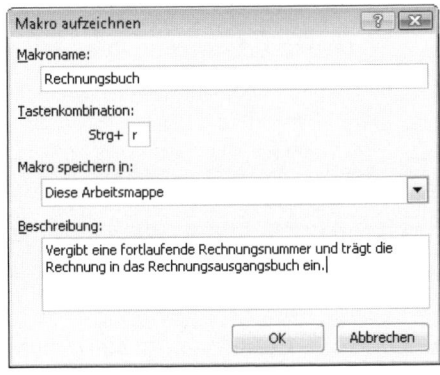

Abbildung 10.39 Vorgaben für das Makro werden festgelegt, bevor es aufgezeichnet wird

5. Klicken Sie auf die Schaltfläche *OK*. Auf der Tabellenoberfläche erscheint eine kurze Symbolleiste (Excel 2003) mit zwei Schaltflächen; die erste dient zum Beenden der Aufzeichnung, die zweite stellt einen relativen Bezug ein. In Excel 2007 wird lediglich die Schaltfläche *Aufzeichnung beenden* in der Gruppe *Code* der Multifunktionsleiste eingefügt.
6. Wählen Sie nun die Tabelle *Rechnungsausgangsbuch* durch Anklicken des Registerreiters und wählen Sie *Bearbeiten/Kopieren* (Excel 2003) bzw. *Start/Kopieren* (Excel 2007).

ACHTUNG   Das Tabellenregister *Rechnungsausgangsbuch* sollten Sie auf jeden Fall anklicken, selbst dann, wenn es bereits im Vordergrund ist.

---

7. Klicken Sie auf den Registerreiter *Rechnung* und wählen Sie *Bearbeiten/Inhalte einfügen/Werte* (Excel 2003) bzw. *Start/Einfügen* und dann *Werte einfügen*.
8. Klicken Sie anschließend auf *OK* (nur bei Excel 2003).
9. Drücken Sie einmal die ⌈↓⌉-Taste und wählen Sie *Bearbeiten/Kopieren* (Excel 2003) bzw. *Start/Kopieren*.
10. Aktivieren Sie die Tabelle *Rechnungsausgangsbuch* durch Anklicken des Registerreiters und klicken Sie in Excel 2003 auf die zweite Schaltfläche in der *Aufzeichnen*-Symbolleiste (relativer Bezug) bzw. in Excel 2007 auf *Entwicklertools/Relative Aufzeichnung*.

HINWEIS   Das Einschalten der relativen Aufzeichnung an dieser Stelle (und später bei einigen anderen Schritten) ist wichtig, damit das Makro später nicht immer die gleichen Zellen ansteuert und damit Vorhandenes überschreibt.

---

11. Gehen Sie mit der $\boxed{\rightarrow}$-Taste um eine Zelle nach rechts.

12. Wählen Sie *Bearbeiten/Inhalte einfügen/Werte* und *OK* (Excel 2003) bzw. *Start/Einfügen* (Excel 2007) und dann *Werte einfügen*.

13. Schalten Sie die relative Aufzeichnung wieder aus und aktivieren Sie die Tabelle *Rechnung*.

14. Klicken Sie in die Zelle A10 (Kundenname) und wählen Sie *Bearbeiten/Kopieren* (Excel 2003) bzw. *Start/Kopieren* (Excel 2007).

15. Aktivieren Sie die Tabelle *Rechnungsausgangsbuch* durch Anklicken und schalten Sie die relative Aufzeichnung wieder ein.

16. Gehen Sie mit der $\boxed{\rightarrow}$-Taste um eine Zelle nach rechts.

17. Wählen Sie *Bearbeiten/Inhalte einfügen/Werte* und *OK* (Excel 2003) bzw. *Start/Einfügen* (Excel 2007) und dann *Werte einfügen*.

18. Schalten Sie die relative Aufzeichnung wieder aus, aktivieren Sie die Tabelle *Rechnung* und klicken Sie in die Zelle F41.

19. Wählen Sie *Bearbeiten/Kopieren* (Excel 2003) bzw. *Start/Kopieren* (Excel 2007).

20. Aktivieren Sie die Tabelle *Rechnungsausgangsbuch* durch Anklicken und schalten Sie die relative Aufzeichnung wieder ein.

21. Gehen Sie mit der $\boxed{\rightarrow}$-Taste um eine Zelle nach rechts.

22. Wählen Sie *Bearbeiten/Inhalte einfügen/Werte* und *OK* (Excel 2003) bzw. *Start/Einfügen* (Excel 2007) und dann *Werte einfügen*.

23. Schalten Sie die relative Aufzeichnung wieder aus, aktivieren Sie die Tabelle *Rechnung* und klicken Sie in die Zelle F44.

24. Wählen Sie *Bearbeiten/Kopieren* (Excel 2003) bzw. *Start/Kopieren* (Excel 2007).

25. Aktivieren Sie die Tabelle *Rechnungsausgangsbuch* durch Anklicken und schalten Sie die relative Aufzeichnung wieder ein.

26. Gehen Sie mit der $\boxed{\rightarrow}$-Taste um eine Zelle nach rechts.

27. Wählen Sie *Bearbeiten/Inhalte einfügen/Werte* und *OK* (Excel 2003) bzw. *Start/Einfügen* (Excel 2007) und dann *Werte einfügen*.

28. Gehen Sie mit der $\boxed{\leftarrow}$-Taste vier Zellen nach links.

29. Wählen Sie *Bearbeiten/Kopieren* (Excel 2003) bzw. *Start/Kopieren* (Excel 2007).

30. Gehen Sie mit der $\boxed{\downarrow}$-Taste eine Zelle nach unten

31. Wählen Sie *Bearbeiten/Inhalte einfügen/Werte* und *OK* (Excel 2003) bzw. *Start/Einfügen* (Excel 2007) und dann *Werte einfügen*.

32. Schalten Sie die *Relative Aufzeichnung* wieder aus.

33. Schalten Sie den Makrorekorder durch Anklicken der ersten Schaltfläche in der Menüleiste *Aufzeichnen* (Excel 2003) bzw. durch einen Klick auf *Entwicklertools/Aufzeichnung beenden* aus.

Das Makro ist fertig. Wählen Sie *Extras/Makro/Makros/Bearbeiten* (Excel 2003) bzw. *Entwicklertools/Makros/Bearbeiten* (Excel 2007), um sich das Makro einmal anzuschauen. Der Makrorecorder hat VBA-Code erzeugt, der jetzt aufgerufen und ausgeführt werden kann.

HINWEIS Wenn Sie mit dem Rechnungsausgangsbuch gearbeitet haben, etwa um Zahlungsdaten einzutragen (Spalte F), dann setzen Sie abschließend die aktive Zelle immer wieder in die Zelle A der nächsten freien Zeile.

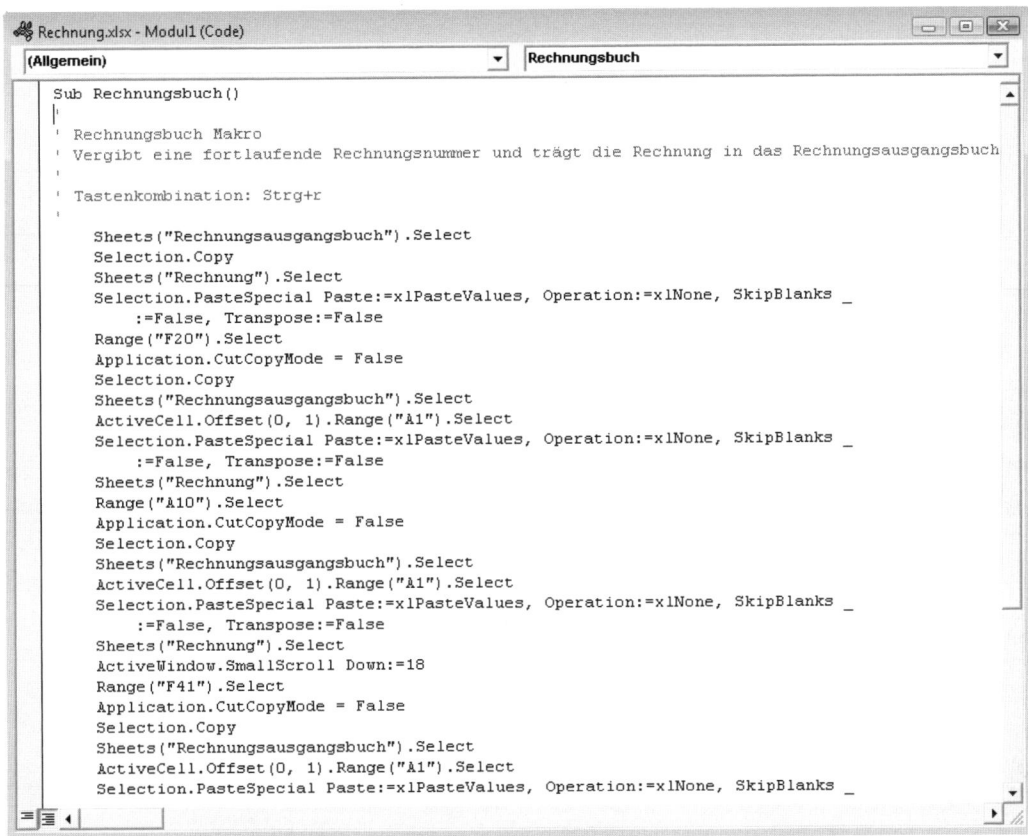

Abbildung 10.40 Der Makrorekorder hat VBA-Code erzeugt

Auch wenn Sie keine Vorkenntnisse in VBA-Programmierung haben, werden Sie das Makro bei genauer Betrachtung einigermaßen verstehen können – Englischkenntnisse vorausgesetzt. »Sheets« sind die Tabellen, »Range« ist Bereich, »ActiveCell« meint die gerade aktive Zelle und so weiter.

Makro ausprobieren

Aber eigentlich müssen Sie sich mit dem Code gar nicht befassen. Am besten, Sie probieren das Makro einmal aus. Erstellen Sie eine neue Rechnung, aktivieren Sie die Zelle F19 und drücken Sie die Tastenkombination Strg+R. Sie werden unschwer erkennen, dass die automatische

Abfolge der vielen Befehle nach dem einmaligen Aufzeichnen eine ungeheure Arbeitserleichterung darstellt.

	A	B	C	D	E	F	G
1	Re.Nr.	Datum	Kunde	Betrag(netto)	Betrag(brutto)	Bezahlt am	
2	1	9.1.2009	Rothaermel AG	6.200,00 €	7.378,00 €		
3	2	9.1.2009	Milchwerke Creglingen eG	3.700,00 €	4.403,00 €		
4	3						
5							
6							
7							

Abbildung 10.41 Auch die zweite Rechnung wurde korrekt in das Rechnungsausgangsbuch eingetragen

Überschreiben Sie das Rechnungsformular, sobald eine Rechnung erstellt, ins Rechnungsbuch eingetragen und ausgedruckt ist. Das Makro in der vorliegenden Form arbeitet nur mit dieser einen Tabelle korrekt. Außerdem würde es die Arbeitsmappe zu sehr aufblähen, wenn alle Rechnungen als Einzeltabelle aufbewahrt werden sollen. Möchten Sie dies aber trotzdem, bieten sich zwei Lösungen an, die nachfolgend beschrieben werden.

Als Arbeitsblatt speichern

Erstellen Sie einen Ordner im Explorer, in dem Sie die einzelnen Rechnungen als Excel-4.0-Arbeitsblatt abspeichern. Damit wird nicht die gesamte Arbeitsmappe, sondern nur die einzelne Rechnung abgespeichert. Vergeben Sie einen aussagekräftigen Namen (z.B. die Rechnungsnummer plus Kundenname plus Jahr). Diese Lösung funktioniert nur mit Excel 2003. Excel 2007 kann dieses Format nicht mehr speichern.

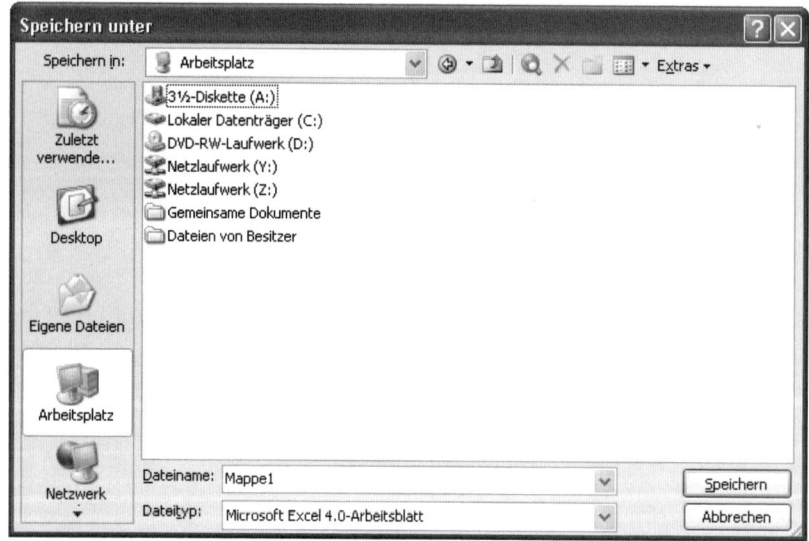

Abbildung 10.42 Abspeichern der Rechnung im (uralten) Excel 4.0-Arbeitsblatt-Format

Als PDF- oder XPS-Dokument speichern

Speichern Sie die Tabelle als PDF-Dokument. Unter Excel 2007 ist das möglich über *Office-Menü/Speichern unter/PDF oder XPS*. Im nächsten Dialogfeld stellen Sie bei Dateityp *PDF* ein. Da es sich um ein Add-In handelt, kann es sein, dass dies bei Ihnen nicht zur Verfügung steht. Über die Microsoft-Homepage (*http://office.microsoft.com/de*) können Sie das Add-In laden und installieren.

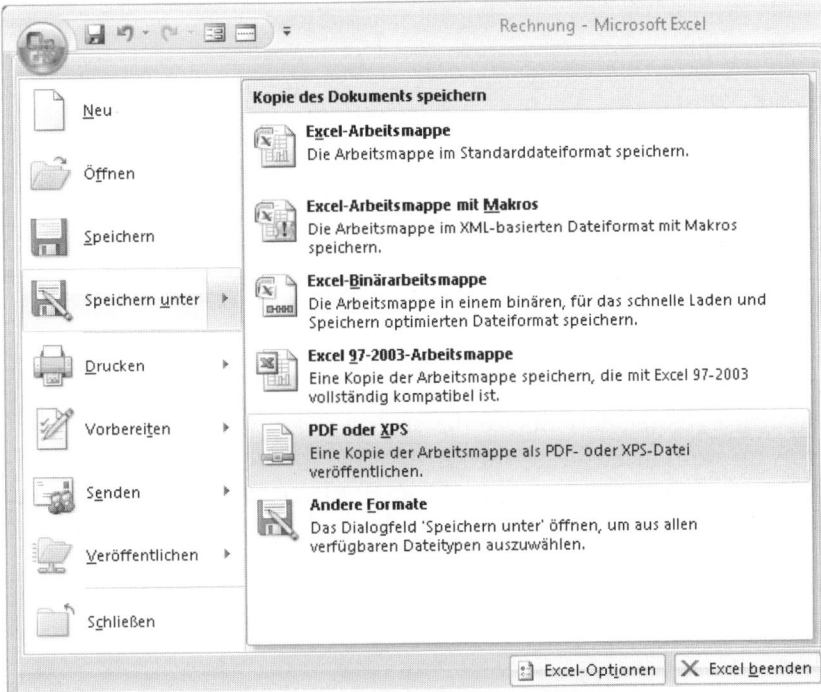

Abbildung 10.43 Rechnung als PDF- oder XPS-Datei speichern

In Excel 2003 funktioniert dies nur, wenn Sie Adobe Acrobat oder ein anderes PDF-Tool, das mit Word kooperiert, auf Ihrem Rechner installiert haben.

Eine weitere Alternative ist das Microsoft-eigene XPS-Format, das aber ebenfalls nur von Excel 2007 unterstützt wird.

> **TIPP**   Zeichnen Sie sich doch ein Makro auf, das dieses separate Abspeichern einer Rechnung automatisch für Sie übernimmt.

Auswertung des Rechnungsausgangsbuchs

Das Rechnungsausgangsbuch ist als Datenbankliste angelegt und kann als solche auch ausgewertet werden. Eine große Hilfe dabei ist die Datenbankmaske. In Excel 2003 steht sie über das Menü *Daten/Maske* zur Verfügung. In Excel 2007 muss sie erst verfügbar gemacht werden. Wie, das wurde bereits in Kapitel 7 (im Abschnitt *Datenbank*) erläutert.

Mit der Datenbankmaske arbeiten

Das Eintragen der Zahlungstermine kann mit der Datenbankmaske erfolgen:

1. Wechseln Sie in die Tabelle *Rechnungsausgangsbuch*.

2. Wählen Sie *Daten/Maske* (Excel 2003) bzw. klicken Sie auf das Symbol *Maske* (Excel 2007) in der Schnellstartleiste.

3. Suchen Sie die Rechnung, für die der Zahlungsbetrag eingegangen ist, und tragen Sie das Datum ein.

4. Bestätigen Sie mit der ⏎ -Taste.

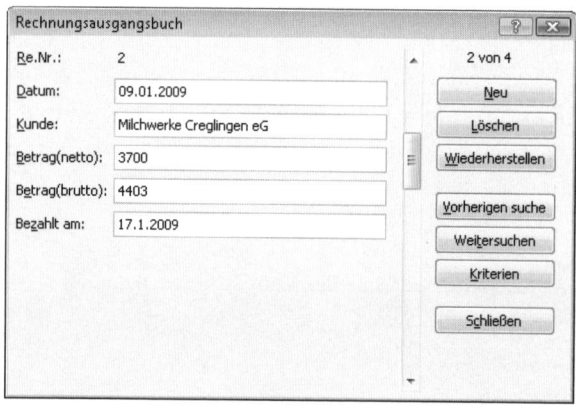

Abbildung 10.44   Eine Erfassungsmaske steht für alle Datenbanklisten in Excel zur Verfügung

Die Maske dient nicht nur zur Erfassung von Daten. Sie können damit auch die ganze Liste durchblättern und gezielt nach Daten suchen. Dazu müssen Sie die Schaltfläche *Kriterien* anklicken und gezielt einen Suchbegriff eingeben.

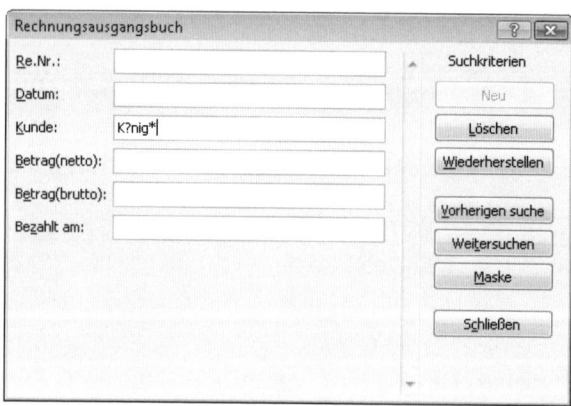

Abbildung 10.45   Suchen mit der Datenbankmaske

Sie suchen nach einem Kunden? Dann tragen Sie den Kundennamen im Feld *Kunde* ein. Dabei können Sie auch Wildcards benutzen. Das sind Platzhalter, die anstelle eines Zeichens (?) oder einer Zeichenfolge (*) gesetzt werden. Me?er sucht alle Meier, Meyer, Meter usw., König* sucht alle König KG, König GmbH, König OHG usw.

Daten mit dem AutoFilter auswählen

Ist die Liste stark angewachsen, lassen sich Informationen nur sehr schwer allein mit Hilfe des Scrollens entnehmen. Die Datenbankmaske zeigt auch immer nur einen Datensatz an. Eine nützliche Hilfe ist das Filtern von Informationen. Insbesondere der AutoFilter bietet eine schnelle Lösung für das gezielte Anzeigen ausgewählter Daten.

1. Über *Daten/Filter/AutoFilter* (Excel 2003) bzw. *Daten/Filtern* (Excel 2007) fügen Sie den einzelnen Spalten kleine Schalter hinzu, die das Ausklappen von Menülisten ermöglichen. Diese Menülisten enthalten alle Einträge der jeweiligen Spalte. Wird einer dieser Einträge aktiviert, zeigt die gesamte Datenbankliste nur noch die Datensätze an, auf die diese Auswahl zutrifft.

2. Wählen Sie einen Eintrag aus, indem Sie ihn mit dem Mauszeiger anfahren und einmal mit der linken Maustaste klicken. Die Menüliste klappt zu und die Datenbankliste zeigt nur noch die Zeilen an, die der gewählten Eigenschaft entsprechen.

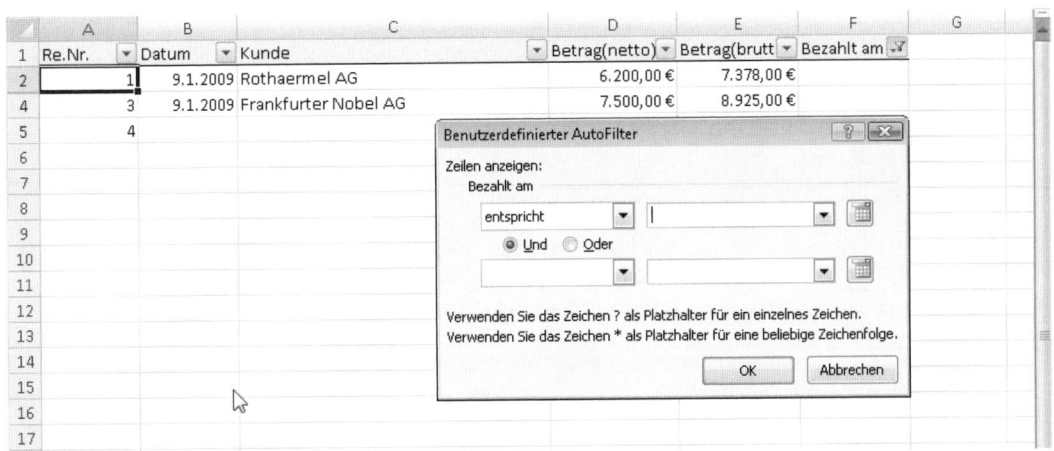

Abbildung 10.46 Es sollen nur Datensätze angezeigt werden, die noch nicht bezahlt sind

Um etwa nur die Datensätze anzuzeigen, die noch unbezahlt sind, wird aus dem AutoFilter-Menü *Datumsfilter/Ist gleich* gewählt und das Feld neben *entspricht* leer gelassen (Excel 2007). Im AutoFilter von Excel 2003 muss lediglich der Eintrag *(leere)* in der Menüliste ausgewählt werden.

HINWEIS   Sie erkennen eine gefilterte Liste an der nicht lückenlosen Nummerierung der Zeilen (links). Außerdem sind die gefilterten Zeilennummern blau hervorgehoben.

Den Spezialfilter nutzen

Zusätzliche Möglichkeiten bietet der Spezialfilter. Mit diesem können Sie auch gefilterte Ergebnisse in einen anderen Tabellenbereich transferieren und so die Ursprungstabelle unverändert lassen. Beim Einsatz des Spezialfilters gehen Sie folgendermaßen vor (schalten Sie den AutoFilter zuvor wieder aus):

1. Markieren Sie die Spaltenüberschrift *Kunde*. Wählen Sie *Kopieren* und klicken Sie anschließend in die Zelle H1.

2. Drücken Sie die ⏎-Taste.

3. Mit der ↓-Taste gehen Sie in die Zelle H2.

4. Geben Sie einen Kunden-Namen ein, der in Ihrer Liste enthalten ist.

5. Wählen Sie *Daten/Filter/Spezialfilter* (Excel 2003) bzw. klicken Sie auf *Daten/Erweitert* in der Gruppe *Sortieren und Filtern* (Excel 2007).

6. Markieren Sie den zu filternden Listenbereich (A1:F3) mit der Maus. Dieser Bereich wird automatisch in das Eingabefeld *Listenbereich* übernommen.

7. Klicken Sie in das Eingabefeld *Kriterienbereich*, markieren Sie anschließend den Bereich H1:H2.

8. Bestätigen Sie mit *OK*.

Abbildung 10.47 Der Spezialfilter benötigt Kriterien, um eine Liste zu filtern

TIPP   Wollen Sie die Originaltabelle nicht beeinflussen, wählen Sie die Option *An eine andere Stelle kopieren* und geben bei *Kopieren nach* an, wohin das Ergebnis kopiert werden soll. Die Originalliste bleibt unverändert erhalten.

Bilanzanalyse und Unternehmenssteuerung

Jedes Unternehmen ist verpflichtet, einen Jahresabschluss zu erstellen, dessen Hauptbestandteile die Bilanz und die Gewinn- und Verlustrechnung sind. Deren Aufgabe ist es nicht ausschließlich dem Gesetzgeber Genüge zu tun, sondern auch einen Überblick über den Stand des Unternehmens zu geben. Die Bilanz allein ist aber nicht für jeden transparent und manches muss auch über mehrere Zeiträume betrachtet werden, um die Entwicklung einschätzen zu können. Ein gutes Mittel hierzu sind Kennzahlen. In diesem Abschnitt wird gezeigt, wie aus der Bilanz und der Gewinn- und Verlustrechnung Kennzahlen errechnet werden, die eine Beurteilung des Unternehmens aus verschiedenen Gesichtspunkten ermöglichen. Die Beschränkung auf zwei Jahresabschlüsse ist der Übersichtlichkeit geschuldet. Es soll Sie nicht davon abhalten, das System auf drei Jahre zu erweitern.

Der Jahresabschluss als Datenquelle

Wesentliche Informationen zur Kennzahlenermittlung bietet die Bilanz und da eine Kennzahl alleine wenig aussagefähig ist, sollten mindestens zwei, besser drei ermittelt werden. Es bietet sich an, in einer Excel-Arbeitsmappe ein Formular zu entwickeln, in dem die Daten aus den Bilanzen übersichtlich eingetragen werden können.

HINWEIS Interessant sind solche Auswertungen nicht nur für das eigene Unternehmen, sondern auch für fremde, etwa um deren Bonität (Kreditwürdigkeit) zu überprüfen oder festzustellen, ob sich Beteiligungen lohnen. Da viele Unternehmen ihre Jahresabschlüsse veröffentlichen müssen, ist der Zugriff darauf in der Regel nicht schwer.

Tabelle *Bilanz* anlegen

Legen Sie eine neue Arbeitsmappe an, die Sie »Bilanzanalyse« nennen. Auf dem ersten Blatt schaffen Sie ein Formular, dass für die Aufnahme der Bilanzdaten geeignet ist.

TIPP Die Gliederung der Bilanz ist im Handelsgesetzbuch vorgeschrieben (HGB § 266). Sie ist in der vollständigen Form nicht immer im Gebrauch, da je nach Betrieb einzelne Posten wegfallen. Während in der offiziellen Bilanz diese Gliederungspunkte trotzdem auftauchen, können Sie die im Excel-Formular weglassen, wenn es sich nicht um einen nur als Einzelfall auftretenden leeren Posten handelt. Tragen Sie also im Formular nur die Posten ein, die sich auch in Ihrer Bilanz finden.

Orientieren Sie sich beim Aufbau des Formulars an der Abbildung 10.48. An Formeln sind nur vier mit der Funktion *SUMME* nötig.

	A	B	C	D	E	F	G	H
1	Aktiva				Bilanz			Passiva
2			2009	2008			2009	2008
3	A.	Anlagevermögen			A.	Eigenkapital		
4	I.	Lizenzen			I.	Grundkapital		
5	II.	Sachanlagen			II.	Rücklagen		
6	1.	Bebaute Grundstücke			III.	Jahresüberschuss		
7	2.	Maschinen u. masch. Anlagen						
8	3.	Betriebs+ Geschäftsausst.			B.	Rückstellungen		
9	III.	Finanzanlagen			1.	Langfr. Rückstellungen		
10	1.	Beteiligungen			2.	Kurzfristige Rückstellungen		
11								
12	B.	Umlaufvermögen			C.	Verbindlichkeiten		
13	I.	Vorräte			1.	Anleihen		
14	1.	Roh-, Hilfs-, Betriebsstoffe			2.	Verbindlichk. b. Kreditinst.		
15	2.	Fertigerzeugnisse			3.	Verbindlichk. aus L.u.L.		
16	II.	Forderungen			4.	Schuldwechsel		
17	1.	Forderungen aus L.u.L.			5.	Sonstige Verbindlichkeiten		
18	2.	Sonstige Forderungen						
19	III.	Wertpapiere						
20	IV.	Kasse, Bankguthaben	=SUMME(C3:C22)					
21								
22	C.	Rechnungsabgrenzung						
23								
24		Summe	0	0		Summe	0	0
25								

Abbildung 10.48 Das Formular für die Aufnahme der Bilanzdaten zweier Jahresabschlüsse

TIPP Speichern Sie das leere Formular als Vorlage ab. Dann können Sie die immer wieder nutzen (und anpassen), ohne das Original überschreiben zu müssen.

Achten Sie beim Eintragen darauf, dass die jeweiligen Summen in Aktiva und Passiva übereinstimmen. Ist das nicht der Fall, haben Sie möglicherweise vergessen, einen Posten aus der Bilanz in die Excel-Tabelle zu übernehmen oder der allbekannte und überall gegenwärtige Fehlerteufel hat für einen Zahlendreher gesorgt.

	A	B	C	D	E	F	G	H
1	Aktiva				Bilanz			Passiva
2			2009	2008			2009	2008
3		A. Anlagevermögen				A. Eigenkapital		
4		I. Lizenzen	13.500	15.000		I. Grundkapital	280.000	300.000
5		II. Sachanlagen				II. Rücklagen	320.000	390.000
6		1. Bebaute Grundstücke	256.000	320.000		III. Jahresüberschuss	131.750	97.000
7		2. Maschinen u. masch. Anlagen	257.400	286.000				
8		3. Betriebs+ Geschäftsausst.	60.000	80.000		B. Rückstellungen		
9		III. Finanzanlagen				1. Langfr. Rückstellungen	163.020	188.500
10		1. Beteiligungen	50.667	76.000		2. Kurzfristige Rückstellungen	44.200	25.000
11								
12		B. Umlaufvermögen				C. Verbindlichkeiten		
13		I. Vorräte				1. Anleihen		
14		1. Roh-, Hilfs-, Betriebsstoffe	232.755	325.420		2. Verbindlich. b. Kreditinst.	255.700	390.000
15		2. Fertigerzeugnisse	192.505	187.300		3. Verbindlich. aus L.u.L.	231.700	222.300
16		II. Forderungen				4. Schuldwechsel	12.000	15.000
17		1. Forderungen aus L.u.L.	321.502	309.700		5. Sonstige Verbindlichkeiten	36.899	45.849
18		2. Sonstige Forderungen	21.350	18.400				
19		III. Wertpapiere	6.700	5.000				
20		IV. Kasse, Bankguthaben	56.903	48.723				
21								
22		C. Rechnungsabgrenzung	5.987	2.106				
23								
24		Summe	1.475.269	1.673.649		Summe	1.475.269	1.673.649
25								

Abbildung 10.49 Die Bilanzen der letzten zwei Jahre sind in die Tabelle übernommen worden.

Tabelle *Gewinn- und Verlustrechnung* anlegen

Bei der Gewinn- und Verlustrechnung (GuV) gehen Sie ähnlich vor. Legen Sie die Tabelle entsprechend der GuV in Ihrem Jahresabschluss an (die rechtlichen Vorschriften zur Gliederung finden Sie in HGB § 275).

	A	B	C	D	E	F
1			Gewinn- und Verlustrechnung			
2	Soll	2009	2008	Haben	2009	2008
3	Aufwendungen für Roh-, Hilfs- und Betriebsst.			Umsatzerlöse		
4	Personalkosten			Mieterträge		
5	Marketingkosten			a.o. Erträge		
6	AfA auf Sachanlagen					
7	AfA auf Umlaufvermögen					
8	Sonstiger betriebl. Aufw.					
9	Zinsen					
10	a.o. Aufwand					
11	Jahresüberschuss					
12						
13	Summe	0	0	Summe	0	0
14						
15						
16		=SUMME(B3:B11)				
17						

Abbildung 10.50 Gewinn- und Verlustrechnung als Excel-Tabelle

Auch bei der GuV müssen die Summen beider Seiten (Soll/Haben) übereinstimmen. Prüfen Sie das gründlich und korrigieren Sie evtl. Fehler.

	A	B	C	D	E	F
1			Gewinn- und Verlustrechnung			
2	Soll	2009	2008	Haben	2009	2008
3	Aufwendungen für Roh-, Hilfs- und Betriebsst.	475.000	543.800	Umsatzerlöse	1.597.950	1.719.200
4	Personalkosten	521.300	589.700	Mieterträge	41.000	41.000
5	Marketingkosten	52.000	60.000	a.o. Erträge	13.435	26.500
6	AfA auf Sachanlagen	112.600	125.800			
7	AfA auf Umlaufvermögen	103.535	95.000			
8	Sonstiger betriebl. Aufw.	198.000	205.000			
9	Zinsen	41.000	44.500			
10	a.o. Aufwand	17.200	25.900			
11	Jahresüberschuss	131.750	97.000			
12						
13	Summe	1.652.385	1.786.700	Summe	1.652.385	1.786.700
14						

Abbildung 10.51 Gewinn- und Verlustrechnung wurde in die Excel-Tabelle übertragen

> **TIPP** Übernehmen Sie den Jahresüberschuss aus der Gewinn- und Verlustrechnung in die Bilanz über einen Bezug. Dann haben Sie dabei schon mal die Gewähr, dass beide Rechnungen zusammen passen.

Betriebsgewinn ermitteln

Eine erste Kennzahl erhalten Sie, wenn Sie den Betriebsgewinn ermitteln. Der ausgewiesene Jahresüberschuss ist ja noch nicht um betriebsfremde Erträge und Aufwendungen korrigiert. Handelt es sich um eine Personengesellschaft, muss außerdem noch kalkulatorischer Unternehmerlohn berücksichtigt werden. Außerdem wird diese Information für weitere Kennzahlen benötigt, wie Sie später sehen werden.

Diese Korrekturrechnung kann direkt unterhalb der GuV-Rechnung angelegt werden. Die Werte werden über Bezüge aus der GuV-Rechnung übernommen. Das Ergebnis lässt sich über eine einfache Formel ermitteln.

	A	B	C	D	E	F
1			Gewinn- und Verlustrechnung			
2	**Soll**	**2009**	**2008**	**Haben**	**2009**	**2008**
3	Aufwendungen für Roh-, Hilfs- und Betriebsst.	475.000	543.800	Umsatzerlöse	1.597.950	1.719.200
4	Personalkosten	521.300	589.700	Mieterträge	41.000	41.000
5	Marketingkosten	52.000	60.000	a.o. Erträge	13.435	26.500
6	AfA auf Sachanlagen	112.600	125.800			
7	AfA auf Umlaufvermögen	103.535	95.000			
8	Sonstiger betriebl. Aufw.	198.000	205.000			
9	Zinsen	41.000	44.500			
10	a.o. Aufwand	17.200	25.900			
11	Jahresüberschuss	131.750	97.000			
12						
13	Summe	1.652.385	1.786.700	Summe	1.652.385	1.786.700
14						
15						
16	**Betriebsgewinnermittlung**	**2009**	**2008**			
17	Gewinn lt. GuV	131.750	97.000			
18	+ a.o. Aufwand	17.200	25.900			
19	- a.o. Ertrag	13.435	26.500			
20	- Mieterträge	41.000	41.000			
21	= Betriebsgewinn	94.515	55.400			
22						
23			=C17+C18-C19-C20			
24						

Abbildung 10.52   Ermittlung des bereinigten Betriebsgewinns aus der GuV

Verhältniszahlen in der Bilanz

Eine erste Bilanzanalyse bekommt man, wenn in der Bilanz Verhältniszahlen ermittelt werden. Dazu ist es am besten, diese etwas zu verdichten. Dazu wird eine neue Tabelle aufgebaut in der die Bilanz noch vier zusätzliche Spalten bekommt, in der die prozentualen Berechnungen eingefügt werden.

Die Daten werden über Bezüge aus der Bilanz übernommen. Dabei müssen einige Werte zusammengefasst werden. Die prozentualen Verhältniszahlen beziehen sich immer auf den Gesamtbetrag (Summe Aktiva/Passiva). Deshalb muss der Bezug dorthin absolut gesetzt werden, damit die Formel kopiert werden kann. Die Formeln sind exemplarisch in der Abbildung 10.53 zu sehen. Die Übertragung auf die restlichen Zellen dürfte nicht schwer fallen.

	A	B	C	D	E	F	G	H	I	J
1				Verdichtete Bilanz						
2	**Aktiva**	**2009**		**2008**		**Passiva**	**2009**		**2008**	
3	Sachanlagen	586.900	39,8%	701.000	41,9%	Eigenkapital	600.000	40,7%	690.000	41,2%
4	Finanzanlagen	50.667	3,4%	76.000	4,5%	Jahresüberschuss	131.750	8,9%	97.000	5,8%
5	*Anlagevermögen*	*637.567*	*43,2%*	*777.000*	*46,4%*	*Eigene Mittel*	*731.750*	*49,6%*	*787.000*	*47,0%*
6										
7	Vorräte	425.260	28,8%	512.720	30,6%	Langfr. Rückstellungen	163.020	11,1%	188.500	11,3%
8	Forderungen	342.852	23,2%	328.100	19,6%	Kurzfr. Rückstellungen	44.200	3,0%	25.000	1,5%
9	Flüssige Mittel	63.603	4,3%	53.723	3,2%	Langfr. Verbindlichkeiten	487.400	33,0%	612.300	36,6%
10	Sonstiges Vermögen	5.987	0,4%	2.106	0,1%	Kurzfr. Verbindlichkeiten	48.899	3,3%	60.849	3,6%
11	*Umlaufvermögen*	*837.702*	*56,8%*	*896.649*	*53,6%*	*Fremdmittel*	*743.519*	*50,4%*	*886.649*	*53,0%*
12										
13	**Summe Aktiva**	**1.475.269**	**100,0%**	**1.673.649**	**100,0%**		**1.475.269**	**100,0%**	**1.673.649**	**100,0%**
14										
15										
16	=SUMME(Bilanz!C19:C20)			=B11/$B$13		=SUMME(G7:G10)			=SUMME(Bilanz!H16:H17)	
17										

Abbildung 10.53 Eine verdichtete Strukturbilanz ist schnell über Bezüge zur Bilanz erstellt

Veränderungen zwischen den Jahren sind jetzt nicht nur an den absoluten Zahlen zu erkennen, sondern über die Prozentwerte auch in ihrem Verhältnis.

Ein Kennzahlensystem erstellen

Mit den vorhandenen Daten (Bilanz und GuV) können nun verschiedene Kennzahlen gebildet werden, die jeweils andere Auskünfte über die Situation des Unternehmens geben. Legen Sie ein neues Tabellenblatt an, das die Kennzahlenberechnungen aufnehmen soll.

Kennzahlen zur Vermögensstruktur

Die Zusammensetzung des Vermögens (Aktiva) kann bereits aus der verdichteten Bilanz abgelesen werden, die in der Reihe der Verhältniszahlen schon einige Kennzahlen enthält. Trotzdem werden Sie – der Übersichtlichkeit wegen – hier noch einmal aufgenommen.

Anlagenintensität

Für einen Industriebetrieb ist es nicht unwichtig zu wissen, wie kapitalintensiv die Produktion ist und in welche Richtung die laufende Entwicklung geht. Die Kennzahl wird ermittelt:

$$\text{Anlagenintensität} = \frac{\text{Anlagevermögen}}{\text{Gesamtvermögen}} \times 100$$

In der Tabelle kann auf die Multiplikation mit 100 verzichtet werden, wenn die Zelle(n) bereits mit dem Prozentformat belegt sind (siehe dazu auch Kapitel 1).

	A	B	C	D	E	F	G	H
1	**Kennzahlen zur Vermögensstruktur**							
2								
3	Anlagenintensität	2008	46,4%	←	=Bilanzverdichtung!D5/Bilanzverdichtung!D13			
4		2009	43,2%					
5								

Abbildung 10.54   Kennzahl: Anlagenintensität

Im Beispiel ist deutlich zu sehen, dass sich das Vermögen in Richtung Umlaufvermögen entwickelt hat. Die Anlagenintensität lässt nach, was meist mit einer Verringerung der Fixkosten
einhergeht.

TIPP   Gut ist es, wenn man Vergleichszahlen anderer Unternehmen hat. Solche sind oft von der regio-
nalen IHK oder von Branchenverbänden zu bekommen.

Intensität des Umlaufvermögens

Es ist unnötig, diese Kennzahl zu ermitteln, da sie sich aus der Kennzahl der Anlagenintensität
ergibt. Wenn gewünscht, kann Sie aus der verdichteten Bilanz einfach abgelesen werden.

Kennzahlen zur Kapitalstruktur

Auch die Passivseite der Bilanz sollte in ihrer Zusammensetzung untersucht werden. Zwei Kennzahlen geben Auskunft über die Finanzierung des Unternehmens: die Eigenkapitalquote und der
Verschuldungskoeffizient.

Eigenkapitalquote

Die Eigenkapitalquote wird folgendermaßen ermittelt:

$$\text{Eigenkapitalquote} = \frac{\text{Eigenkapital}}{\text{Gesamtvermögen}} \times 100$$

Zu beachten ist, dass zum Eigenkapital immer der aktuelle Gewinn hinzugerechnet, bzw. ein
aktueller Verlust abgezogen werden muss. Auch evtl. vorhandene Rücklagen sind zu berücksichtigen. In der verdichteten Bilanz ist das bereits geschehen.

Man spricht von einer guten Kapitelstruktur wenn der Eigenkapitalanteil bei 25% oder besser
liegt. Solange die Eigenkapitalquote nicht unter 20% sinkt, spricht man von einem solide finan-
zierten Unternehmen.

Verschuldungskoeffizient

Der Verschuldungskoeffizient wird errechnet:

$$\text{Verschuldungskoeffizient} = \frac{\text{Fremdkapital}}{\text{Eigenkapital}} \times 100$$

Dieser Koeffizient gibt das Verhältnis des Fremdkapitals zum bilanzierten Eigenkapital an. Für Ratings ist diese Kennzahl wichtig. Steigt der Verschuldungsgrad, verschlechtern sich dagegen die Kreditkonditionen.

	A	B	C	D	E	F	G	H
1	**Kennzahlen zur Vermögensstruktur**							
2								
3	Anlagenintensität	2008	46,4%	←	=Bilanzverdichtung!D5/Bilanzverdichtung!D13			
4		2009	43,2%					
5								
6	**Kennzahlen zur Kapitalstruktur**							
7								
8	Eigenkapitalquote	2008	47,0%	←	=Bilanzverdichtung!I5/Bilanzverdichtung!I13			
9		2009	49,6%					
10								
11	Verschuldungskoeffizient	2008	112,7%	←	=Bilanzverdichtung!I11/Bilanzverdichtung!I5			
12		2009	101,6%					
13								

Abbildung 10.55 Kennzahlen zur Kapitalstruktur

Im Beispiel ist die Tendenz positiv: Die Eigenkapitalquote hat sich von 2008 auf 2009 verbessert, der Verschuldungskoeffizient ist dagegen kleiner geworden.

Finanzkennzahlen

Diese Kennzahlen geben Auskunft darüber, wie das Kapital eingesetzt (investiert) wurde.

Anlagendeckung I

Eine Regel lautet: Das Anlagevermögen sollte möglichst durch das Eigenkapital finanziert sein:

$$\text{Anlagendeckung I} = \frac{\text{Eigenkapital}}{\text{Anlagevermögen}} \times 100$$

Anlagendeckung II

Insbesondere in anlagenintensiven Unternehmen (Industrie) ist diese Regel oft nicht einzuhalten. Dann sollte zusätzlich das langfristige Fremdkapital reichen, um das Anlagevermögen zu decken:

$$\text{Anlagendeckung II} = \frac{\text{Eigenkapital} + \text{langfr. Fremdkapital}}{\text{Anlagevermögen}} \times 100$$

	A	B	C	D	E	F	G	H	I	J	K
13											
14	**Finanzkennzahlen**										
15											
16	Anlagendeckung I	2008	101,3%								
17		2009	114,8%	←	=Bilanzverdichtung!G5/Bilanzverdichtung!B5						
18											
19	Anlagendeckung II	2008	204,4%								
20		2009	216,8%	←	=(Bilanzverdichtung!G5+Bilanzverdichtung!G7+Bilanzverdichtung!G9)/Bilanzverdichtung!B5						
21											

Abbildung 10.56 Kennzahlen zur Finanzlage

Im Beispiel ist die Anlagendeckung bereits durch das Eigenkapital gegeben. Eine Hinzuziehung des Fremdkapitals ist dafür nicht nötig. Allerdings ist zu berücksichtigen, dass auch Teile des Vorrats langfristig finanziert werden sollten, da für eine gute Lieferfähigkeit bestimmte Kapazitäten (eiserner Bestand/Meldebestand) am Lager vorrätig gehalten werden müssen.

Erfolgskennzahlen

Diese Kennzahlen geben Auskunft über die Rentabilität des Unternehmens (= Rentabilitätskennzahlen).

Eigenkapitalrentabilität

Die Rentabilität des vom Unternehmer eingesetzten Kapitals wird mit dieser Kennziffer untersucht. Im Idealfall sollte die Eigenkapitalrentabilität über der Kapitalmarktrendite liegen.

$$\text{Eigenkapitalrentabilität} = \frac{\text{Bereinigter Gewinn}}{\text{Eigenkapital}} \times 100$$

Für diese Kennzahl wird der bereinigte Gewinn benötigt, der auf der GuV-Tabelle allerdings bereits zur Verfügung steht.

Die Rentabilität des Eigenkapitals hat sich im Beispiel von 2008 auf 2009 verbessert.

Gesamtkapitalrentabilität

Diese Kennzahl untersucht die Rentabilität des gesamten eingesetzten Kapitals.

$$\text{Gesamtkapitalrentabilität} = \frac{\text{Betriebsgewinn} + \text{Fremdkapitalkosten}}{\text{Eigenkapital} + \text{Fremdkapital}} \times 100$$

Auch die Gesamtkapitalrentabilität konnte zulegen, wenn auch nicht so stark wie beim Eigenkapital.

Umsatzrentabilität

Diese Kennzahl untersucht das Verhältnis von Umsatz und Gewinn. Man kann aus dieser Kennzahl entnehmen, welcher Teil des Umsatzerlöses dem Unternehmen an freien Mitteln zugeflossen ist.

$$\text{Umsatzrentabilität} = \frac{\text{Gewinn}}{\text{Umsatz}} \times 100$$

Auch die Umsatzrentabilität ist im Beispiel positiv.

Kapitalumschlagshäufigkeit

Wie schnell sich das eingesetzte Kapital umschlägt, beeinflusst nicht unwesentlich die Rentabilität. Je schneller sich das eingesetzte Kapital umschlägt, um so weniger wird davon gebraucht.

$$\text{Kapitalumschlagshäufigkeit} = \frac{\text{Umsatz}}{\text{Gesamtkapital}}$$

Die Kapitalumschlagshäufigkeit ist gut, könnte aber besser sein.

Return on Investment (ROI)

Fasst man die letzten beiden Formeln zusammen, erhält man eine Kennzahl für die Rentabilität des eingesetzten Kapitals.

$$\text{ROI} = \frac{\text{Gewinn}}{\text{Umsatz}} \times 100 \times \frac{\text{Umsatz}}{\text{Gesamtkapital}}$$

Der ROI hat sich fast verdoppelt und zeigt somit ein sehr gutes Ergebnis an.

	A	B	C	D	E	F	G	H	I	J
22	**Erfolgskennzahlen**									
23										
24	Eigenkapitalrentabilität	2008	7,0%	←	=GuV!$C$21/Bilanzverdichtung!I5					
25		2009	12,9%							
26										
27	Gesamtkapitalrentabilität	2008	6,0%	←	=(GuV!$C$21+GuV!$C$9)/(Bilanzverdichtung!I5+Bilanzverdichtung!I11)					
28		2009	9,2%							
29										
30	Umsatzrentabilität	2008	3,2%	←	=GuV!$C$21/GuV!$F$3					
31		2009	5,9%							
32										
33	Kapitalumschlagshäufigkeit	2008	1,03	←	=GuV!$F$3/Bilanzverdichtung!I13					
34		2009	1,08							
35										
36	Retur on Investment (ROI)	2008	3,31	←	=(GuV!$C$21/GuV!$F$3)*100*(GuV!$F$3/Bilanz!D24)					
37		2009	6,41							
38										

Abbildung 10.57 Erfolgskennzahlen

Forderungskennzahlen

Ein ganz wesentlicher Faktor für jedes Unternehmen ist die Zahlungsbereitschaft der Kunden. Hohe Umsätze, die aber von hohen Außenständen begleitet werden, können zu Problemen führen, da diese Umsätze ja finanziert werden müssen. Fließt das Geld nicht zurück, kann schnell ein Liquiditätsengpass entstehen.

Umschlagshäufigkeit

Diese Kennzahl gibt an, wie oft der Forderungsbestand durch Zahlungen ausgeglichen wurde.

$$\text{Umschlagshäufigkeit} = \frac{\text{Umsatz} - \text{Forderungsbestand}}{\text{Forderungsbestand}}$$

Die Umschlagshäufigkeit im Beispiel hat von 2008 auf 2009 abgenommen, was Anlass geben sollte, das Mahnwesen zu überprüfen und das Zahlungsverhalten der Kunden zu beobachten.

Kundenkreditdauer

Die vorher ermittelte Kennzahl wird benötigt, um die Kundenkreditdauer zu ermitteln: das durchschnittliche Zahlungsziel in Tagen.

$$\text{Kundenkreditdauer} = \frac{360}{\text{Umschlagshäufigkeit}}$$

Im Beispiel hat sich die Kreditdauer in Tagen von 79 auf 91 erhöht, was besagt, dass der Umsatz für die Kunden länger vorfinanziert wird. Dramatisch ist das in diesem Beispiel nicht, weil die Rentabilität insgesamt gut ist. Sollte die aber einbrechen, weil größerer Konkurrenzdruck am Markt auftritt und die Spanne sinkt, dann wird es eng. Besser ist es, in guten Zeiten für ein vernünftiges Zahlungsverhalten der Kunden zu sorgen.

	A	B	C	D	E	F	G	H
38								
39	**Forderungskennzahlen**							
40								
41	Umschlagshäufigkeit	2008	4,55 ←		=(GuV!$F$3-Bilanz!D17)/Bilanz!D17			
42		2009	3,97					
43								
44	Kundenkreditdauer	2008	79 ←		=360/C41			
45		2009	91					
46								

Abbildung 10.58 Wie lange leiht man den Kunden die Ware?

Arbeit mit der Kennzahlenanalyse

Noch ein besseres Ergebnis erzielen Sie, wenn Sie drei Jahre im Vergleich gegenüberstellen. Es dürfte Ihnen nicht schwer fallen, jeweils eine Spalte (auf dem Kennzahlenblatt jeweils eine Zeile) hinzuzufügen.

Kommt ein neues Jahr hinzu, kopieren Sie die erste Spalte in die zweite (bzw. die ersten beiden Spalten in die zweite und dritte) und fügen die neuen Daten in die erste Spalte ein. Schon steht Ihnen, ohne dass Sie Weiteres tun müssen, auch die Kennzahlenauswertung aktualisiert zur Verfügung.

Buchhaltung für Freiberufler

Zu Beginn dieses Kapitels wurde an einer Einfachstbuchhaltung, die für die private Haushaltsbuchführung ausreichend ist, gezeigt, wie man Anwendungen mit Excel entwickelt. In diesem letzten Kapitelabschnitt wird nun gezeigt, wie eine praxistaugliche Einnahmenüberschussrechnung mit Excel entwickelt werden kann.

Der Gesetzgeber schreibt unmissverständlich vor, dass Kaufleute Bücher führen müssen (§ 238, Abs. 1 HGB). Für Freiberufler und Kleinbetriebe gibt es aber Ausnahmen An Stelle der doppelten Buchführung kann eine Einnahmenüberschussrechnung geführt werden. Bei dieser Rechnung wird der Gewinn aus der Subtraktion der Ausgaben von den Einnahmen ermittelt. Dieses Verfahren ist weniger aufwändig als ein komplettes Buchhaltungssystem. Excel bietet sich für solche Aufgaben geradezu an.

Neben dem monatsgenauen Buchen wird auch die Zahlung der Umsatzsteuer berücksichtigt. Berichte sollen monatlich und jährlich Aufschluss über das jeweilige Ergebnis der Geschäftstätigkeit geben.

Die Buchungsliste erstellen

Für die Einnahmenüberschussrechnung genügt eine Arbeitsmappe mit drei leeren Tabellen. Besondere Einstellungen sind nicht vorzunehmen.

Buchungstabelle aufbauen

Zuerst benötigen Sie eine Liste, in der die laufenden Buchungen des Jahres eingetragen werden. Diese Buchungsliste wird als Datenliste angelegt, weil sich damit eine ganze Reihe Auswertungsmöglichkeiten ergeben.

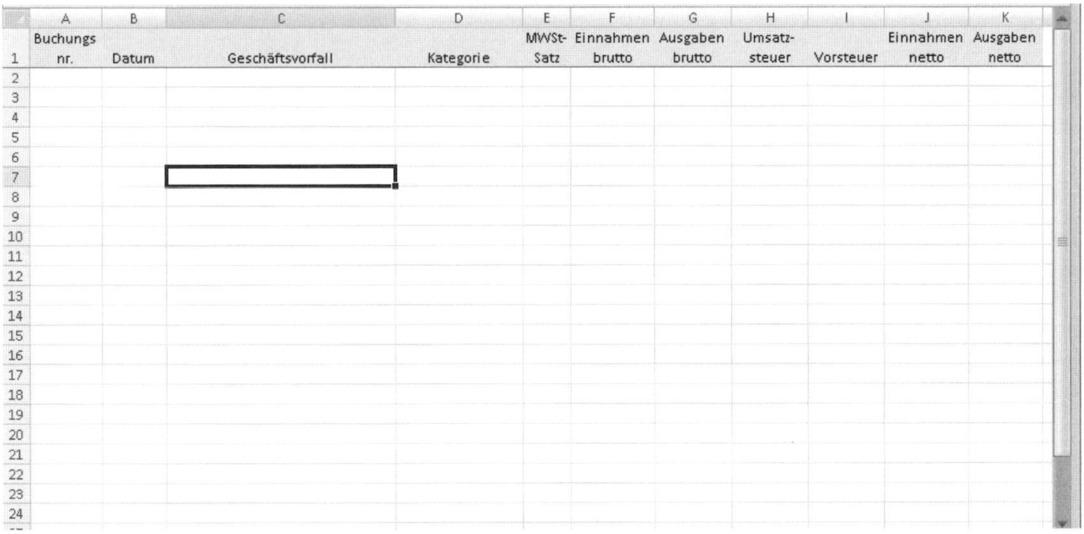

Abbildung 10.59 Die Struktur der Buchungsliste

Richten Sie dafür die zweite Tabelle ein und benennen Sie das Blattregister in »Buchungsliste« um. Die erste Zeile richten Sie entsprechend der Abbildung 10.59 ein.

Fenster fixieren

Dann gehen Sie noch folgendermaßen vor:

1. Aktivieren Sie die Zelle A2.
2. Wählen Sie *Fenster/Fenster fixieren* (Excel 2003) bzw. *Ansicht/Fenster fixieren/Fenster fixieren* (Excel 2007).

Nun bleibt die erste Zeile dieser Tabelle immer sichtbar, selbst wenn Sie bis zur Zeile 9.999 gescrollt haben.

Formeln eingeben

Die Tabelle bekommt Formeln, die die fortlaufende Buchungsnummer ermitteln:

```
=WENN(B2<>"";WENN(A1="Buchungsnr.";1;A1+1);"")
```

… die Umsatzsteuer aus den Bruttoeinnahmen herausrechnen:

```
=WENN(F2="";"";F2/(100+E2*100)*(E2*100))
```

… die Vorsteuer aus den Bruttoausgaben herausrechnen:

```
=WENN(G2="";"";G2/(100+E2*100)*(E2*100))
```

… die Nettoeinnahmen ermitteln:

```
=WENN(F2="";"";F2-H2)
```

… und die Nettoausgaben ermitteln:

```
=WENN(G2="";"";G2-I2)
```

Die *WENN*-Funktion wird in allen Fällen genutzt, um in leeren Zellen eine Null auszugeben, was mit der Zeit zu einer unübersichtlichen Tabellendarstellung führen würde.

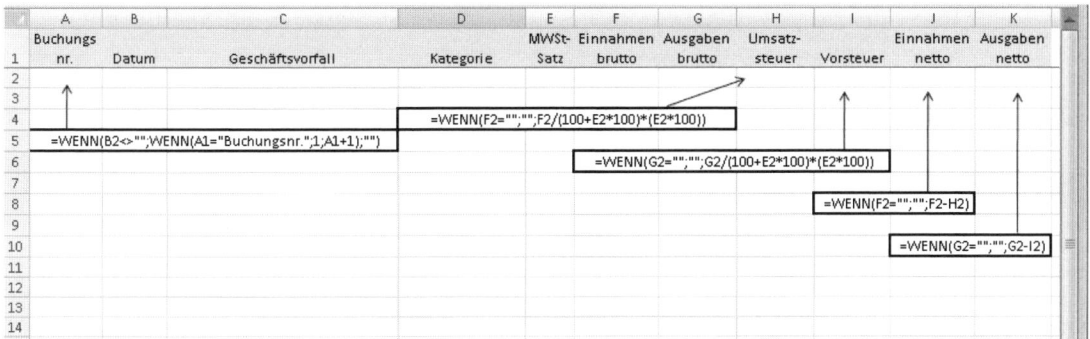

Abbildung 10.60 Formeln für die Buchungsliste

TIPP   Sie könnten jetzt die Formeln in die darunter liegenden Zeilen kopieren. Wenn Sie aber später mit der Buchungsmaske arbeiten, dann können Sie sich das sparen, denn jedes Mal, wenn mit der Buchungsmaske ein neuer Datensatz angelegt wird, werden die Formeln aus der vorhergehenden Zeile (dem vorhergehenden Datensatz) automatisch übernommen.

Kategorienlisten erstellen

Die Buchungsliste ist soweit fertig, dass Eingaben gemacht werden könnten. Allerdings ist die Tabelle in dieser Form noch etwas unkomfortabel. In den Feldern *Kategorie* und *MWSt-Satz* sollen die Eingaben beschränkt werden. Dies bedeutet, der Anwender darf dort keine beliebigen Werte eingeben, sondern muss aus einer Reihe von Vorgaben auswählen. Andernfalls soll eine Fehlermeldung erscheinen.

Als Erstes geben Sie in den Spalten N und O Kategorien und Mehrwertsteuersätze ein. Die Kategorien können Sie (gleich oder später) nach eigenen Vorstellungen anpassen. Das sind sozusagen die Konten für Ihre Buchhaltung.

TIPP   Es ist eine gute Idee, sich die DATEV-Kontenrahmen vorzunehmen und aus dem SKR03 oder SKR04 eine Konten/Kategorienauswahl für den persönlichen Bedarf zu treffen. Es ist zwar keine Voraussetzung, weil der Gesetzgeber in dieser Beziehung Freiheit lässt, aber spätestens wenn man für den Abschluss oder die Steuererklärung mit einem Steuerberater zusammenarbeitet, erweist sich das als Vorteil.

In diesem Beispiel wird mit einer übersichtlichen Anzahl von Kategorien gearbeitet, um das Anwendungsprojekt überschaubar zu halten.

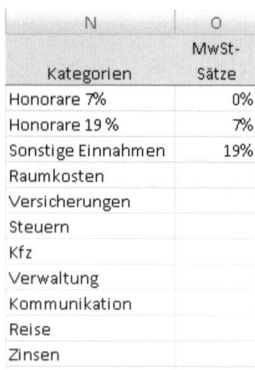

Kategorien	MwSt-Sätze
Honorare 7%	0%
Honorare 19 %	7%
Sonstige Einnahmen	19%
Raumkosten	
Versicherungen	
Steuern	
Kfz	
Verwaltung	
Kommunikation	
Reise	
Zinsen	

Abbildung 10.61 Kategorien und MwSt.-Sätze werden hier festgelegt

1. Markieren Sie durch Anklicken des Spaltenkopfes eine komplette Spalte (im Beispiel D).

2. Wählen Sie aus dem Menü *Daten* den Eintrag *Gültigkeit* (Excel 2003) bzw. *Daten/Datentools/ Datenüberprüfung* (Excel 2007).

3. Wählen Sie auf der Registerkarte *Einstellungen* bei *Zulassen* den Eintrag *Liste* aus.

4. Setzen Sie die Einfügemarke in das Eingabefeld bei *Quelle* und markieren Sie den Bereich N2:N12 (oder weiter, wenn Ihre Kategorienliste länger ist).

Abbildung 10.62 Die Gültigkeit von Listeneinträgen wird hier eingeschränkt

5. Auf der Registerkarte *Eingabemeldung* deaktivieren Sie das Kontrollkästchen *Eingabemeldung anzeigen, wenn Zelle ausgewählt wird*.

6. Wechseln Sie nun zur Registerkarte *Fehlermeldung* einen *Titel* und eine *Fehlermeldung* ein.

7. Klicken Sie auf *OK*.

Neben der markierten Zelle in Spalte D sollte nun eine kleine Pfeilschaltfläche auftauchen, die mitwandert, wenn in der Spalte andere Zellen markiert werden. Klicken Sie auf diese Pfeilschaltfläche, werden die Kategorien angezeigt, die in Spalte N eingetragen wurden.

Abbildung 10.63 Fehlermeldungen weisen auf ungültige Eingaben hin

ACHTUNG Verlängern Sie die Kategorienliste, wird nicht automatisch die Liste in Spalte D ebenfalls verlängert. Sie müssen wieder in das Dialogfeld *Gültigkeitsprüfung* (Excel 2003) bzw. *Datenüberprüfung* (Excel 2007) gehen und den Bereich bei *Quelle* anpassen.

Richten Sie nun die Spalte E für die Gültigkeits-/Datenüberprüfung der Mehrwertsteuer ein. Das Vorgehen ist exakt identisch mit der vorangegangenen Beschreibung, mit der Ausnahme allerdings, dass Sie für die Liste den Bereich O2:O4 markieren müssen.

Abbildung 10.64 Künftig kann in Spalte D nur aus der Liste ein Eintrag ausgewählt werden

Versuchen Sie in Spalte D oder E eine direkte Eingabe durchzuführen, zeigt eine Fehlermeldung, dass dies nicht akzeptiert wird.

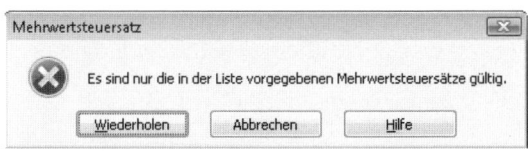

Abbildung 10.65 Fehlermeldungen weisen auf direkte Eingaben hin, die nicht akzeptiert werden

HINWEIS Leider reagiert die Datenbankmaske nicht auf die Gültigkeitsprüfung. Nutzen Sie das Formular, müssen Sie auf die Listenauswahl verzichten.

Mit der Buchungsliste arbeiten

In die Buchungsliste können nun komfortabel Buchungen eingetragen werden. Beachten Sie bei der Eingabe, dass keine leeren Zeilen in der Liste bleiben, sonst funktioniert Excel bei der Analyse der Tabelle nicht richtig!

Um die folgenden Übungen nachvollziehen zu können, geben Sie ein paar Buchungssätze ein.

Buchungssätze sortieren

Sind viele Belege nachzubuchen, müssen Sie sich nicht damit abmühen, die Belege vorzusortieren. Eine Grobsortierung der Belege ist zwar aus anderen Gründen anzuraten, Sie müssen es aber nicht bis ins Extrem treiben. Excel kann das nämlich besser. Wählen Sie aus dem Menü *Daten* den Eintrag *Sortieren* (Excel 2003) bzw. auf der Registerkarte *Start* die Schaltfläche *Sortieren und Filtern* (Excel 2007). Legen Sie unter *Sortieren nach* (Excel 2003) das *Datum* als Sortierkriterium fest und schon ist die gewünschte Reihenfolge wieder hergestellt.

Abbildung 10.66 Sortieren in Excel 2003

Wählen Sie in Excel 2007 *Benutzerdefiniertes Sortieren*. Stellen Sie bei *Spalte* das *Datum*, bei *Sortieren* nach *Werte* und bei *Reihenfolge A bis Z* ein.

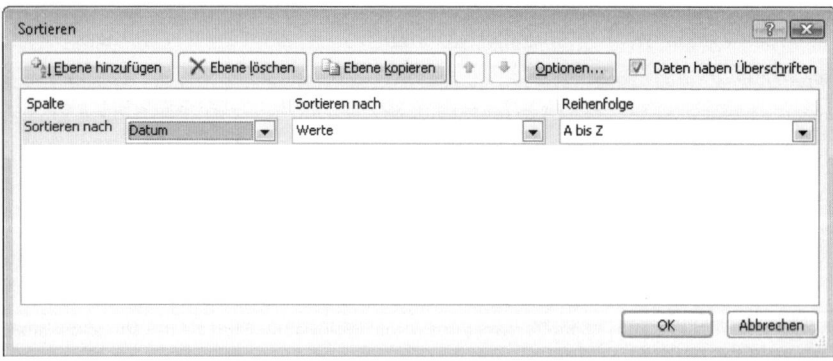

Abbildung 10.67 Sortieren in Excel 2007

Die Sortierung lässt sich beliebig oft wiederholen. Vorausetzung ist, dass eine Zelle der Liste markiert ist.

Monatsauswertungen erstellen

Eine weitere Variante von Auswertungen erreichen Sie über die Option *Teilergebnisse*. Allerdings ist dazu eine Hilfsspalte nötig.

	A	B	C	D	E	F	G	H	I	J	K	L
1	Buchungs nr.	Datum	Geschäftsvorfall	Kategorie	MWSt-Satz	Einnahme brutto	Ausgabe brutto	Umsatz-steuer	Vorsteuer	Einnahmen netto	Ausgaben netto	
2	1	02.01.09	Raummiete	Raumkosten	0%		650,00		0,00		650,00	
3	2	03.01.09	Honorar Anders-Verlag	Honorare 7%	7%	802,50		52,50		750,00		
4	3	05.01.09	Tanken	Kfz	19%		35,00		5,59		29,41	
5	4	06.01.09	Büromaterial (Papier)	Verwaltung	19%		12,50		2,00		10,50	
6	5	10.01.09	Steuererstattung	Sonstige Einnahmen	0%	350,00		0,00		350,00		
7	6	12.01.09	Honorar Hanauer Tageblatt	Honorare 7%	7%	53,50		3,50		50,00		
8	7	14.01.09	Bahnfahrt nach München (Verleger)	Reise	19%		123,70		19,75		103,95	
9	8	15.01.09	Rechtsschutzversicherung 2009	Versicherungen	0%		120,00		0,00		120,00	
10	9	18.01.09	Telefonrechnung Dezember 2008	Kommunikation	19%		58,60		9,36		49,24	
11	10	21.01.09	Druckerpatronen	Verwaltung	19%		98,00		15,65		82,35	
12	11	25.01.09	Reparatur PKW	Kfz	19%		259,30		41,40		217,90	
13	12	30.01.09	Putzmittel	Raumkosten	19%		12,30		1,96		10,34	
14	13	03.02.09	Honorar Merker Verlag	Honorare 7%	7%	1.872,50		122,50		1.750,00		
15	14	05.02.09	Raummiete	Raumkosten	0%		650,00		0,00		650,00	
16	15	06.02.09	Honorar CD-ROM Produktion	Honorare 19 %	19%	2.975,00		475,00		2.500,00		
17	16	12.02.09	Büromaterial (Briefumschläge etc.)	Verwaltung	19%		21,30		3,40		17,90	
18	17	17.02.09	Berufshaftpflichtversicherung 2009	Versicherungen	0%		94,00		0,00		94,00	
19	18	21.02.09	Porto	Verwaltung	0%		25,00		0,00		25,00	
20	19	28.02.09	Bahnfahrt nach Berlin (Recherche)	Reise	19%		175,00		27,94		147,06	
21	20	28.02.09	Hotel Berlin (2 Übernachtungen)	Reise	19%		150,00		23,95		126,05	
22	21	02.03.09	Raummiete	Raumkosten	0%		650,00		0,00		650,00	
23	22	03.03.09	Lektoratshonorar Bieber Verlag	Honorare 7%	7%	588,50		38,50		550,00		
24	23	05.03.09	Kfz-Steuer	Kfz	0%		175,00		0,00		175,00	
25	24	06.03.09	Kfz-Versicherung 2009	Kfz	0%		980,00		0,00		980,00	
26	25	08.03.09	Honorar 2. Halbjahr 2008/A-Verlag	Honorare 7%	7%	4.258,60		278,60				
27	26	09.03.09	Büromaterial (CD-ROM etc.)	Verwaltung	19%		17,30		2,76		14,54	
28												

H ◄ ► H   Tabelle1   Buchungsliste   Tabelle3

Abbildung 10.68   So könnte eine Buchungsliste aussehen

1. Schreiben Sie in die Zelle L1 »Monat«.
2. Fügen Sie in die Zelle L2 die folgende Formel ein: =WENN(B2<>"";MONAT(B2);"").
3. Kopieren Sie diese Formel in alle Zellen dieser Spalte.
4. Wählen Sie aus dem Menü *Daten* den Eintrag *Teilergebnisse* (Excel 2003) bzw. *Daten/Gliederung/Teilergebnisse* (Excel 2007).
5. Stellen Sie unter *Gruppieren nach* den Monat ein. Sie können diese Spalte aus einer Liste auswählen, wenn Sie auf den Listenpfeil klicken.
6. Unter *Teilergebnis addieren zu* aktivieren Sie alle Spalten, die summiert werden sollen, von »Einnahme brutto« bis »Ausgabe netto«. Deaktivieren Sie alle anderen Spalten.

Abbildung 10.69 Mit Teilergebnissen können Listen sehr komfortabel ausgewertet werden

---

TIPP   Die Option *Seitenumbrüche zwischen Gruppen einfügen* lohnt sich nur, wenn die Buchungsliste sehr lang geworden ist.

---

7. Bestätigen Sie mit *OK*

Jetzt steht Ihnen die Buchungsliste gruppiert nach Monaten zur Verfügung. Unterhalb der aktivierten Spalten finden Sie eine Summe, die Ihnen sofort zeigt, welches Ergebnis der Monat geliefert hat.

Buchung snr	Datum	Geschäftsvorfall	Kategorie	MWSt-Satz	Einnahme brutto	Ausgabe brutto	Umsatz-steuer	Vorsteuer	Einnahme n netto	Ausgaben netto	Monat
1	02.01.09	Raummiete	Raumkosten	0%		650,00		0,00		650,00	1
2	03.01.09	Honorar Anders-Verlag	Honorare 7%	7%	802,50		52,50		750,00		1
3	05.01.09	Tanken	Kfz	19%		35,00		5,59		29,41	1
4	06.01.09	Büromaterial (Papier)	Verwaltung	19%		12,50		2,00		10,50	1
5	10.01.09	Steuererstattung	Sonstige Einnahme	0%	350,00		0,00		350,00		1
6	12.01.09	Honorar Hanauer Tageblatt	Honorare 7%	7%	53,50		3,50		50,00		1
7	14.01.09	Bahnfahrt nach München (Verleger)	Reise	19%		123,70		19,75		103,95	1
8	15.01.09	Rechtschutzversicherung 2009	Versicherungen	0%		120,00		0,00		120,00	1
9	18.01.09	Telefonrechnung Dezember 2008	Kommunikation	19%		58,60		9,36		49,24	1
10	21.01.09	Druckerpatronen	Verwaltung	19%		98,00		15,65		82,35	1
11	25.01.09	Reparatur PKW	Kfz	19%		259,30		41,40		217,90	1
12	30.01.09	Putzmittel	Raumkosten	19%		12,30		1,96		10,34	1
					1.206,00	1.369,40	56,00	95,70	1.150,00	1.273,70	**1 Ergebnis**
13	03.02.09	Honorar Merker Verlag	Honorare 7%	7%	1.872,50		122,50		1.750,00		2
14	05.02.09	Raummiete	Raumkosten	0%		650,00		0,00		650,00	2
15	06.02.09	Honorar CD-ROM Produktion	Honorare 19 %	19%	2.975,00		475,00		2.500,00		2
16	12.02.09	Büromaterial (Briefumschläge etc.)	Verwaltung	19%		21,30		3,40		17,90	2
17	17.02.09	Berufshaftpflichtversicherung 2009	Versicherungen	0%		94,00		0,00		94,00	2
18	21.02.09	Porto	Verwaltung	0%		25,00		0,00		25,00	2
19	28.02.09	Bahnfahrt nach Berlin (Recherche)	Reise	19%		175,00		27,94		147,06	2
20	28.02.09	Hotel Berlin (2 Übernachtungen)	Reise	19%		150,00		23,95		126,05	2
					4.847,50	1.115,30	597,50	55,29	4.250,00	1.060,01	**2 Ergebnis**
21	02.03.09	Raummiete	Raumkosten	0%		650,00		0,00		650,00	3
22	03.03.09	Lektoratshonorar Bieber Verlag	Honorare 7%	7%	588,50		38,50		550,00		3
23	05.03.09	Kfz-Steuer	Kfz	0%		175,00		0,00		175,00	3
24	06.03.09	Kfz-Versicherung 2009	Kfz	0%		980,00		0,00		980,00	3
25	08.03.09	Honorar 2. Halbjahr 2008/A-Verlag	Honorare 7%	7%	4.258,60		278,60				3
26	09.03.09	Büromaterial (CD-ROM etc.)	Verwaltung	19%		17,30		2,76		14,54	3
					4.847,10	1.822,30	317,10	2,76	550,00	1.819,54	**3 Ergebnis**
					10.900,60	4.307,00	970,60	153,76	5.950,00	4.153,24	**Gesamtergebnis**

Tabelle1   **Buchungsliste**   Tabelle3

Abbildung 10.70 Die Buchungsliste, gruppiert nach Monaten

Erschrecken Sie nicht. Ihre sorgfältig erfasste Buchungsliste ist nicht zerstört. Über die Schaltfläche *Alle entfernen* des Dialogfeldes *Teilergebnisse* werden die Zwischensummen wieder entfernt. Dazu wird das Dialogfeld erneut wie oben beschrieben aufgerufen.

Jahresauswertung erstellen

Die Buchungsliste allein ist schon eine feine Sache. Mit den im vorangegangenen Abschnitt beschriebenen Auswertungen kann so manches Detail herausgearbeitet werden. Insgesamt ist die Prozedur aber doch recht umständlich und für den schnellen Überblick sind Teilergebnisse nicht unbedingt geeignet. Insbesondere dann, wenn die Mehrwertsteuer mit dem Finanzamt abgerechnet werden muss, werden nicht alle Details herausgearbeitet und den Griff zum Taschenrechner sollten wir doch vermeiden, wenn wir schon mit Excel arbeiten.

Auf der ersten Tabelle soll deshalb ein Überblick über das Jahresergebnis gezeigt werden: sowohl für die Gesamtwerte als auch für die einzelnen Kategorien.

Buchungstabelle präparieren

Bevor die Formeln eingegeben werden, sind noch einige vorbereitende Arbeiten durchzuführen.

1. Aktivieren Sie die Tabelle *Buchungsliste* durch Anklicken des Blattregisters und klicken Sie auf den Spaltenkopf F.

2. Versehen Sie das Namenfeld (neben der Bearbeitungsleiste) mit der Bezeichnung »EIN«.

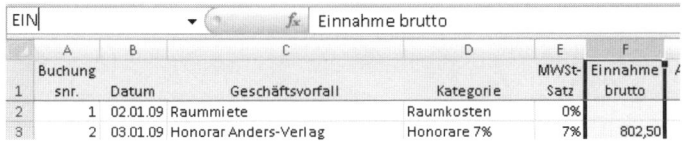

Abbildung 10.71 Die gesamte Spalte F wird »EIN« benannt

3. Verfahren Sie so auch mit den anderen Spalten: D = KAT, G = AUS, H = UST, I = VST, J = ENETTO und K = ANETTO.

Tabelle *Jahresauswertung* anlegen

Die Formatierung und Gestaltung der Tabelle *Jahresauswertung* übernehmen Sie aus den folgenden Abbildungen oder führen diese nach eigenen Vorstellungen aus.

Zunächst werden die Gesamtsummen ermittelt. Dabei helfen die Namen die den Spalten zugewiesen wurden. Der Auswertungsaufwand über Formeln reduziert sich auf ein Mindestmaß.

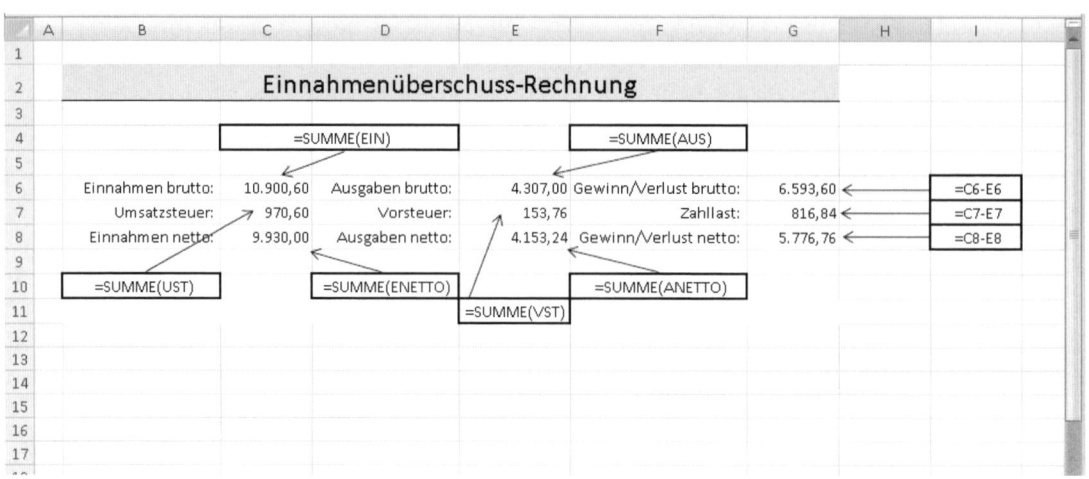

Abbildung 10.72 Der erste Teil der Jahresauswertung

Nun sind noch die Kategorien auszuwerten. Sicherlich ist es interessant zu wissen, in welchen Kategorien wie viel eingenommen oder ausgegeben wurde. Da hilft aber die reine *SUMME*-Funktion nicht mehr weiter. Excel besitzt hierzu die *SUMMEWENN*-Funktion.

Außerdem können Sie sich die Bereichsnamen zunutze machen, um die *SUMMEWENN*-Funktion effektiv einzusetzen. Benutzen Sie das Dialogfeld *Funktion einfügen*, um die Formel zusammenzustellen.

1. Wählen Sie *Einfügen/Funktionen* (Excel 2003) bzw. *Start/Bearbeiten/Summe/Weitere Funktionen* (Excel 2007).

2. Suchen Sie in der Funktionskategorie *Math. & Trigonom.* die Funktion *SUMMEWENN*.

3. Klicken Sie auf *OK*.

4. Klicken Sie in das Eingabefeld *Bereich* und geben Sie *KAT* ein.

5. Klicken Sie in das Eingabefeld *Suchkriterien* und anschließend in die Zelle B12.

6. Klicken Sie in das Eingabefeld *Summe_Bereich* und tippen Sie den Begriff »EIN« ein.

7. Bestätigen Sie mit *OK*.

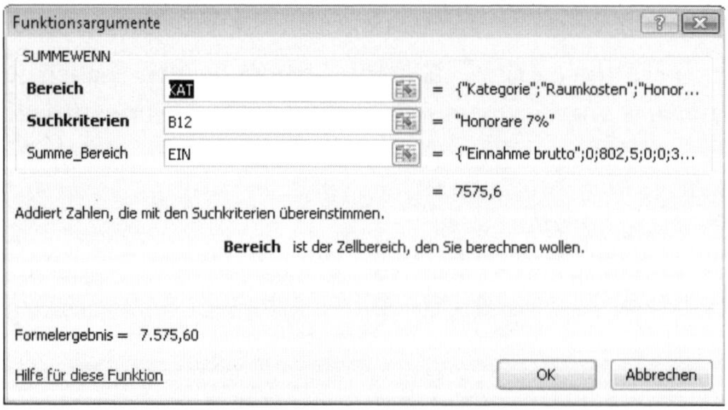

Abbildung 10.73 Mit dem Dialogfeld *Funktionsargumente* stellen Sie die Formel schnell und sicher zusammen

Die Voraussetzung für ein einwandfreies Funktionieren dieser Formel ist allerdings, dass die Kategorien in der Spalte B mit denen in der Buchungsliste übereinstimmen. Die beste Lösung ist es deshalb, diese auf dem Blatt (Spalte N) zu kopieren und über *Bearbeiten/Einfügen* (Excel 2003) bzw. *Start/Einfügen* (Excel 2007) in das Blatt *Jahresauswertung* zu übertragen.

Die Formel kann in die beiden Felder darunter kopiert werden.

Die Ausgabekategorien werden ebenfalls über die *SUMMEWENN*-Funktion ausgewertet. Der zweite Parameter bezieht sich allerdings auf die Spalte F und der dritte auf den Zellbereich AUS. Auch diese Formel kann in die darunter liegenden Felder kopiert werden.

	A	B	C	D	E	F	G
10							
11			*Einnahmen*				*Ausgaben*
12		Honorare 7%	7.575,60			Raumkosten	1.962,30
13		Honorare 19%	2.975,00			Versicherungen	214,00
14		Sonstige Einnahmen	350,00			Steuern	0,00
15						Kfz	1.449,30
16						Verwaltung	174,10
17		=SUMMEWENN(KAT;B14;EIN)				Kommunikation	58,60
18						Reise	448,70
19						Sonstige Kosten	0,00
20							
21							
22							
23						=SUMMEWENN(KAT;F19;AUS)	
24							
25							

Abbildung 10.74 Ein Überblick über die verschiedenen Einnahmen- und Ausgabenkategorien ist schnell erstellt

	A	B	C	D	E	F	G
1							
2				Einnahmenüberschuss-Rechnung			
3							
4							
5							
6		Einnahmen brutto:	10.900,60	Ausgaben brutto:	4.307,00	Gewinn/Verlust brutto:	6.593,60
7		Umsatzsteuer:	970,60	Vorsteuer:	153,76	Zahllast:	816,84
8		Einnahmen netto:	9.930,00	Ausgaben netto:	4.153,24	Gewinn/Verlust netto:	5.776,76
9							
10							
11			*Einnahmen*				*Ausgaben*
12		Honorare 7%	7.575,60			Raumkosten	1.962,30
13		Honorare 19%	2.975,00			Versicherungen	214,00
14		Sonstige Einnahmen	350,00			Steuern	0,00
15						Kfz	1.449,30
16						Verwaltung	174,10
17						Kommunikation	58,60
18						Reise	448,70
19						Sonstige Kosten	0,00
20		Stand:	05.03.2009				
21							
22							

Abbildung 10.75 Der aktuelle Stand ist jederzeit in der Jahresauswertung abzulesen – vorausgesetzt, es wurde laufend gebucht

Der Überblick über den aktuellen Stand des laufenden Jahres ist mit dieser Auswertung jederzeit gewährleistet und schnell ausgedruckt, wenn die Übersicht beispielsweise zur Vorlage bei einem Bankgespräch nötig ist. Um den aktuellen Stand besser zu dokumentieren, kann noch das aktuelle Datum über die Funktion *HEUTE* in eine Zelle eingefügt werden.

Eine Monatsauswertung einrichten

Wer mit dem Finanzamt die laufende Umsatzsteuer abrechnen muss, wird immer noch nicht zufrieden sein. Immerhin ist monatlich (in einzelnen Fällen vierteljährlich) eine Umsatzsteuer-Voranmeldung abzugeben und eine ermittelte Zahllast an das Finanzamt zu überweisen. Hierzu wird auf dem dritten, noch leeren Arbeitsblatt eine Monatsauswertung eingerichtet.

Vielleicht sagen Sie sich jetzt: »Na prima! Alles kein Problem, wir kennen ja jetzt die *SUMME-WENN*-Funktion. Da fragen wir einfach die einzelnen Spalten nach dem Monat ab!« Leider ist das nicht so einfach. Die *SUMMEWENN*-Funktion arbeitet mit Zellbereichen, in denen Formeln stehen, nicht korrekt. Sie müssen deshalb zu einem kleinen Trick greifen, um trotzdem noch zu der gewünschten Auswertung zu kommen.

Ein Makro aufzeichnen

Der Trick funktioniert so:

1. Zunächst beschriften Sie das Registerblatt der dritten Arbeitsmappe mit dem Namen »Monat«.
2. Die Spalten E bis L der Buchungsliste werden kopiert und über die Menübefehle *Inhalte einfügen/Werte* (Excel 2003) bzw. *Start/Einfügen/Werte einfügen* (Excel 2007) in die Tabelle *Monat* eingefügt.

   Damit stehen um die Formeln bereinigte Informationen zur Auswertung mit der *SUMME-WENN*-Funktion zur Verfügung. Um den bei der ständigen Wiederholung nötigen Aufwand zu sparen, werden diese Schritte mit dem Makrorekorder aufgezeichnet.
3. Dabei wird dann auch gleich auf der neuen Tabelle eine Zellformatierung vorgenommen (Zahlen, 2 Dezimalstellen, Tausendertrennzeichen) für die Spalten B bis G.
4. Außerdem muss noch eine Spalte hinzugefügt werden, in der in der Zelle H2 die Monatszahl mit dem Mehrwertsteuersatz multipliziert wird.
5. Diese Zelle wird dann in den Bereich H3:H999 (oder den von Ihnen benötigten Bereich) kopiert. Auch diese Spalte wird für einen Trick benötigt, der einen Mangel der *SUMME-WENN*-Funktion umgehen soll. Doch dazu später mehr.

Vergeben Sie für das Makro die Tastenkombination [Strg]+[j], um später diesen Vorgang ohne Umweg über das Menü beliebig starten zu können.

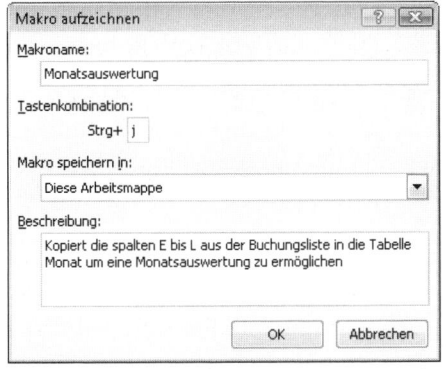

Abbildung 10.76 Die Monatsauswertung erfolgt makrogesteuert

Auswertungsformular erstellen

Für die eigentliche Monatsauswertung sorgt allerdings ein anderer Zellbereich in dieser Tabelle. Erstellen Sie das Formular dafür entsprechend der Abbildung 10.77.

	J	K	L	M	N	O	P
1							
2							
3		Monat:	1				
4							
5		Einnahmen:	1.206,00 ←		=SUMMEWENN(H:H;L3;B:B)		
6		Ausgaben:	1.369,40 ←		=SUMMEWENN(H:H;L3;C:C)		
7					=SUMMEWENN(I:I;M8;D:D)		
8		Umsatzsteuer 7 %:	56,00←	←	=L3*0,07		
9		Umsatzsteuer 19 %:	0,00←	←	=L3*0,19		
10					=SUMMEWENN(I:I;M9;D:D)		
11		Vorsteuer:	95,70 ←		=SUMMEWENN(H:H;L3;E:E)		
12							
13		Zahllast:	-39,70 ←		=SUMME(L8:L9)-L11		
14							
15							

Abbildung 10.77 Die Monatsauswertung der Überschussrechnung

Bei der Umsatzsteuer muss ein Trick eingesetzt werden. Hier müssen Sie zwei Parameter abfragen: den Monat und den Mehrwertsteuersatz. Dies lässt aber die *SUMMEWENN*-Funktion nicht zu. Sie verarbeitet grundsätzlich nur einen Parameter. Der Trick ist nun, beide Parameter zu multiplizieren. Dafür benötigen Sie aber noch eine Spalte neben der Tabelle, die dies für jede Zeile ebenfalls durchführt. Das Makro hat dies bereits übernommen. Damit in der Auswertungstabelle (Spalte K:M) entsprechend abgefragt werden kann, muss neben den Auswertungsfeldern eine ebensolche Rechnung durchgeführt werden. Dass in der Abbildung 10.77 die Formeln dazu nicht zu sehen sind (Spalte M), hängt damit zusammen, dass die Schriftfarbe gleich der Füllfarbe festgelegt wurde. So stören diese Werte nicht die eigentliche Auswertung. Schließlich werden sie ja nur als Zwischenergebnis benötigt und haben für sich keine Bedeutung.

Im Feld *Monat* wird der jeweilige Monat als Zahl eingegeben. Dies kann vor oder nach Aufruf des Makros geschehen. Das Makro sollte immer dann gestartet werden, wenn neue Buchungen erfolgt sind. Dann sorgt das Makro für eine Aktualisierung.

HINWEIS	Negative Werte bei »Zahllast« bedeuten eine Rückerstattung vom Finanzamt

Diese Einnahmenüberschussrechnung kann beliebig erweitert werden, etwa um eine Diagrammauswertung, umfangreichere Kategorien und differenziertere Monats- und Jahrsauswertungen. Jeder Freiberufler hat so die Möglichkeit, sich seine Einnahmenüberschussrechnung auf den Leib zu schneidern und nicht in zusätzliche Software investieren zu müssen. Der Aufwand für die Weiterentwicklung hält sich sicher in Grenzen.

Anhang

In diesem Anhang:

Fehlermeldungen

Führt eine Formel zu einem falschen (oder keinem) Ergebnis, wird eine Fehlermeldung in der Zelle ausgegeben. Diese Fehlermeldungen (oder genauer die Fehlerwerte) lassen meist relativ genaue Schlüsse auf die Fehlerursache zu. Die folgende Tabelle listet alle möglichen Fehlerwerte auf.

Fehlerwert	Bedeutung
#DIV/0!	Mit der Formel wird eine Division durch 0 durchgeführt, entweder direkt oder durch einen Bezug auf eine andere Zelle. Manchmal ist dies nur ein vorübergehender Zustand, weil die Zellen später mit Werten gefüllt werden.
#NV	Ein Wert ist nicht verfügbar. Ein Bezug weist z.B. auf eine Zelle, die keinen gültigen Inhalt hat (etwa eine leere Zelle oder eine Zelle mit einem Format, das nicht zur Formel passt).
#BEZUG!	Ein ungültiger Zellbezug ist vorhanden. Dies trifft z.B. dann zu, wenn Zellen gelöscht oder verschoben wurden, der Bezug aber nach wie vor versucht, auf die Inhalte dieser Zellen zuzugreifen.
#NAME?	Ein in der Formel oder Funktion verwendeter Name ist nicht verfügbar. Diese Meldung tritt auch auf, wenn ein Text in einer Formel nicht in Anführungszeichen gesetzt wird oder der Doppelpunkt in einem Bereichsbezug fehlt.
#NULL!	In einer Bereichsangabe wurde ein ungültiger Operator verwendet oder er fehlt. Es wird auf eine falsche Schnittmenge hingewiesen.
#WERT!	Die Formel enthält einen Wert, der für die Berechnung ungültig ist. Es ist z.B. ein Text angegeben statt einer Zahl oder eines Wahrheitswerts. In einer Matrixformel taucht dieser Fehler auf, wenn die Formel lediglich mit der ⏎-Taste abgeschlossen wurde oder eine ungültige Matrix benutzt wird. Außerdem erscheint die Fehlermeldung, wenn ein Makro eine Zelle benutzt, die den Fehlerwert #BEZUG! enthält.
#ZAHL!	Eine Formel oder Funktion verwendet eine ungültige Zahl oder überschreitet einen für Excel gültigen Zahlenbereich. Funktionen, die mit Iterationen arbeiten, melden mit diesem Wert auch falsche Iterationsergebnisse.
####################	Diese Fehlermeldung (umgangssprachlich auch gern »Gartenzaun« genannt) weist lediglich darauf hin, dass der Zellinhalt nicht dargestellt werden kann. In der Regel ist die Spalte zu schmal. Passen Sie die Spalte in der richtigen Größe an, verschwindet die Fehlermeldung in den meisten Fällen.

Tabelle A.1 Meldungen der Fehlerwerte

Möchten Sie eine Fehlermeldung unterdrücken, kombinieren Sie diese mit der *WENN*-Funktion, etwa nach folgendem Prinzip:

```
=WENN(Prüfung;Wahr_DannDies;Falsch_DannDas)
```

Beispiel:

```
=WENN(B10=0;"";A3/B10)
```

Zuerst wird geprüft, ob die Zelle, die den Divisor enthält, leer ist oder den Wert 0 hat. Ist das der Fall, werden nur Leerzeichen in die Ergebniszelle geschrieben; die Ausgabe einer Fehlermeldung (#DIV/0!) unterbleibt. Enthält die Zelle B10 aber einen Wert größer 0, wird von der Prüfung FALSCH zurückgegeben und der zweite Parameter führt die Berechnung durch.

Lösungen für die einzelnen Fehlerwerte finden Sie übrigens in der Excel-Hilfe.

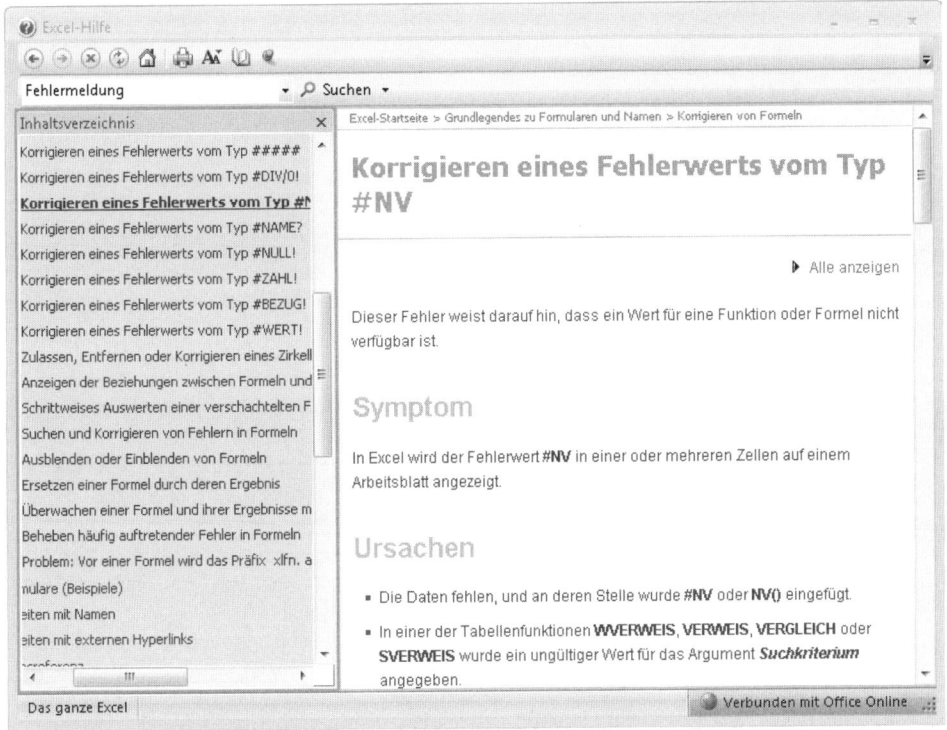

Abbildung A.1 Für jeden Fehler gibt es (mindestens) eine Lösung

Informationsfunktionen

Bei komplexen Tabellenanwendungen kann schon mal der Teufel im Detail stecken. Eine Formel macht nicht was sie soll und es ist nicht herauszufinden, warum das so ist. Gut ist es meist, wenn man die Zellen bzw. deren Inhalt genauer untersucht. Dabei hilft eine spezielle Gruppe von Funktionen. Die Informationsfunktionen geben Auskunft über den Inhalt und das Format von Zellen. Ein Beispiel ist die Funktion *INFO(Typ)*.

Je nach Angabe eines bestimmten Parameters werden spezielle Informationen über das System ausgegeben. Die Werte für *Typ* müssen in Hochkommas eingeschlossen werden, z.B. =INFO("Version").

Die Funktion *ZELLE(Infotyp;Verweis)* gibt Informationen über die Formatierung, die Position und den Inhalt einer Zelle zurück. Wird der Parameter *Verweis* nicht angegeben, nimmt die Funktion Bezug auf die aktuelle Zelle.

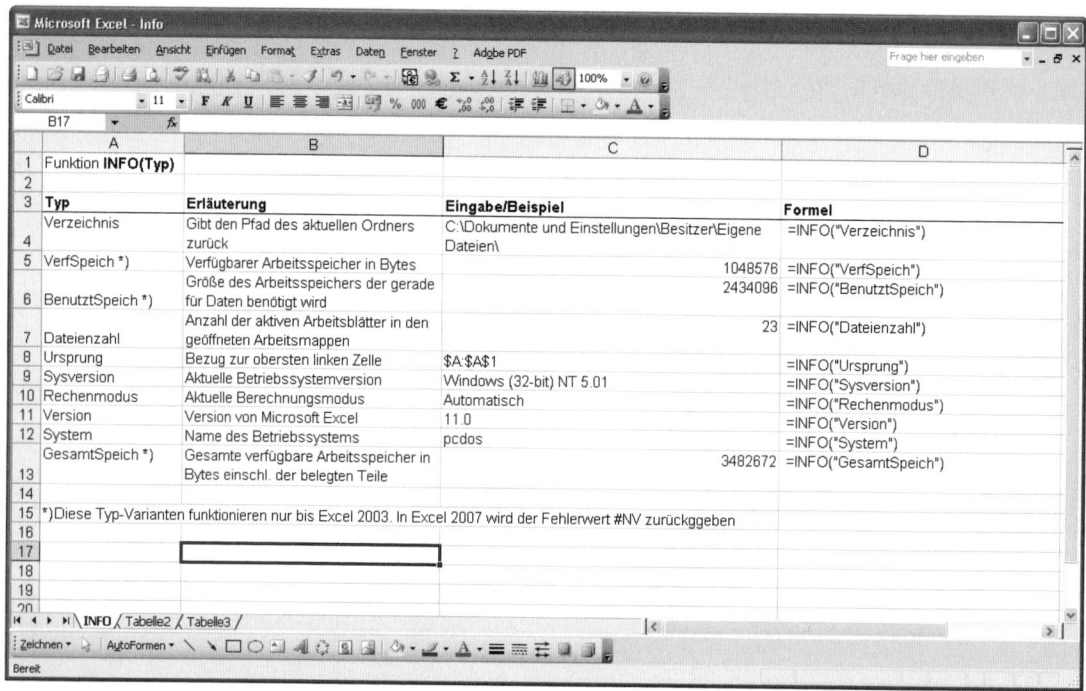

Abbildung A.2 Die Funktion *INFO* schreibt Systeminformationen in eine Zelle (Beispiel mit Excel 2003)

	A	B	C	D
1	Funktion **ZELLE(Infotyp;Verweis)**			
2				
3	Typ	Erläuterung	Eingabe/Beispiel	Formel
4	Adresse	Verweis auf die erste Zelle in Verweis	$A$1	=ZELLE("Adresse";B1)
5	Breite	Spaltenbreite	11	=ZELLE("Breite";B2)
6	Dateiname	Name und Pfad der Datei	C:\Users\Horst-Dieter\Documents\[Info.xls]ZELLE	=ZELLE("Dateiname";B3)
7	Farbe	1, wenn die Zelle für negative Werte farbig markiert wurde, sonst 0	0	=ZELLE("Farbe";B4)
8	Format *)	Textwert, der dem Zahlenformat der Zelle entspricht	$	=ZELLE("Format";B5)
9	Inhalt	Wert der oberen linken Zelle im Verweis	Dateiname	=ZELLE("Inhalt";B6)
10	Klammern	1, wenn Zelle für positive Werte mit Klammern formatiert ist, sonst 0	0	=ZELLE("Klammern";B7)
11	Präfix *)	Textwert, der dem "Beschriftungspräfix" der Zelle entspricht.	'	=ZELLE("Präfix";B8)
12	Schutz	0, wenn Zelle nicht gesperrt, sonst 1	1	=ZELLE("Schutz";B9)
13	Spalte	Spaltennummer der Zelle	1	=ZELLE("Spalte";B10)
14	Typ *)	Textwert, der dem Datentyp der Zelle entspricht	l	=ZELLE("Typ";B11)
15	Zeile	Zeilennummer der Zelle	12	=ZELLE("Zeile";B12)
16				

Abbildung A.3 Die Funktion *ZELLE* zeigt Informationen über eine ausgewählte Zelle an (Beispiel mit Excel 2007)

Die weiteren Informationsfunktionen sind:

Funktion	Bedeutung
FEHLER.TYP	Fragt den Fehlertyp ab und gibt eine Zahl zurück
ISTBEZUG	Gibt WAHR zurück, wenn der Wert ein Bezug ist
ISTFEHL	Gibt WAHR zurück, wenn der Fehlerwert ungleich #NV ist
ISTFEHLER	Gibt WAHR zurück, wenn der Wert ein Fehlerwert ist
ISTGERADE	Gibt WAHR zurück, wenn die Zahl gerade ist
ISTKTEXT	Gibt WAHR zurück, wenn kein Text vorliegt
ISTLEER	Gibt WAHR zurück, wenn die Zelle leer ist
ISTLOG	Gibt WAHR zurück, wenn der Wert ein Wahrheitswert ist
ISTNV	Gibt WAHR zurück, wenn der Fehlerwert #NV ist
ISTTEXT	Gibt WAHR zurück, wenn die Zelle Text enthält
ISTUNGERADE	Gibt WAHR zurück, wenn die Zahl ungerade ist
ISTZAHL	Gibt WAHR zurück, wenn die Zelle eine Zahl enthält
N	Liefert den in eine Zahl umgewandelten Wert
NV	Liefert den Fehlerwert #NV
TYP	Gibt den Datentyp des Werts zurück: 1 = Zahl; 2 = Text; 4 = logischer Wert; 16 = Fehlerwert; 64 = Matrix

Tabelle A.2 Informationsfunktionen

Analyse-Funktionen

In Kapitel 8 zur Betriebsstatistik wurde die Installation des Add-In *Analyse-Funktionen* erläutert. Excel bekommt dadurch zusätzliche statistische und technische Funktionen integriert. Statistiker und Techniker können mit diesen Funktionen erweiterte Berechnungen durchführen, ohne auf spezielle Anwendungen (z.B. Statistikprogramme) zurückgreifen zu müssen. Nach der Installation stehen folgende Funktionen über das Menü *Extras* als Option *Analyse-Funktionen* (Excel 2003) bzw. *Daten/Datenanalyse* (Excel 2007) zur Verfügung.

Funktion	Erklärung
Einfaktorielle Varianzanalyse Zweifaktorielle Varianzanalyse mit Messwiederholung Zweifaktorielle Varianzanalyse ohne Messwiederholung	Statistische Berechnungen, mit denen geprüft werden kann, ob die Mittelwerte von zwei oder mehr Stichproben aus Grundgesamtheiten mit denselben Mittelwerten stammen

Tabelle A.3 Analyse-Funktionen

Funktion	Erklärung
Korrelation	Misst den Zusammenhang zwischen zwei Datensätzen, die skaliert werden, um unabhängig von den zugehörigen Maßeinheiten zu sein
Kovarianz	Liefert den Mittelwert des Produkts aus den Abweichungen der Datenpunkte von deren Mittelwerten
Populationskenngrößen	Erstellt einen Bericht über eindimensionale Statistiken für Daten im Eingabebereich. Es werden Informationen über die zentrale Tendenz und Streuung der Daten geliefert.
Exponentielles Glätten	Es wird ein Wert auf Grundlage der Vorhersage für die vorhergehende Periode prognostiziert. In der vergangenen Vorhersage enthaltene Fehler werden berücksichtigt.
Zweistichproben F-Test Zweistichproben t-Test bei abhängigen Stichproben Zweistichproben t-Test: Gleicher Varianzen Zweistichproben t-Test: Unterschiedlicher Varianzen Zweistichproben t-Test bei bekannten Varianzen	Verschiedene statistische Testverfahren
Fourier-Analyse	Löst Probleme in linearen Systemen
Histogramm	Berechnet absolute und kumulierte Häufigkeiten für einen Zellbereich von Daten und Klassen
Gleitender Durchschnitt	Überträgt Werte in den Prognosezeitraum, die auf dem Mittelwert der Variablen für eine bestimmte Anzahl vorhergehender Perioden beruhen
Zufallszahlengenerierung	Füllt einen Bereich mit unabhängigen Zufallszahlen aus, die einer von mehreren Verteilungen entnommen wurden
Rang und Quantil	Erstellt eine Tabelle, die den Rang und Quantilsrang jedes Werts in einem Datensatz enthält
Regression	Führt eine lineare Regression durch
Stichprobenziehung	Entnimmt eine Stichprobe aus einer Grundgesamtheit

Tabelle A.3 Analyse-Funktionen *(Fortsetzung)*

Tastenkombinationen

Excel kann sehr flexibel über Tastenkombinationen bedient werden. Bei vielen werden die so genannten Funktionstasten (F1 bis F12) verwendet. In der Excel-Hilfe lassen sich vollständige Übersichten aller möglichen Tastenkombinationen finden. Außerdem sind in den Menüs (Excel 2003) oder QuickInfos (Excel 2007) die Tastenkombinationen der jeweiligen Befehle aufgeführt, falls welche existieren.

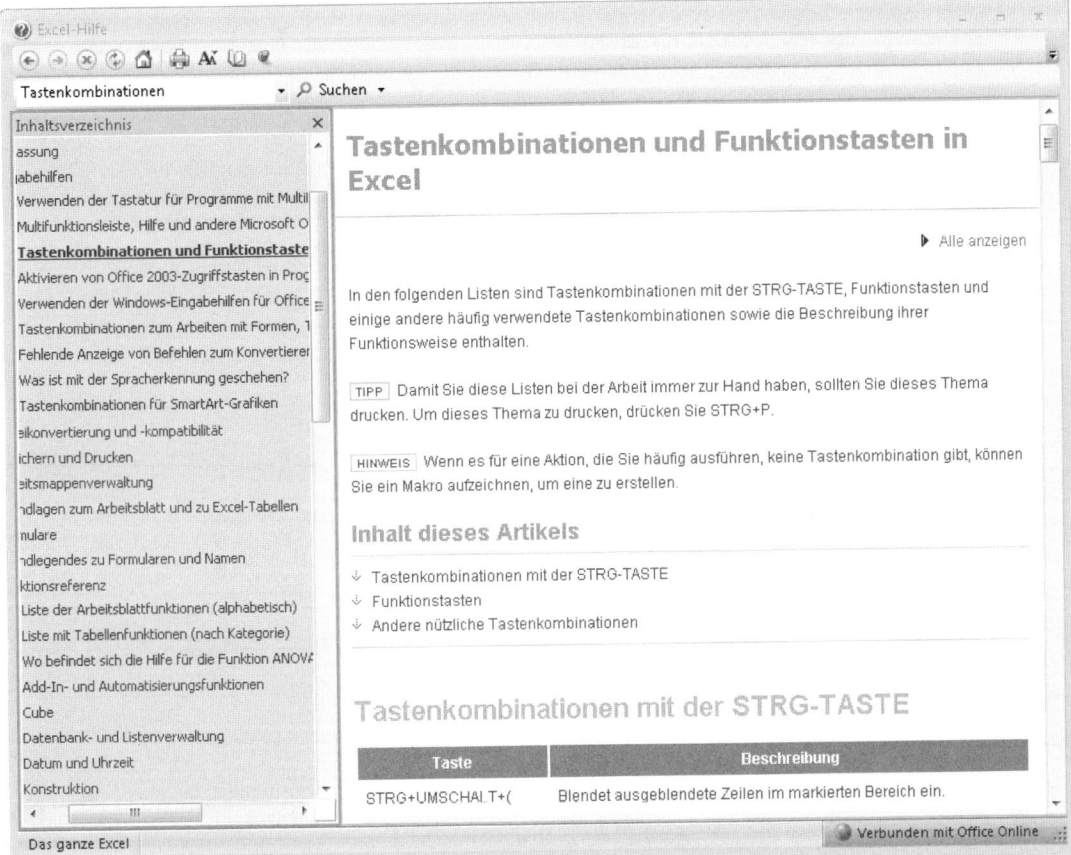

Abbildung A.4 Vollständige Listen von Tastenkombinationen finden Sie in der Excel-Hilfe

Die folgende Tabelle enthält eine Auswahl wichtiger Tastenkombinationen.

Tastenkombination	Bedeutung
F1	Hilfe aufrufen
⇧ + F1	Kontextbezogene Hilfe aufrufen
Alt + ⇧ + F1	Ein Tabellenblatt einfügen
F2	Bearbeitungsmodus für die aktive Zelle einschalten
⇧ + F2	Den Zellkommentar bearbeiten
Alt + F2	Speichern unter
Alt + ⇧ + F2	Speichern
F3	Namen in die Formel einfügen

Tabelle A.4 Tastenkombinationen in Excel

Tastenkombination	Bedeutung
⬆ + F3	Namen definieren
⬆ + Strg + F3	Namen erstellen aus der Zeilen- oder Spaltenbeschriftung
F4	Wechselt zwischen absoluten und relativen Bezügen, wenn die Zelle im Bearbeitungsmodus ist (F2). Andernfalls wird die letzte Aktion wiederholt.
⬆ + F4	Suche wiederholen
Strg + F4	Fenster schließen
Alt + F4	Excel beenden
F5	Gehe zu
⬆ + F5	Suchen
Strg + F5	Das Dokumentfenster wiederherstellen
F6	Nächster Ausschnitt
⬆ + F6	Vorheriger Ausschnitt
F7	Rechtschreibprüfung
⬆ + F7	Recherchieren aufrufen
F8	Markierungserweiterung einschalten
⬆ + F8	Zur Markierung hinzufügen
Strg + F8	Fenstergröße ändern
Alt + F8	Makro ausführen
F9	Alle geöffneten Arbeitsmappen komplett berechnen
⬆ + F9	Das aktive Tabellenblatt berechnen
F10	Die Menüleiste aktivieren
⬆ + F10	Kontextmenü öffnen
Strg + F10	Die Arbeitsmappe wiederherstellen oder maximieren
F11	Ein Standarddiagramm erstellen
⬆ + F11	Ein neues Tabellenblatt einfügen
Strg + F11	Eine Excel-4.0 Makrovorlage einfügen
Alt + F11	Den Visual Basic-Editor anzeigen
Strg + F12	Öffnen
⬆ + Strg + F12	Drucken

Tabelle A.4 Tastenkombinationen in Excel *(Fortsetzung)*

Stichwortverzeichnis